A la sombra de Quetzalcóatl

Merilee Grindle

A la sombra de Quetzalcóatl
Zelia Nuttall y la búsqueda por las antiguas civilizaciones de México

Traducción de Yunuén Zavala de la Rosa y Emiliano Álvarez

taurus

Penguin
Random House
Grupo Editorial

A la sombra de Quetzalcóatl
Zelia Nuttall y la búsqueda de las antiguas civilizaciones de México

Título original: *In the Shadow of Quetzalcóatl.*
Zelia Nuttall and the Search for Mexico's Ancient Civilizations

Primera edición: noviembre, 2025

D. R. © 2023, Merilee Grindle
Esta edición es publicada mediante acuerdo con The Foreign Office Agència Literària, S.L. and Calligraph.

D. R. © 2025, derechos de edición mundiales en lengua castellana:
Penguin Random House Grupo Editorial, S. A. de C. V.
Blvd. Miguel de Cervantes Saavedra núm. 301, 1er piso,
colonia Granada, alcaldía Miguel Hidalgo, C. P. 11520,
Ciudad de México

penguinlibros.com

D. R. © 2025, Yunuén Zavala de la Rosa y Emiliano Álvarez, por la traducción

ISBN: 978-607-386-595-1

Impreso en México – *Printed in Mexico*

ZELIA MARÍA MAGDALENA NUTTALL

Para Liam y Eli,
con la esperanza de que conozcan
y aprecien México como yo

ÍNDICE

PREFACIO

"¡No te olvides de Zelia María Magdalena Nuttall!". Yo sabía muy poco sobre Zelia Nuttall cuando abrí mi bandeja de entrada y me encontré con ese inesperado correo de mi colega Bill Fash, un arqueólogo que pasó su vida explorando los misterios de la antigua Mesoamérica.[1] Yo sabía ya que Nuttall había recolectado objetos importantes para el reconocido Museo Peabody de Arqueología y Etnología de la Universidad de Harvard. Sabía que vivió durante muchos años en México, en tiempos tumultuosos de su historia. Sabía que fue amiga de gente famosa y que había sido cruelmente caricaturizada por D. H. Lawrence. Eso era todo. Ciertamente, no anticipé que ese amistoso correo me lanzaría a un viaje de siete años hacia su vida y hacia el mundo en el que vivió.

Desde el principio, sin embargo, fui cautivada por esa intrépida mujer que estaba absolutamente determinada a entender las costumbres y creencias de quienes vivieron en México hace mucho tiempo. Aprendió el lenguaje de los aztecas y decodificó su Calendario; y aprendió de manera autodidacta a descifrar sus historias y leyendas pictográficas. Recorrió bibliotecas en Inglaterra, Alemania, Italia y España, y recuperó una de las pocas

---

[1]   William Fash, mensaje por correo a la autora, junio de 2013.

historias indígenas que escaparon de la destrucción a manos de los conquistadores.

La búsqueda de su historia me llevó hacia un tiempo pasado de exuberancia y posibilidad, cuando la promesa del descubrimiento científico coincidió con un choque entre ambiciones nacionales, un momento de muchos movimientos que provocó la creación de varias instituciones culturales famosas en Estados Unidos y atestiguó los esfuerzos de México por apropiarse de su pasado. Quedé enganchada.

Empecé mi investigación sobre Zelia Nuttall con la consulta de sus artículos y libros. Fue una escritora prolífica, pero sus publicaciones académicas resultaron ser una guía imperfecta hacia su vida. Están escritos densamente, y su tipografía pequeña, su lenguaje técnico y sus gráficos y símbolos desconcertantes me dejaron ver poco de la persona que los escribió. Entonces recurrí a los testimonios de la gente que la conoció. Alfred Tozzer, un destacado arqueólogo en el estudio de Mesoamérica, que trató con ella cuando era investigador de campo en Yucatán, rememoraba cómo sus "interesantes y experimentados ojos" lo habían guiado hacia descubrimientos importantes.[2] Philip Means, un joven antropólogo que pasó el invierno de 1925-1926 en la casa de Nuttall en México, la recordaba como una "distinguida castellana" que vivía en una casa "oportunamente llena de tesoros artísticos". Admiraba cómo había insistido con firmeza en que sus interpretaciones eran acertadas, "siendo sus armas el garrote del hecho auténtico y el estoque del argumento válido".[3]

Consulté la correspondencia de Nuttall. Encontré algunas cartas en la Universidad de Harvard, en la Universidad de California y en la Universidad de Pensilvania; otras estaban ocultas en el Smith College, la Institución Smithsoniana y la Universidad de Nuevo México. Asimismo, como mantuvo una amplia correspondencia,

[2]   Tozzer, "Zelia Nuttall", 478.
[3]   Means, "Zelia Nuttall", 487-488.

los archivos dedicados a los filántropos Charles Bowditch, el duque de Loubat, Phoebe Apperson Hearst y Sara Yorke Stevenson, a líderes académicos como Franz Boas, Edgar Lee Hewett, Alfred Kroeber, Frederic Ward Putnam y Edward Seler, y a algunas de sus contemporáneas más notables, como Adela Breton y Alice Cunningham Fletcher, contenían cartas de Nuttall.

Ross Parmenter, quien por muchos años fue el editor musical del *New York Times,* desarrolló una suerte de obsesión con Nuttall que empezó en la década de 1960. Pasó más de treinta años sumergiéndose en todo lo que se pudiera aprender sobre ella y viajando aquí y allá para intentar entender su vida. Entrevistó a quienes habían asistido a los domingos de té en su casa en México. Intentó desenmarañar sus enredosas finanzas y recopiló fotografías suyas y de los lugares en los que había vivido o que había visitado. Estudió sus publicaciones y entrevistó a botánicos para aprender más acerca de las plantas que crecían en su jardín. Incluso intentó rastrear el destino que tuvo el tapete de oso blanco que aparece en una fotografía de la sala de su departamento en Dresde, Alemania. En su correspondencia, Parmenter se refería a ella como "mi novia".[4]

Sólo sobrevivieron tres copias del manuscrito de mil seiscientas páginas de la obra que, con base en todos esos materiales, Parmenter escribió sobre Nutall: una en la Universidad de California-Berkeley, otra en la Universidad de Harvard y una última en la Universidad de Tulane. Mientras leía esas páginas sin publicar, descubrí que Parmenter fue poco menos que un acumulador compulsivo: cuando murió, en 1999, su familia donó a la Biblioteca Latinoamericana de la Universidad de Tulane ciento doce cajas llenas de sus artículos y manuscritos. Dieciséis de esas cajas contenían materiales relacionados con la vida de Zelia Nuttall; otras cinco contenían borradores del manuscrito de Parmenter.

---

[4]   Ross Parmenter a Ferdinand Anders, 15 de septiembre de 1973, Colección Ross Parmenter.

Por la correspondencia que se conserva en sus archivos, sabemos que Parmenter mandó su manuscrito —de tres volúmenes— a muchas editoriales. Todas respondieron amablemente, pero fueron reacias a publicar un libro así de largo, pues, según decían, habría tenido un precio de venta muy alto a la par de una audiencia incierta. Cualquier vacilación que esto debiera haber causado en mi propia cabeza no tuvo mucho impacto: Zelia, para entonces, se había convertido en *mi* novia. Adentrándome con cuidado y con minuciosidad en los materiales que Parmenter recolectó, me encontré con una mina de oro de información, incluida una pista de que el tapete de oso blanco terminó en su sala de estar en México.

A lo largo de los años he escudriñado muchos archivos. Visité la extraordinariamente hermosa casa de Nuttall, un palacio naranja rojizo del siglo XVIII, ubicado en una frondosa calle de la Ciudad de México. En varios museos me enseñaron canastas y cabezas de terracota, cinturones y tapices, lanzas y penachos que ella había coleccionado y estudiado, y las notas que había escrito sobre sus orígenes. Examiné los facsímiles de algunos códices antiguos que ella recuperó e interpretó. Cuando dejé de viajar a causa de la pandemia de covid-19, descubrí material adicional en internet. Acumulé más de mil páginas de notas.

Aun con la increíble investigación que hizo Parmenter y los materiales que Zelia Nuttall y sus corresponsales dejaron atrás, muchos fragmentos de su vida siguen siendo desconocidos: pedazos de un rompecabezas perdidos en el tiempo. En particular, mientras que los archivos tienen muchas cartas *de* ella, la mayoría de las que estaban escritas *para* ella fueron destruidas después de su muerte. Tristemente, y a pesar de una excavación vigorosa, algunas partes de su historia se han perdido y son ahora, en todo caso, materia de esmeradas conjeturas.

¿Por qué tan poca gente ha oído hablar de Zelia Nuttall? Luego de la publicación de muchos obituarios en revistas académicas y de noticias en periódicos nacionales y locales, el público la perdió casi completamente de vista. "Quién fue ella?", me preguntaron una vez tras otra, mientras continuaba con mi investigación. Este libro es un esfuerzo por unir y ordenar la historia de una mujer sobresaliente y por entender la forma en la que vivió, lo que descubrió y por qué fueron importantes tales descubrimientos.

Durante su vida, Zelia Nuttall fue una reconocida antropóloga, arqueóloga, etóloga, americanista, anticuaria, folclorista y "dama de ciencia". Esas etiquetas fueron tan fluidas e intercambiables como las teorías que surgieron para explicar los orígenes y el desarrollo de diferentes civilizaciones. La antropología, en el siglo xix, era uno entre varios campos de estudio relacionados entre sí, pero no era todavía una disciplina con sus propios paradigmas, métodos y límites. La mayoría de sus practicantes eran "amateurs", en el sentido de que eran autodidactas, habían sido aprendices de un puñado de reconocidos expertos o se habían desviado de otros campos más prestigiosos, como la medicina o la historia natural. Fue así que, en esos momentos tempranos de la disciplina, cuando todavía no era un requisito contar con un título universitario, las mujeres hacían, con frecuencia, contribuciones importantes.

No fue sino hasta bien entrado el siglo xx que los departamentos de antropología se hicieron comunes y que las subespecialidades de la arqueología y la antropología social y cultural se institucionalizaron. Ahora, los antropólogos tienen, muchas veces, conocimiento especializado en lingüística, religión, género, astronomía, etnología, medicina y otros campos que les ayudan a entender la diversidad de las sociedades humanas pasadas y actuales. Independientemente de su enfoque o su especialidad, todos tienden a identificarse como antropólogos.

En este libro utilicé el término "antropología" para incluir lo que frecuentemente se entendió, en tiempos de Nuttall, como arqueología, etnología, lingüística o folclor. En su época, lo que ella concebía como la ciencia de la antropología era la aplicación

consciente de métodos científicos en el estudio de ruinas, artefactos y literatura temprana. Era un concepto amorfo, con un
amplio abanico de nombres, pero encaminó a una generación de
investigadores a nuevas ideas y medios para evaluar de dónde ve-
nimos y en qué hemos creído. En esos tiempos menos especializados, Zelia Nuttall era una estrella.

*

No me embarqué en este viaje sola. Desde ese correo temprano
de Bill Fash hasta el aliento de otros colegas de Harvard, especialmente de David Carrasco, Tom Cummins y Diana So-
rensen, he tenido apoyo durante todo el camino, razón por la
que estoy profundamente agradecida. Me he beneficiado de las
inquisitivas preguntas de Silvia Aarom, Robert Adkins, Berta
Angulo, Jeffrey Cameron, Wayne Cornelius, Ann Craig, Diane
Davis, Kathy Eckroad, Susan Eckstein, Mary Hildebrand,
Penny Kates, Tappy Kimpel, Liz Leeds, Rob Paarlberg, Etta
Rosen, Bish Sanyal, Deborah Thaxter, Patricia Villarreal, Lois
Wasserspring y Vicki Zwerdling, cuyo apoyo e impulso me ayu-
daron a seguir adelante.

Le debo mucho a mi amiga y colega de Estudios Latinoamericanos, Marysa Navarro, quien me exhortó a "sólo seguir viendo
fijamente hasta que lo viera", cuando me acerqué a ella para que
me ayudara a descifrar la caligrafía difícil de algunos documentos. Una vez retirada, tras una notable carrera en el Dartmouth
College, fue mi tutora incansable en el proceso de investigación
histórica. June Carolyn Erlick, del Centro David Rockefeller de
Estudios Latinoamericanos de la Universidad de Harvard, fue
una lectora maravillosa y honesta de múltiples versiones de diversos capítulos, y yo acepté sus siempre perspicaces recomenda-
ciones. En la oficina mexicana de ese mismo centro, Mauricio
Benítez fue una ayuda tenaz para localizar ciertos materiales
necesarios para mi investigación. Anthony Aveni compartió

conmigo su pericia en arqueoastronomía, y Nina Gerassi-Navarro aportó generosamente su profundo conocimiento en historia cultural e intelectual latinoamericana a mi investigación. No puedo agradecerles lo suficiente a estos amigos y colegas.

Le debo más de lo que puedo decir al compromiso y a las habilidades de quienes mantienen las bibliotecas y archivos, y se entusiasman por compartir sus tesoros con los demás. En Harvard, en el Museo Peabody, Katherine Satiano fue fundamental para que pudiera llegar a archivos importantes y Cynthia Mackey me ayudó a ensamblar fotografías. También en Harvard, Linda Carter, Cynthia Hinds y Janet Stein, de la Biblioteca Tozzer, me proporcionaron su invaluable guía; me beneficié, además, de un excelente equipo de asistentes en las bibliotecas Houghton y Lamont. En el Museo Penn, Alessandro Pezzati y Evan Peugh me enseñaron un mundo de correspondencia, fotografías y artefactos que resultaron ser claves para ordenar las piezas del rompecabezas. En Tulane, Hortensia Calvo, Christine Hernández, Veronica Sánchez y Madeleine White me ayudaron enormemente mientras fui excavando, una caja tras otra, entre los documentos de Parmenter. Ida Schooler fue indispensable, ya que localizó muchas fotografías importantes.

Me entristeció enterarme de la muerte, en 2021, de Ira Jacknis, de la Universidad de California-Berkeley, cúyo interés en mi trabajo fue muy alentador. Linda Waterfield, del Museo de Antropología Phoebe A. Hearst, me guio por una serie de artefactos que fueron donados por Zelia Nuttall al museo. También quiero agradecer a Susan Elrather, Peter Hanff, Rosemary Joyce y el resto del equipo de la Biblioteca Bancroft de Berkeley. Kate Long del Smith College y Nathan Sowry, de la Institución Smithsoniana, me ayudaron a rastrear correspondencia valiosa. En México, Ernesto Velázquez Briseño, en ese entonces director de la Fonoteca Nacional, me proporcionó un recorrido inolvidable por la Casa Alvarado y sus jardines restaurados. Emiliano Mora Barajas también me brindó su amable asistencia.

Estoy agradecida con todas estas personas por su tiempo, conocimiento e interés en el proyecto.

Este libro le debe su forma y figura a mi agente, Carolyn Savarese, quien pasó horas ayudándome a ver más allá de la biografía de una mujer olvidada y compleja. Mi editor, Joy de Menil, me ayudó a desenredar a sus personajes y las contribuciones de Nuttall a la antropología. En la Harvard University Press, Emeralde Jensen-Roberts fue de enorme ayuda con su solidaridad y su trabajo iconográfico. Y Stephanie Vyce se aseguró de que todos los permisos estuvieran en orden. También me beneficié del trabajo cuidadoso de Brian Bendlin, Cheryl Hirsch y Simon Waxman. Les agradezco a todos de corazón, a la vez que admito, desde ahora, que si existiera cualquier error interpretativo o de investigación en este libro, soy yo la única responsable.

Sobre todo, no tengo más que *besos y abrazos* para Steven Grindle,* quien me prestó, ocasionalmente, su hombro para llorar, y para Alexandra Grindle, Stefanie Grindle y Peter Knight, quienes me llenaron de alegría. La exuberancia juvenil de Eliot y William Knight me salvaron de preocuparme demasiado por las fuentes, la sintaxis y las conclusiones. Estoy en deuda con ellos.

---

* En español en el original (n. de los trads.).

Quetzalcóatl según el Códice Magliabechiano

Quetzalcóatl

La imagen de Quetzalcóatl, la serpiente emplumada, ha sido encontrada en la iconografía de diversos pueblos mesoamericanos, tan antiguos como los olmecas (1500-300 a.e.c.), los mayas (300 a.e.c.-900 e.c.) y los toltecas (900-1100 e.c.). En Teotihuacan (150 a.e.c.-750 e.c.), que fue alguna vez la ciudad más grande de América, la serpiente emplumada fue pintada en las paredes y esculpida en los frisos y escaleras de sus impresionantes pirámides. Desde allí, las representaciones de Quetzalcóatl se difundieron a las ciudades-Estado del centro de México, como Cholula, Tenochtitlan, Tula y Xochicalco. El papel de Quetzalcóatl en las culturas indígenas de México era diverso, pero entre los aztecas el dios serpiente fue comúnmente asociado con la creación, el aprendizaje, las artes, la sabiduría, el viento y el aire.

INTRODUCCIÓN

Los mares tempestuosos de la costa de Yucatán, a unos kilómetros de Mérida, retrasaron el barco que debía llevar a Zelia Nuttall de Veracruz a Tampico para la Navidad. Ella, que nunca rehuía lo inesperado, aprovechó el tiempo extra para organizar una excursión a una isla cercana con un grupo de amigos. Así fue que, a finales de diciembre de 1909, una lancha de vapor dirigida por oficiales del puerto llevó a esta experimentada antropóloga y a sus compañeros a la Isla de Sacrificios. Su plan era hacer un pícnic y explorar el sitio antes de regresar a Veracruz por la tarde.

Elegir ese destino fue un acierto. Zelia tenía mucho tiempo queriendo visitar aquel silencioso puerto en el que los conquistadores habían soltado el ancla hacía siglos. Sabía mucho del lugar por las historias que los españoles contaban acerca de su encuentro con el Nuevo Mundo: decían que habían encontrado una isla llena de templos, cuyas paredes estaban pintadas con imágenes desconcertantes. De los altares, decían que estaban pegajosos por la sangre y que tenían montículos de huesos, miembros recién amputados y torsos descorazonados. Nombraron a este inquietante lugar "Sacrificios". Treparon los escalones finamente cincelados de un templo antiguo para espiar una costa brumosa hacia el oeste. Confiados en que "aquella tierra grande que tenían presente era tierra firme e no isla", la reclamaron para sus

majestades católicas, Isabel y Fernando.[1] Al día siguiente continuaron navegando con la firme creencia de que esa nueva tierra
era un regalo de su generoso aunque celoso dios.

Aquellos marineros escribieron que los habitantes de aquel
lugar los acogieron con honor y hospitalidad. Sentados sobre ramas verdes que les habían preparado para su comodidad, con el
mar frente a ellos y el alto volcán de Orizaba a sus espaldas, recibieron obsequios de perfumes, frutas y pasteles. Era viernes,
así que, como eran fervientes católicos, se vieron obligados a rechazar el pollo recién cocinado para ellos. Eso no pareció haber ofendido a sus huéspedes, pues, cuando aquellos hijos de
Andalucía y Extremadura, Castilla y Galicia pidieron oro, a la
mañana siguiente aparecieron tendidas ante ellos máscaras, fi-
guritas y coronas brillantes. Todos los días, según sus relatos,
los indígenas les construyeron refugios para el sol y "y nos abra-
zaban y hacían muchas fiestas", y siguieron ofreciéndoles más y
más regalos de oro y gemas, así como comida.[2]

Casi cuatro siglos después, en aquel diciembre, durante la segunda incursión que hizo a la isla, Zelia Nuttall saltó de la pequeña lancha a la blanca arena de Sacrificios. Ataviada al estilo
de la temprana época victoriana, iba firmemente encorsetada, y
llevaba quevedos, sombrero y sombrilla. Debajo del encaje y del
corsé, había un intelecto vigoroso, rebosante de conocimiento sobre el México antiguo. Hurgó en la vegetación tropical con ojos
atentos, pensando en que, quizá, encontraría algunos pedazos de
cerámica antigua. En cambio, abriéndose paso entre la maleza,

---

[1]   Gonzalo Fernando de Oviedo, citado y traducido al inglés en Nuttall, "The Is-
land of Sacrificios", 260. [La cita original corresponde al libro XVIII, capítulo XV.
Para rastrearla, consultamos la edición de 1851 —la primera íntegra de la obra de
Oviedo—, publicada por la Real Academia de la Historia, bajo el cuidado de José
Amador de los Ríos. La cita se encuentra en la página 523 del primer tomo (n. de
los trads.)].

[2]   Juan Díaz, traducido y citado en Nuttall, "The Island of Sacrificios", 259. [Para
transcribir las citas originales del diario de Juan Díaz acudimos a la edición del
Itinerario de la armada del rey católico..., publicada por Juan Pablos en 1972. La
cita corresponde a la página 69].

descubrió las ruinas de una pared precolombina pintada con la imagen de una serpiente emplumada: el dios Quetzalcóatl.

De inmediato, Zelia supo que había encontrado un lugar valioso. Estaba convencida de que se había topado con las ruinas de algún templo donde se habían realizado rituales sagrados de vida y muerte, donde los dioses se habían regocijado con las ofrendas humanas y donde se habían cantado himnos para honrarlos. Éste bien podría haber sido el lugar en donde Juan de Grijalva y su tripulación desembarcaron en mayo de 1518, meses antes de que Hernán Cortés emprendiera el viaje que devastaría la resplandeciente ciudad lago de Tenochtitlan y la civilización que la erigió.

Zelia Nuttall tenía entonces cincuenta y dos años, y sabía lo que quería: organizar una excavación en Sacrificios, acampando entre lo agreste para recolectar evidencia de los habitantes nativos y de quienes trastornaron sus vidas de forma tan irreparable. La intrigaba aquel vislumbre de Quetzalcóatl, reverenciado por los antiguos como el gran rey sacerdote, creador del mundo y de la vida humana, deidad del viento y del aprendizaje. "En verdad con él se inició", cantaban los aztecas en tiempos de la Conquista, "en verdad de él proviene, de Quetzalcóatl, todo arte y sabiduría".[3] Nuttall no desaprovechó la oportunidad de hacerle una ofrenda a su propia deidad: la Ciencia.

Zelia se concebía a sí misma como científica, a pesar de no poseer ningún certificado de entrenamiento formal en ninguna rama de conocimiento. Firmaba las cartas para su mentor, Frederick Ward Putnam, de la Universidad de Harvard, como "tu ahijada en la Ciencia". Esa "C" mayúscula era central para su personalidad. La acompañó siempre, incluso en aquel pequeño bote que zarpaba del puerto de Veracruz. Como científica, el deseo de averiguar más, de explorar, excavar, observar y registrar, de recolectar, categorizar y explicar le venía naturalmente.

---

[3]   Carrasco, *Religions of Mesoamerica*, 44.

Sin embargo, antes de que pudiera llevar a cabo su exploración científica en Sacrificios, necesitaba conseguir permiso. Mandó su solicitud a la Inspección y Conservación de Monumentos Arqueológicos, ya que cualquier excavación necesitaba su aprobación formal para proceder. En tiempos de una intensa —y frecuentemente despiadada— competencia entre museos, coleccionistas y universidades por hacerse de artefactos históricos, la Inspección tenía una responsabilidad desalentadora. Era la institución encargada de imponer restricciones a las reclamaciones de los extranjeros y de moderar las ambiciones de instituciones lejanas que pretendían recolectar antigüedades nacionales. Su creación fue parte del esfuerzo nacional por transformar la sabiduría ancestral del arte y de la guerra, el conocimiento de la tierra y las estrellas, en una forma de identidad cultural que le sirviera de unión a una nación fragmentada. El gobierno, atrapado por la fascinación que le producían las hazañas de los aztecas y de otras culturas, se estaba volviendo más cuidadoso y protector con los artefactos de México, con la intención de conservar la posesión de sus propias reliquias, monumentos e historias del pasado. El inspector general, Leopoldo Batres, albergaba serias dudas acerca de las intenciones de los extranjeros que cavaban en la historia de su país. Tenía buenas razones para ello.

A pesar del escepticismo del inspector, Zelia creía que su misión estaba por encima de cualquier reproche. Se reunió personalmente con Batres y el director del Museo Nacional de Arqueología, Historia y Etnografía para convencerlos de su mérito: les explicó detalladamente sus planes y les mostró pedazos de piedras talladas que había encontrado en la isla, así como algunas fotografías. Prometió que todos los objetos que encontrara en Sacrificios serían propiedad del Estado mexicano, y ofrecía su tiempo y talento gratuitamente. Solicitó una pequeña subvención, de 250 dólares, para cubrir los costos de la excavación. También se reunió con el secretario y el subsecretario de la

Secretaría de Instrucción Pública y Bellas Artes, institución a la que respondían tanto la Inspección como el Museo Nacional, y esperó confiadamente la llegada del permiso, mientras planeaba su campamento.

Zelia no se esperaba en lo absoluto la respuesta que llegó tres semanas después. Con un torpe lenguaje burocrático, la Inspección le informaba que sólo se le daría acceso a una parte de la isla y que el gobierno le proporcionaría apenas 100 dólares para el proyecto. Además, su trabajo tendría que llevarse a cabo bajo la dirección del inspector general Batres. Por si fuera poco, cualquier excavación en Sacrificios tendría que ser personalmente supervisada por su hijo de treinta y ocho años, Salvador, quien le informaría a la dependencia "todo lo que ocurriera durante el cumplimiento de su labor", pues era "indispensable que supervisara todo lo relativo a la exploración, de manera que fueran salvaguardados los intereses científicos de México y se cumplieran las formalidades de la ley".[4]

La aprobación, tan cargada de condiciones, fue una bofetada en la cara, y Zelia sintió el ardor. Era, después de todo, una antropóloga celebrada que representaba a importantes museos y universidades de Estados Unidos, y estaba segura de que sus conocimientos y habilidades superaban por mucho las de Batres y su hijo. Tenía mentores famosos y ricos mecenas que podían dar fe de la excelencia de su trabajo. Había comprometido su vida a difundir los logros de las culturas indígenas mexicanas y se sentía indignada de que Batres le advirtiera sobre las leyes del país.

Leopoldo Batres, quien se paseaba despreocupadamente entre las ruinas de México con sombrero de copa y bastón, ebrio del poder que le confería su posición oficial, fue el blanco perfecto de la ira de Zelia. Desde 1885 había intimidado a antropólogos experimentados y ambiciosos, mientras sus superiores hacían oídos

---

[4] Secretaría de Instrucción Pública y Bellas Artes a Zelia Nuttall, 19 de febrero de 1910, citado en "The Island of Sacrificios", de Nuttall, 278.

sordos ante los rumores de que su largo reinado como inspector estaba plagado de incompetencia y corrupción. Aunque ello nunca se comprobó, se decía que había usado dinamita para revelar las pirámides de Teotihuacan —levantadas unos mil años antes de que los aztecas construyeran la ciudad lago de Tenochtitlan— y que rutinariamente robaba artefactos para vendérselos a coleccionistas privados. En definitiva, no había razón para esperar algo mejor de su hijo, que tenía una reputación de llevar una vida de excesos y de abusar de los trabajadores. Para Zelia, padre e hijo eran un par de charlatanes, y eran, además, peligrosos porque estaban frustrando el avance del conocimiento de la historia del país.

Al principio, pensó que podría detener su interferencia apelando a la ayuda de su amigo desde hacía varios años: el presidente de México, José de la Cruz Porfirio Díaz, quien, durante su largo y autoritario mandato, se había comprometido a transformar a México en un país moderno de vapor y hierro. Según Zelia, a pesar de los esfuerzos de Díaz por "arreglar los asuntos" con la Inspección, éstos fueron "eludidos con inteligencia" por el astuto inspector y sus simpatizantes.[5] El suyo era sin duda un asunto sin importancia para el presidente, que tenía problemas mucho más serios que atender, como la rebelión que se estaba alzando en su contra. México estaba en la víspera de una enorme revolución sociopolítica, y los opositores de Díaz estaban ansiosos por reemplazarlo. Con todo, su fracaso para intervenir con éxito en sus asuntos fue una gran decepción para Zelia.

Peores noticias le llegaron durante su desayuno varios meses después. Mientras examinaba *El Imparcial*, uno de los periódicos nacionales de México, Zelia se cruzó con una noticia impactante: Batres se adjudicaba el descubrimiento de las ruinas de un lugar sagrado en la Isla de Sacrificios.[6] Pocas veces se

5   Nuttall, "The Island of Sacrificios", 279.
6   Nuttall ("The Island of Sacrificios", 279) indica que la historia apareció en *El Imparcial* de la Ciudad de México algunas semanas después de Pascua. Su respuesta fue impresa en inglés en el *Mexican Herald* el 11 de mayo.

había enojado tanto. Era *ella* quien merecía el crédito por haber encontrado ese lugar, y quien merecía la gloria de llevar a cabo su excavación.

Según Zelia, pues, se trataba de un robo a sus derechos legítimos, y reaccionó rápido y con furia. No tenía otra opción —según declaró a la prensa y en cartas a sus colegas—, dadas las condiciones onerosas que se le habían impuesto, que negarse a seguir adelante con la excavación. También, y como otra forma de protesta, renunció a su cátedra honoraria en el Museo Nacional de Arqueología, Historia y Etnografía, renombrado por su colección de artefactos precolombinos, y a su comité, que estaba planeando un congreso mundial de antropología en la Ciudad de México para más adelante ese mismo año. El comportamiento vergonzoso de Batres provocó que Zelia sacara sus cuchillos más filosos. Estaba determinada a que su retirada no fuera silenciosa, y se aseguró de que sus renuncias se reportaran en periódicos nacionales y extranjeros.

Después, con una prosa abrasadora, publicó un artículo en la *American Anthropologist* para denunciar las artimañas del inspector. En él, lo critica duramente por su ignorancia en métodos científicos modernos y afirma que él había sido el responsable de la destrucción de artefactos invaluables. Lo acusa, asimismo, de haberse enriquecido robando y vendiendo tesoros nacionales a extranjeros, y denuncia el caos intelectual que su departamento había provocado en el Museo Nacional de Arqueología, Historia y Etnografía. Además, se deleita en recordarles a sus lectores que Batres tenía un historial de robarse el crédito de los descubrimientos de otros y de interferir con el trabajo de consumados académicos, entre ellos Manuel Gamio, quien más tarde se convertiría en el primer antropólogo profesional del país —y en el más influyente—. Tenía la esperanza de que el gobierno reconociera, por un lado, las fallas de la Inspección con su "'sistema unipersonal', el cual ha provocado tantos abusos inauditos", y que, por otro lado, permitiera que expertos reales excavaran el pasado precolombino de México.[7]

A Batres le indignó que su reputación fuera puesta en duda —y además de manera tan pública—. Como respuesta, publicó un panfleto en la Ciudad de México, donde afirma que el artículo de Nuttall era una "diatriba" hecha por una mujer que no era ni siquiera una científica real, puesto que no tenía cualificaciones académicas formales.[8] De igual manera, les recuerda a sus lectores que se trataba de una mujer divorciada —un estatus poco o nada aceptado en esa época, especialmente en el México católico—; cuestiona las afirmaciones de Nuttall sobre la clasificación de antigüedades; menosprecia su juicio y la acusa de sentimentalismo e histeria. También cita una carta del secretario de Instrucción Pública y Bellas Artes que daba fe de la capacidad de Batres y de sus contribuciones al país. Él no iba a ser insultado, concluía, por una mujer exaltada que decía falsedades.

Al final, Batres sí fue destituido de sus responsabilidades, aunque esa decisión tuvo más que ver con la revolución que quitó del poder a Porfirio Díaz que con las acusaciones de la irascible extranjera. No obstante, un suspiro de alivio resonó en los círculos de antropólogos en México y Estados Unidos cuando Batres se retiró en 1911, y Zelia Nuttall fue celebrada por haberse enfrentado al inspector y por proteger las antigüedades ante la ignorancia y la corrupción.

Alrededor de un siglo después, se ha olvidado la mayor parte de los logros de esta pionera de la antropología, pero muchos recuerdan su enfrentamiento con Batres. Ambos quisieron derrotar al otro de la forma más escandalosa posible. Su confrontación, sin embargo, tenía que ver con algo mucho más allá de su animosidad y sus ambiciones personales, y provocó preguntas importantes: ¿Quién era por derecho el dueño del pasado de México?

[7]   Nuttall, "The Island of Sacrificios", 282.
[8]   Batres, *La Isla de Sacrificios*, 8.

¿Quién tenía el derecho de llevar a cabo expediciones y de escarbar entre ruinas? ¿Cómo debía entenderse la historia de las civilizaciones indígenas? La suya fue una disputa que se hizo eco de un problema mucho mayor sobre distintos modos de entender la ciencia y la identidad nacional en México y en Estados Unidos.

*

¿Quién fue esta mujer feroz que reclamó tanto para ella y para su ciencia? En los tiempos en que cruzó espadas con Leopoldo Batres, Zelia Nuttall era una mujer divorciada de mediana edad, una madre y abuela que vivía en una casa impresionante, llevaba el cabello recogido en un copete, y gustaba de usar chales, encajes y collares de azabache que colgaban en profusión por su voluminosa figura. La edad había oscurecido su complexión —se rumoraba que "parecía mexicana"— y necesitaba lentes gruesos para ver. De vez en vez, cuando la irritaban, escribía furiosos artículos para exponer a quien la había retado. Estaba en el centro de una extraordinaria red de amistades sociales, políticas y académicas, en el momento de una enorme transformación científica y cultural.

En sus días, Zelia Nuttall fue una figura de éxito y misterio. Según una leyenda que se repite frecuentemente, en una de sus veladas —mientras el servicio, ataviado con guantes blancos, circulaba con bandejas de pastelillos—, Zelia, ante la llegada de un invitado eminente, caminaba en su dirección para recibirlo, justo cuando sus calzoncillos victorianos se soltaron y cayeron a sus tobillos. Sin embargo, salió, con calma, de ellos y prosiguió como si nada hubiera pasado. Se dice que Teresita, su doncella, levantó la vergonzosa prenda y se la llevó velozmente. Zelia tenía, sobre cualquier otra cosa, confianza en sí misma.

Entre las décadas de 1880 y 1930, Zelia, que perseguía una vida de investigación y publicación, viajó implacablemente para examinar con detenimiento manuscritos olvidados hacía mucho tiempo en venerables bibliotecas y museos alrededor de Europa.

México le ofreció un lienzo vasto de unos diez mil sitios arqueológicos e innumerables artefactos, y ella, laboriosamente, los comparó con textos antiguos para darles sentido. Estaba fascinada por los dioses ancestrales y por los mitos, y quería reconstruir el mundo que los aztecas y otros pueblos habían conocido, mediante la comprensión de sus relatos sobre la creación y el tiempo. Incluso los fragmentos más pequeños hacían crecer su aprecio por las civilizaciones pasadas.

Pocos estaban tan familiarizados como Zelia con los relatos que los sacerdotes y soldados españoles habían dejado de sus encuentros con el Nuevo Mundo. Esos cronistas detallaron, en cartas, diarios, bitácoras y libros, lo que habían visto y lo que les habían dicho. Describieron, por ejemplo, sus códices plegados como biombos. Se trataba de libros que contenían los secretos de la tierra y las estrellas: relatos de peregrinaciones, mapas de aldeas, imágenes de mercados, talleres, botes, armamento y alijos de oro. Las evidencias de ese pasado glorioso fueron destruidas o dispersadas por la conquista española, al tiempo que la población indígena fue diezmada por la enfermedad, la hambruna y la crueldad. Zelia intentaría, entonces, reconstruir la memoria del "tiempo anterior" a la Conquista con los fragmentos y las historias que sobrevivieron.

Enfocó mucho de su energía e intelecto en aprender todo lo que se pudiera sobre la civilización azteca. Tenía instintos de cazadora, y era hábil para rastrear códices ancestrales y darles sentido a sus pictografías. Adhiriéndose a estándares rigurosos de acumulación y evaluación de evidencia, Zelia adquirió experiencia en la lectura de textos antiguos. Ello le permitió descifrar sus significados con un cuidado exquisito, así como traducirlos y sacar nuevo conocimiento a la luz. Estudiaba, comparaba, revisaba y volvía a revisar hasta estar convencida de que había desenterrado la verdad.

Zelia era citada como una autoridad en la antigüedad del Nuevo Mundo por medios como el *Chicago Tribune*, el *London*

Times, el *New York Times* y el *San Francisco Examiner,* y recibía invitaciones para ofrecer importantes conferencias. Le rindieron honores en una exposición internacional que se llevó a cabo para celebrar la apertura del canal de Panamá. El presidente Theodore Roosevelt la recibió en la Casa Blanca y el presidente William Howard Taft la invitó a una fiesta en sus jardines. Fue una de las juezas de la Exposición Mundial Colombina de 1893 en Chicago, organizada para exhibir los avances culturales y científicos de Estados Unidos. Fue también una de los primeros miembros de asociaciones académicas que fueron importantes para el creciente número de mujeres que perseguían una carrera científica.

Zelia Nuttall se sentía en casa entre la élite de Boston, Chicago, Nueva York, Filadelfia, San Francisco, Washington D. C., y las principales capitales de Europa, aunque su vida terminó en la penuria. Después de un breve matrimonio, enfrentó al mundo como una madre soltera que perseguía una carrera y mantenía a su familia, sin duda una empresa complicada cuando la sociedad "decente" se mostraba escéptica con las mujeres independientes, particularmente las divorciadas. A veces sola, y a veces con su hija, madre y hermana, viajaba y vivía por periodos extensos en Inglaterra, Alemania, Italia, México y Suiza, y emprendió con entusiasmo largas excursiones a Alaska, Hawái, Japón, Noruega, Rusia y Suecia. Hablaba de manera fluida varios idiomas europeos, y a menudo ofreció conferencias internacionales, desdeñando el convencionalismo de que las mujeres no debían exhibirse de esa manera. Asociaciones académicas la galardonaron con medallas de oro por su trabajo temprano sobre cabezas de terracota, por haber descifrado el Calendario Azteca y por la exhibición que organizó en la Exposición Colombina. Era apreciada por eminentes investigadores, y filántropos millonarios la apoyaron y promovieron su trabajo.

Zelia fue una de las protegidas de uno de los fundadores de la antropología moderna, Frederic Ward Putnam, y contaba, entre sus colegas de confianza, con luminarias tales como Franz Boas, Daniel Brinton, Alice Cunningham Fletcher y Alfred Maudslay. Su influencia se dejó sentir en la Universidad de Harvard, las universidades de California y Pensilvania, el Museo Metropolitano de Arte en Nueva York y el Museo Nacional de Arqueología, Historia y Etnografía de México, en el tiempo en que cada una de esas instituciones ensamblaba colecciones valiosas de las civilizaciones antiguas de Mesoamérica y de otros lugares. Defendió el trabajo de Manuel Gamio y encauzó las actividades filantrópicas de Charles Bowditch, Joseph Florimond, duque de Loubat, Phoebe Apperson Hearst, Sara Yorke Stevenson y otros personajes igualmente fascinados por las sociedades antiguas y que deseaban dejar su impronta en instituciones culturales de Estados Unidos.

Zelia Nuttall era conocida por haber descifrado el Calendario Azteca, por haber revelado el significado y la función de un brillante tocado de plumas y oro, y por haber localizado un documento del siglo XVI que arrojó nueva luz en torno a los viajes de Francis Drake. Metida entre pilas de documentos del Museo Británico, encontró, en un momento de epifanía, un relato pictórico indígena anterior a la conquista española: el que sería llamado Códice Nuttall. Fue asimismo la primera en transcribir y traducir otros manuscritos ancestrales, ya que sabía náhuatl, el lenguaje de los aztecas y de sus ancestros, y tenía la habilidad de entender sus relatos pictográficos. Identificó un nuevo periodo de la historia de Mesoamérica, el arcaico, y conoció, como pocos, la cerámica y los dioses de los aztecas, así como sus mitos y sus métodos para observar las estrellas que guiaban sus rituales y sus actividades diarias. Durante su vida, publicó alrededor de setenta y cinco artículos, y tres libros.

Era una persona exitosa, pero no era fácil vivir con ella, y se volvió más imperiosa con la edad. Si en su juventud Zelia había sido tímida y vacilaba a la hora de buscar reunirse con académicos eminentes, a los cuarenta años le daba indicaciones a un famoso profesor sobre cómo manejar su correspondencia y hacer sus reservaciones de hotel. Insistente en que se le diera crédito por sus descubrimientos y frecuentemente desdeñosa con cualquier opinión contraria a la suya, amedrentaba incluso a quienes ella esperaba que exhibieran sus colecciones y apoyaran su trabajo. Tenía, como notó un amigo suyo, "una sobresaliente confianza en la veracidad de sus teorías".[9] Parecía pensar que los plazos de entrega para las publicaciones no aplicaban para ella. Vivía cerca de su familia, aunque no siempre de forma armoniosa, y engatusaba a sus amistades y conocidos para sacarles dinero. Nunca vaciló en usar, para promover sus causas, la red de gente influyente que tenía a su alcance.

Zelia sería recordada tanto por su personalidad y estilo, como por sus logros. Pero más allá de eso, y en un nivel más profundo, las preguntas que hizo sobre el mundo precolombino mexicano fueron muy importantes: ¿quiénes fueron los pueblos que construyeron esas ciudades tan impresionantes y esos centros ceremoniales, y que comerciaban bienes a lo largo de miles de kilómetros? ¿Cómo estaban organizadas sus sociedades? ¿Qué comían, cómo se vestían? ¿Quién cultivaba la tierra, y quién elaboraba las flechas y los escudos, los murales y la cerámica cuyos fragmentos dieron testimonio de una civilización perdida? ¿Qué rituales se practicaban en sus templos, y qué podían revelar sobre las relaciones de los humanos con los dioses, sobre el significado que les daban a las estrellas y sobre sus creencias en torno a los orígenes de la vida? ¿Por qué tantas de esas sociedades florecieron y después desaparecieron?

Zelia Nuttall comprometió su vida a responder esas preguntas. Vivió en un momento propicio para hacerlo.

*

[9]   Tozzer, "Zelia Nuttall", 479.

Los avances de la ciencia animaban el mundo de Zelia. En la segunda mitad del siglo XIX eran celebrados y debatidos por todos lados los recientes descubrimientos en medicina, biología, geología, botánica, zoología, astronomía y arqueología. El progreso se respiraba en el aire. Los periódicos cubrían regularmente los debates que tenían lugar en las salas de conferencias de los congresos científicos, y casi todos los pueblos de Estados Unidos se jactaban de tener tanto una sociedad de historia natural como colecciones locales de plantas, insectos y artefactos. Las ciudades competían por ser anfitrionas de ferias internacionales de ciencia e invención; las universidades debatían sobre cómo dividir el campo clásico de la filosofía natural en departamentos especializados de biología, botánica, zoología, geología, y una gran cantidad de otras "-logías" del estudio científico. Había curadores que impulsaban la creación de museos dedicados a la educación pública sobre el mundo natural y las civilizaciones antiguas. Las mujeres de la alta sociedad se reunían a tomar té mientras eminentes personajes les explicaban sobre estrellas, cultos solares, formaciones de rocas y lagartijas.

Por supuesto, los victorianos no descubrieron la ciencia. Pero sí la desarrollaron, promovieron la fascinación generalizada por las cosas científicas y se dispusieron a clasificar y organizar personas, plantas, animales y cosas. Fue un tiempo, en palabras de John Pickstone, de "descripción y colección, identificación y clasificación, utilización y muestra [...], y de hombres y mujeres que amaban 'tomar nota' de sus alrededores".[10] El Congreso de Estados Unidos creó la Academia Nacional de Ciencias en 1863, y financió expediciones para explorar, trazar y medir las costas de la nación, así como sus ríos y montañas. Hubo organizaciones que habían sido creadas hacía poco —desde sociedades locales de naturalistas hasta la Asociación Estadounidense para el Avance de la Ciencia— cuyos miembros se multiplicaron de

[10] Pickstone, *Ways of Knowing*, 60.

manera significativa, y se fundaron nuevas revistas académicas, como *American Naturalist* (1867), *Science* (1880) y *American Anthropologist* (1880). Por su parte, *Popular Science* se publicó por primera vez en 1872 y *National Geographic* en 1888, y ambas se dedicaron a llevar a un público amplio noticias sobre ciencia, tecnología y descubrimientos.

Aquellos que se cuestionaban sobre cómo emergieron y crecieron las civilizaciones humanas fueron entusiastas participantes en esa época de descubrimientos. *El origen de las especies* de Charles Darwin, publicado sólo dos años después del nacimiento de Zelia, estimuló a filósofos y científicos a observar el mundo natural y la experiencia humana como nunca antes. En 1871 se publicó *El origen del hombre*, obra en la que el propio Darwin aplicó su teoría de la evolución a la vida humana. Los conocimientos del naturalista inglés —controversiales y hasta aberrantes para quienes se aferraban a las enseñanzas bíblicas sobre la creación y para quienes veían en el universo el trabajo de la mano de Dios— propiciaron un nuevo interés por la historia del planeta y la progresión entre civilizaciones, interés inspirado en la búsqueda de los eslabones de la cadena evolutiva. Investigadores como Zelia tenían la esperanza de encontrar, entre los escombros de asentamientos antiguos y en las tradiciones de sus descendientes, evidencia de la migración humana, de la evolución de sociedades primitivas y de distintos estratos del avance histórico en el arte, la arquitectura y la ciencia.

En las décadas posteriores a 1850, la antropología emergió lentamente como un campo científico con sus propios métodos, estándares y teorías. Sus practicantes fueron sobre todo apasionados de la arqueología, la paleontología, la etnología, el folclor, la lingüística, la cosmología, la evolución humana o la historia antigua, pero su búsqueda común fue el estudio de las culturas y sociedades humanas, en un esfuerzo por entender de dónde venían y cómo se habían desarrollado. Muchos enfatizaron la importancia de los métodos científicos de observación, la acumulación de evidencia y la comparación minuciosa de objetos.

Algunas de las preguntas que buscaron responder eran universales: ¿dónde se originó la civilización humana? ¿Cómo se puede encontrar, estudiar y entender el pasado lejano? Otras pertenecen a su época y sus creencias: ¿cómo las civilizaciones antiguas ayudan a ilustrar el progreso humano y la preeminencia de la cultura occidental? Sus métodos eran conscientemente científicos: la observación cuidadosa, la abundante toma de notas, las maneras de llevar a cabo la medición, catalogación y categorización, y el tejido meticuloso de distintas corrientes teóricas. No obstante, también cargaban con una serie de puntos de vista socialmente determinados sobre las jerarquías entre civilizaciones y razas que sesgaban sus observaciones y conclusiones, puntos de vista que las generaciones subsecuentes de antropólogos rechazarían terminantemente.

Así, esta nueva ciencia asumió, en sus primeras décadas, que había un progreso evolutivo entre civilizaciones, progreso que iba de los pueblos primitivos a los reinos antiguos, y de éstos a las sociedades industriales urbanas y modernas. Desde 1880, y hasta las primeras décadas del siglo xx, el darwinismo social —es decir, la equivocada aplicación de la teoría de la selección natural a las relaciones entre seres humanos propuesta por Herbert Spencer— legitimó las creencias sobre la jerarquía entre culturas y abrió el camino que llevaría a la idea de la supremacía de la raza blanca. En 1877, Lewis Henry Morgan propuso la teoría de que las sociedades humanas podían ser entendidas con base en un movimiento que iba de la vida salvaje a la barbarie y, finalmente, a la civilización.[11] "Empezando con los habitantes del acantilado y otras razas primitivas, se puede trazar el progreso del hombre en todas sus etapas de civilización y barbarie a través de las eras, hasta alcanzar los maravillosos trabajos del siglo

[11]   Véase Morgan, *Ancient Society*.

xix", dijo, entusiasta, un periodista al describir las muestras de antropología en la Exposición Mundial Colombina de 1893.[12] En ese momento, pocos disputaron tal conclusión. Los antropólogos creían entonces que su trabajo era el de explorar una multitud de civilizaciones pasadas, pero sólo porque éstas, al ser descubiertas y estudiadas, demostrarían la unidad y el progreso de la historia humana, un progreso milenario, cuyas zancadas habían llevado hacia las ricas, industriales, urbanas y avanzadas naciones de Occidente.

En esto, Zelia Nuttall no fue revolucionaria. No disputó esa visión del desarrollo cultural, ni su supuesta trayectoria evolutiva, ni propuso un paradigma alternativo para dar cuenta de la diversidad de creencias y prácticas sociales en el mundo. Aceptó las suposiciones de su época acerca de la raza y de la clase, y estaba cómoda con su pertenencia a una élite y con sus privilegios. Aun así, en su investigación, Zelia pocas veces hacía referencia a aquellos puntos de vista sostenidos con tanta vehemencia en su tiempo. No buscaba catalogar a las civilizaciones como primitivas, salvajes o bárbaras; tampoco se involucró en las teorías raciales del desarrollo. Es verdad que en una de sus publicaciones más importantes se expresó poéticamente sobre la unidad del desarrollo humano e interpretó las creencias cósmicas de múltiples civilizaciones como si fueran evidencias de que en el universo existe un solo dios.[13] Con mucha mayor frecuencia, sin embargo, sus observaciones la mantuvieron alejada de las grandes teorías del desarrollo y de las jerarquías raciales. Más allá de cierto tono de admiración por los logros de quienes vivieron en el pasado distante, describió y explicó sin juzgar —a excepción, claro, de cuando se proponía desestimar las opiniones de quienes no estaban de acuerdo con ella—. Pero incluso entonces, Zelia, para probar la pertinencia de sus argumentos, sabía echar mano

---

[12]   Shaw, "The World's Fair".
[13]   Nuttall, *The Fundamental Principles*.

tanto de hechos cuidadosamente recopilados como de su aguda razón.

Zelia Nuttall respetaba a "los antiguos" y sus logros en arte, arquitectura, gobierno, agricultura, religión, astronomía, comercio y otras áreas. Descifró el complejo sistema de signos y círculos del Calendario Azteca; identificó ornamentos y armas; explicó la disposición de jardines, estanques y canales; dio cuenta de la organización de redes comerciales y mercados locales; examinó canastas, así como piezas de cerámica y de arte plumario, y transcribió canciones ancestrales. Fue hija de su tiempo, pero fue también una observadora perspicaz.

Los entusiastas tempranos de la antropología solían reunirse en congresos anuales auspiciados por diversas asociaciones de reciente formación. Allí presentaban artículos y debatían ideas. Una de las primeras de aquellas asociaciones, la Sociedad de Antropología de París, fue creada a finales de 1850. Por su parte, el Congreso Internacional de Americanistas, que buscaba reunir a quienes compartieran la fascinación por saber cómo habían surgido las civilizaciones del Nuevo Mundo, fue organizado por primera vez en 1875 en Nancy, en el noreste de Francia. El primer museo de Estados Unidos dedicado por completo al nuevo campo, el Museo Peabody de Arqueología y Etnología de la Universidad de Harvard, abrió sus puertas en 1877.[14] En Nueva York, Filadelfia y Washington, entre otras ciudades, museos de arte contemporáneo, de historia natural y de arqueología también agruparon a entusiastas y académicos. Tales instituciones estaban ansiosas por hacer crecer sus colecciones y su reputación académica. Cada una de ellas se jactaba de su círculo de científicos y competía por ser el miembro más famoso de ese nuevo

---

[14] El Museo Peabody de Arqueología y Etnología de la Universidad de Harvard se había fundado en 1866 con una donación de 150 000 dólares de George Peabody, un comerciante estadounidense que vivía en Londres en ese momento. En 1867 tuvo su primera exposición. Y en 1877 se terminó de construir el recinto que desde entonces lo alberga.

club. Fue mediante esas asociaciones y museos que se difundieron el espíritu de la observación científica y la arrogancia cultural de esa época.

Es notable cómo, debido a que el campo en sus inicios no requería credenciales de educación formal, muchas mujeres aventureras persiguieron una carrera en la antropología. Alice Cunningham Fletcher vivió entre comunidades indígenas del oeste de Estados Unidos, y trabajó para que tanto los sitios arqueológicos como la música de los nativos americanos fueran preservados para su estudio. Erminnie Smith propuso un nuevo acercamiento académico a la cultura iroquesa, y la arqueóloga inglesa Adela Breton fue celebrada por sus exquisitas reproducciones en acuarela de murales en Chichén Itzá, Teotihuacan y otras partes de Mesoamérica. Sara Yorke Stevenson, una adinerada filadelfiana y pionera sufragista, exploró ruinas egipcias y ayudó a fundar el Museo de Arqueología y Antropología de la Universidad de Pensilvania. Alice Dixon Le Plongeon fotografió e hizo bosquejos de las ruinas de Chichén Itzá y Uxmal, y ayudó a desenterrar una famosa escultura de Chac mool —aquella figura de piedra que mira fijamente a sus admiradores con una indiferencia inamovible—. Anne Maudslay se volvió experta en los mayas mientras acompañaba a su esposo, Alfred, en sus expediciones. Elsie Clews Parsons y Matilda Coxe Stevenson hicieron aportes al conocimiento de las culturas de los nativos americanos en el oeste de Estados Unidos.

Mientras las costumbres sociales las ataban con corsés, les advertían de no fatigar sus ojos o agotar sus mentes con demasiado estudio y les prohibían votar, algunas mujeres habían empezado a experimentar una suerte de emancipación en la temprana investigación de campo. Además, unieron esfuerzos: leían entre ellas sus artículos y alentaban los trabajos de las demás, a la par que sus colegas hombres se negaban a invitarlas a sus grupos. La filántropa Phoebe Apperson Hearst fue especialmente importante para estas mujeres, pues apoyó sus viajes y excavaciones y las involucró en el trabajo museístico. Zelia tuvo una relación especialmente cercana con Breton, Fletcher, Hearst y Sara Yorke Stevenson; sus cartas indican lo importante que fue esa red para el desarrollo de sus actividades.

*

Durante los años que siguieron a la guerra civil estadounidense, algunos filántropos adinerados en Boston, Chicago, Nueva York, Filadelfia, St. Louis y Washington construyeron museos, bibliotecas, universidades, jardines botánicos y casas de ópera para exhibir las aspiraciones culturales de Estados Unidos. Estaban convencidos de que su país estaba destinado a revelar las alturas a las que podía aspirar la civilización humana. Con su dinero recién salido de fábricas, ferrocarriles, campos petrolíferos, bancos y minas, muchos ciudadanos ricos estaban deseosos de invertir en manifestaciones culturales, a fin de hacerles rivalidad a las renombradas instituciones europeas.

Los nuevos museos y sus benefactores financiaron expediciones de descubrimiento, exploración, recolección y clasificación. Al mismo tiempo, el imperialismo europeo pregonaba la idea de que la cultura occidental había alcanzado el cenit de las posibilidades humanas. Reliquias de Babilonia, China, Egipto, Tenochtitlan y otros centros ancestrales llegaban a raudales para llenar estos nuevos templos del conocimiento. Muchos de esos artefactos fueron reclamados como botín, algunos otros fueron comprados, pero otros habían sido simple y llanamente saqueados. Fuera cual fuese su procedencia, fueron etiquetados y estudiados por antropólogos, y admirados por ansiosas muchedumbres en las tardes dominicales. Los pueblos primitivos y los eslabones perdidos de la cadena evolutiva eran temas populares en conferencias y discusiones públicas. Diversas asociaciones, que habían sido fundadas por entusiastas, organizaban reuniones anuales cuyo fin era discutir el trabajo de sus miembros, el cual era luego reportado con fascinación por los periódicos de sus ciudades natales.

Las preguntas sobre el origen de los pueblos americanos resultaban particularmente intrigantes, y espoleaban el interés por comprender mejor los templos, pirámides e imágenes que habían dejado atrás. Los antropólogos de la generación de Zelia cazaron archivos en bibliotecas viejas y recolectaron artefactos. Estudiaron viviendas construidas en acantilados desiertos, templos enterrados entre las raíces enredadas de los árboles, joyería finamente labrada y piezas de cerámica rescatadas de cenotes sagrados, murales coloridos y canastas antiguas enterradas bajo rocas y tierra. Aquellos que se aventuraban en el desierto y penetraban en lo profundo de la selva en busca de ciudades perdidas eran aclamados como héroes cuando regresaban a casa cargados de historias sobre hallazgos en aldeas remotas y de bocetos de montículos de tierra que, al ser excavados, a veces revelaban palacios y templos alucinantes.

Antes de que esa generación de antropólogos encontrara su voz, las explicaciones comunes sobre los orígenes de las civilizaciones del Nuevo Mundo invocaban el relato de las tribus perdidas de Israel y postulaban la existencia de un viaje transatlántico en algún momento brumoso de la historia. Los sabios debatían sobre si habían sido los cananeos, los egipcios, los griegos, los "mahometanos", los fenicios, los escitas, o algún otro pueblo quienes habían viajado tan lejos para sentar las bases de la ciencia, la arquitectura y el arte que caracterizaron a las extraordinarias culturas antiguas mesoamericanas. Estaban fascinados por lo que se sabía de las reliquias, el lenguaje y las prácticas culturales de los aztecas, mayas, olmecas y toltecas. Algunos tenían la esperanza de encontrar genealogías entre los habitantes indígenas y establecer una línea temporal del asentamiento del Nuevo Mundo.

Había mucho para tentar a esos pioneros. Los relatos sobre la opulencia de las civilizaciones precolombinas habían sido material de leyenda desde tiempos de la conquista española. Bernal

Díaz del Castillo, acompañante de Hernán Cortés en 1519, reportó que, a su llegada al Valle de México, "aun algunos de nuestros soldados decían que si aquello que veían si era entre sueños. [...] [L]a manera de los palacios en que nos aposentaron, de cuán grandes y bien labrados eran [...], con grandes patios e cuartos, cosas muy de ver".[15] Los españoles habían encontrado el camino a una de las ciudades más grandes del mundo y, cuando llegaron a ella, quedaron deslumbrados por su belleza y orden.[16]

Cholula, Palenque, Teotihuacan, Tula y otras ruinas urbanas suscitaban afirmaciones fantásticas. En 1794, fray Servando Teresa de Mier propuso que una suerte de cristianismo primitivo había llegado al Nuevo Mundo, gracias al peregrinaje de santo Tomás, uno de los apóstoles de Jesús, en los años posteriores a la crucifixión. A inicios del siglo XIX, Juan Galindo tenía la certeza de que las ruinas de Copán eran muestra del trabajo de las razas más antiguas de la Tierra y afirmaba que los egipcios habían obtenido sus habilidades en astronomía y arquitectura de los mayas.[17] En una fecha tan tardía como 1879, Edward Thompson planteaba que la civilización maya de la península de Yucatán podía haber surgido como un remanente de la isla perdida de Atlantis.[18]

Muchos monumentos eran bien conocidos por los habitantes locales y los viajeros mucho antes de que los antropólogos se dispusieran a interpretarlos. En sus alrededores, se podían

[15] Díaz del Castillo, *The History of the Conquest of New Spain*, 156. [Para transcribir las citas originales de la obra de Bernal, manejamos la edición crítica de Carmelo Sáenz, publicada por el Instituto "Gonzalo Fernández de Oviedo" en 1982, con la colaboración del Instituto de Investigaciones Históricas de la Universidad Nacional Autónoma de México. La cita corresponde al capítulo LXXXVII, p. 176. Al transcribir la cita, notamos, por cierto, una pequeña inexactitud: la descripción de Bernal no se corresponde con su llegada a Tenochtitlan, sino a Iztapalapa, que en ese momento no eran la misma ciudad, aunque sí parte del mismo esplendor (n. de los trads.)].

[16] Se estima que la población de Londres y París a principios del siglo XVI era de alrededor de cincuenta mil y trescientos mil habitantes, respectivamente. Tenochtitlan tenía una población de doscientos mil cuando Cortés llegó a la ciudad isla.

[17] Carrasco, *The Aztecs*, 7-13.

[18] Thompson, "Atlantis Not a Myth".

recolectar artefactos antiguos casi en cualquier lugar donde se removiera un poco la tierra. Los reportes acerca de las maravillas de Copán, en lo que ahora es Honduras, aparecieron por primera vez en 1576. "Hay muchas cosas que demuestran haber habido allí gran poder y concurso de hombres e pulicía, y mediana arte en la obra de aquellas figuras y edificios", le escribió Diego García de Palacio al rey Felipe II de España después de una expedición a ese lugar.[19] Por su parte, la cuidad enterrada de Palenque, con sus dieciocho palacios y numerosas edificaciones, fue descrita por José Antonio Calderón en 1784.

Durante los trabajos de renovación de la plaza central de México, el Zócalo, en 1790, se descubrieron una enorme efigie de la Coatlicue, la diosa de la tierra, y el Calendario Azteca. A partir de ese suceso, Antonio de León y Gama, astrónomo y explorador mexicano, escribió acerca de los extensos "conocimientos que poseyeron los indios de esta América en las artes y ciencias, en tiempo de su gentilidad".[20] Alexander von Humboldt vio la piedra del Calendario, la estatua de Coatlicue y lo que podía observarse de las pirámides de Cholula y Teotihuacan cuando visitó México en 1803. Estaba convencido de que William Robertson y otros sabios del siglo XVIII habían entendido todo mal

---

[19]   Diego García de Palacio, "Carta dirigida al Rey de España por el Licenciado Don Diego García de Palacio, Oydor de la Real Audiencia de Guatemala, año de 1576", citado en Carlsen, *Jungle of Stone*, 119. [Hay una edición en español del libro de Carlsen: *Jungla de piedra* (José Manuel Osorio, trad., Barcelona, Crítica, 2022). La cita está en la página 158: "Aquí fue antiguamente la sede de una gran potencia y un gran pueblo, civilizado y considerablemente avanzado en las artes, como lo demuestran diversas figuras y edificios". Sin embargo, hemos logrado rastrear la cita original —Osorio retraduce del inglés—, gracias a una edición de la carta dentro del volumen misceláneo *Documentos históricos del siglo XVI para El Salvador* (San Salvador, Concultura, 1996, pp. 29-54). La cita está en la página 53 (n. de los trads.)].

[20]   Antonio de León y Gama, citado en Carrasco, *The Aztecs*, 11. [Rastreamos la cita en la edición príncipe: León y Gama, *Descripción histórica y cronológica de las dos piedras que con ocasión del nuevo empedrado que se está formando en la plaza principal de México, se hallaron en ella el año de 1790*, Ciudad de México, Impr. de don Felipe de Zúñiga y Ontiveros, 1792 (n. de los trads.)].

cuando afirmaron que esa región fue "alguna vez habitada sólo por hordas salvajes" y que ninguna de esas impresionantes construcciones precedía a la conquista española.[21]

En las décadas de 1830 y 1840, la notable diarista escocesa-estadounidense Fanny Calderón de la Barca, esposa del primer embajador español del México independiente, visitó Teotihuacan y se impresionó por el "Camino de los Muertos; y [los] centenares de un sistema de pequeñas pirámides truncas, alrededor de las mayores (los Templos del Sol y de la Luna)". También observó que "todavía suelen encontrarse por estos llanos profusión de pequeños ídolos de barro y fragmentos de obsidiana en forma de cuchillos y flechas, con los cuales los sacerdotes abrían los pechos de sus víctimas".[22] Las cartas, diarios y libros escritos cuando el Viejo Mundo se encontró con el Nuevo, así como los códices y las leyendas que lograron escapar de la devastación de la Conquista, proporcionaron un cúmulo de información para quienes deseaban entender cómo vivían los antiguos mexicanos y cuáles habían sido sus creencias. Precisamente en el conocimiento profundo de esos reportes tempranos es que Zelia Nuttall fundó su reputación como una académica seria.

*

La mayoría de quienes formaban parte de esa nueva tribu de antropólogos, ya fuera que trabajaran independientemente o

---

[21]   Alexander von Humboldt, citado en Deuel, *Testaments of Time*, 482; véase también Robertson, *The History of America*. Durante su estancia en México, Humboldt compró lo que quedaba de un manuscrito ancestral, que más tarde se conocería como el Códice de Dresde, así como otros artefactos.

[22]   Calderón de la Barca, *Life in Mexico*, 218. [En el caso del libro de Madame Calderón de la Barca, en lugar de traducir directo del inglés, hemos preferido acudir a la traducción clásica de Felipe Texidor, publicada por Porrúa en 1959 (con sucesivas reimpresiones), bajo el título de *Vida en México*, a fin de facilitarles las cosas a quienes lean este libro y deseen acudir a una edición en español de la obra de la viajera decimonónica. La cita corresponde a la carta XVI, y se encuentra en la página 114 (n. de los trads.)].

patrocinados por museos y universidades europeos y estadounidenses, afirmaban que las antigüedades de mucho valor serían mejor estudiadas y preservadas si eran resguardadas por quienes tenían los más altos estándares y la mayor experiencia en ese campo de trabajo —es decir, ellos y sus patrocinadores—. Para reforzar esas afirmaciones, llamaron la atención sobre la degradación de las ruinas y artefactos causada por el viento, la lluvia y el paso del tiempo, así como sobre los trabajos de conservación mal financiados, las excavaciones sin supervisión y los ladrones locales de tumbas. Argumentaron, así, que ellos estaban salvando el pasado al llevarse todos esos vestigios a lugares seguros —como los museos modernos—, en donde serían estudiados, almacenados y protegidos.

Las voces que desafiaban a esos antropólogos que buscaban llenar, con los tesoros de otras naciones, los museos de Europa y Estados Unidos a menudo no eran escuchadas, ya que las leyes y restricciones institucionales creadas para proteger las antigüedades generalmente se cumplían sólo de manera superficial o de plano se ignoraban. Los cazadores de tesoros, los coleccionistas y los arqueólogos aficionados regularmente se apropiaban de lo que encontraban y se lo llevaban. Algunas veces, también se hallaban artefactos a la venta en tiendas especializadas en antigüedades, y en otras ocasiones, los arqueólogos sobornaban a los oficiales de las aduanas para que ignoraran lo que iba, debajo de capas de ropa y de libros, dentro de sus baúles, destinados a Nueva York, Nueva Orleans o Southampton, Inglaterra.

Alfred Tozzer, un joven y brillante académico de Harvard, dejó Yucatán rumbo a Boston en 1905, vestido con un chaleco de pequeños bolsillos que llenó con objetos sagrados para los mayas, hechos de oro y de jade.[23] Adela Breton, famosa por las brillantes y exactas pinturas que hacía de los murales ancestrales, estaba agradecida con Pablo Solorio, su sirviente, por haberle

---

[23] Alfred M. Tozzer a su familia, 20 de abril de 1905, Tozzer Papers.

traído "una linda y pequeña colección de antigüedades [...] del vecindario de su pueblo. Casi en todas partes, una pequeña excavación basta para desenterrar objetos de concha y jadeíta, buenas lanzas de pedernal y jarras de obsidiana, y montones de cuentas y ornamentos, sobre todo de concha".[24] Breton donó muchos de esos objetos a la Real Institución Literaria y Científica de Bath y al Museo Británico. También hubo ocasiones en que coleccionistas privados que se habían cruzado con antigüedades en una gran variedad de formas, legales e ilegales, vendieron sus colecciones y las enviaron a museos en Estados Unidos y Europa. Zelia estaba entre ellos.

Pero aquellos que se apropiaban de tesoros nacionales no eran siempre extranjeros. De Leopoldo Batres, por ejemplo, se sabía que había vendido artefactos a coleccionistas fuera de México; había tenido muchos cómplices, desde granjeros pobres que vivían cerca de sitios arqueológicos hasta coleccionistas adinerados que querían exhibir su botín en los salones de sus mansiones. Antigüedades inestimables, así como una gran cantidad de falsificaciones muy bien hechas, encontraron, así, hogares acogedores en México y en el extranjero.

A pesar de que muchas de las antigüedades viajaron hacia el norte y el este a través del océano, México entró en su propia "edad dorada" bajo el largo mandato del presidente Porfirio Díaz. La élite del país, ansiosa por afianzar a México como una nación moderna, adoptó modas europeas de vestimenta, arquitectura y educación, luchando por demostrar hasta qué grado pertenecían a la gran civilización occidental. De cualquier manera, la élite mexicana europeizada vacilaba, pues no estaba segura de contar con la buena estima de aquellos quienes reclamaban su propia primacía. Después de todo, de acuerdo con su punto de vista, la mayor parte de los ciudadanos mexicanos eran

[24]   Adela Breton a Frederic Ward Putnam, 19 de junio de 1904 (citado en McVicker, *Adela Breton*, 45).

campesinos pobres que vivían en pueblos y hablaban maya o náhuatl, o mestizos de piel morena y educación rudimentaria. Las carreteras de México eran, en su mayoría, sinuosos caminos de tierra; buena parte de su comida se producía sólo para la subsistencia; la mayoría de su gente era analfabeta.

A los mexicanos privilegiados les preocupaba que su nación no pudiera ser considerada propiamente como uno de los grandes países del mundo, cuando su población estaba tan evidentemente "atrasada" y era iletrada. ¿Cómo podía México afirmar con seriedad que era una nación cuando era, en la realidad, un mosaico de culturas, costumbres y prácticas? En muchas zonas rurales, los locales se identificaban más con sus pueblos o regiones —*la patria chica*—[25] que con ese lugar llamado México. Fue así que, sin alterar el orden social, las élites y sus gobiernos buscaron formas de suprimir la vergüenza cada vez mayor que les producían las condiciones de su país.

Su ansiedad disparó la inversión en infraestructura moderna: ferrocarriles, amplias avenidas urbanas, tranvías, mercados bien establecidos, fábricas y casas de ópera, todo ello construido para mostrar el avance del país y sus ciudades, justo como estaba ocurriendo al otro lado de la frontera, en Estados Unidos. Otra de sus soluciones fue centralizar el poder en la Ciudad de México —lo cual le permitió al gobierno federal expandir su influencia— y entrenar a un ejército nacional para vigilar su dominio. Un remedio más fue desarrollar y difundir un relato sobre el origen de la nación, basado en gran medida en el pasado indígena y sus logros. Bajo el estandarte de "Orden y Progreso", las élites porfirianas "recurrieron a la antigüedad para presentar a México como una nación unificada con un sofisticado pasado ancestral", explica Cristina Bueno. "La antigüedad era una fuente de orgullo, una manera de contrarrestar la imagen de México como una nación inferior y colocar al país en una posición de mayor

[25] En español en el original (n. de los trads.).

igualdad con respecto a las fuerzas dominantes del mundo".[26] Aquel nuevo relato sobre los orígenes nacionales se remontaba, así, a un tiempo en el que los templos se elevaban hacia un cielo brillante y estrellado, los sacerdotes entonaban canciones a los dioses ancestrales y corredores traían tributos desde lejos para honrar y apaciguar a los señores de la tierra. Ésa fue la historia que Leopoldo Batres buscó sustentar durante su trabajo como inspector de monumentos.

*

Un fuerte compromiso con la ciencia y con una concepción progresiva y racializada de la historia humana; una nueva tribu de antropólogos que excavaban en busca de evidencia de civilizaciones pasadas; élites en Estados Unidos dedicadas a demostrar su avance cultural; y un México en busca de un relato sobre su origen que promoviera un sentido de pertenencia nacional: vaya momento exuberante para la ciencia, la exploración y las ambiciones nacionales. Cuando, a finales del siglo XIX e inicios del XX, comenzaron a emerger diversas instituciones culturales modernas, éstas fueron moldeadas, en un sentido profundo, por la curiosidad intelectual de pioneros como Zelia Nuttall. Ella formó parte de los entusiastas que impulsaron las asociaciones que reunieron por primera vez a investigadores antropológicos, promovió la creación de museos que fomentaban el estudio del mundo antiguo, influyó en las universidades que afirmaban tener experiencia en la interpretación del pasado y alentó el trabajo de las personas que, como ella, estaban forjando una nueva disciplina.

Hacia el final de la vida de Zelia, sin embargo, la antropología la había sobrepasado. Para entonces, la disciplina había adoptado ya una perspectiva revolucionaria sobre los orígenes de

[26]   Bueno, *The Pursuit of Ruins*, 7.

la cultura e insistía en la importancia del entrenamiento académico. Las nuevas generaciones de antropólogos plantearon preguntas complejas: ¿la evolución realmente demostraba la idea
del progreso constante de las civilizaciones humanas? ¿No era
más apropiado ver a cada cultura a través de sus propias lentes, apreciando lo que cada una había conseguido y tratando de
comprender lo que podría enseñarnos sobre la invención y la supervivencia humanas?[27] ¿En dónde estaba la evidencia de que la
identidad racial estaba vinculada a los logros culturales? Con el
tiempo, Zelia Nuttall fue en gran medida olvidada, mientras las
generaciones subsecuentes de académicos buscaban enfatizar la
autoridad de sus propios trabajos y sus credenciales para llevarlos a cabo.

Aun así, las preguntas que planteó el trabajo de Zelia siguen vigentes y resuenan en ciertas disputas contemporáneas.
¿Cómo deberían ser valoradas las civilizaciones antiguas? ¿Cómo
afectan las identidades nacionales y étnicas nuestra comprensión de los aztecas, egipcios, incas, mayas y otras civilizaciones
ancestrales? ¿Bajo qué estándares deberíamos juzgar prácticas
antiguas como la esclavitud, los sacrificios humanos, la guerra y la opresión? ¿Y a quién le pertenece el pasado? ¿Deberían los mármoles de Elgin ser un tesoro del Museo Británico?
¿Debería la Universidad de Harvard reclamar como propias
piezas que son testimonios invaluables de la gloria de los aztecas y los mayas? ¿Quién es el preservador adecuado de los
huesos, abalorios y herramientas de los indígenas americanos?
¿Los museos del primer mundo y sus colecciones están mejor
preparados para proteger las antigüedades de países como Irak
y Siria, devastados por la guerra, que sus propias instituciones?
¿Bajo qué condiciones los tesoros de Benín deberían ser regre-
sados a su tierra natal?

---

[27]   Para una excelente historia de la generación de antropólogos siguiente a la de
Nuttall, véase King, *Gods of the Upper Air.*

Todas estas preguntas nos regresan a una era crítica en la vida de las instituciones culturales contemporáneas, cuando una generación de pioneros buscó las raíces de las civilizaciones humanas y una nueva ciencia estableció cómo debían ser estudiadas. Ése fue el momento en que museos y universidades reclamaron la tutela de artefactos históricos, y las naciones y sus élites afirmaron su derecho a tomar posesión del pasado. Ése fue el momento en que Zelia Nuttall fue famosa.

1. UNA NUEVA CIUDAD Y UN MUNDO ANTIGUO

La vida de Zelia Nuttall estaba vinculada a México por medio de su madre y de un documento legal que se firmó el 8 de mayo de 1849. Ese día, su abuelo, John Parrott, asistió a una incómoda reunión en la Ciudad de México con su examante, Carmen Barrera, la hija de quince años que tuvieron juntos, Magdalena, un recto y severo abogado, un notario y un tutor y fideicomisario. La cara redonda y seria de Parrott, con sus cejas fruncidas y sus ojos intolerantes, subrayaba lo difícil de la situación. Había pasado la mayor parte de las últimas dos décadas en México comprando y vendiendo distintos productos, haciendo tratos y regateando. Ahora, a sus treinta y ocho años, quería trasladar a Magdalena a Estados Unidos para que allá continuara con su educación. Necesitaba el permiso legal de la madre mexicana para llevársela. Mientras Parrott exponía sus planes para el futuro de su hija, la atmósfera era tensa.

Parrott hizo entonces su oferta: Barrera recibiría un estipendio de 50 pesos al mes por permitir que su hija pasara tres años en el extranjero. En Estados Unidos, Magdalena sería educada en un "establecimiento católico" y, después del tiempo designado, podría escoger entre regresar con su madre o continuar viviendo con su padre. Además, aunque Magdalena era "ilegítima", Parrott se comprometía a "dejarle en su testamento la mayor parte posible de sus bienes, de acuerdo con las leyes del país donde muriera, incluso si llegara a tener hijos legítimos". Y si moría, en cambio, sin un testamento, le correspondería a su hija "un quinto de sus bienes".[1] Después de consultarlo con su abogado, Barrera decidió que la oferta era aceptable. El documento que exponía los términos fue firmado y Magdalena empacó sus maletas.

John Parrott regresó a Estados Unidos con la joven Magdalena a cuestas y la inscribió, en cumplimiento de su compromiso, en la Academia St. Joseph en Emmitsburgo, Maryland. En los años siguientes, Parrott sopesó prospectos de negocios en California, se casó, y en 1853 hizo el arduo trayecto a San Francisco con su nueva esposa, su hija mitad mexicana y tres sirvientas. La familia y su séquito salieron en barco desde Baltimore con destino a Panamá; allí siguieron una ruta sofocante y llena de mosquitos por tren, bote y carruaje a través del istmo, hasta llegar a la costa del Pacífico, en donde abordaron el Golden Gate, uno de los miles de barcos de vapor que llegaban al año al agitado y rudo San Francisco cargados de mineros, comerciantes y malhechores, todos en busca de una fortuna veloz. Eran parte de un vasto movimiento: la fiebre del oro de California.

Pero las circunstancias de John Parrott eran distintas a las de todos ellos, porque él ya era adinerado. Para muchos de los primeros buscadores de oro de California era difícil conservar las riquezas de sus hallazgos. Parrott, por su parte, estaba determinado a mantener su riqueza, a hacerse con la de otros y a asegurarse de que su familia prosperara mientras, en los años por venir, una clase aristocrática se iba poco a poco asentando en la ciudad. Pidió préstamos, compró y vendió propiedades, e importó mercancías de alta demanda. Después fundó un banco e

---

[1]   "Arreglo", traducción de un documento original en español, en Jostes, *John Parrott*, 74-75. [No logramos rastrear el documento original en español, así que retradujimos del inglés [n. de los trads.)].

invirtió en ranchos y minas. Y todo con tanto éxito que, cuando murió, era una de las personas más ricas de California.

En 1854, un año después de la llegada de la familia a San Francisco, Magdalena se casó con Robert Nuttall, un prominente doctor irlandés, amigo y confidente de su padre. Ese mismo año, a los veinte, dio a luz a un hijo, John Robert, y en 1857 a una hija, Zelia María Magdalena. Robert Nuttall era un estimado miembro de la comunidad científica local, y a su lado Magdalena llevó una vida cómoda, en la que supo ocuparse de un hogar en crecimiento —en total tendría seis hijos— y hasta pudo darse el lujo de cultivar su pasión por coleccionar encaje antiguo. Y es que el abuelo millonario de Zelia se aseguró de que los Nuttall fueran parte de la élite local.

El San Francisco de los primeros años de Zelia llevaba aún las marcas de sus rudos inicios: era una ciudad llena de basura, lodo y ratas de tamaño y diversidad memorables, apestosa a estiércol y a drenaje, y con frecuencia temerosa por el cólera.[2] Era sabido que caballos y hombres se ahogaban entre la boñiga revuelta por las idas y venidas de sus toscos habitantes. Los asesinatos y los asaltos abundaban, y los grupos violentos hacían inútiles todos los esfuerzos de imponer orden, incluidos los realizados por vigilantes clandestinos. Pero ¿qué más se podía esperar de una ciudad que, en apenas unos cuantos años, había pasado de ser un pueblo arenoso de sólo unos cientos de habitantes a una metrópoli de cincuenta mil, si además esa nueva población había sido atraída por las historias sobre la enorme riqueza al acecho en minas y arroyos cercanos, y sobre cómo los aguardaba la oportunidad de hacerse ricos de forma súbita?[3]

---

[2]   Véase Soule, Gihon y Nisbet, *The Annals of San Francisco*, especialmente los capítulos 9 y 23.

[3]   Un censo de agosto de 1847 reportó que sólo 579 personas vivían en San Francisco, sin contar los soldados en guardia; véase Hittell, *A History of the City of San Francisco*, capítulo 3, sección 50.

El San Francisco que recibió a John Parrott y a su familia estaba lleno de tiendas de campaña, chozas y fachadas de madera desvencijadas. El fuego destruía con regularidad cuadras enteras de casas construidas apresuradamente y amontonadas entre sí. Cerca de la costa, había barcos estancados en el lodo —muchos de ellos abandonados por tripulaciones ansiosas de hacer su fortuna en los yacimientos de oro—, que servían de hostales para una población casi enteramente masculina, inquieta y con frecuencia violenta. Otros aventureros hallaban precarios alojamientos en hoteles improvisados y casas de huéspedes. Iglesias recién construidas compartían la acera hecha de tablones con burdeles y casas de juego. Los productos básicos estaban disponibles intermitentemente y a precios elevados; los cultivos locales se pudrían en los campos por la falta de trabajadores, y el escorbuto era común debido a la escasez de frutas y verduras. Los proveedores que satisfacían las necesidades de equipamiento de los buscadores de oro hicieron fortuna rápidamente, mientras que muchos de los mineros, desgastados y desilusionados, murieron en la pobreza. San Francisco era entonces una ciudad con más de cincuenta casas de juego y quinientas tabernas, así como incontables tiendas y comercios que abastecían a aquellos que apostaban su futuro a la promesa del oro. Los hombres superaban en número a las mujeres, en una proporción de cinco a uno. La mayoría de los hombres tenía entre veinte y cuarenta años, y una porción significativa de la población femenina subsistía precariamente gracias al trabajo sexual.[4]

Los primeros años de Zelia estuvieron marcados por los cambios constantes de esa ciudad con grandes aspiraciones. Las colinas de San Francisco fueron desplazadas, carretada tras carretada, hacia la bahía, para expandir sus fronteras, y la población se duplicó hasta los cien mil habitantes. Por todas partes aparecían, como por arte de magia, edificios de piedra y calles

---

[4]   Soule, Gihon y Nisbet, *The Annals of San Francisco*, 252, 488.

adoquinadas. Los precios enormemente fluctuantes de los bienes y tierras dependían de la disponibilidad del oro y de la llegada azarosa de barcos. Aquel San Francisco en auge ofrecía una perspectiva optimista del futuro, pero los altibajos de su economía también producían una sensación de inseguridad e inestabilidad. La violencia del salvaje Oeste, las armas de fuego y la embriaguez estaban por todos lados, y John Parrott era uno de los muchos ciudadanos justicieros y organizados que se apresuraban a castigar a los malhechores, aunque tales castigos tenían un efecto muy poco duradero. La joven Zelia debe de haber oído todo sobre robos, vandalismo, asesinatos, libertinaje y corrupción durante las conversaciones en el desayuno, mientras escuchaba las historias de su abuelo sobre cómo, en cuanto parte de un grupo de justicieros, había intentado atemorizar a unos delincuentes para que se fueran de la cuidad y así controlar la violencia.

No obstante, este mismo San Francisco era a la vez un emocionante enclave cosmopolita. La llegada de barcos provenientes del otro lado del Pacífico, o de Panamá, o del este por la vía del Cabo de Hornos, era algo cotidiano en la vida de Zelia y de su familia. La fiebre del oro traía impresionantes cantidades de aventureros ambiciosos oriundos de Australia, Chile, Inglaterra, Francia, Alemania, Hawái, Irlanda, Italia, Perú y Escocia, que se unían a los que llegaban en masa desde las costas orientales de Estados Unidos. Hubo rusos que descendían desde Alaska y trabajadores chinos que se enrolaban para trabajar en las minas y las construcciones. Se utilizaban monedas de todo el mundo: rupias, florines, florines neerlandeses, francos, chelines, dólares, vales, y, por supuesto, oro. La mermada población indígena, así como los descendientes de los primeros colonos que habían llegado cuando esas tierras pertenecían a España y después a México, fueron tratados con indiferencia por los recién llegados.

Más adelante en la vida, Zelia sería reconocida por hablar varios idiomas. Esa facilidad tuvo cimientos tempranos, no sólo por el español de su madre mexicana, sino también por la mezcla

de idiomas que hablaban las personas de servicio y los trabajadores de su casa. Los residentes chinos, franceses, italianos y
rusos eran lo suficientemente numerosos como para tener sus
propios barrios. Como si tal diversidad fuera poca, la adinerada
familia Parrott contrató a una doncella francesa, a una niñera
de Nueva York, a una camarera, una lavandera, un ama de casa,
un cochero y un mozo de cuadra de Irlanda, a un mayordomo
de Suiza, a un cocinero y un ayudante de cocina de Francia, y a
nueve jornaleros de China.[5] Casi todo el mundo venía de fuera,
hablaba un idioma importado, tenía su propia cocina, y celebraba dioses, santos y días festivos diferentes. Una nueva cultura
estaba siendo creada.

Esos primeros años en San Francisco fueron para Zelia una
valiosa enseñanza sobre el potencial de las mujeres para llevar
vidas más independientes. El desequilibrio poblacional provocaba que las mujeres tuvieran opciones que no estaban disponibles en otros lugares. Si bien podían encontrarse en situaciones
peligrosas si se aventuraban demasiado lejos o solas en esa ciudad aún sin ley, el matrimonio era un mercado favorable para
ellas. La Constitución estatal les daba a las mujeres el derecho a
poseer bienes, incluso después de haberse casado, una disposición inusual en ese entonces, a excepción de los estados del oeste.[6] Las mujeres administraban granjas e invertían en negocios,
y no era poco habitual que vistieran con pantalones y camisas y
sombreros "de hombre".[7] Algunos dueños de burdeles llegaron a
ser ricos e influyentes —y muchos de ellos eran, de hecho, mujeres—. En este ambiente, pues, como he dicho, las mujeres tenían
opciones. Además, la tasa de divorcios era considerable para la

[5]   Jostes, *John Parrott,* 185.
[6]   Massachusetts fue líder en materia de derechos económicos de las mujeres en el
       siglo XIX, al aprobar la Ley de Propiedad de las Mujeres Casadas en 1855, que
       permitía a las mujeres casadas poseer y vender propiedades, y tener control sobre
       las ganancias.
[7]   Soule, Gihon y Nisbet, *Tha Annals of San Francisco,* 259; véase también Starr,
       Americans and the California Dream, 357-364.

época, y la mayoría de las peticiones de divorcio eran hechas por mujeres. Así, una niña que creciera en esa frontera áspera estaba sujeta a menos constricciones que sus contemporáneas en ciudades más establecidas, como Boston, Nueva York, Filadelfia y Washington D. C., lugares que serían importantes para Zelia más tarde en su vida.

Mientras crecía, Zelia aprendió acerca del orgullo y los prejuicios de Estados Unidos. California era parte de Estados Unidos desde hacía poco tiempo: apenas nueve años antes de que ella naciera. Las raíces indígenas y mexicanas de ese territorio, así como la afluencia de cazadores de fortuna de tantas partes del mundo, crearon un ambiente propicio para la política estadounidense contra la inmigración, impulsada por una rama del movimiento *Know-Nothing*. Los chinos fueron el grupo que sufrió mayor discriminación y fueron víctimas frecuentes de abusos y de violencia grupal, por ser tanto diferentes como pobres, pero los residentes hispanohablantes e indígenas fueron también blanco de agresiones chovinistas. La madre de Zelia, Magdalena, se salvó del vituperio porque era una Parrott, pero su descendencia era aun así vista con recelo. Se esperaba de los australianos que fueran unos sinvergüenzas —les llamaban "los convictos de Sídney"—, pero, al desembarcar, eran ellos quienes se enfrentaban a masas enfurecidas.[8] A pesar de su infancia privilegiada, Zelia no se libró del prejuicio anticatólico que estaba profundamente arraigado en Estados Unidos en aquel momento. En sus primeros días, el movimiento *Know-Nothing* en California se ensañó en particular con los irlandeses, a fin de desterrarlos de la política, y una élite protestante buscó limitar la proliferación de escuelas establecidas por órdenes religiosas católicas.[9]

La vida temprana de Zelia estuvo marcada también por la Guerra Civil. Aunque California se encontraba lejos de los

[8]   Bancroft, *The Works of Hubert Howe Bancroft*, 23: 762.
[9]   Starr, *Americans and the California Dream*, 93-95.

campos de batalla que fueron el escenario de horribles muertes y de destrucción, las divisiones nacionales se reflejaban en la política local. La fiebre del oro atrajo a una gran población de los estados sureños —el abuelo de Zelia era de Tennessee; su abuelastra de Alabama—, y los asuntos relacionados con la secesión y la esclavitud eran sujetos de intensos debates antes de que el estado se incorporara a la Unión en 1850. Cuando empezó la guerra, algunos políticos buscaron que California se uniera a la Confederación. En vez de eso, el estado envió varios regímenes de caballería e infantería a pelear por el Norte y le suministró a ese ejército no sólo generales, como Edward Baker, Henry Helleck y William T. Sherman, sino también una cantidad considerable de oro para avivar el conflicto. Un legado de la Guerra Civil fue la instalación, en 1861, de una línea telegráfica entre Nueva York y San Francisco, como lo fue también la llegada intempestiva de nuevos habitantes que llegaban desde el este, buscando escapar de la violencia y el reclutamiento.[10]

Desde sus primeros años, Zelia supo que había un peligroso pero emocionante mundo a su puerta; la extraordinaria diversidad de la población, los idiomas y los destinos de San Francisco eran reflejo de ello, como lo eran también las historias que contaban sus padres y abuelos. Por supuesto, fue protegida de los aspectos más turbulentos de esa ciudad en rápido crecimiento. En la casa de los Parrott, en el 103 de la calle Montgomery, la familia y los empleados la vigilaban cuidadosamente, para asegurarse de que no fuera abordada en la calle por ningún vagabundo o borracho indeseable, y para mantenerla segura de los caballos y los vagones que pasaban. Su familia estaba muy unida y, si bien a veces los afectaban las vicisitudes de una economía no regulada, nunca les faltó nada. Zelia entendió que las riquezas de su familia la hacían merecedora de una consideración especial y le aseguraban una posición ventajosa en la jerarquía social. Era

10   Atherton, *California: An Intimate History*, capítulo 18.

una hija del Oeste, pero también del privilegio, a pesar del nacimiento de su madre fuera del matrimonio.

*

El duro ambiente de San Francisco en las décadas de 1850 y 1860 no era nuevo para John Parrott, quien había pasado casi dos décadas en un México inestable y peligroso. Fue allí donde construyó las bases de su riqueza y vivió las aventuras que inspirarían a Zelia a medida que ella se acercaba a la adultez. En 1829, cuando John tenía dieciocho, había dejado su casa en las colinas de Tennessee para reunirse con su hermano mayor William, quien había pasado los últimos cinco años estableciéndose como comerciante en la Ciudad de México. Los dos unieron fuerzas entonces y, cuando William fue nombrado cónsul de Estados Unidos en 1834 por el presidente Andrew Jackson, su negocio y su estatus crecieron en consecuencia. Ese mundo era incierto: México, que acababa de independizarse, estaba teniendo problemas para establecerse como una nación. Había luchas internas sobre los principios de gobierno y el país estaba dividido entre facciones opuestas. La ausencia de ley, las invasiones extranjeras, los conflictos en el ejército y la avaricia acentuaban la desunión. Los dos hermanos aprendieron a navegar entre el desorden, y les fue bien en términos financieros. John encontró consuelo en los brazos de Carmen Barrera, aunque aparentemente no lo suficiente como para casarse con ella, ni siquiera después de que tuvieron una hija.

Poco después, John se trasladó a Mazatlán, dejando a Carmen, su hija pequeña Magdalena y su hermano William en la capital. En Mazatlán tomó un trabajo de oficinista en un negocio establecido por su hermano y un socio. Cuando William regresó a Estados Unidos, John se quedó en la ciudad costera, en la que había fundado ya su propio negocio mercantil, Parrott and Co., y había encontrado ya a otra amante, Dolores Ochoa, con quien tuvo en 1840 a su segundo hijo, Tiburcio, que fue criado por Dolores.[11]

John Parrott prosperó en Mazatlán y allí fue nombrado cónsul de Estados Unidos en 1837. En ese momento, mucho antes de la construcción del canal de Panamá, la ciudad sinaloense era un puerto importante de la costa del Pacífico y un punto de llegada regular para mercancías transportadas en barco alrededor del Cabo de Hornos o desde Panamá, luego de haberlas cruzado por tierra; era, pues, un buen lugar para establecer un negocio de compra y venta, y un punto de contacto para hacer envíos entre los océanos Atlántico y Pacífico. Vino entonces una larga y ajetreada temporada, durante la cual Parrott compró y vendió cargamentos de mercancía, hizo arreglos para su distribución hacia otros lugares, pidió y prestó dinero, supervisó para el gobierno de Estados Unidos las llegadas al puerto y le reportó a Washington acerca del movimiento de los barcos y las unidades militares de México. Era un lugar agitado y rudo, y reportes de barcos piratas, robos de carga y quejas contra su país de residencia sobre el comercio, las aduanas y el pago de cuentas abundaban en la correspondencia de Parrott. Una carta al secretario de Estado de Estados Unidos en la que se detallan las acciones de Parrott tras un naufragio sugiere la amplia gama de sus responsabilidades: "De las tripulaciones de estos dos buques, la mitad está gravemente herida, tanto que me he visto en la necesidad de montar un hospital para su mejor atención […]. Como consecuencia de esta desgracia sin igual, tengo a mi cargo a cuarenta y un marineros desamparados. Más de la mitad no tienen ni una camisa, así que, como en este lugar no he podido encontrarles ropa lista para su uso, he debido proporcionárselas a los más necesitados de mi propio guardarropa". Parrott le envió al gobierno

---

[11]   En los documentos de Estados Unidos en los que se menciona a Ochoa, su nombre de pila aparece escrito como "Delores". No se ha encontrado ningún documento mexicano que proporcione información adicional sobre ella. Véase Myers, "Tiburcio Parrott", I.

estadounidense una factura por esos gastos de su propio bolsillo. También desempeñó un papel destacado en una errónea declaración de guerra entre México y Estados Unidos, que resultó en una breve toma del fuerte de Monterey por parte de buques de la marina estadounidense en 1842.[12]

John Parrott siguió con su negocio y sus ocupaciones diplomáticas hasta 1846, cuando se fue a Estados Unidos, al parecer en mal estado de salud. Pronto, sin embargo, regresó a México, donde fue nombrado de nuevo cónsul en Mazatlán a mediados de 1848, justo después del final de la intervención estadounidense en México. Mazatlán fue entonces, para Parrott, un gran lugar para escuchar historias sobre los grandes depósitos de oro que se podían encontrar en las colinas de California, territorio que ahora le pertenecía a Estados Unidos, pues había sido cedido por México como parte de los despojos de la guerra. A los pocos meses, un número extraordinario de aventureros empezó a pasar por Mazatlán en su camino hacia los yacimientos de oro.

Parrott fue veloz para sacar ventaja de la fiebre del oro. Primero estableció un agente comercial en San Francisco para que manejara allá sus negocios, y luego, tras renunciar a su cargo diplomático en el Departamento de Estado de Estados Unidos, partió hacia la ciudad en auge en 1850. Las condiciones allí, en la ciudad de la fiebre del oro, no eran del todo distintas a las que había dejado atrás en México, caóticas, pero propicias para aquellos con perspicacia para los negocios. Si México no tenía un gobierno nacional estable, Estados Unidos estaba por ser desgarrado por la Guerra Civil. En ambos países, los pueblos indígenas fueron condenados a la pobreza y la opresión en el afán de arrebatarles, por cualquier medio que fuera necesario, la tierra que habitaban. Ciertamente Estados Unidos estaba más avanzado económicamente que México, pero el futuro de ambos países era a la vez prometedor y desconocido.

[12] Jostes, *John Parrott*, 9, 20-24.

John Parrott era astuto y tardó poco en acrecentar su fortuna. Primero invirtió en edificios y, cuando éstos se quemaron en uno de los frecuentes incendios que afligían a la ciudad, construyó otros en el centro: el Granite Building, en la esquina de las calles California y Montgomery, y el Iron Building, en la calle California, entre Kearny y Montgomery. El primero (también llamado "Parrott's Granite Block") se construyó con piedra extraída de canteras y cortada en bloques de construcción, que luego fueron ensamblados en Hong Kong. Después fue desmontado y enviado a través del Pacífico, para ser ensamblado de nuevo por los veinte trabajadores chinos que fueron contratados para acompañar la carga de piedra, a cambio de su pasaje marítimo gratuito y de noventa días de salario en California —de un dólar al día—, más provisiones de arroz, pescado y pan. El edificio fue levantado con toda rapidez en sólo cuatro meses, a pesar de que ninguno de los trabajadores podía leer las inscripciones en las piedras, que detallaban dónde debían ser colocadas. El edificio de veintitrés por veintitrés metros costó 147 000 dólares y fue terminado a principios de diciembre de 1852. Para 1855, el inventario de los bienes de John Parrott, el cual incluía cinco edificios en esa ciudad de precios inmobiliarios astronómicos, ascendía a una fortuna de 627 659 dólares.[13]

En un viaje a Baltimore para visitar a su hermano en 1853, Parrott hizo escala en Mazatlán para recoger a su hijo de trece años, Tiburcio. En ese mismo viaje, Parrott se desvió a Mobile, Alabama, en donde se casó con Abigail Eastman Meagher, a quien había conocido antes en Washington. Eficiente como siempre, Parrott llegó en enero y se casaron en la catedral de la Inmaculada Concepción de Mobile el 22 de febrero. Al principio, la familia de Abby se había mostrado escéptica: Parrott era protestante y Abby católica, y él tenía cuarenta y dos años y ella veinticuatro. Pero él era rico y estaba determinado, y ella ya

---

[13]   *Ibidem*, 105-109, y páginas sin numerar después de la 110.

estaba entrando en años: para la manera de pensar de esa época, si una mujer no se había casado aún a los veinticuatro estaba prácticamente destinada a quedarse soltera. Parrott dejó claro que planeaba regresar a San Francisco, para "construirme una residencia con todas las comodidades y mejoras modernas, de modo que pueda al fin sentirme en casa".[14] Pronto, John, Abby, Magdalena y un séquito de criados —Tiburcio se había quedado en un internado cerca de Boston— se instalaron en una casa de tres pisos en el 620 de la calle Folsom. La construcción se volvió conocida como el Palacio de Parrott (Parrott's Palace): una residencia digna de admiración, con una sólida verja de hierro, un imponente pórtico con columnas y una balaustrada ornamentada. Los Parrott eran parte de la élite adinerada de San Francisco, cuyos miembros estaban también, en su mayoría, estableciéndose en opulentas ciudadelas de estabilidad y comodidad, para defenderse del caos y la incertidumbre que los rodeaba.

John y Abby Parrott tuvieron ocho hijos. El primero, John Frederic, nació en 1853, cuando Magdalena tenía diecinueve, y la última, Noelie Christine, en 1867, cuando su media hermana tenía treinta y uno. La familia ensamblada comprendía, entonces, a los ocho hijos de Abby, y a sus dos hijastros —Tiburcio y la propia Magdalena, quien era apenas un poco menor que su madrastra—, que Parrott había tenido con dos madres diferentes. San Francisco era el centro del universo de la familia, junto con una casa de verano de estilo victoriano que parecía un pastel de bodas, llamada Baywood y ubicada cerca de San Mateo. Magdalena era cercana a John, Abby y sus otros hijos, pero su vida dio un nuevo giro cuando se casó con Robert Kennedy Nuttall en 1854, otro sanfranciscano que venía de fuera: había nacido en 1815 en Bray, Irlanda, un pueblo pequeño en la costa este, diecinueve kilómetros al sur de Dublín. Sus padres, Dorothea Falkiner Nuttall y el mayor John Christopher Nuttall, de ascendencia

---

[14] John Parrott a Daniel D. Page, 18 de mayo de 1853, en Josets, *John Parrott*, 125-126.

protestante inglesa, eran dueños de tierras y eran lo suficientemente importantes para figurar en el *Burke's Landed Gentry of
Ireland* y tener un escudo de armas familiar. Su finca, Tittour,
era grande —de 300 hectáreas— y contaba con una mansión
construida en el siglo XVIII.

Robert sabía que necesitaba encontrar una profesión porque,
como era el menor de cinco hijos, no heredaría el patrimonio
familiar. Cuando tenía veinticinco, viajó a Australia con su cuñado, un doctor que emprendía ese viaje para asumir el cargo de
inspector general adjunto en un hospital en Hobart, una colonia
penal en Tasmania. Durante los siguientes cuatro años, Nuttall
trabajó como su empleado, y, de cuando en cuando, también en
Port Arthur, conocido como "el infierno de los convictos".[15] Él y
su cuñado regresaron a Irlanda en 1846, haciendo, en el camino
de vuelta, una larga escala en la India. En Dublín, Robert se
matriculó en un programa de licenciatura en el Real Colegio de
Cirujanos y en un año se hizo acreedor al título de médico por
la Universidad de Dublín.[16] A los treinta y dos años, durante el
auge de la Gran Hambruna irlandesa, se embarcó de nuevo hacia
costas extranjeras. La primera parada fue Nueva Gales del Sur,
Australia, donde ejerció brevemente la medicina. No le impresionó la vida que encontró allí. "Un gato sin garras en el infierno
tiene, y por mucho, mayores posibilidades que un hombre ho-
nesto y confiado en Sídney", le reportó a su familia en Irlanda.[17]

Para 1850 Robert Nuttall estaba preparado para dejar Australia detrás y, sin planes fijos, se enroló como doctor en un barco
con destino a California. Entre esa tripulación de aventureros en

---

[15]   Parmenter, "Zelia Nuttall and the Recovery of Mexico's Past", 20-21. Robert
    Nuttall y su cuñado probablemente viajaron en un barco de prisión, pues barcos
    de pasajeros no operaban en Australia en esos tiempos.
[16]   El título fue concedido por la Universidad de Aberdeen porque reconocieron el
    entrenamiento en escuelas médicas aprobadas que no daban por sí mismas títulos
    médicos.
[17]   Robert Nuttall a su madre, Dorothea Falkiner Nuttall, febrero de 1854, citado en
    Parmenter, "Zelia Nuttall and the Recovery of Mexico's Past", 22.

Magdalena Barrera Nuttall, madre de Zelia, *ca.* 1857.

su camino hacia los yacimientos de oro, fungió también como
una suerte de capellán, si bien no eran precisamente los mejores
compañeros de viaje. "Duermo con mi daga atada a la muñeca
izquierda, de manera que el mango quede en la palma, y un par
de pistolas de doble cañón al lado de la cabeza todas las noches",
escribió durante su viaje por mar.[18] En cuanto llegó a San Francisco instaló una tienda de campaña en North Beach, y, con un
socio, el doctor Robert Mackintosh, empezó a ejercer como médico, recorriendo la ciudad a lomos de un caballo blanco para
visitar a sus pacientes.[19] En una fotografía de la época, tiene un

[18]   *Ibidem,* 23.
[19]   *Daily Alta California* (San Francisco), 1 de marzo de 1854, citado en Jostes, *John
       Parrott,* 126.

John Robert Kennedy Nuttall,
padre de Zelia, *ca.* 1858.

impresionante bigote de manillar, patillas pobladas, cabello oscuro y rizado, y grandes ojos claros.[20]

John Parrott fue uno de los primeros amigos de Robert Nuttall en San Francisco. Y fue mediante esa relación que Nuttall, entonces de treinta y nueve, conoció a Magdalena Parrott, que tenía diecinueve, en 1853. Se casaron en febrero del siguiente año. La diferencia en sus edades era similar a la de John Parrott y Abby Meagher, y lo mismo pasaba con sus antecedentes religiosos: Magdalena era católica y Robert protestante. No obstante, tales preocupaciones resultaron menores, y Robert se casó con Magdalena a pesar de sus propios prejuicios, según se desprende de esta carta que le escribió a su madre el día después de la boda:

20   Jostes, *John Parrott*, páginas sin numerar después de la 128.

1. UNA NUEVA CIUDAD Y UN MUNDO ANTIGUO

Mi querida madre:

La última vez te dije que iba a casarme el 27, pero ahora debo informarte que ya tuvo lugar la ceremonia y que hoy estoy en casa con mi esposa, quien, sentada a mi izquierda, me mira mientras escribo esta carta y, si me lo preguntas, parece dispuesta a poner su mejilla sobre la mía cada cinco minutos. Te mandaré un periódico donde se anunció nuestra boda. Ahora quiero contarte algo que te resultará mucho más satisfactorio, y es que estoy muy, muy feliz —más de lo que jamás imaginé estar— y que finalmente corté lazos con la melancolía y con todas las cosas tristes. La dama tiene casi veinte y todo lo que yo podría desear en una mujer. Si no fuera así, de seguro exclamarías "¡*Él* nunca se casará con ella!". Pero es así —¡tú *me conoces* y sabes cómo soy!—. Su padre, un estadounidense, como dije antes, es uno de los primeros amigos que conocí acá en California. Su madre es mexicana. De seguro advertirás, por el hecho de que nos casara el obispo católico Alemany, que ella es de su credo —¡y tú sabes mi opinión con respecto a esos asuntos!—. No tiene caso —y tampoco lo intentaré— describir a tu nuera: ya podrás juzgarla por ti misma, si alguna vez la conoces. De cualquier manera, nunca he estado más feliz y sé que eso te complacerá. Ella les envía todo su cariño. Ya les mandaré yo un retrato tan pronto como se ofrezca la oportunidad. Escribe pronto a tu hijo afectuoso,

Robert Ken. Nuttall y [escrito a mano por ella misma] Madeline [*sic*] Nuttall; ¡es la primera vez que firma de esta forma![21]

Robert y Magdalena comenzaron una vida juntos en el 103 de la calle Montgomery, donde nació su primogénito, John Robert (a quien le decían Juanito), a finales de ese mismo año de 1853, y

---

[21] Robert Nuttall, citado en Parmenter, "Zelia Nuttall and the Recovery of Mexico's Past", 28.

donde nacería Zelia tres años más tarde. Una segunda hija, Carmelita, nació dos años después, seguida de otro varón, George. Los Nuttall y los Parrott fueron cercanos, en éste como en otros periodos de la vida de Zelia, cuya familia nuclear vivía a sólo seis minutos a pie del Palacio de Parrott en la calle Folsom. Buena parte de sus tías y tíos Parrott eran cercanos a ella en edad, y varios de ellos incluso eran menores. En 1862 los Nuttall se volvieron todavía más cercanos a la familia de Magdalena, cuando se mudaron a una casa de tres pisos en el número 409 de la calle Montgomery, la cual colindaba con el Granite Building de Parrott. Del otro lado de la acera estaba el Banco Parrott.

*

En 1865, Robert, Magdalena, Juanito (de once años), Zelia (de ocho), Carmelita (de seis) y George (de tres) dejaron San Francisco para hacer una larga estancia en el extranjero. El viaje era una buena oportunidad para que Robert Nuttall descansara —pues sufría de una enfermedad renal—, a la vez que era una buena manera de ahorrar dinero: los precios en San Francisco eran muy altos y, aunque los Nuttall estaban relativamente bien acomodados y conectados, los ingresos de Robert como doctor no siempre se correspondían con su estilo de vida. Así pues, les venía bien la renta que cobrarían por la casa en la calle Montgomery, mientras que la vida en Europa sería menos cara para la familia.

Ese viaje moldearía la vida de Zelia durante los próximos once años: fue en esa etapa cuando nació su interés por la historia antigua, cuando expandió sus habilidades, con frecuencia comentadas, para los idiomas, y cuando recibió la mayor parte de su educación. Ésta fue, por cierto, en gran medida irregular, casi siempre impartida por institutrices y tutores, con algo de escolarización formal en Dresde y Londres. No obstante, para cuando la familia regresó a San Francisco, Zelia había adquirido un conocimiento sustancial de historia e idiomas, así como disciplina para el

estudio, y su mente estaba en busca de estímulos. Si los primeros
años en San Francisco le habían enseñado independencia y la naturaleza constante del cambio, el tiempo en Europa la educó en un
sentido más clásico. También aprendió cómo vivir una vida ambu-
lante, una inclinación que se quedaría con ella por el resto de sus
días. Hasta que estuvo en la mitad de sus cuarentas, Zelia pocas
veces se quedó por más de una estación en un solo lugar.

Los Nuttall empezaron su estancia europea en Queensland,
ahora Cobh, en el sureste de Irlanda, y procedieron hasta la cercana Cork. Siguieron hacia el este, visitando Glengariff, y después
se dirigieron hacia el norte, a los lagos de Killarney, antes de em-
barcarse en el viaje de trescientos kilómetros hacia Dublín y de allí
a la cercana casa familiar de los Nuttall en Tittour. Para Robert,
quien había salido de Irlanda hacía diecisiete años, fue un regreso
a casa, y para Magdalena y los niños, el primer encuentro con los
suegros, abuelos, tíos y primos. La visita familiar fue agradable,
pero, para noviembre de 1865, la familia californiana estaba lista
para trasladarse a su destino invernal en el sur de Francia.

En consonancia con el ritmo pausado de los viajes en aquella
época, los Nuttall pararon antes en Londres y en París, para finalmente dirigirse al sur de Francia, en donde visitaron tantos
lugares de interés como les fue posible. Pasaron por Montpellier,
Nimes, Arles, Marsella, Tolón, Cannes y Niza, donde la familia pensaba quedarse por un tiempo. Sin embargo, una grave
recaída de la enfermedad renal de Robert Nuttall los obligó a
volver a Marsella para que recibiera tratamiento médico, y luego
a París, donde vivieron durante un año en un departamento del
número 15 de la Plaza de los Vosgos. Juanito fue inscrito en un
liceo, el Collège Rollin, cerca del Jardín de Luxemburgo, y a
Zelia le asignaron una tutora francesa, Miss Bricka, en lo que
Robert lograba recuperarse.[22]

---

[22] *Ibidem*, 39. Durante ese tiempo, la familia supo de una explosión en el Granite
Building de John Parrott en la calle Montgomery que mató a catorce personas.

El ritmo de sus traslados continuó. Luego de un segundo verano en Tittour, la familia viajó a Alemania en agosto de 1867, cuando Zelia tenía casi diez años, donde Robert Nuttall esperaba que sus hijos agregaran alemán al inglés, francés, español y el poco de italiano que ya sabían. La familia rentó una casa en Dresde, ciudad que, llena de edificios barrocos y rococó, se volvió para Zelia un lugar de encanto. Conocida como "el joyero de Alemania" y la "Florencia del norte", era una de las ciudades a las que Zelia quiso regresar una y otra vez, y en la que tiempo después establecería su hogar durante varios años. Allí, mientras el doctor Nuttall descansaba y se mezclaba con la prestigiosa comunidad médica de la ciudad, Magdalena y Zelia se sintieron atraídas por su ambiente artístico y arquitectónico.

Dresde fue también donde nació Robert Tiburcio, el hermanito de Zelia, en 1868. Su muerte, apenas diez meses después, fue un fuerte golpe para la familia, y cada vez que regresó a Dresde en los años posteriores, Zelia dejaba flores en su tumba. Su hermana Roberta, quien muchas veces formaría un trío de viajeras con Magdalena y Zelia, también nació en Dresde, en 1869. Además de aprender alemán, de jugar con sus hermanos y de proseguir con sus estudios, la niña Zelia también desarrolló el hábito de coleccionar, prensar e identificar flores para guardarlas en un álbum: despertaría con ello una fascinación por la naturaleza que duraría toda su vida. Su padre alentaba sus estudios de botánica y la instruía, y siempre se esmeraba en mandarle muestras de la flora que encontraba durante sus viajes.

En junio de 1872, la familia partió de nuevo hacia Dublín. En el camino organizaron vistas turísticas a Berlín y Escocia, y ya en Irlanda rentaron una casa, "La ermita", cerca de la casa de la familia Nuttall en Bray. Al poco tiempo, su vida nómada continuó, pues la familia se mudó a Dublín y de regreso a Bray durante el año y medio siguiente. Cuando Zelia cumplió quince, la familia se instaló en Richmond, al suroeste de Londres. En ese entonces mandaron a Juanito a Liverpool, para que se iniciara en los

negocios. Después regresó a San Francisco para seguir los pasos
de su abuelo Parrott y se volvió corredor de bolsa en medio de la
bulliciosa e inestable bonanza de la plata de la década de 1870.

De vuelta a Inglaterra, una segunda ola de educación formal
estaba a la vista para Zelia. A los dieciséis, se inscribió en el Bedford College de Londres. En ese momento, la escuela —fundada en 1849, había sido el primer establecimiento de su clase
en el país en proporcionar educación superior para mujeres— las
preparaba para los rigurosos exámenes de admisión a las universidades de Cambridge y Oxford. Ubicado en la plaza Bedford en Bloomsbury, el Bedford College fue instaurado por una
filántropa, Elizabeth Zesser Sturch Reid, y era dirigido por un
Comité de Damas, supervisadas por las que se conocían como
"visitadoras". Cuando Reid murió en 1866, quedó bajo el cuidado de tres fideicomisarias. Sin duda, ese entorno le permitió
a Zelia percibir tanto las nuevas posibilidades que comenzaban
a abrirse para las mujeres como la capacidad de las mujeres adineradas y bien posicionadas para asumir roles activos en la educación y la sociedad. Había, sin embargo, límites en ese modelo:
la mayoría de sus profesores eran hombres, muchos de los cuales
enseñaban también en Cambridge, Oxford y la Universidad de
Londres.[23]

La rutina diaria de Zelia en Bedford seguía un riguroso horario que empezaba a las siete y media de la mañana e incluía
marchar del dormitorio al comedor, a la despensa, al dormitorio,
al salón de clases, al parque y de vuelta otra vez, y almorzar pan
con mantequilla o melaza. Al menos durante su primer semes-
tre allí, Zelia no estuvo muy presionada, pues estudió sólo inglés y aritmética. Para el segundo periodo, que empezó en enero
de 1874, continuó con esas dos materias, junto con literatura inglesa, ciencia natural e historia inglesa y europea.[24] Durante su

---

[23] *Ibidem*, 49.
[24] *Ibidem*, 49-50.

La familia Nuttall en Richmond, Inglaterra, en 1873. (De izquierda a derecha, aparecen Carmelita, John y Zelia en la fila superior; Robert, Roberta y Magdalena en la fila de en medio; y George al frente).

meticulosa preparación de los años siguientes, fue muy importante la influencia de uno de sus profesores de historia, Samuel Rawson Gardiner, un académico que estudiaba el siglo XVII, famoso por su cuidadoso escrutinio de evidencias y fuentes, y cuyo trabajo fijó nuevos estándares en la investigación archivística.

Esa experiencia educativa pudo haber sido aún más influyente si Zelia no se hubiera visto arrastrada de nuevo a una vida nómada. Mientras estudiaba para los exámenes de admisión a Oxford, cayó enferma y su padre la retiró de la escuela. Se trató de una amarga decepción: había estado prosperando en Bedford y estaba disfrutando la oportunidad de hacer amistades fuera de su círculo familiar. En sus últimos años, en una carta a su nieta Isabella, se lamentaba por lo que había significado que le negaran la oportunidad de tener mayor educación formal. Isabella, entonces de diecisiete, había caído enferma y tuvo que dejar la escuela. Lo mismo le había pasado a ella, le escribió Zelia desde México en 1922:

> Estuve en el Bedford College, trabajando duro en la preparación para mis exámenes de Oxford, cuando mi salud falló: sólo pude hacer el examen de botánica, pues ese mismo día mi padre fue por mí y me llevó a casa y, con su amoroso cuidado, decretó, preocupado por mi salud, que debía dejar la escuela para siempre, con el fin de que pudiera descansar plenamente y cambiar de entorno […]. Me decepcionó profundamente tener que renunciar a mis expectativas de adquirir el diploma por el que había trabajado tan duro, además de que extrañaba muchísimo a mis amigas.

Zelia, en su vejez, le aconsejaba a Isabella tener paciencia, a la vez que intentaba consolarla, asegurándole que aprendería un montón de cosas viajando con su familia por Italia, pues viajar era un "privilegio […]. Y lo correcto es aprovechar al máximo todas las cosas. Yo tomé clases de música en Roma y estudié con rigor arte y arqueología, leyendo sobre lo que iba viendo. Siempre estudié y leí tres horas diarias por mi cuenta y desarrollé el hábito de la lectura profunda".[25] Una vida nómada tenía sus rigores, pero también sus compensaciones, le recordaba a la joven Isabella.

Lo más formativo de la educación de Zelia fueron los viajes casi incesantes y el estudio independiente de su juventud. En ese

---

[25] Zelia Nuttall a Isabella Laughton, 27 de agosto de 1922, Parmenter Collection.

tiempo escribió con regularidad cartas a su padre —quien había regresado a San Francisco para retomar su ejercicio de la medicina—, en las que le describía lo que estaba aprendiendo y lo que le interesaba, y le contaba sobre sus esfuerzos por practicar piano y fortalecer sus habilidades con los idiomas. Estudiaba todos los días, y acabó desarrollando una inclinación por el dibujo y la pintura, lo que terminaría siéndole útil en los años por venir.

No hay registro de por qué Robert Nuttall regresó a San Francisco, más allá de una referencia pasajera a su salud, pero pudo deberse a la necesidad de ver por las finanzas familiares. Los años entre 1873 y 1875 fueron de mucha dificultad económica e incertidumbre en Estados Unidos, y muchas fortunas se perdieron. En una carta a su esposo, poco después de su partida, Magdalena se mostraba preocupada por haber sido dejada atrás en Europa con cinco hijos. "La casa está muy sola sin ti", escribió. "La responsabilidad de quedarme *sola* en Europa me hace sentir, a veces, que no tengo el coraje para cumplir con mi deber". Le deseó a Robert que se recuperara y la firmó como "tu esposa con el corazón roto".[26]

Las cartas diligentes que la joven Zelia le enviaba a su "querido papá" narraban los descubrimientos de historia que realizaba durante sus viajes, al tiempo que dejan ver un deseo convencional por alegrar a sus padres y una autoconciencia cada vez mayor. Tenía dieciséis cuando su padre regresó a California, y le escribía cada dos semanas desde los varios lugares alrededor de Europa por los que ella, su madre y sus hermanos eran "errantes en la ruta de las naciones".[27] Cuando la familia residía en Francia, Zelia escribió acerca de lo mucho que aprovechaba el tiempo que pasaba en el salón de clases. Sobre Amiens, dijo que la catedral era uno de los pocos edificios que valía la pena visitar allí, y se mostró "bastante sorprendida de descubrir los

---

[26]   Magdalena Nuttall a Robert Nuttall, 11 de mayo de 1874, Parmenter Collection.
[27]   Zelia Nuttall a Robert Nuttall, 18 de mayo de 1874, Parmenter Collection.

signos del zodiaco esculpidos 'en bajorrelieve' alrededor de uno de los portales". En Chantilly hizo migas con el dueño del hotel, quien había sido un cocinero en "el club más grande de la Ciudad de México, enfrente de la escuela de mamá", y quien les preparaba algunos "muy buenos platillos mexicanos".[28] Pronto la familia se asentó en un departamento en París, donde ella y su hermana Carmelita tomaban clases de francés tres veces por semana. Zelia practicaba tres horas al día, alternando el estudio con las visitas a lugares turísticos, y reportó que Miss Bricka, su maestra de francés durante la primera vez que la familia residió en París, la encontró "muy avanzada".[29]

Para ese momento, Zelia era ya una jovencita muy bien educada, pero aún bastante convencional. En su correspondencia de ese tiempo, escribió sobre sus rachas de mala salud, acerca de las siete lecciones de "caminata y compostura" que ella y Carmelita habían recibido y sobre cómo en ellas le habían enseñado a "caminar apoyando primero los dedos". Molestaba a su padre con que pronto su hija "mayor, soltera, inmanejable y casadera alcanzaría la venerable edad de los 'dulces diecisiete'". Se mostraba insegura, mientras prometía "tratar de ser una mejor y más obediente hija en el próximo —y tan importante— año", pues entendía que su destino era casarse, y pronto.[30] En una carta posterior, presumía de estar aprendiendo a pintar en seda: "Creo que un poco de pintura, si se hace en momentos de ocio, en lugar del bordado, es una linda forma de entretenimiento [...]. Me parece mucho más placentero copiar flores de la naturaleza y pintarlas en un abanico, que copiar alguno de esos elegantes patrones al estilo 'lana de Berlín'".[31] También le contó a Robert

[28] Zelia Nuttall a Robert Nuttall, 28 de junio de 1874, Parmenter Collection.
[29] Zelia Nuttall a Robert Nuttall, 2 de julio de 1874, 12 de julio de 1874 y 2 de agosto de 1874, Parmenter Collection.
[30] Zelia Nuttall a Robert Nuttall, 16 de agosto de 1874, Parmenter Collection.
[31] Zelia Nuttall a Robert Nuttall, 16 de septiembre de 1874, Parmenter Collection. La lana de Berlín es similar al punto de aguja.

cómo había organizado bailes en los que algunas de sus amigas jóvenes hacían la parte del caballero, y de sus actividades de "coser y pasear".[32] Todavía no era, pues, la mujer notable en la que se convertiría.

Con todo, en otras de sus comunicaciones se insinuaba ya su futuro, pues dejaba ver una creciente fascinación por la historia y la arquitectura del pasado. Hacia finales de 1874, Magdalena y los niños dejarían París para irse a Italia. A modo de preparación para ese viaje, Zelia empezó a estudiar la historia y el arte de Italia, como muchos que hicieron el llamado Gran Tour antes que ella, y que apreciaban mucho más la Italia del pasado que la del presente.[33] Durante el camino, hicieron escala en Aviñón, Arles y Hyères, sitios desde los cuales Zelia mandaba descripciones de palacios, castillos y ruinas romanas. Recordaba haber visitado Arles en el primer viaje familiar al sur de Francia, así como haber comparado el Palacio del Papa en Aviñón con un fuerte de una novela de Walter Scott.[34] Desde Nápoles viajó a Pompeya, sitio que la impresionó profundamente, "y de un modo diferente a todo lo que haya visto en la vida; y aun así, me sorprendió ver lo bien que la había imaginado gracias a libros e imágenes". Se jactaba de poderse desenvolver bien en italiano, aunque mezclándolo con algunas "pocas palabras en francés y español".[35]

Zelia estaba menos impresionada con la Italia contemporánea. Nápoles le pareció "muy sucia, y llena de niños mendigos y mugrientos que nos escoltaban […]. Es sorprendente lo pequeños, feos y deformes que son los nativos".[36] Pensó que Sorrento era "una ciudad bastante sucia", aunque después admitió que

---

[32]   Zelia Nuttall a Robert Nuttall, 27 de septiembre de 1874 y 1 de noviembre de 1874, Parmenter Collection.
[33]   Zelia Nuttall a Robert Nuttall, 15 de noviembre de 1874, Parmenter Collection.
[34]   Zelia Nuttall a Robert Nuttall, 15 de diciembre de 1874, Parmenter Collection.
[35]   Zelia Nuttall a Robert Nuttall, 17 de enero de 1875, Parmenter Collection.
[36]   Zelia Nuttall a Robert Nuttall, 31 de diciembre de 1874, Parmenter Collection.

Nápoles le empezaba a gustar como una "sucia pero pintoresca ciudad".[37] La constante presencia de mendigos llegó incluso a convertirse más adelante en un tema divertido, en el que ella no daba signos de empatía: "De un lado y de otro, allí estaban —si te detenías un momento, se cerraba un círculo a tu alrededor; si caminabas, te seguían; si ibas a un pabellón para ver el paisaje, te esperaban felizmente afuera y te recibían de vuelta con aclamaciones y exclamaciones de alegría. Alaban tu belleza, admiran tu cara, alegan pobreza, muestran sus deformidades y te dicen, cuando menos, que si la Signorina les *da un soldi, la dejarán en paz!*".[38] "Una vez", escribió en otra carta, "le preguntamos a una dama vieja de Aviñón el camino hacia la iglesia y le preguntamos cuánto tiempo nos tomaría caminar hasta allá". Después de haberles indicado el tiempo, la mujer añadió: "Pero si caminan un *poco* más rápido, llegarán un *poco* más pronto".[39]

Cuando estuvieron en Roma para el carnaval de marzo, Zelia empezó un estudio más formal de italiano, junto con clases de canto y piano. Estaba fascinada por el Coliseo, "el más grande e imponente monumento que he visto nunca", y visitó el Panteón, el Vaticano y otros sitios de interés.[40] En abril, estuvo en una audiencia con el papa, y le mandó a su papá una foto de ese mismo día. "Por mucho tiempo", escribió, "había tenido la intención de que me retrataran; entonces, al regresar de la audiencia con el papa, pedí que me tomaran la foto así, tal 'como estaba', para que puedas hacerte una idea del tamaño y la apariencia de tu hija mayor".[41] Estaba apenada porque pensaba que su nariz se veía mucho más grande de lo que en realidad era. Como era típico en esa época entre las mujeres jóvenes con estilo, Zelia trataba de

---

[37] Zelia Nuttall a Robert Nuttall, 21 de enero de 1875 y 31 de enero de 1875, Parmenter Collection.
[38] Zelia Nuttall a Robert Nuttall, 16 de mayo de 1875, Parmenter Collection.
[39] Zelia Nuttall a Robert Nuttall, 15 de diciembre de 1874, Parmenter Collection.
[40] Zelia Nuttall a Robert Nuttall, 7 de marzo de 1875 y 21 de marzo de 1875, Parmenter Collection.
[41] Zelia Nuttall a Robert Nuttall, 4 de abril de 1875, Parmenter Collection.

Zelia Nuttall a los diecisiete años (abril de 1875).

no exponerse mucho al sol y se esforzó en limitar lo que era ya, según ella, una "superabundancia de pecas".[42]

Aunque era muy consciente de que la expectativa era que se casara pronto, el contacto de Zelia con muchachos "elegibles" era mínimo. Mencionaba en sus cartas las visitas de Horace Hawes, probablemente un interés romántico temprano, que parece haber caído de su gracia cuando el joven enfermó y tuvo que viajar con la familia de Zelia rumbo a Florencia. La enfermedad

[42]   Zelia Nuttall a Robert Nuttall, 16 de mayo de 1875.

y la constante proximidad fueron, al parecer, efectivas para enfriar cualquier ardiente pensamiento.[43] El pobre señor Hawes regresó a California y no fue mencionado nunca más. Zelia seguía recolectando y prensando flores, y le agradecía a su padre por los especímenes que le mandaba desde California y Oregón. Compartían un amor por la botánica y, según escribió ella desde Niza, "me da mucho placer descubrir y clasificar, según las familias a las que pertenecen, las flores que traigo a casa después de cada paseo".[44] Esperaba que le gustaran a su padre los lindos ramos y coronas en las que las convertía.[45] Estuvo encantada de recibir una carta de él con una muestra de la "nueva máquina de escribir cartas", un modelo pionero de la máquina de escribir.[46] En Florencia la dejaron absorta las edificaciones antiguas y las delicias de sus vastas colecciones de arte. Sería una de las ciudades que ejercerían una atracción duradera para Zelia y su madre, Magdalena.

Con el tiempo, mientras la familia se dirigía a Suiza, Zelia admitió estar "absolutamente cansada, casi enferma de ver cosas". También dijo "estar deseando llegar a Suiza, donde no tendremos nada que hacer y no nos molestarán más con 'interesantes muestras de arquitectura románica, o con frescos interesantes aunque muy dañados de viejos maestros, o con cuadros dignos de atención, etc., etc.'".[47] Un descanso de la historia llegó cuando pasaron por Bellagio y tomaron excursiones en barco por el lago de Como y el lago Mayor: "Nunca disfruté la naturaleza tan hondamente. Nunca me hubiera cansado de esas hermosas montañas, del cielo azul profundo, del sol brillante, de los naranjos".[48] Zelia quedó encantada cuando aparecieron las montañas

43   Zelia Nuttall a Robert Nuttall, 3 de mayo de 1875, Parmenter Collection.
44   Zelia Nuttall a Robert Nuttall, 15 de diciembre de 1874.
45   Zelia Nuttall a Robert Nuttall, 2 de noviembre de 1875, Parmenter Collection.
46   Zelia Nuttall a Robert Nuttall, 10 de junio de 1875, Parmenter Collection.
47   Zelia Nuttall a Robert Nuttall, 10 de junio de 1875.
48   Zelia Nuttall a Robert Nuttall, 11 de julio de 1875, Parmenter Collection.

nevadas, junto con bosques de pino, adornados con encantado-
res chalés.

Desde Ginebra escribió, en noviembre de 1875, que había
celebrado su decimoctavo cumpleaños. Zelia parecía ser muy
consciente de su estatus de soltera y, quizá, anhelaba oportunidades de conocer a potenciales pretendientes, ahora que su deseo de silencio ya había quedado satisfecho: "¡En unos meses voy
a ser tan vieja como mamá cuando se casó! Espero que haga-
mos siquiera un poco de vida social en París, pues tengo un gran
anhelo por algo de diversión y entretenimiento: es *muy* aburrido
vivir en alojamientos y no tener a nadie con quien hablar mes
tras mes". En esa misma carta añadía que estaba caminando casi
dos horas diarias y tomando baños fríos para su salud: era una
mujercita muy victoriana.[49]

El Gran Tour se terminó a mediados de mes, cuando los
Nuttall llegaron a París y se establecieron en el número 3 de la
avenida McMahon, muy cerca del Arco del Triunfo, en el oc-
tavo distrito. De nuevo, Zelia admitía estar consternada por su
estatus de soltera: "Últimamente, he recibido cartas muy amables y cariñosas de algunas de mis antiguas compañeras de clases
en Alemania e Inglaterra. Muchas de ellas ya están comprometidas o casadas, y eso me hace sentir muy vieja, aunque no estoy
verdaderamente tan grande aún, ¿o sí?".[50] En su siguiente carta
para su papá se quejaba de sentirse sola: "No sabes cuánto deseo
ir a una fiesta: tales son los mundanos pensamientos y deseos de
la mayor de tus hijas". Mientras tanto, siguió con sus baños fríos
y encontró tiempo para leer a Shakespeare y practicar alemán y
piano. De cualquier manera, ya sea por su deseo de casarse o por
el desencanto con su aburrida vida familiar, ella anhelaba más:
"Disfrutaría tener una charla con alguien inteligente y culto".[51]

---

[49]   Zelia Nuttall a Robert Nuttall, 2 de noviembre de 1875. Estaba equivocada por
un año en cuanto a la edad que tenía su madre cuando se casó.
[50]   Zelia Nuttall a Robert Nuttall, 18 de noviembre de 1875, Parmenter Collection.
[51]   Zelia Nuttall a Robert Nuttall, 6 de diciembre de 1875, Parmenter Collection.

En efecto, Zelia estuvo inquieta durante ese tiempo en París, preocupada por encontrar un esposo y deseando compañía interesante. Al mismo tiempo, estaba desarrollando una sed mayor por el estudio: "Descubro que no puedo vivir sin estar aprendiendo, así que retomé mi italiano y ahora estoy leyendo *sin* ayuda del diccionario". A Zelia le preocupaba estar creciendo demasiado, pues era "más alta que 9 de cada 10 mujeres francesas que veo en la calle".[52]

También era consciente de que tenía pensamientos e ideas que se salían de lo que se esperaba de mujeres jóvenes de su edad. "¡Parece que estoy en un estado de transición justo ahora: mis ideas y opiniones se forman a sí mismas, no sé cómo, y a veces me asombran las ideas tan determinadas que tengo!".[53] Se refugió en el canto e intentó alegrarse con los pocos eventos sociales a los que iba. Con todo, era infeliz. "Me siento infinitamente disgustada con algunos especímenes idiotas de la humanidad con los que bailé", escribió después de una fiesta. ¿Estaba buscando compañía más intelectual de lo que su círculo de hombres jóvenes ofrecía? Añadía, en esa carta, su deseo de regresar a Roma.[54]

*

En ese momento incómodo de la vida de Zelia, los Nuttall hicieron planes para regresar a San Francisco. Robert viajó de nuevo a París y, después de pasar el verano allí, la familia reunida partió a casa en septiembre de 1876. Cuando atracaron en Nueva York, se encontraron con un Estados Unidos muy diferente del que habían dejado once años antes. Por ejemplo, ahora podían viajar a San Francisco directamente por tren en vez de tomar el largo y

---

[52] Zelia Nuttall a Robert Nuttall, 6 de diciembre de 1875, Parmenter Collection. Zelia Nuttall a Robert Nuttall, 8 de enero de 1876, Parmenter Collection.
[53] Zelia Nuttall a Robert Nuttall, 8 de enero de 1876, Parmenter Collection.
[54] Zelia Nuttall a Robert Nuttall, 1 de marzo de 1876 y 2 de abril de 1876, Parmenter Collection.

complicado viaje por barco a Panamá, para luego cruzar el istmo en tren, y después abordar otro barco hasta California. Muchos de los viajes en Europa habían sido en ferrocarril, pero ésta fue la primera vez que Zelia y su familia pudieron cruzar así el interior de Estados Unidos y apreciar sus vastos y diversos paisajes.

La nación que la familia había dejado en 1865 estaba todavía tambaleándose por la devastación de la Guerra Civil y los desajustes de una depresión económica, todo en medio de su lucha por definirse como nación. Sin embargo, estaba también llena de energía. Pasaron por Filadelfia durante la Exposición del Centenario de 1876, la primera feria mundial que se llevó a cabo en Estados Unidos, una celebración por el centenario de la firma de la Declaración de Independencia y del gigante industrial y agrícola en el que se estaba convirtiendo el país. La influencia de Charles Darwin había encendido una fascinación nacional por los descubrimientos en las ciencias naturales y por los debates apasionados acerca de Dios. En la Universidad de Harvard, Louis Agassiz estaba revolucionando la manera en que se enseñaba y llevaba a cabo la ciencia, y las mujeres habían comenzado a ser admitidas en algunas universidades. Cantidades alucinantes de riqueza se estaban acumulando en manos privadas, así que, cuando los Nuttall llegaron a San Francisco, tuvieron que encontrar su lugar dentro de una sociedad de élites impetuosas que estaban ansiosas por demostrar su familiaridad con el uso de múltiples tenedores y cuchillos en la mesa. La gente adinerada estaba, pues, empezando a pensar cómo podrían hacer manifestaciones públicas de su prominencia.

Los Nuttall fueron recibidos en casa por la familia Parrott, aún más grande ahora: desde que Magdalena dejó San Francisco, habían nacido cinco hermanastros más —eran ya ocho en total—. Asentados en el 1602 de la calle Taylor, Zelia no encontró mucho de lo que recordaba de la ciudad que había dejado once años atrás. San Francisco tenía ahora una población de doscientos mil habitantes y una vida social mucho más activa para las clases acomodadas. El hotel Palace, un castillo de lujo con 755 habitaciones, había abierto el año anterior y reflejaba la riqueza y los logros que habían tenido la fiebre del oro y el subsecuente auge de la plata. El hotel les parecía a Magdalena y a su familia como algo trasladado de su experiencia europea, pero con el lujo añadido de baños privados, elevadores hidráulicos y un patio de palmeras para los encuentros de la alta sociedad.

Zelia regresaba a una ciudad casi febril tras vivir ciclos de apogeo y colapso. Poco después de su nacimiento, el descubrimiento de depósitos masivos de plata en Nevada, conocidos como la veta Comstock, había resultado en un auge especulativo que, entre otras cosas, alentó la inversión en ferrocarriles en todo el país. El descubrimiento de otra "bonanza" de plata causó un segundo estallido en 1873, el cual sobrepasó a otros en cuanto a su riesgo y frenesí.[55] Un colapso, en parte detonado por la recesión internacional y una sequía que destruyó la cosecha de trigo en California, no tardó en llegar. La quiebra del Banco de California en 1875 dejó a personas en la calle y provocó muchos suicidios.

Los Parrott —quienes para entonces ya habían diversificado sus actividades hacia la banca, la minería, el sector inmobiliario y la ganadería— lograron sobrellevar la depresión de la década de 1870. Los Nuttall, en cambio, se vieron significativamente más afectados. John Parrott les compró la casa familiar de la calle Montgomery en 1877, cuando los tiempos eran apremiantes para su hija y su familia. Un año más tarde, Magdalena y su esposo pactaron el acuerdo con su padre de que ella tomaría 100 000 dólares como liquidación inmediata de su herencia, a cambio de futuras reclamaciones sobre el patrimonio de Parrott. Este trato les permitió mantener su cómodo estilo de vida, pero los dejó expuestos a un futuro más inestable. El hermano de

---

[55] La palabra "bonanza" aparece entrecomillada y en español en el original (n. de los trads.).

Zelia, Juanito, quien, como se ha dicho ya, se había convertido en corredor de bolsa después de regresar a San Francisco, fue atrapado por el auge especulativo y sufrió el subsecuente colapso.

San Francisco exhibía las extravagantes mansiones de los ricos al lado de la pobreza extrema de muchos que habían sido arruinados por ese tipo de especulación que prometía producir súbitas fortunas. El desempleo era abundante y aparecieron comedores populares en las esquinas. Conforme la depresión se hacía más profunda, se buscaron chivos expiatorios. La violencia dirigida a los chinos se intensificó y los disturbios estallaron en 1877. La embriaguez pública y la delincuencia resurgieron a niveles que competían con aquellos de los primeros tiempos de la fiebre del oro. El término "rufián" fue aplicado a la miríada de hombres jóvenes, perdidos y violentos que acechaban a la sociedad más estable.[56] A pesar de la cálida bienvenida a casa de su familia y del reencuentro con Juanito, no era un ambiente tranquilizador para una mujer joven ansiosa por lo que la vida le deparaba.

Los Nuttall pasaron tiempo en Baywood, en la finca de 105 hectáreas que le pertenecía a Parrott en San Mateo, la cual tenía amplias extensiones de terreno, grandes porches, decoraciones victorianas, techos altos, oscura carpintería esculpida y elaborados sillones y sofás. Los Parrott vivían la vida de los ricos, y los Nuttall eran aceptados entre ellos, sin importar sus finanzas personales. De seguro fue en esos años, dado el grupo más o menos pequeño de familias de San Francisco que entonces pertenecían a la élite, cuando Zelia conoció a Phoebe Apperson Hearst, cuyo esposo se había vuelto espectacularmente rico mediante inversiones en la minería. Como imponente matrona de la sociedad sanfranciscana de los 1870, Phoebe Hearst tendría más adelante un papel significativo en la vida de Zelia.

---

[56]   El término apareció por primera vez en el *San Francisco Daily Bulletin*, 13 de diciembre de 1866.

Las fotos de ese periodo muestran a Zelia como una mujer joven y atractiva, de grandes ojos oscuros, cejas arqueadas y cabello arreglado con estilo. Dado que todavía había muchos más hombres que mujeres en San Francisco, podemos pensar que era un buen partido para un hombre joven de buena familia, a pesar de lo cual el matrimonio le seguía siendo elusivo. Es posible que fuera cortejada, pero que no le agradaran sus pretendientes. O quizá que el catolicismo de su familia limitara el número de jóvenes disponibles. Quizá el uso de sus anteojos era un obstáculo para el romance, o que se estaba volviendo más franca y eso asustó a potenciales esposos. Eran tiempos difíciles para ella, debido a su susceptibilidad ante las expectativas que su familia y la sociedad tenían sobre ella. En cualquier caso, la ansiedad duró poco. En 1878, un joven antropólogo francés, Alphonse Pinart, llegó a San Francisco y, como europeo culto, fue bien recibido en los salones de la sociedad respetable de la ciudad. En una de esas reuniones, él y Zelia se conocieron.

2. UN MATRIMONIO FALLIDO

Alphonse Pinart era un joven guapo, con el cabello castaño y rizado peinado de lado, cejas pobladas, nariz afilada, labios finamente delineados y una barba que enfatizaba la seriedad de comportamiento. Su aire refinado no podía sino ser atractivo. Era un celebrado explorador, antropólogo y lingüista que fue acogido por la numerosa comunidad de franceses en San Francisco. Estaba entonces en la mitad de sus veintes, y había viajado ya por Alaska, Arizona, Canadá, Maine, Rusia y las islas de los Mares del Sur. Frente a los ávidos vecinos que lo escuchaban en el barrio francés, sostenía que los ancestros humanos de los pueblos americanos habían cruzado desde Asia por un paso de tierra. No era una teoría desconocida, pero él además explicaba cómo el estudio de las lenguas y culturas indígenas de las áreas que bordeaban el océano Pacífico proveía evidencia importante para sostener esa hipótesis.

Apuesto, aventurero y exitoso, Pinart era un pretendiente atractivo para Zelia Nuttall, quien se sentía como en casa entre los franceses que habían llegado en tropel a California en busca de riqueza y oportunidades.[1] Algunos habían optado por

[1] El barrio francés estaba ubicado a lo largo de las calles Long Wharf, Commercial y Dupont (esta última es ahora la Gran Avenida). Los exploradores franceses habían comenzado a llegar a California desde 1786. Unos trescientos mil franceses llegaron entre 1849 y 1856, atraídos por las noticias del oro. Había compañías de ese país que vendían el sueño de riqueza fácil y llenaban barcos con marineros, comerciantes, panaderos, cantineros y cazadores de fortuna. Muchos de ellos se asentaron cerca del puerto, y partes del barrio francés eran celebradas por ser casi como París: San Francisco fue, de hecho, conocido como el "París del Pacífico" por un tiempo. Para quienes busquen un recordatorio de aquellos tiempos, el techo de cristal y el domo de la actual tienda Neiman Marcus de San Francisco eran parte de otra tienda departamental del siglo XIX: los almacenes City of Paris, fundados en 1850. Véanse Chalmers, *Images of America*, especialmente el capítulo 2, y Rohrbough, *Rush to Gold*.

irse a las minas, mientras que otros pusieron almacenes, tiendas, restaurantes, casas de apuestas, vinaterías y hoteles para atender las necesidades y apetitos de quienes buscaban oro. Habían construido un hospital francés, imprimían un periódico francés y tenían la reputación de vivir bien: eran, de hecho, caricaturizados en la prensa local por su vestimenta impecable y su refinamiento, en marcado contraste con los rufianes y matones provenientes de otras tierras.[2]

Zelia debe de haber visto en el joven Pinart guiños del estilo de vida europeo que conocía. Por su parte, su avanzado dominio del francés, el alemán, el italiano y el español, idiomas que pudo perfeccionar durante el tiempo lleno de cultura que pasó con su familia en Europa, la hacían destacar en la sociedad de San Francisco. Era una joven de aparente riqueza, con buenas relaciones sociales gracias a la familia de su madre, que tocaba el piano y cantaba, asistía a reuniones de té y cenas, y se desenvolvía con gracia en los salones y el teatro. Zelia tenía veintiún años y no necesitaba que le recordaran que debía casarse, tener hijos y manejar una casa. La llegada de Pinart a su vida ocurrió en el momento adecuado.[3]

Es fácil imaginarse a Alphonse y a Zelia platicando apasionadamente en francés sobre el mundo de la antigüedad, la emoción provocada por los descubrimientos o los atractivos de París. Zelia era joven, estaba ansiosa por aprender y era capaz de discutir sobre distintos asuntos con inteligencia. Ansiaba tener conversaciones profundas y bien informadas. Alphonse estaba interesado en México y Zelia tenía ascendencia mexicana. Como potencial pretendiente, Alphonse no era sólo refinado y atractivo: también era católico, atributo que le dio mucho gusto a la madre de Zelia, Magdalena, y a su abuelastra, Abigail Parrott.

---

[2]   Chalmers, *Images of America*, 30.
[3]   No se conoce la fecha de su primer encuentro. Puede ser que se hayan conocido en el verano de 1878, cuando Pinart pasó por San Francisco, o en octubre de 1879.

A Zelia y a su familia se les dio a entender que Pinart era adinerado. La realidad era que casi no tenía dinero, puesto que se había gastado ya su significativa herencia. Lo que vieron los Nuttall fue un joven encantador que vivía en las habitaciones del Occidental, uno de los hoteles de lujo de la ciudad, y que era la sensación de la comunidad francesa. En ese momento, estaba por embarcase en un trabajo antropológico en América Central, México y el Caribe, financiado por el gobierno francés. Probablemente fue esa beca la que pagó su hospedaje.

Zelia era buen partido para un intelectual aventurero como Alphonse. Dada su situación, el matrimonio traería ventajas notables, pues la familia de Zelia vivía cómodamente y estaba conectada con la élite de la ciudad. Además, el compromiso activo de Robert Nuttall con la comunidad local de científicos los posicionó en un buen lugar entre la intelectualidad emergente. Poco se interpuso, pues, en lo que parecía ser una alianza propicia.

Durante el cortejo, Alphonse siguió con sus viajes y pasó meses en México, enfrascado en su investigación. A pesar de esas ausencias, la pareja se comprometió pronto. La boda se celebró el 10 de mayo de 1880 en la casa familiar de los Nuttall en la calle Taylor. Según la prensa local, fue una boda sofisticada, oficiada por el arzobispo de San Francisco, Joseph Sodac Alemany. Los testigos fueron el adinerado tío de Zelia, Tiburcio Parrott, y su hermana favorita, Carmelita.[4]

Durante los pocos años en que se le conoció como Madame Pinart, Zelia comenzó a estudiar seriamente las civilizaciones antiguas de México: Alphonse la impulsó a la vocación que marcaría el resto de su vida.

*

Alphonse —quien se decía a sí mismo antropólogo y fue el primer tutor de Zelia en este nuevo campo— era parte de una comunidad

---

[4]   *Daily Alta California* (San Francisco), 12 de mayo de 1880.

Alphonse Pinart, *ca.* 1880.

Zelia Nuttall, *ca.* 1880.

que aspiraba a entender de dónde venían las sociedades humanas y cómo se habían desarrollado. Aunque el término "antropología" se usaba desde el siglo XVII, para el XIX, quienes investigaban las sociedades humanas reclamaban para sí un rango de identidades: arqueólogos, etnólogos, anticuarios, lingüistas, folcloristas, historiadores y antropólogos.[5] Como quienes proponían dividir la historia natural en áreas especializadas —como geología, biología y botánica—, en la segunda mitad del siglo Pinart y sus colegas habían sido influidos por las ideas darwinianas sobre el tiempo y la evolución. La publicación de *El origen de las especies* significó el inicio de un entendimiento radicalmente nuevo de la cronología de la vida en la Tierra y de la forma en que las especies se habían desarrollado y habían perdurado. Una nueva generación de antropólogos, escéptica de la veracidad de los relatos bíblicos sobre la evolución de las sociedades humanas, estaba ansiosa por poner a prueba las creencias previas y desecharlas cuando nuevas explicaciones demostraban ser más convincentes.

Estos pioneros se reunían en las conferencias anuales de asociaciones recién formadas, en donde presentaban artículos, debatían ideas y creaban redes entre personas de ideas afines. Fue mediante esas reuniones que desarrollaron una identidad común y la sensación de que estaban descubriendo nuevas formas de interpretar el pasado y entender las sociedades humanas. Afirmaron ser "antropólogos científicos" para diferenciarse de quienes habían adoptado perspectivas predarwinianas y la especulación en lugar del riguroso método científico para llegar a sus conclusiones. Así, esta nueva generación insistió en que su aproximación estaba basada en la observación científica y en la evidencia contundente.

Los encuentros coloniales con culturas alejadas de las costumbres y modos de pensar europeos fueron también un impulso importante del creciente interés en el origen de las civilizaciones.

---

5   La arqueología es ahora generalmente considerada como una rama de la antropología, a la par de otras como la antropología social, cultural y física.

Las exploraciones, el comercio, las conquistas y la expansión de la alfabetización y de los medios de comunicación encendieron la curiosidad sobre dónde, cuándo y cómo otras sociedades habían emergido. Una mayor interacción con China, India, Indonesia y Japón, entre otros países y regiones, puso a prueba suposiciones culturales que habían sido sostenidas por mucho tiempo, a la vez que los encuentros con culturas africanas, amazónicas y andinas pusieron de relieve las muchas y diferentes maneras en que los pueblos habían organizado sus sociedades.

Entre aquellos que se cuestionaban sobre la historia de la civilización, hubo quienes se sintieron atraídos por cómo habían sido pobladas las Américas.[6] No podían sino preguntarse quién había construido las magníficas viviendas en los acantilados que se encontraron en el suroeste de Estados Unidos, y las pirámides y templos de México y Centro y Sudamérica. Y querían saber, además, qué significado tenían sus dibujos, esculturas y marcas. ¿Se podrían trazar los orígenes de esas civilizaciones hasta las tribus bíblicas de Israel, como tanta gente afirmaba en ese momento? Puesto que se conservaban tan pocos documentos escritos, ¿podrían los fragmentos, monumentos y artefactos que dejaron atrás contar la historia de sus orígenes?

Tales eran los acertijos que cautivaban a Alphonse Pinart, cuyo interés en ellos había surgido a raíz de su encuentro, en el París de 1867, con el abad Charles Étienne Brasseur de Bourbourg, quien había viajado por el mundo como sacerdote y etnógrafo —desde Quebec y Boston, donde se desempeñó como vicario general de la diócesis, hasta Madrid y Roma, Centroamérica y México, donde trabajó como misionero por quince años—. En este último destino, Brasseur se sintió tan cautivado por las antigüedades precolombinas que, por el resto de su vida,

---

6   Véase especialmente Williams, "From Whence Came Those Aboriginal Inhabitants", para una discusión sobre las primeras perspectivas de los orígenes de los indígenas americanos. Alphonse Pinart asistió a la primera reunión del Congreso Internacional de Americanistas en Nancy, Francia, en 1875.

escribiría prolíficamente sobre ellas y estudiaría las lenguas de Mesoamérica.[7]

Una de las aportaciones más notables de Brasseur fue el hallazgo, en la biblioteca madrileña de la Real Academia de la Historia, de una copia abreviada del manuscrito del siglo XVI de Diego de Landa sobre las costumbres y el lenguaje de los mayas. Landa, un monje franciscano, había saqueado aldeas mayas en la península de Yucatán e, impulsado por un fervor religioso, quemó la mayoría de sus códices finamente elaborados. Sin embargo, al parecer se arrepintió de esa gravosa destrucción del pasado, pues en 1566 dio a conocer una obra en la que describía la civilización que había encontrado y saqueado, a la vez que narraba partes de su historia. Además de rescatar el manuscrito de Landa, Brasseur lo tradujo célebremente. Son famosas también sus traducciones del llamado Códice Tro-Cortesiano y del Popol Vuh, texto sagrado del pueblo maya quiché.

Basado en esas fuentes, y en las observaciones que hizo mientras vivió en México durante la ocupación militar francesa que empezó en 1861, Brasseur publicó una gramática del maya, una historia monumental de los aztecas y numerosos escritos sobre sus viajes a Guatemala, Yucatán y otros lugares. Todo ese trabajo cimentó su estatus como el principal académico de la historia de Mesoamérica. Estaba fascinado por los vínculos —que ahora sabemos putativos— entre las civilizaciones mexicanas y las tribus perdidas de Israel o la ciudad sumergida de Atlantis descrita por Platón, ambas teorías populares en esos tiempos sobre la procedencia de los pueblos indígenas de América. Durante su vida, Brasseur reunió una magnífica biblioteca de investigación y un notable archivo de documentos originales, que Pinart compró, con el dinero de su herencia, entre 1873 y 1874, y en la cual Zelia se sumergió poco después de su boda.

[7]   Para una detallada discusión de Brasseur, véase Deuel, *Testaments of Time*, capítulo 24.

2. UN MATRIMONIO FALLIDO 95

Había otras descripciones tempranas sobre la vida precolombina que Pinart debe de haber conocido, como el trabajo de Bernardino de Sahagún, quien publicó en el siglo XVI doce volúmenes sobre los aztecas, en los que proporcionaba detalles extensos acerca de sus creencias, su organización social, su tecnología, su gobierno, sus sistemas económicos y su cosmología.[8] También debe de haber conocido obras más recientes, como la gran *Historia de la conquista de México,* de William H. Prescott, cuya publicación original en inglés apareció en 1843. Aclamado por su investigación excepcional, el trabajo de Prescott permaneció como una de las referencias fundamentales sobre la conquista española hasta bien entrado el siglo XX. Los primeros seis capítulos incluían descripciones detalladas de lo que Hernán Cortés y su ejército habían encontrado en Tenochtitlan en 1519. Después de un escrutinio casi heroico de los documentos españoles y los códices ancestrales conocidos hasta entonces, Prescott concluyó que la civilización de los aztecas "ofrecía algunas analogías íntimas con la civilización que se encontró antiguamente en el Continente Norteamericano".[9] Y creía que eran descendientes de las tribus perdidas de Israel.

Según Prescott, los toltecas habían llegado al centro de México en el siglo VII, mientras que los aztecas —según él, sus descendientes— establecieron su gran capital en 1325, a la cual Prescott llama "la Venecia del mundo occidental" luego de describir sus "humildes principios".[10] Pensaba que los guerreros aztecas podían ser comparados con los romanos. Se maravilló con el alcance de su imperio:

[8] El trabajo de Sahagún también es conocido como el Códice Florentino.

[9] Prescott, *History of the Conquest of Mexico,* 11. [Preferimos citar la traducción ya clásica al español publicada por Ediciones Mercurio en 1900 en Madrid bajo el título *Historia de la conquista de México.* Esta cita se encuentra en la p. 22 (n. de los trads.)].

[10] *Ibidem,* 15-16 [27 de la edición española]. El trabajo de Prescott es particularmente impresionante, dado que era ya completamente ciego cuando reunió los textos.

Al empezar el siglo XVI, poco tiempo antes de la llegada de los españoles, el imperio azteca comprendía desde el Atlántico hasta el Pacífico [...]; sus armas habían sido llevadas más allá de los límites ya reconocidos de su propio territorio, hasta los últimos confines de Guatemala y Nicaragua. La extensión del imperio [...] es verdaderamente prodigiosa, si se considera [...] que el territorio conquistado estaba ocupado por varias y populosas razas, iguales en armas a los mexicanos y poco inferiores a ellos en organización social.[11]

Prescott se basó en gran medida en los códices publicados por Edward King, vizconde de Kingsborough, cuya obra *Antigüedades de México* —que también respaldaba la hipótesis de las tribus perdidas— fue publicada en inglés en nueve volúmenes a partir de 1831 y a lo largo de dieciocho años. En ella, Kingsborough juntó y reprodujo todos los códices —es decir, libros pintados a mano sobre papel amate, piel de venado o pergamino, y plegados en acordeón— que se conocían en ese momento.[12]

---

[11]   *Ibidem*, 18 [30-31]. Su perspectiva racializada de la historia era característica del momento.

[12]   El título original de la obra de nueve volúmenes de Kingsborough era un poco engorroso: *Antiquities of Mexico: Comprising Facsimiles of Ancient Mexican Paintings and Hieroglyphics, Preserved in the Royal Libraries of Paris, Berlin and Dresden, in the Imperial library of Vienna, in the Vatican library, in the Borgian Museum at Rome; in the Library of the Institute at Bologna; and in the Bodleian Library at Oxford. Together with the Monuments of New Spain by M. Dupais: With Their Respective Scales of Measurement and Accompanying Descriptions. The Whole Illustrated by Many Valuable Inedited Manuscripts, by Augustino Aglio* (*Antigüedades de México: Comprenden facsímiles de antiguas pinturas y jeroglíficos mexicanos, conservados en las bibliotecas reales de París, Berlín y Dresde, en la Biblioteca Imperial de Viena, en la Biblioteca Vaticana, en el Museo Borgiano de Roma; en la biblioteca del Instituto de Bolonia; y en la Biblioteca Bodleiana de Oxford. Junto con los Monumentos de Nueva España de M. Dupais: con sus respectivas escalas de medida y las descripciones que las acompañan. Todo ello ilustrado por muchos valiosos manuscritos inéditos de Augustino Aglio*). Un ejemplar de pergamino costaba 3 000 libras; ejemplares más sencillos se vendían por 210 libras y, después de muchos años, por apenas 25 libras. Para mayor información sobre Kingsborough, véase Deuel, *Testaments of Time*, 503-510. Para una discusión acerca de los cronistas indígenas y su trabajo, véase León-Portilla, *La visión de los vencidos*. [Hay ediciones en español de la obra de Kingsborough.

Quienes consultaban su trabajo, se encontraban con pictogramas y jeroglíficos hermosos ilustrados con impresionantes colores. El costo de la publicación fue tan elevado que mandó a lord Kingsborough a la prisión de deudores en Dublín. Murió antes de que pudiera darle fin a su obra. Zelia debe de haber visto los volúmenes de Kingsborough en la biblioteca de Alphonse. Luego, en algún momento de los inicios de la década de 1880, le regalaron una copia completa de los nueve volúmenes, los cuales viajaron con ella gran parte de su vida a partir de entonces. Estaba intrigada por los relatos indígenas y por las transcripciones y explicaciones en náhuatl y español escritas en sus márgenes. Por otro lado, Alphonse debe de haber consultado también los escritos de Alexander von Humboldt sobre las ruinas que había visto en los cinco años que pasó viajando por la América española a inicios de siglo.[13] De ser así, de seguro le habrá interesado especialmente la afirmación de Humboldt sobre que la tradición tolteca sugería una historia de migración desde Asia.

Los monumentos, artefactos e historias de los aztecas y sus predecesores en el centro de México reforzaron su reputación como guerreros feroces. Los mayas parecían ofrecer una visión más pacífica de la civilización; una que, a diferencia de otras culturas en México, había desarrollado un lenguaje escrito. Muchas de sus ciudades en ruinas estaban en Yucatán, una región que permanecía en cierta medida inexplorada. Sólo algunos exploradores extranjeros habían visto las ruinas que seguían enterradas en la selva. Pero las historias que contaban estos aventureros, y los dibujos y descripciones que publicaban, encendieron el interés por la cultura maya y por los misterios que la rodeaban.

La más completa parece ser la publicada por la Secretaría de Hacienda y Crédito Público de México en 1964, en cuatro volúmenes, bajo el cuidado de José Corona Núñez (n. de los trads.)].

[13] Véase Humboldt, *Researches Concerning the Institutions and Monuments*. [En español, la edición más recomendable parece ser la de Siglo XXI Editores, publicada en 1995, *Vistas de las cordilleras y monumentos de los pueblos indígenas de América* (n. de los trads.)].

Los templos y palacios habían sido abandonados mucho antes de la llegada de los españoles. Pero ¿por qué? Nadie lo sabía con exactitud. Con tal de llegar al fondo de ese seductor misterio, algunos viajeros curiosos enfrentaron plagas de mosquitos, enfermedades tropicales, caminos inmensamente retadores, escasez de agua y comida, y otros muchos riesgos de muerte.

Muchos de estos primeros exploradores estaban convencidos de que los mayas habían vivido en un mítico edén de jardines, ríos, paz y abundancia. En la década de 1830, Lord Kingsborough mandó a Jean-Frédéric de Waldeck a Uxmal para que dibujara sus pirámides y palacios. Las representaciones un tanto fantasiosas de Waldeck provocaron que aquellos que examinaran su *Viaje pintoresco y arqueológico a la provincia de Yucatán* estuvieran completamente convencidos de que el diseño de los edificios provenía de Egipto.[14] Otros reportes más confiables sobre la vida de los mayas y sus ruinas emergieron de las expediciones llevadas a cabo por John Stephens y Frederick Catherwood, quienes primero atravesaron las selvas de Guatemala y el sur de México en busca de ciudades legendarias, y más adelante hicieron dos grandes viajes a Yucatán. Publicaron en la década de 1840 dos libros acerca de sus aventuras, los cuales llegaron a un vasto público lector —incluida la reina Victoria—, que gracias a ellos se enteraría del esplendor de la región y las preguntas sin respuesta sobre sus habitantes.[15]

Stephens, el escritor en esa dupla de exploradores, describió encuentros fascinantes con los funcionarios locales, sacerdotes,

[14]   La edición en español más reciente fue publicada por el Conaculta en 1996, en traducción de Manuel Mestre (n. de los trads.).

[15]   Véase Stephens y Catherwood, *Incidents of Travel in Central America, Chiapas and Yucatan*, y Stephens y Catherwood, *Incidents of Travel in Yucatan*. Véase también Carlsen, *Jungle of Stone*. [Hay ediciones en español de las obras de Stepehns y Catherwood: *Incidentes de viaje en Centroamérica, Chiapas y Yucatán*, en traducción de Benjamín Mazariego Santizo (Tegucigalpa, Secretaría de Cultura, Artes y Deportes, 2008), y, por supuesto, la versión ya clásica que Justo Sierra hizo del *Viaje a Yucatán 1841-1842*, reeditada por el Fondo de Cultura Económica en 2003. Ya se ha referido antes la edición en español de la obra de Carlsen (n. de los trads.)].

campesinos y artesanos en los pueblos que visitaban en su camino hacia las ruinas cubiertas por la vegetación. Catherwood, el artista, realizó dibujos exquisitos en los que muchas veces representaba figuras humanas al lado de templos ancestrales, de modo que su escala pudiera ser apreciada a cabalidad. Stephens y Catherwood vieron con ojos escépticos las hipótesis sobre el origen mediterráneo de los primeros pobladores de América, y sugerían, en cambio, que las ruinas en Yucatán le debían muy poco a Egipto, a los griegos, a los romanos o a otras civilizaciones a las que, en ese entonces, se les daba el crédito de haberles transmitido a los mayas su destreza en arquitectura. Se vendieron muchos miles de ejemplares de sus libros y ambos se volvieron famosos. Los mayas y sus misteriosas ciudades fantasma en Kabah, Labná, Mayapán, Chichén Itzá, Tulum y Uxmal, entre otras, se volvieron un tema de sobremesa habitual entre la población culta del Nuevo Mundo y del Antiguo. Alphonse y Zelia conocían bien ese libro.

La Guerra de Castas, un levantamiento de los indígenas de Yucatán contra el gobierno mexicano y los grandes terratenientes corporativos que los explotaban, estalló en 1847 y provocó que los viajes a esa región se volvieran extremadamente peligrosos durante décadas. Aun así, algunos aventureros se atrevieron a desafiar el caos y visitaron la región en las décadas de 1850, 1860, 1870 y 1880, con el fin de ampliar lo que se sabía o imaginaba sobre las antiguas civilizaciones de la zona. Inspirado por el trabajo de Stephens y Catherwood, y frecuentemente protegido por una escolta militar, Désiré Charnay incluso llevó consigo un aparatoso equipamiento cuando se adentró en ese ambiente complicado, del cual emergió con las primeras imágenes fotográficas de templos mayas.[16] Augustus y Alice Le Plongeon

---

[16]   Charnay jugó rápido y fácil con las leyes mexicanas sobre la exportación de artefactos, y a causa de ello fue denunciado por miembros del Congreso mexicano en 1880.

también viajaron a esa región devastada por la guerra en 1873. Tomaron fotografías y desenterraron una magnífica estatua de Chac mool, que intentaron transportar a Estados Unidos para exhibirla en la Exposición del Centenario de 1876 en Filadelfia, pero los gobiernos de México y Yucatán no lo permitieron. En cualquier caso, la estatua no se conserva en Yucatán, ya que fue reclamada por el Museo Nacional de Antropología de México. Augustus Le Plongeon —descrito por el antropólogo Ian Graham de la Universidad de Harvard como el "arquetipo mismo del anticuario imaginativo e iluso"—, sostuvo que una civilización de enanos había encontrado su hogar en Yucatán, que la civilización egipcia había emergido de la maya, y que el alfabeto griego derivaba de uno de sus cantos.[17]

Imágenes y reportajes de las ancestrales civilizaciones mesoamericanas hicieron que aumentara el interés por México. Para el momento en que Alphonse y Zelia se casaron, ya eran varios los entusiastas que se habían dedicado a la observación, el estudio, la excavación y la recolección en busca de una mayor comprensión de la historia de las Américas. Entre los curiosos había algunos buscando todavía la perdida y mítica Atlantis. Otros trataban de descubrir evidencia de las tribus de Israel, y otros más aún esperan encontrar El Dorado, la ciudad de oro que había sido tan legendaria para los exploradores españoles; pero muchos, como Alphonse y Zelia, tenían aspiraciones más científicas.[18] Estos antropólogos tempranos estaban influidos por nueva evidencia de una migración desde Asia a través de un puente de tierra, seguida de la expansión gradual hacia el sur y el este, que formó los diversos asentamientos humanos del norte, el centro y el sur de América. Iban desmantelando mitos y especulaciones para reconstruir una historia más compleja de México, analizando

[17]   Graham, *Alfred Maudslay and the Maya*, 159. Véanse también Bueno, *The Pursuit of Ruins*, 30, y Kelly, "Walking the Gods", 78-83.
[18]   Willey, "One Hundred Years of American Archaeology".

la cronología de distintos sitios y culturas, y documentando sus leyendas, dioses, formas lingüísticas, estilos artísticos, enfoques arquitectónicos y redes comerciales.

Hoy en día, en pleno siglo XXI, los antropólogos saben mucho más que estos investigadores pioneros. Saben que la presencia humana en Mesoamérica se remonta al menos a veinte mil años, y que los imponentes edificios y estatuas del pueblo olmeca datan de al menos tres mil quinientos años. Saben que las civilizaciones ancestrales de México se estratificaron históricamente: que luego de los olmecas, vinieron los fundadores de Monte Albán en Oaxaca, hace dos mil quinientos años; que los mayas emergieron quinientos años después; que los toltecas, más recientes, construyeron ciudades impresionantes en la época del tardío Imperio romano. Aprenderían que los mayas habían desarrollado un sofisticado sistema de escritura y una avanzada astronomía, y confirmarían que los aztecas fueron los últimos en llegar entre los constructores de ciudades: su imperio databa apenas del siglo XV y llegó a su auge justo antes de la llegada de los conquistadores españoles.

Sin embargo, tuvieron que pasar décadas para llegar a esa comprensión de Mesoamérica. A finales del siglo XIX, los antropólogos solían cometer errores en sus estudios y cálculos. También tomaban por verdadero mucho de lo que sus propias sociedades les habían enseñado; por ejemplo, que las civilizaciones progresaban linealmente, desde sus primitivos comienzos hasta los avances encontrados en las ciudades e instituciones de Europa. Creían que las "razas" estaban asociadas a niveles particulares de civilización y que su propia raza era la que había alcanzado el punto más alto en la historia. Algunos, como Alphonse y Zelia, fueron capaces de hacer descubrimientos que resultaron importantes para futuros antropólogos e historiadores, y para trascender algunas de las limitaciones del pensamiento de su época, tales como creencias fantasiosas en torno a los orígenes de las civilizaciones mesoamericanas, o a su religión, o a los sacrificios humanos. Con las técnicas de excavación y observación que tenían disponibles, esta nueva generación de estudiosos logró que avanzara el conocimiento sobre las raíces ancestrales de Mesoamérica, y que lo hiciera de forma más metódica y empírica que la de aquellos que los antecedieron.

Conforme el campo de la antropología se desarrollaba, sus adeptos se reunían con regularidad en encuentros de asociaciones para comparar notas y criticar ideas. Cada uno llegó por distintos caminos a esa vida de trabajo arduo y estudio minucioso. Para Alphonse, las grandes preguntas acerca de la historia humana nacieron de un encuentro fortuito con un sacerdote en París; para Zelia, lo que la encaminó hacia su propio camino de descubrimientos fue haber conocido, también de manera fortuita, a un apuesto y joven etnolingüista en San Francisco.

*

Alphonse Louis Pinart era un joven ambicioso y apresurado.[19] Casi nunca dejaba de investigar y puso todo su dinero y esfuerzo en su vocación. A lo largo de su vida, apenas completaba una expedición cuando ya estaba empezando la siguiente, buscando nuevos lugares que explorar y nuevos idiomas y tradiciones que registrar, si bien el producto de su trabajo nunca llegó tan alto como sus aspiraciones. En cierto nivel, su mente sabía enfocarse hasta en los mínimos detalles del lenguaje y el significado, pero en otro era itinerante y corría de un lugar a otro buscando pistas, que luego no se tomaba el tiempo de ensamblar, como tampoco les dedicó a sus observaciones el tiempo suficiente para llegar a una interpretación más amplia sobre el movimiento de los pueblos a través del espacio y del tiempo.

[19] En los registros franceses está listado como Louis Alphonse Pinart, como al parecer fue bautizado. Sin embargo, firmaba como Alphonse Louis. Ross Parmenter a Nadine Nuttall Laughton, 10 de enero de 1964, Colección Parmenter.

Fue quizá con esa misma clase de intuición divagante que conoció y cortejó a Zelia Nuttall.

Pinart nació en una adinerada familia burguesa en Beuvrequen, pueblo de la región francesa del Paso de Calais, el 26 de febrero de 1852. Su familia era parte de la élite provincial de Boulogne-sur-Mer, donde su padre, François Leon, era dueño y director de una fundidora de hierro llamada Usines Metallurgiques de Marquise. También era parte del consejo departamental. La fábrica, impulsada por la expansión de los ferrocarriles en Francia, creció rápidamente en las décadas de 1840 y 1850, enriqueciendo y haciendo progresar a la familia Pinart. Con el tiempo, llegó a contar con tres mil trabajadores que operaban cinco hornos de fundición, lo que proporcionaba una cómoda renta para Alphonse y sus cinco hermanos.

François Leon murió cuando Alphonse tenía siete años. El niño fue enviado a estudiar fuera, primero a Lille y después a París. Sus tres hermanos mayores se encargaron del negocio familiar, así que había pocas expectativas de que Alphonse volviera a casa para desempeñar un rol en su vida pueblerina. En la escuela, se interesó por los lenguajes orientales, entre ellos, el chino, el japonés y el sánscrito. Luego, cuando Usines Metallurgiques exhibió sus productos en la Exposición Universal de París de 1867, Alphonse, de quince años, encontró su vocación.[20] Fascinado por las exhibiciones de antigüedades en la feria, conoció a Charles Étienne Brasseur de Bourbourg y nunca volvió a asentarse en el mundo burgués de su familia.

Alphonse estaba convencido de que el lenguaje era la clave para descubrir el camino de las civilizaciones antiguas en el

---

[20] La exhibición fue la segunda que se llevó a cabo en París y la feria más grande del mundo celebrada hasta ese momento. Incluyó la primera presentación internacional de arte japonés que encendió la pasión por el *japonismo* e influyó en el trabajo de Édouard Manet, Vincent van Gogh y otros impresionistas. Siete millones de personas visitaron la exhibición. Para una descripción, véase Chandler, "Empire of Autumn".

Nuevo Mundo —un camino que, según creía, podía haber tenido origen en un viaje centenario desde Asia—. Para estudiar esas pistas lingüísticas —muchas de las cuales no estaban escritas— se embarcó en una vida de viajes y aventura, que le permitió escuchar, transcribir y traducir los lenguajes que escuchaba en enclaves remotos. La primera vez que estuvo en San Francisco, en 1871, tenía diecinueve años y su destino eran las islas Aleutianas, donde quería estudiar los lenguajes indígenas de sus habitantes. A bordo de una goleta salmonera, pasó el invierno en la isla Kodiak, regresó brevemente a San Francisco, y después partió hacia Sitka y otros asentamientos cercanos en aquel territorio que, poco antes, Estados Unidos le había comprado a Rusia. En el camino, llenó sus cuadernos de notas, transcribió documentos y recolectó máscaras, flechas, figuras de marfil, herramientas y huesos. Su atención, sin embargo, estaba puesta en el lenguaje. "Recolecté", explicó una vez, "vocabularios, textos, canciones, material lingüístico general, etc." de numerosos lenguajes.[21] Los lectores en Francia estaban fascinados por una carta que describía el papel que había tenido en el rescate de cuatro marineros japoneses cuya embarcación estuvo a la deriva en aguas heladas por once meses. En una visita a San Francisco, él también les ayudó a contar su historia mediante un intérprete.

Después de dos años regresó a Francia, donde fue homenajeado en el Museo Nacional de Historia Natural de París. Sus colecciones fueron exhibidas, dio conferencias y participó en reuniones científicas. Asimismo, la Sociedad de Geografía le otorgó una medalla de oro por sus contribuciones. A los veintiuno, Alphonse realizó el catálogo de las colecciones de Alaska del Museo Nacional de Historia Natural, y su primer trabajo académico, "Notes sur les Koloches", fue publicado por

---

[21] Alphonse Louis Pinart, citado en Parmenter, *Explorer, Linguist and Ethnologist*, 3. Los detalles de la vida de Pinart fueron tomados de ese cuidadoso catálogo de su trabajo y publicaciones.

la Sociedad de Antropología de París. Por esas fechas, recibió su herencia, hecho que lo convirtió en un joven adinerado con grandes ambiciones. Gastó parte de su fortuna en la compra de la extensa biblioteca de Brasseur. También pagó por la publicación de sus escritos y realizó un largo viaje a Rusia de dos años, durante el cual estudió el idioma tártaro, con la esperanza, de nuevo, de descubrir vínculos entre el Viejo y el Nuevo Mundo.

Después vendría un viaje a Alaska, auspiciado por el gobierno francés, el cual sería realizado en compañía del arqueólogo Léon de Cessac. El viaje, sin embargo, no fue aprobado oficialmente sino hasta 1875, y sólo después de que Pinart se comprometiera a cubrir la mayoría de los gastos. Alphonse partió ese mismo año hacia Estados Unidos. Hizo una primera parada en Washington D. C., y, después, atrapado por el impulso, recorrió las aldeas indígenas de Maine y de las islas orientales de Canadá, antes de recalar brevemente San Francisco. En su vasto vagabundeo, no pudo resistirse a un viaje de cuatro meses a las aldeas de los nativos americanos en Arizona, antes de dirigirse a la Columbia británica y finalmente regresar a París para publicar sus observaciones. De nuevo, fue celebrado, siendo alabado como "savant, modeste et magnifique" y como un "généreux publiciste des langues Américaines".[22] Por su parte, Cessac, a quien también le apasionaban los viajes, había decidido ir primero a Grecia, en donde estudió la geología de la isla Santorini, y no partió hacia Estados Unidos sino hasta ocho meses después que Pinart.

Para este punto, la expedición a Alaska se había retrasado un año. Con renovada determinación para llevarla a cabo, Cessac y Pinart se reunieron en Perú en 1877, a la espera del barco que los llevaría a Alaska. Alphonse, impaciente, se fue a Chile para interceptar el barco en Valparaíso. Allí descubrió que su capitán

---

[22] Petitot, *Langue Dènè-Dindjié*, citado en Parmenter, *Explorer, Linguist and Ethnologist*, 18-19. ("Erudito, modesto y magnífico" y "generoso divulgador de las lenguas americanas": en francés en el original [n. de los trads.]).

tenía nuevas órdenes de navegar hacia los mares del sur, en vez de hacia la costa de Alaska. Pinart se apuntó rápidamente para el viaje, que lo llevó a Somoa, Fiji, el archipiélago Tonga, las islas de la Sociedad, y otros paraísos de Oceanía. Cessac, quien se había quedado esperando en Lima y no sabía nada del cambio de planes, se fue finalmente a San Francisco, con el poco dinero que tenía en la bolsa y sin tener idea de qué había pasado con su compatriota. Después de su gira por las islas del Pacífico, Alphonse regresó a San Francisco para entregar un artículo sobre sus viajes y para servir como comisionado de la Exposición Universal de París de 1878. Aparentemente, no pensó que Cessac necesitara saber de su paradero.

Mientras esperaba a que comenzara la aventura en Alaska, Cessac empezó una investigación arqueológica en las islas del Canal frente a la costa de California.[23] Los dos exploradores se encontraron de nuevo a mediados de 1878, pero Pinart sólo tenía malas noticias para su insolvente compañero que le había pedido prestado dinero a sus amigos para continuar con su trabajo. Alphonse había agotado su herencia, la fundidora de hierro Marquise estaba en bancarrota y el contrato con el gobierno de Francia se había cancelado. Los dos hombres estaban en la ruina, y el viaje a Alaska no sucedió nunca.[24] Con todo, encontraron un objetivo común en la colección de artefactos en las islas de la costa de California, así que trabajaron juntos por un breve periodo, pero después separaron sus caminos. No es difícil de entender por qué, en virtud del comportamiento impulsivo e insensible de Pinart y la propia inclinación de Cessac por la errancia.

[23] Para una descripción del trabajo de Cessac a lo largo de la costa del Pacífico, véase Reichlen, Heizer y Anderson, *The Scientific Expedition of Leon de Cessac to California.*

[24] Cessac continuó con su investigación en California por un tiempo, gracias a la buena voluntad de sus amigos. Regresó a Francia a principios de 1880 con mala salud y murió en la pobreza en 1891.

A pesar de eso, en su corta parada en Francia en 1878, el ahora pobre Alphonse Pinart encontró la manera de hablar con el gobierno francés para que respaldara una nueva expedición, esta vez proporcionándole fondos para un estudio de cinco años de los Andes, las islas caribeñas, América Central, México y el suroeste de Estados Unidos. O era lo bastante famoso, o tenía los amigos necesarios en los lugares adecuados, o el gobierno de Francia estaba lo suficientemente ansioso por ser parte de las grandiosas exploraciones científicas y las aventuras imperiales del momento, pues se trató de un financiamiento generoso.[25] Así, cuando llegó a San Francisco, en julio de ese año, Alphonse tenía otra vez dinero en su bolsillo y estaba enfocado en llevar a cabo sus planes en América Central, México y las Indias Occidentales.

*

La velocidad vertiginosa de las aventuras de Alphonse no disminuyó luego de su matrimonio con Zelia. El 16 de mayo de 1880, los recién casados se fueron de luna de miel, acompañados por George, el hermano de Zelia, quien tenía diecisiete en ese momento. Descendieron por la costa hacia Los Ángeles, y de allí por tierra adentro a Pasadena, donde visitaron la misión San Gabriel. Después se desplazaron rumbo al norte, a Yosemite, antes de regresar a San Francisco el 28 de mayo. Acaso esos doce días de andar a caballo, en carreta y tren no eran la mejor manera de empezar la vida de casados, pero poco después de ese atropellado inicio, la joven pareja estaba en un tren camino a la ciudad de Nueva York y, para el 16 de junio, en un barco rumbo a Francia.

Para Zelia, cualquier esperanza de una vida estable tuvo que quedar de lado. El siguiente año y medio la llevó a París, Madrid, Barcelona, Puerto Rico, Cuba, República Dominicana y

---

[25] A cambio, Pinart tenía que donar alguno de los artefactos que recolectara en el viaje al Museo de Etnografía de Trocadero, ubicado en París.

México, destinos, todos ellos, impulsados por el obsesivo afán de Alphonse por el descubrimiento. En el camino del viaje a Francia para conocer a la familia de su esposo, Zelia dijo ser una novia feliz. Mientras Alphonse parecía tan "cómodo en el mar como en la costa", según escribió su esposa durante los once días del viaje en barco, ella había sido abatida por el mareo; aun así, estaba encantada con que la trataran como *madame* por primera vez.[26] Su nuevo esposo estaba comiendo "con muchas ganas", al punto de que pensó que debía advertírselo.[27] Ya en París, dijo con ironía en una carta a su hermano George que estaba "ocupada de la forma más romántica remendando los calcetines de mi esposo". Compró porcelana y ropa de cama bordada como preparando un largo y más estable futuro juntos.[28] Para julio, estaba embarazada, y anunció que Alphonse estaba "cuidándola de la mejor manera posible".[29]

Sin importar que ella pudiera sentirse mareada por el embarazo, Alphonse se apresuró para que fueran a Madrid y a Barcelona antes de volver a París para alistar su siguiente viaje, que sería al Caribe y a México. Para noviembre, los recién casados estaban de nuevo a bordo de un barco, esta vez con destino a Puerto Rico. Desde allí ella le escribió a su familia que "nunca imaginó que alguien pudiera tener un carácter tan hermoso" como el de su esposo, y cómo estaba "siendo consentida por Alphonse, y por todo el mundo".[30] En Puerto Rico, donde estuvieron tres meses y medio, vivieron un periodo en la casa del cónsul de Francia y viajaron a varios lugares de la isla. El ritmo bajó de intensidad.

En República Dominicana se hospedaron en "una de las mejores casas". Pinart se entrevistó con el presidente "muchas

26   Zelia Nuttall a su familia, 22 de junio de 1880, Colección Parmenter.
27   *Ibidem.*
28   Zelia Nuttall a George Nuttall, 19 de septiembre de 1880, Colección Parmenter.
29   Zelia Nuttall a su familia, 20 de julio de 1880.
30   Zelia Nuttall a Magdalena Nuttall, 12 de febrero de 1881, Colección Parmenter.

veces", según reportó Zelia, mientras ella dibujaba flores y mariposas que eran "como nieve".[31] Le asombró la antigüedad de Santo Domingo, que le parecía muy distante de Estados Unidos y Europa. Era, escribió, "una ciudad de ruinas, pero de hermosos monasterios, iglesias y palacios, todos construidos por los españoles en tiempos de prosperidad durante el siglo xvi y el xvii [...]. Todo está tan viejo y dañado, y es tan pintoresco". Después de un viaje a Cuba, la joven pareja regresó a República Dominicana, "radiantes y tan alegres como siempre".[32] Más tarde, escribió que "Alphonse es la persona más generosa que he conocido, y ése no es el menos hermoso de los rasgos de su personalidad".[33]

El primer año de su matrimonio fue un torbellino. También resultó ser una época crucial para el desarrollo intelectual de Zelia. Había encontrado en Alphonse un hombre que alentaría su interés por la antigüedad. Fue gracias a él que conoció la floreciente literatura de etnología y arqueología, y que empezó a entender las complejidades de la lingüística. Y lo más importante: mientras estuvieron en París, Zelia tenía acceso a la extraordinaria biblioteca de su esposo, y visitó a su lado otras bibliotecas en París y Madrid, donde encontró los originales de algunos de los códices reproducidos por Lord Kingsborough. Aunque el tiempo para digerirlo todo era escaso, Zelia aprovechó esa oportunidad para desarrollar su conocimiento y sus habilidades. El español del siglo xvi resultó ser un reto sencillo para ella a la hora de consultar las anotaciones escritas en los márgenes de los códices. Mientras Alphonse saltaba de proyecto en proyecto y divagaba vastamente entre países, tribus y lenguajes, Zelia empezaba a demostrar un estilo intelectual más centrado y preciso. Empezó, pues, a sospechar que acaso poseyera habilidades intelectuales de las que hasta ese momento no tuviera noticia.

[31]   Zelia Nuttall a su familia, 12 de febrero de 1881; Zelia Nuttall a su familia, 5 de junio de 1881, Colección Parmenter.
[32]   Zelia Nuttall a George Nuttall, 16 de marzo de 1881, Colección Parmenter.
[33]   Zelia Nuttall a George Nuttall, 15 de junio de 1881, Colección Parmenter.

Durante ese periodo, Zelia aprendió que, para dedicarse a la investigación en esos tiempos de grandes avances en el conocimiento de la antiguas civilizaciones, era importante proteger los descubrimientos propios. Su esposo, tan determinado como era, le mostró cómo hacerlo. Durante su trabajo anterior en Alaska, Alphonse había encontrado una cueva llena de artefactos. Tiempo después, cuando se enteró de que otro explorador planeaba reclamar ese descubrimiento como suyo, presentó rápidamente la historia sobre cómo había encontrado la cueva, luego de haber escuchado de ella por boca de un hombre oriundo de la zona llamado Lazare en una reunión de la Sociedad de Antropología francesa. Así que Pinart financió la publicación de un artículo sobre su aventura, cuya aparición en 1875 le permitió reclamar como suyo el descubrimiento de la cueva.[34] En ese artículo, también afirmaba haber hallado documentos importantes, pero nunca los presentó. Si el propósito de buena parte de la investigación antropológica del momento era desenterrar los orígenes de las civilizaciones humanas, ciertamente importaba quién podía reclamar el crédito de haber llevado a cabo la excavación. Esta actitud posesiva respecto a los descubrimientos e interpretaciones realizados fue una característica notable de la última etapa del trabajo de Zelia.

A pesar de la emoción compartida por los descubrimientos, algo empezó a ir mal durante los primeros meses de matrimonio. Pueden advertirse ya ciertos guiños de angustia en las efusivas cartas que Zelia mandó a casa en esa época, como cuando admitió, por ejemplo, durante el viaje en barco, que Alphonse era menos atento de lo que ella había anticipado. También dijo que era "muy callado y poco expresivo", tanto que era difícil imaginar cuán reciente era su boda: de hecho, algunos pasajeros pensaron

---

[34] Parmenter, *Explorer, Linguist and Ethnologist*, 13-14. El competidor de Pinart por el descubrimiento era W. H. Dall, que estaba trabajando para la Institución Smithsoniana. La descripción que hizo Dall de la cueva apareció cn 1878 e incluyó una crítica al trabajo apresurado realizado por Pinart.

que eran hermanos, suposición extraña, aun en tiempos victorianos, sobre una pareja de recién casados.[35]

La cronología de la correspondencia de Zelia ofrece otras pistas. La carta de junio de 1881 desde Santo Domingo que hablaba sobre la generosidad de Alphonse fue escrita dos meses después de la muerte de su hija Roberta, quien nació el 6 de abril y vivió sólo once días. Alphonse hizo el esfuerzo de registrar el nacimiento —y la muerte— de su hija en el consulado de Francia, para que constara en los archivos de Marquise, la ciudad natal de Pinart, pero la tragedia no fue mencionada en ninguna de las cartas de Zelia. Nadine, quien nació un año después, no sabría de la breve existencia de su hermana hasta que tuvo más de ochenta años.[36] A estos tiempos melancólicos, se sumó la muerte de Robert Nuttall, el querido padre de Zelia, en 1881, la cual la dejó doblemente devastada.

Aun si Alphonse hubiera sido capaz de ofrecer cualquier consuelo a su esposa en luto, éste se vería interrumpido regularmente sus constantes viajes. Sin embargo, la vida de Zelia y sus dolores parecen haberle importado poco a su esposo. Aunque ella se refería a Alphonse con frecuencia en sus cartas, Zelia no aparece para nada en la correspondencia o en los diarios que sobrevivieron de su esposo. El 12 de abril, seis días después del nacimiento de Roberta, Alphonse le escribió a un amigo de Santo Domingo, pero no menciona ni al bebé ni a la madre. Una carta subsecuente, escrita desde Cuba, menos de tres meses después, escrita sobre un papel con el borde negro en señal de luto, no hace referencia a la muerte del bebé, ni a su esposa, ni a la muerte de su suegro. En su diario del viaje a México a finales del verano y durante el otoño de 1881, no hay, de nuevo, ninguna mención de Zelia, cuya estancia en el Caribe parece haber sido un

---

[35] Zelia Nuttall a su familia, 22 de junio de 1881.
[36] Ross Parmenter le escribió a Nadine Nuttall Laughton sobre los orígenes de su padre el 10 de enero de 1963; le mencionó también que una calle en Marquise llevaba el nombre de su abuelo, el padre de Alphonse.

periodo solitario: mientras su esposo estaba siempre ocupado, ella se quedaba haciendo pinturas de flores tropicales, mirando por la ventana, viviendo triste y en silencio. Extrañaba a su familia y cómo se preocupaban por su bienestar. Alphonse tenía otros asuntos en la cabeza.

Zelia encontró consuelo en aprender sobre su herencia cultural. Cuando dejaron su casa en el Caribe, ella y Alphonse visitaron México. Estaba ansiosa por ver la ciudad natal de su madre y por profundizar en su conocimiento sobre las culturas precolombinas mexicanas. Mientras Alphonse seguía con su investigación, ella empezó a aprender náhuatl, el lenguaje de los aztecas, y paseó por pueblos y ruinas donde todavía podían hallarse las marcas del pasado. No hay evidencia de que haya conocido a su abuela materna, Carmen Barrera, quien seguía viva durante esa primera visita de Zelia al país donde nació su madre.

En México, Zelia quedó embarazada de nuevo. La pareja regresó a San Francisco el 6 de diciembre de 1881 y estuvieron allí juntos hasta finales de enero de 1882, cuando Alphonse partió a un viaje de varios meses por Guatemala, Nicaragua y Panamá. Zelia esperó sola el nacimiento de su segunda hija, aunque contaba con el apoyo emocional y financiero de su familia. Para ese momento ya estaba desilusionada de su matrimonio. Cuando Nadine nació, el 23 de abril, Pinart estaba en Panamá; regresó a San Francisco al final de mayo. Le escribió a su buen amigo y colega etnólogo Albert Samuel Gatschet en junio desde la casa Nuttall en la calle Taylor, y luego otra vez en julio, pero en ninguna de las cartas mencionó a Zelia, su familia o la bebé.

Para agosto, Alphonse se dirigía a Nueva York y, desde allí, hacia Francia. Su preocupación en ese momento era el dinero: según le escribió a su amigo Joaquín García Icazbalceta, su viaje se debía a "la penosa necesidad de vender parte de la biblioteca que tengo en París, con el fin de pagar la deuda, que no es muy grande, pero que, me temo, no podré pagar de otra manera: lo lamento profundamente, porque entre [esos libros] está buena parte de la

biblioteca de Brasseur".[37] Después de eso no hay indicación de que
Pinart haya regresado a San Francisco, ni de que haya vuelto a ver
a su esposa e hija, hasta marzo de 1884, es decir, estuvieron separados por más de un año y medio. Durante ese tiempo, Zelia se
quedó con los Nuttall en San Francisco. No se conserva evidencia
de correspondencia alguna entre ella y Alphonse.

Es muy probable que Pinart se casara con Zelia para acceder
a la fortuna de su familia. Ya se había gastado su propia herencia, y el estilo de vida de la familia de Zelia daba a entender que
tenían recursos. Muchos años después, Zelia le contó con enojo
a Nadine que Pinart se había gastado los 9000 dólares que ella
había heredado de su padre, así como su dote matrimonial.[38]
Cuando el dinero se había agotado, y cuando la familia de Zelia
fue firme en su resolución de que Alphonse no debía esperar
ningún financiamiento futuro, él abandonó a su esposa e hija.
Cuando Zelia pidió el divorcio, él no se opuso.[39]

El oportunismo, sin duda, ayuda a explicar por qué Alphonse
fue "tan callado y poco expresivo" desde el comienzo mismo de
su matrimonio. Para un hombre poseído por sus obsesiones,
Zelia era el medio para un fin. La rápida sucesión de viajes a
Francia, España, el Caribe, México y Centroamérica después de
su boda tuvo como único objetivo su trabajo. Al inicio, Zelia estaba ansiosa por adaptarse a esa nueva vida de aventuras, aunque
sus compras en París sugieren que también tenía en mente una
vida doméstica tradicional. Pero durante esos primeros dos años,
fue cada vez más obvio que eso no estaba previsto, y al final tuvo

[37] Alphonse Pinart a Joaquín García Icazbalceta, 3 de agosto de 1882, Colección
     Parmenter, mi traducción.
[38] Sumado a cualquier dote matrimonial, cuando Robert Nuttall murió en 1881,
     dejó un patrimonio de 67000 dólares: 20000 fueron para Magdalena y el resto
     se dividió equitativamente entre los cinco hijos —a cada uno, le correspondieron
     unos 9000 dólares aproximadamente—. Parmenter ("Zelia Nuttall and the Reco-
     very of Mexico's Past", 106) especula que, cuando Zelia afirmó que Pinart se había
     gastado su herencia, se refería a estos fondos y al acuerdo de su matrimonio.
[39] Parmenter, "Zelia Nuttall and the Recovery of Mexico's Past", 110-111.

que afrontar la realidad: la auténtica pasión de Alphonse estaba reservada para sus estudios y sus viajes, no para ella. Y tales viajes eran, además, azarosos y caóticos, pues Pinart se apresuraba a trasladarse de un lugar a otro apenas se le ocurría.

Sin duda, había otros factores enojosos en juego. Zelia venía de una familia grande y unida, y esperaba más de su esposo de lo que él estaba dispuesto a darle. Es de suponerse que la pérdida de su primera hija y la muerte de su padre aumentaran sus necesidades emocionales, y él no estaba preparado para satisfacerlas. Zelia sentía, con certeza, los viajes frecuentes y las salidas abruptas de su marido como un abandono. El enojo de ella acabó por ser tan intenso que le negó a su hija todo conocimiento sobre su padre y su tierra natal. Más tarde en la vida, Nadine hablaría sobre cuánto le costó crecer sin un padre:

> Desde que tengo memoria, él era tabú para mí, y vivía aterrorizada por los violentos regaños que recibía si mencionaba su nombre. Después, hice un compromiso conmigo misma: cuando me preguntaran acerca de él, tan sólo respondería tímidamente: "¡Nunca lo conocí!", pues me di cuenta de que las personas pensaban entonces que estaba muerto, sentían lástima por mí y no decían nada más. En esos tiempos, era una desgracia tener una madre divorciada y escuchaba muchas cosas que me dolían. Así que ignoré y maté toda esta parte de mí. Mi madre ni siquiera me permitió nunca ir a París o a Francia […]. La única cosa que se me dio a entender fue que mi padre se había gastado *todo* el dinero de mi madre […]. Así que aquí estoy, una mujer vieja que no sabe nada acerca de su padre, y a quien aparentemente no le importa.[40]

En la familia circuló el rumor de que Pinart ya tenía una esposa cuando se casó con Zelia, aunque eso parece poco probable,

---

[40]   Nadine Nuttall Laughton a Ross Parmenter, 27 de febrero de 1961, Colección Parmenter, 8.

dado el registro del nacimiento de la bebé Roberta y de los esfuerzos posteriores de Alphonse por evitar el divorcio mediante la ley francesa. Ciertamente, hay evidencia de que era ensimismado, pero no de que fuera "un apostador, un borracho o un bueno para nada", como ya descartó Ross Parmenter luego de su investigación sobre esas posibilidades.[41] Existen otras hipótesis, como la homosexualidad o el maltrato físico, pero ni amigos ni familiares dejaron indicio alguno de tales comportamientos. Si Zelia y Alphonse intercambiaron cartas después del regreso de ella a San Francisco a finales de 1881 fueron destruidas por la propia Zelia o por su nieto, quien examinó su correspondencia después de la muerte de su abuela, o por quienes vivieron posteriormente en la casa que había sido suya y se deshicieron de cuanto quedaba en el sótano. Todo documento oficial relacionado con la separación y el divorcio fue víctima del terremoto en San Francisco de 1906 y el devastador incendio que le siguió.

Sigue siendo un misterio qué fue lo que finalmente llevó a Zelia a presentar la demanda de divorcio por crueldad y negligencia. Lo que es seguro es que existía una fuerte antipatía, ya fuera mutua o unilateral, pues el divorcio era una acción pública compleja para una mujer, especialmente para alguien de una familia de élite y educada en el catolicismo. Obtener el divorcio fue un proceso muy tardado. El primer paso, que tomó casi dos años, fue un acta de separación, en la cual se detallaban las obligaciones financieras y otras responsabilidades de ambas partes durante el periodo de separación. Este documento fue tramitado por la familia de Zelia en San Francisco. Mediante él, los Nuttall abjuraron de darle cualquier ayuda a Pinart en el futuro. Ambas partes, sin embargo, tenían que estar presentes para firmar el acuerdo. George Nuttall, el hermano de Zelia, anotó en su diario que Pinart llegó a San Francisco desde Panamá el 22 de marzo de 1884, y que se quedó allí hasta el 30 de abril, cuando

41   Parmenter, "Zelia Nuttall and the Recovery of Mexico's Past", 110-111.

todos los asuntos se habían resuelto y se había firmado el acta.[42] Ésa fue la última vez que la pareja se vio. Alphonse se fue apenas los papeles estuvieron firmados, para seguir su investigación en México y Centroamérica.

El segundo paso para disolver el matrimonio requirió otros cuatro años de esfuerzo. En la California de aquella época, la crueldad, el adulterio, el abandono, la embriaguez, la condena por un delito y la negligencia eran razones legales para el divorcio. La ley del estado era relativamente liberal en comparación con otras.[43] Tres cuartos de los 467 divorcios ocurridos en San Francisco en 1888 fueron concedidos a mujeres que habían presentado acciones legales contra sus esposos; el 60% de esas mujeres alegó abandono o crueldad, los mismos cargos que Zelia había presentado contra Alphonse.[44] Aunque el estigma que venía con el divorcio era menor en California que en cualquier otra parte de Estados Unidos, no era un acontecimiento banal para una mujer joven y bien conectada. Zelia tenía treinta y uno, y su caso, sin duda, fue muy comentado en su círculo social. Por si eso fuera poco, de ahí en más, no tendría permitido recibir el sacramento católico de la comunión.

Fueron años difíciles para Zelia. En julio de 1885, mientras viajaban por Estados Unidos, ella, su hermano George, su hija Nadine y su madre Magdalena fueron sacudidos por una noticia de California: su hermana Carmelita había muerto a causa de un disparo a los veintiséis años. Según las noticias, se trató de un accidente: mientras estaba desempacando la maleta de su esposo, un revólver se cayó y se disparó solo. Carmelita murió al día siguiente.[45] Ya fuera un accidente o un suicidio, su muerte

[42] George Nuttall, diario, entradas del 22 de marzo de 1884 y el 30 de abril de 1884, Colección Parmenter.

[43] Griswold, *Family and Divorce in California*, 18-19.

[44] Treinta y cuatro por ciento de los divorcios eran concedidos por abandono. Véase *San Francisco Chronicle*, 7 de febrero de 1989, 5.

[45] *Daily Alta California* (San Francisco), 10 de julio de 1885.

inquietó profundamente a Zelia, pues, además, Carmelita era su hermana favorita, la más cercana a ella en edad. Durante el verano de 1888, se le encargó a Zelia la tarea de administrar la considerable herencia de Carmelita y desmantelar la casa de su familia en la calle Taylor en San Francisco. Eran tareas demasiado melancólicas para ser realizadas por una madre joven recién divorciada.[46]

*

A pesar de que los años entre 1881 y 1888 estuvieron llenos de tensión y angustia, ésa fue también la época en que Zelia se propuso redefinirse como una mujer con una vocación. Su matrimonio le había permitido sumergirse en bibliotecas y archivos relevantes para su floreciente interés en los pueblos ancestrales de México, así como viajar a los lugares donde tales pueblos habían habitado. En ese entonces, había estado siguiendo a su esposo; ahora tenía que trazar su propio camino. Empezó, modestamente, con el estudio de cabezas de figurillas de terracota. Como le escribió a Frederic Ward Putnam de la Universidad de Harvard en 1885,

> me casé con el Sr. Pinart hace cinco años, bajo ciertas impresiones erróneas sobre él. Desde hace cuatro años que vivo con mi madre y mi familia. Fue por sugerencia del Sr. Pinart que elegí el México antiguo como una rama especial de estudio. Desde nuestra separación he trabajado, por supuesto, sin ayuda, y no fue sino hasta el pasado invierno, durante mi estancia en México, que se despertó mi interés en las cabezas de terracota.[47]

---

[46] Magdalena heredó la mitad del patrimonio de Carmelita, lo que le permitió apoyar a George, Nadine y Zelia por muchos años.
[47] Zelia Nuttall a Frederic Ward Putnam, 17 de diciembre de 1885, Archivos Putnam.

Para Zelia, que vivía en esa conyugal tierra de nadie, entre la separación legal y el divorcio, su nuevo interés en las civilizaciones tempranas de las Américas le dio la oportunidad de expandir sus actividades. Estuvo en México con Magdalena, George y Nadine desde diciembre de 1884 hasta abril de 1885. Pasaron tiempo en Cuernavaca, la Ciudad de México y Toluca, y visitaron las ruinas arqueológicas de Teotihuacan y Xochicalco. Durante sus viajes, recolectó los primeros artefactos de su colección: un grupo de pequeñas cabezas de terracota, similares a aquellas descritas por Fanny Calderón de la Barca en 1840. También se familiarizó con el trabajo temprano de Alfredo Chavero sobre el Calendario Azteca, el cual excitó su interés.

Zelia empezó a contactar a académicos más reconocidos que pudieran guiarla conforme cultivaba su nueva identidad como antropóloga. Acompañó a George a Baltimore, donde él continuaría sus estudios de medicina en la Universidad Johns Hopkins. Fue entonces que Zelia conoció a Frederic Ward Putnam, el curador del Museo Peabody de Arqueología y Etnología de la Universidad de Harvard y uno de los mayores expertos del momento en Mesoamérica. También conoció a otras mujeres que se dedicaban al estudio de las antiguas civilizaciones, Alice Cunningham Fletcher y Sara Yorke Stevenson, entre ellas.

Por iniciativa de Putnam, Zelia viajó a reuniones académicas en Boston, Búfalo, Nueva York y Washington D. C. A inicios de 1886 estaba de vuelta en San Francisco y después, a mediados de año, viajó una vez más a Baltimore. Cuando George terminó sus estudios en Johns Hopkins, el joven se inscribió a una maestría en Alemania. Zelia, Magdalena, Nadine y Roberta lo acompañaron en su viaje a Europa y establecieron una casa en Dresde en 1887.[48] Zelia aprovechó todos las paradas que hicieron en

---

[48]   Magdalena, ahora viuda, estaba ansiosa por permanecer cerca de su hijo, a fin de asegurarse que estuviera bien cuidado durante sus estudios.

el camino para asistir a reuniones donde la nueva ciencia de la antropología estaba tomando forma y para buscar a sus practicantes más eminentes. Poco después, ya asentada en Dresde, comenzó a investigar con los materiales guardados por los museos y las bibliotecas de la ciudad alemana.

Pero no había logrado todavía liberarse de Pinart. En 1888, durante su estancia en Dresde, comenzaba a gestarse una crisis en el proceso de divorcio. A la animosidad, ahora se sumaba la preocupación por las intenciones de Alphonse. Zelia explicó sus preocupaciones en una carta a Frederic Ward Putnam, a fin de justificar sus retrasos para completar el estudio de las cabezas de terracota que había recolectado:

Me he retrasado algunas semanas en la preparación de mi artículo, pues me encuentro deprimida y enferma, a causa de todo tipo de dolorosos asuntos relacionados con mi desafortunado matrimonio. Se ha comprobado que, según la ley francesa, el acta de separación que firmamos en California es absolutamente nula e inválida. Y tampoco parece haber ninguna posibilidad de obtener protección para mí y mi hija de acuerdo con las leyes francesas. El Sr. P. lleva la vida de un aventurero sin escrúpulos y no dejamos de temer por su futura conducta.

Zelia no estaba segura de lo que vendría después. "Como ves, hay todo tipo de complicaciones", continúa su carta, "y nuestros planes son inestables por el momento". Después, sigue hablando sobre la posibilidad de asistir a futuras conferencias y de visitar bibliotecas en el Vaticano y en España, antes de decir: "Todo dependerá de cómo se vayan dando las cosas".[49] En una carta subsecuente, manifiesta su esperanza de tener, en un futuro, "menos

---

[49]   Zelia Nuttall a Frederic Ward Putnam, 4 de marzo de 1888, Archivo Nuttall, Museo Peabody.

motivos cotidianos para el dolor que los que tengo ahora".[50] Con tal de resolver si las leyes de Francia o las de Estados Unidos determinarían su destino, hizo planes de ir a París con su hermano George para consultar a un asesor legal de aquel país.

Un mes después, Zelia regresó inesperadamente a Estados Unidos y quiso mantener el viaje en "profundo secreto". Temía que Alphonse intentara arrebatarle la custodia de Nadine. "Hasta llegar a San Francisco, no estaré verdaderamente libre de la ansiedad que me produce una posible interferencia", le confió a Putnam. "Es mejor que incluso mi visita a Boston pase inadvertida para todos, menos para mis amigos personales".[51] Para el 23 de marzo, Zelia y Nadine estaban de regreso en California, hospedadas con su tío Tiburcio en su finca Miravalle en Santa Helena. Gracias a este respiro, ella pudo "descansar y deleitarme en la tranquilidad, el alivio de la ansiedad diaria y la belleza de la casa de mi tío y sus alrededores".[52] Por primera vez desde que se casó, firmó la carta como "Zelia Nuttall".

Aun así, sus asuntos se mantuvieron en un limbo, mientras su abogado trabajaba para determinar si se aplicaba la ley francesa a su situación. "¡Las últimas noticias desde París dicen que el Sr. P. ha cumplido su amenaza y ha presentado una queja contra mí en París!", le escribió a Putnam el 4 de marzo. "Nos preguntamos con qué fin lo habrá hecho".[53] En mayo escribió que estaba "segura y tranquila bajo la fuerte protección de mis amables parientes".[54] Una foto de ese tiempo muestra a Zelia, el tío Tiburcio y a Nadine de seis años en la veranda de su palaciega casa de campo.

50 Zelia Nuttall a Frederic Ward Putnam, 26 de marzo de 1888, Archivo Nuttall, Museo Peabody.
51 Zelia Nuttall a Frederic Ward Putnam, 22 de abril de 1888, Archivo Nuttall, Museo Peabody.
52 Zelia Nuttall a Frederic Ward Putnam, 23 de mayo de 1888, Archivo Nuttall, Museo Peabody. Miravalle es conocida por aparecer en la serie televisiva *Falcon Crest*, transmitida por CBS a finales del siglo XX.
53 Zelia Nuttall a Putnam, 4 de marzo de 1888.
54 Zelia Nuttall a Putnam, 23 de marzo de 1888.

Nadine y Zelia Nuttall con Tiburcio Parrott en su finca de campo, Miravalle, en 1888.

A pesar de que asegurara sentirse protegida, Zelia se ve desgastada y delgada, con su cabello recogido hacia atrás con fuerza, dejándole el rostro despejado. Nadine es una niña seria bajo un veraniego sombrero de paja.

La tensión era grande, y Zelia empezó a quejarse de su salud. Nadine también se enfermaba con frecuencia. Escribió que las "circunstancias de mi existencia presente" la distraían de sus obligaciones profesionales de poner por escrito sus descubrimientos sobre las cabezas de terracota. "Cómo deseo que los siguientes meses se terminen y encontrarme sana y salva de nuevo cerca de mi madre", se lamentó con Putnam.[55] Pensó que su frágil estado de salud le impediría establecer su "residencia permanente en Boston, en donde, de todas las ciudades de América, preferiría tener una casa".[56] De ese momento en adelante, el trabajo de Zelia fue frecuentemente interrumpido por la enfermedad, y a

55   Zelia Nuttall a Frederic Ward Putnam, 22 de julio de 1888, Archivo Nuttall, Museo Peabody. Magdalena seguía en Dresde con Roberta.
56   Zelia Nuttall a Frederic Ward Putnam, 8 de julio de 1888, Archivo Nuttall, Museo Peabody.

menudo se retrasaba en entregar artículos prometidos y en revisar las pruebas para su publicación.

El divorcio se concretó el 28 de septiembre de 1888; a principios de octubre, le escribió a Putnam para contarle que los problemas con Pinart se habían solucionado: "Te dará gusto saber que mis asuntos han sido resueltos de la manera más satisfactoria y que, en consecuencia, ha mejorado el estado de mi salud".[57] Zelia ganó la custodia de Nadine y el derecho a renunciar a su apellido de casada. Pinart no tuvo que estar presente para el decreto final del divorcio y se convirtió en un padre inexistente para Nadine, que fue en adelante criada como una Nuttall.

Zelia trabajó con empeño para borrar el matrimonio de su memoria. Evitaba, por ejemplo, las reuniones académicas en las que existiera alguna posibilidad de que Alphonse asistiera y se negó siempre a hablar acerca de él con su hija. Nadine, por supuesto, era un legado evidente del matrimonio, pero Zelia fingió que la unión nunca había sucedido. Lo mismo hizo Pinart. Cuando, algunos años después, se le ofreció la oportunidad de conocer a su única hija, ahora una joven, dejó claro que no tenía ningún interés en hacerlo.[58] No volvió a tener contacto con Zelia, su familia ni su hija. Murió en 1911.

La desventura de su matrimonio fue terrible para Zelia, pero su corto tiempo con Pinart dejó también marcas positivas en su vida. Así fuera por tristeza y soledad, la hizo dar un paso importante hacia su independencia. Aquella muchacha que esperaba ser una esposa y madre tradicional se desilusionó enormemente con lo que esa vida tuvo para ofrecerle. Se dio cuenta de que lo que había pensado que era amor era meramente oportunismo, y ello le produjo angustia y malestar. Una vez que el matrimonio

[57]   Zelia Nuttall a Frederic Ward Putnam, 10 de octubre de 1888, Archivo Nuttall, Museo Peabody.
[58]   Ross Parmenter a Monsieur Reichlen, 25 de mayo de 1965, Colección Parmenter.

fracasó, nunca volvió a estar en una relación romántica o sexual con nadie. En su lugar, encontró apoyo emocional en su familia y volcó su pasión en el estudio y los viajes. La autonomía era preferible, a pesar de que significara la soledad.

Aunque el fracaso de su matrimonio había dejado a Zelia indudablemente enojada, humillada y desilusionada, había aprendido una lección valiosa. Fue forzada a adaptarse a la vida de madre soltera, a la realidad de estar sola durante largos periodos y a asumir la responsabilidad de sí misma y de su familia. Salió de su matrimonio escarmentada respecto a las relaciones románticas, pero, a cambio, ganó la independencia de espíritu y el conocimiento sobre cómo una mujer podía valerse por sí misma.

3. EL MENTOR Y LA DISCÍPULA

A medida que se comprometía más y más con su trabajo, Zelia Nuttall imaginaba el momento en que sería reconocida como una autoridad en su campo, el cual estaba adquiriendo una reputación de disciplina y rigor. Pero cuando se dispuso a encontrar el camino hacia su meta, no había departamentos universitarios de antropología, ni grados académicos que obtener, ni rutas claras para labrarse una carrera. En vez de eso, empezó a buscar un mentor capaz que pudiera guiarla. Intuitivamente, Zelia entendió que su éxito no sólo estaría determinado por la calidad de su trabajo, sino por las relaciones que hiciera con quienes estaban redefiniendo ese campo de estudio. Tales líderes se encontraban en Cambridge, Massachusetts, sede de la Universidad de Harvard; en Filadelfia, sede de la Academia de Ciencias Naturales y de la Sociedad Filosófica Estadounidense, y en Washington D. C., sede de la Institución Smithsoniana y de su Departamento Estadounidense de Etnología.

Zelia puso sus ojos en Cambridge, donde Frederic Ward Putnam estaba llevando a cabo importantes innovaciones en el Museo Peabody de Arqueología y Etnología. Putnam era entonces el más influyente de los tres "padres de la antropología estadounidense", según les llamaría más tarde Franz Boas. John W. Powell, del Departamento Estadounidense de Etnología, estaba en sus últimos años, y Daniel Brinton, de la Universidad de Pensilvania, era muy respetado, pero ya no lideraba los cambios en el campo.[1] Además, el Museo Peabody en Harvard era ya famoso por su valiosa colección de artefactos de las culturas indígenas de las Américas. Zelia tenía la esperanza de que el curador en jefe le diera acceso a las riquezas del museo y de que, al mismo tiempo, impulsara sus ambiciones y la orientara sobre iniciativas de investigación y oportunidades para conocer y aprender de otras figuras destacadas.

Mientras viajaba por México con su familia, había visitado el Museo Nacional Mexicano y explorado las antiguas ciudades de Teotihuacan, Texcoco, Tlaxcala y Xochicalco. También comenzó a aprender náhuatl y recolectó los primeros artefactos de su colección: muchas pequeñas cabezas de terracota que había desenterrado en medio de las pirámides de Teotihuacan, al noreste de la Ciudad de México. Empezó a estudiar esas figurillas con cuidado y a compararlas con las que había visto en el Museo Nacional Mexicano; pensó que podrían ser un tema prometedor para discutir con Putnam. Pero ¿la recibiría? ¿Estaría de acuerdo en que sus ideas sobre las cabezas de terracota constituían un proyecto de investigación valioso? Para el otoño de 1885, una mudanza a la costa este de Estados Unidos le dio la oportunidad de descubrirlo.

Después de cuatro meses en México, Zelia, su hermano George, su hija Nadine y su madre Magdalena se establecieron en Baltimore, en el número 211 de la calle Calvert. Se quedarían en esa ciudad —ubicada estratégicamente entre Filadelfia y Washington, y lo suficientemente cerca de Cambridge por tren— durante un año, mientras George, que se había graduado de la carrera de Medicina en la Universidad de California, hacía un posgrado en la Universidad Johns Hopkins. Magdalena se encargaba de los asuntos de su familia y ayudó con la crianza

---

[1]   Véase Hinsley, "Anthropology as Education and Entertainment", 1.

de Nadine, cuidando que su hogar fuera un sitio cómodo, en lo que Zelia salía a perseguir su destino.

*

Digno y en forma, con una barba bien arreglada que empezaba a volverse canosa, cejas pobladas y una mirada directa, Frederic Putnam, entonces a la mitad de sus cuarentas, era conocido por ser abierto, generoso y buen conversador. Aunque también estudió bajo la guía de luminarias como Asa Gray y Jeffries Wyman, pasó los años cruciales de su formación en la Escuela Científica Lawrence de Harvard bajo la tutela de la autoridad reinante en historia natural, Louis Agassiz, quien era muy enfático en que el dominio de cualquier rama de su campo de estudio requería observación directa e intensa, ya fuera de las formaciones rocosas, las escamas de los peces, la distribución de los cactus, la forma de los cráneos o los vestigios de sociedades desaparecidas hacía mucho tiempo.[2] Para Agassiz y sus alumnos, la clave para descifrar los secretos de la naturaleza residía en la medición meticulosa, la comparación y la categorización. Su aula era el mundo entero, pues enseñaba que cualquier objeto —fuera lo que fuese— debía ser estudiado en el entorno en que había sido encontrado.[3]

[2]   Sobre la vida de Putnam, véanse Hinsley, "Frederic Ward Putnam"; Tozzer, "Frederic Ward Putnam", y Browman, "Frederic Ward Putnam". Asa Gray fue una botánica que hizo importantes contribuciones a la ciencia evolutiva darwiniana mediante el estudio de la flora encontrada en las Américas; Jeffries Wyman fue un médico e historiador natural especializado en anatomía, y, además, fue el primer curador del Museo Peabody.

[3]   Para una discusión detallada sobre las contribuciones de Agassiz a la ciencia, y de su caída en desgracia, véase Irmscher, *Louis Agassiz*. Putnam fue parte de la llamada "Secesión de Salem", el momento en que un grupo de jóvenes académicos dejaron la Escuela Científica Lawrence y el Museo de Zoología Comparada, en disputa con Agassiz por su estilo controlador. Agassiz, además de un defensor de las teorías raciales del creacionismo, fue un enorme promotor de la ciencia y el mentor de una nueva generación de renombrados académicos. En su bien conocido desacuerdo con Charles Darwin, Agassiz rechazó la evolución y defendió la idea de que varias especies pudieron haberse desarrollado de forma autóctona.

Putnam se sentía como en casa en aquella aula vasta e ilimitada. Aunque después rompió con Agassiz por su comportamiento dictatorial como mentor, se mantuvo fiel a su método: observar con cuidado, medir, comparar y crear conocimiento de manera acumulativa y sólida, siempre con base en hechos indiscutibles. Había sido un observador minucioso desde su juventud. Con tan sólo dieciocho años, asistió a una reunión de la Asociación Estadounidense por el Avance de la Ciencia (AAAS, por sus siglas en inglés) en Montreal en 1857. Durante ese viaje quedó fascinado, como reveló más tarde, por cuánto del pasado podía ser reconstruido a partir de los objetos que las personas habían dejado atrás:

Mientras paseaba a las faldas del Monte Real, noté la punta de una concha de bivalvo asomándose entre las raíces de la hierba. Preguntándome por qué una concha de ese tipo estaría allí y agachándome para recogerla, noté, al desprender las raíces que la rodeaban, que había muchas otras valvas, completas y rotas, alrededor; demasiadas, pensé, y demasiado cercanas entre sí para haber sido traídas por aves, y demasiado alejadas del agua para ser los restos de la cena de una rata almizclera. Rascando la hierba y hurgando entre las conchas, encontré algunos huesos de pájaros y pescados, y pequeños fragmentos de cerámica amerindia. Entonces caí en la cuenta de que allí había estado una casa en tiempos ancestrales y que estos restos dispersos eran los desechos

Argumentaba que las distintas razas humanas podían rastrearse a orígenes separados (poligénesis), y que estos orígenes evolucionaron en altas y bajas formas del desarrollo humano, algo que puede leerse como un apoyo implícito a la esclavitud y la separación de razas. Persiguiendo esa teoría, Agassiz empleó la fotografía como una nueva herramienta científica, para capturar imágenes de lo que consideraba "prototipos" de grupos raciales y degeneración racial causada por la procreación interracial. Esas fotografías, guardadas por mucho tiempo en el Museo Peabody, han sido fuertemente criticadas por objetivar y humillar a los sujetos. Para una discusión sobre la relación de Putnam con Agassiz, véase Browman y Williams, *Anthropology at Harvard*.

Frederic Ward Putnam en su oficina en el Museo
Peabody, años 1890.

de sus habitantes: se trataba de mi primer conchero, como descubriría más tarde.[4]

Esa experiencia llevó a Putnam a explorar la historia material
de las tribus nativas americanas. Conforme avanzaba su carrera,
llevó a cabo excavaciones de asentamientos y concheros en Ken-
tucky, Massachusetts, Nueva Jersey y el sureste de Estados Unidos, entre otros lugares. Fue uno de los primeros en excavar en el
fascinante montículo de la Serpiente, un extenso túmulo-efigie

[4]   Frederic Ward Putnam, "A Problem in American Anthropology", 226, citado en
    Browman y Williams, *Anthropology at Harvard*, 77.

que serpentea a través del valle del río Ohio y que fue creado muchos siglos antes de la llegada de los europeos al Nuevo Mundo. Entre aquellos interesados en estudiar la evidencia de las civilizaciones antiguas en el hemisferio oeste, Putnam fue pronto reputado como un investigador metódico y meticuloso.

Aunque era un científico exitoso, en realidad la fama de Putnam se basaba en la administración de "su" museo. Cuando abrió sus puertas en 1877, el Peabody, como se conocía, era el primer museo de su tipo en Estados Unidos. Bajo el liderazgo de Putnam, el Museo de Arqueología y Etnología de Harvard se volvió una pieza fundamental del entusiasmo por la historia natural en Nueva Inglaterra durante la segunda mitad del siglo xix. La región del río Charles, a cuyas orillas se encuentran Cambridge y Boston —zona conocida como la "Atenas de América"—, era famosa, y con justicia, por su avanzado pensamiento político, literario, científico y religioso; el Museo Peabody contribuyó a ese esplendor. Su imponente fachada de ladrillo rojo y piedra arenisca marrón albergaba seis pisos de galerías y oficinas en una avenida tranquila, a tres cuadras del Harvard Yard, junto al ya famoso Museo de Zoología Comparada de Agassiz, que en ese entonces se conocía simplemente como el Agassiz.

Entre los temas discutidos con avidez por los intelectuales de Beacon Hill, en Boston, y de Harvard, en Cambridge, estaba la acumulación de evidencia sobre la historia humana en las Américas. Putnam quería asegurarse de que el Peabody fuera reconocido mundialmente como un centro del estudio científico sobre el hemisferio oeste, gracias a una vasta colección de artefactos de alta calidad pertenecientes a culturas y civilizaciones ancestrales, sobre las cuales el propio museo publicaría sus investigaciones, a fin de inspirar a otros a tomar la estafeta. Para conseguir su objetivo, Putnam les compraba artefactos a coleccionistas, recibía contribuciones de una amplia red de investigadores de campo e intercambiaba objetos con entusiastas para abastecer las vitrinas del museo y los estantes de su laboratorio.

Por suerte, tenía patrocinadores entusiasmados con sus iniciativas. Destacan entre ellos George Peabody, el adinerado filántropo estadounidense que vivía en Londres y había donado los fondos para construir y sostener al museo, y Charles Pickering Bowditch, descendiente de varias generaciones de egresados y profesores de Harvard, que se aficionó por la cultura maya. Hasta bien entrado el siglo xx, este inversionista industrial, arqueólogo, lingüista y miembro de la élite de Boston financió importantes adquisiciones, patrocinó expediciones y cubrió los costos de muchas de las publicaciones del Peabody, incluyendo el costoso facsímil de un códice que Zelia descubriría poco después. Bowditch estaba ansioso por promover una aproximación más científica a las civilizaciones ancestrales, y, después de su viaje a la península de Yucatán en 1888, Putnam se esmeró por que la emoción por las antigüedades de México que el viaje había despertado en su mecenas se tradujera en apoyo constante al museo Peabody.

Para llegar a ser respetada como ciencia, la antropología necesitaría avanzar mediante el trabajo de campo y el análisis meticulosos, justo como Agassiz le había enseñado a sus discípulos. El Peabody tenía la suerte de ir a la vanguardia en ese sentido. Putnam, conocido por ser un pionero en nuevas técnicas de excavación arqueológica y por insistir en el registro detallado de las notas de campo —esto último acabaría, por cierto, siendo conocido como "el método del Museo Peabody"—, fue uno de los primeros en usar la fotografía como herramienta de investigación. Construyó una biblioteca extraordinaria, organizó las colecciones del museo y ayudó a formar una comunidad vigorosa de académicos que trabajaban por todo el continente, desde Alaska hasta la Patagonia. La influencia de Putnam se dejaba sentir en cualquier reunión entre antropólogos, ya fuera por sus relaciones personales, por sus consejos amistosos aunque autoritarios, por las excavaciones que realizaba en conjunto con otros colegas o por su labor práctica en el museo.

Aprendió algo de su oficio museístico de Agassiz, quien había reunido un arca de Noé de animales, plantas y especímenes geológicos en su Museo de Zoología Comparada, y los había clasificado con base en la geografía, en una época en la que la mayoría de los museos empleaban métodos más prosaicos para exhibir sus acervos. Putnam, siguiendo el ejemplo de Agassiz, acomodó los artefactos según su procedencia geográfica y por las culturas que representaban, en vez de organizarlos por clases de objetos —todas las puntas de flecha aquí, todas las canastas allá, todos los cráneos en la habitación de al lado, y así sucesivamente—, como era común en ese entonces. Pronto otros museos siguieron su ejemplo, del cual emergió una nueva manera de pensar sobre las culturas materiales. Los objetos podían ahora ser vinculados con mayor facilidad a lugares, épocas y comunidades específicos.

El genio de Putnam radicaba en su labor como director de museo y académico, pero también era un mentor hábil. Bajo su guía, algunos prometedores entusiastas contribuyeron enormemente al estudio de la antropología: atrajo colaboradores para ayudar a hacer la curaduría, contactó a coleccionistas para hacerles saber que el museo les compraría objetos importantes, financió excavaciones, inició una serie de publicaciones para difundir las nuevas investigaciones y recibió acólitos prometedores.[5] Afrontó con seriedad el papel de líder e invariablemente era generoso con su tiempo y su asesoría. No fue el primer curador del Peabody, pero fue con certeza el más influyente.[6]

En 1887 Putnam se convirtió también en el primer profesor de antropología de Harvard. Tal reconocimiento hubiera quizá llegado antes en su carrera, pero a los catedráticos más conservadores les preocupaba que no se hubiera titulado luego de su

[5]   Browman y Williams, *Anthropology at Harvard*, proporciona mucha evidencia del rol de Putnam como mentor de nuevas generaciones de antropólogos.
[6]   El primer curador del museo había sido Wyman, que en silencio había acumulado una colección de huesos y artefactos que fueron importantes para el Museo Peabody y para el Museo de Zoología Comparada en Harvard.

paso por la Escuela Científica Lawrence —la escuela de ciencias de Harvard en ese entonces—, así que la aprobación para su nombramiento languideció durante dos años en la oficina del presidente. Con todo, la manifiesta habilidad de liderazgo de Putnam impulsó su carrera. Su falta de credenciales formales puede acaso explicar por qué animó con tanta asiduidad a mujeres brillantes y autodidactas como Zelia para que persiguieran su pasión por la antigüedad.

El respeto de Putnam por las capacidades intelectuales de las mujeres era evidente. Era uno de los pocos investigadores de Harvard que daba conferencias en el "Anexo", una institución para mujeres que habían aprobado el examen de admisión de la universidad, en aquella época en la que el sexo femenino no tenía permitido asistir a clases ni recibir un título.[7] Putnam también contrató como parte del equipo administrativo del Peabody a mujeres capaces e ingeniosas, y las alentó a que se involucraran en el manejo del museo. Jennie Smith fue contratada en 1875, poco después de que Putnam tomara el cargo como curador, y Frances Mead en 1889; ambas respondieron con un compromiso infranqueable con las actividades del Peabody y, bajo la tutela alentadora de Putnam, pudieron desarrollar sus habilidades como investigadoras y archivistas.

Putnam también tenía una suerte de "escuela por correspondencia": sostenía un amplio intercambio de cartas y consideraba a muchos de sus corresponsales como sus *protégés*, entre los cuales eran prominentes las mujeres.[8] En 1893 escribió: "Buena parte de mis mejores estudiantes son mujeres, quienes se han vuelto enormemente conocidas por sus minuciosos e importantes trabajos y publicaciones; y esto lo considero el mayor honor que se

[7]   Aunque su título oficial era el de Escuela para la Instrucción Universitaria de Mujeres, era generalmente referido como el "Anexo" de Harvard. Entre sus fundadoras estaba Elizabeth Cabot Cary Agassiz, que fue su primera presidenta. En 1893, el anexo se convirtió en el Colegio Radcliffe.

[8]   Hinsley, "Frederic Ward Putnam", 144.

me podría conceder".[9] Como secretario permanente de la AAAS,
se aseguró de que tuviera una sección dedicada a la antropología
e insistió en que las mujeres fueran aceptadas como miembros,
invitadas a presentar artículos y pudieran ocupar cargos oficiales. Así, mediante esta insigne asociación científica, Putnam
promovió, por ejemplo, el trabajo de Erminnie Smith, una antropóloga y geóloga de la Institución Smithsoniana, quien se
convertiría en la primera mujer en tener una oficina en la AAAS y
en publicar un artículo en *Science,* la famosa revista de la asociación. Cuando Zelia se volvió miembro en 1886, había otras seis
mujeres, y Smith había sido nombrada socia. Todo eso sucedió
bajo la supervisión de Putnam y gracias a su pleno apoyo.

Pero más importante para Zelia fue el hecho de que Putnam
les dio la oportunidad a las mujeres de asociarse con el Peabody.
Además de Jennie Smith y Frances Mead, nombró a varias mujeres como "asistentes especiales" del museo. Fue el caso de Alice
Cunningham Fletcher, quien había mantenido correspondencia
con Putnam desde 1878 y sería asistente especial en etnología
de Estados Unidos a partir de 1882. Fletcher dictó conferencias públicas en un momento en el que eso era inusual para las
mujeres. Era reconocida por ser una observadora brillante de la
música y las prácticas religiosas de comunidades indígenas, y fue
elegida para ser la directora de la sección de antropología de la
AAAS en 1895.[10] Cordelia Studley, una estudiante de medicina
fascinada por lo que se podía aprender a partir de los huesos ancestrales, recibió el cargo de asistente en somatología del Peabody, también en 1882. A su vez, la hija de Putnam, Alice, se
volvió asistente en el museo en 1886, y trabajó por años para que

---

9   Frederic Ward Putnam, "Ethnology, Anthropology, Archaeology", citado en
    Hinsley, "Frederic Ward Putnam", 148. Véanse también Browman, *Cultural Ne-
    gotiations,* especialmente el capítulo I, y Browman, "Frederic Ward Putnam".
10 Fletcher daba conferencias frente grupos de mujeres y organizaciones científicas.
    Aquí los títulos de algunas de ellas: "Los antiguos, aquí y en otras partes", "Antigüe-
    dades de las costas y las cuevas", "Ceremonias y constructores de túmulos" y "Los
    pueblos perdidos de América". Véase Mark, *A Stranger in Her Native Land,* 32.

la institución siguiera creciendo. Ese mismo año, Zelia fue nombrada asistente de campo en arqueología mexicana.

Aunque no eran remunerados, esos nombramientos eran valiosos y proporcionaban títulos formales y afiliaciones institucionales en una época en que no existían departamentos universitarios de antropología y en que muchos de los pioneros en el campo eran aficionados que trabajaban de manera independiente. La afiliación de Zelia con Putnam y el Museo de Harvard le dio, así, mucha credibilidad. Con tal insignia, podía afirmar con confianza que representaba al Peabody mientras viajaba, hacía investigaciones y buscaba adquirir nuevos artefactos. Eso la posicionó firmemente dentro de la comunidad de quienes estaban trazando ese nuevo campo del saber.

*

Frederic Putnam accedió a reunirse con Zelia Nuttall en el otoño de 1885.[11] La reunión fue todo lo que ella había esperado: el maestro se entusiasmó con su trabajo, la alentó y le dio consejos acerca de cómo proseguir con su investigación sobre las pequeñas cabezas de terracota que había recolectado. Después de su primer encuentro en Filadelfia, visitó el Peabody en Cambridge, pero fue un viaje apresurado y no pudo ver a Putnam. Aun así, Zelia deseaba hacerle saber cuánto había significado para ella la visita y cuán iluminador le había parecido el museo. Tenía preguntas sobre la colección de cabezas de terracota del Peabody, pues, para los artículos que estaba escribiendo, necesitaba "saber todo lo que se pueda asegurar acerca del lugar en el que se recolectaron, así como cualquier detalle sobre ellas".[12]

---

[11]   No se conoce la fecha de su primer encuentro, y toda la correspondencia relacionada con ello se ha perdido, pues lamentablemente la mayoría de las cartas de Putnam a su discípula fueron destruidas después de la muerte de Zelia.

[12]   Zelia Nuttall a Frederic Ward Putnam, 10 de diciembre de 1885, Archivos Putnam.

Ese diciembre, Putnam iría a Baltimore —ciudad en la que Zelia residía entonces— a dictar dos conferencias. Cuando ella se enteró, decidió aprovechar la visita para continuar con su diálogo. En esta segunda reunión, la conversación fue vívida, y Putnam le dio nuevos consejos, que ella recibió como una aprendiz ilusionada. Menos de un mes después, le escribió, con reverencia: "Es un gran privilegio poder trabajar bajo la tutela de una mente superior y experimentada".[13] Putnam le sugirió que siguiera estudiando las cabezas de terracota y la impulsó a publicar el artículo en el que estaba trabajando. Ella estaba encantada —según le dijo en su respuesta— con el "regalo que su aprobación e impulso me han dado y espero que mi artículo se muestre merecedor de ellos".[14] Durante ese encuentro en Baltimore, Zelia conoció a Adelaide Putnam, a quien, a partir de ese momento, le mandaba saludos con regularidad en las cartas que le enviaba a su esposo, enfatizando la conexión personal que tenían. "No puedo decirle cuánto aprecio su amabilidad y hospitalidad", le escribió a su nuevo mentor. "Mis visitas a Cambridge están entre los episodios más gozosos de este placentero viaje al norte".[15]

Apenas unos meses después de esos primeros encuentros, Zelia podía jactarse de contar con la amistad y el respaldo de Putnam. Convertirse en su acólita fue un paso enorme para ser respetada en el campo, pues significó su aceptación entre un pequeño grupo de prestigiosos adelantados de la antropología. Desde el inicio de su relación, Zelia describía regularmente a Putnam como su "padrino de la ciencia"; él, por su parte, se

[13]   Zelia Nuttall a Frederic Ward Putnam, 3 de enero de 1886, Archivo Nuttall, Museo Peabody.
[14]   Zelia Nuttall a Frederic Ward Putnam, 17 de diciembre de 1885, Archivos Putnam.
[15]   Zelia Nuttall a Frederic Ward Putnam, 25 de mayo de 1885, Archivos Putnam. En Cambridge, también pudo entablar amistad con Jennie Smith. Esta amistad, junto con otra similar que forjó algunos años después con Frances Mead, tuvo un papel importante en la futura relación de Zelia con el museo. Así, cuando creía que no podía contar con la atención de Putnam debido a su apretada agenda, dirigía sus preguntas y solicitudes a ellas.

aseguró de que ella pudiera estar presente en ciertas reuniones académicas importantes. Desde Baltimore, Zelia también pudo visitar y conocer a directivos y estudiosos de la Academia de Ciencias Naturales de Filadelfia, el Museo Americano de Historia Natural de Nueva York y la Institución Smithsoniana de Washington. Entre 1885 y 1893, mientras aún lidiaba con las tensiones de su separación y divorcio, y se ocupaba del cuidado de su hija pequeña, todo en medio de los viajes con su familia, la carrera de Zelia empezó a cobrar forma.

Putnam la motivó a seguir sus intuiciones sobre cómo observar e interpretar la evidencia científica. Era una ávida aprendiz y pronto forjó su propio estilo como investigadora. Autodidacta y llena de entusiasmo, trabajó duro, pero no habría aprendido tanto ni alcanzado tal estatus si no fuera por la ayuda de su mentor. Como diría certeramente décadas después Nadine, la hija de Zelia, Putnam fue "la luz que guio a mi madre en su carrera como arqueóloga".[16]

Zelia era cercana a la familia Putnam y los visitaba con frecuencia en Cambridge. Cuando la hija de los Putnam, Alice, fue enviada a un viaje a Europa para que se recuperara de un asunto amoroso que acabó mal, Zelia pasó tiempo con ella y alentó a su padre para que involucrara más a su hija en los trabajos del museo. Hasta donde Zelia sabía, lo de Alice había sido "un escape afortunado" del desleal señor Montague, y estaba segura de que la hija de Putnam agradecería llevar una vida más desafiante en términos intelectuales.[17]

Al principio de su relación, Putnam instó a Zelia a que se pusiera en contacto con Alice Cunningham Fletcher, quien estaba cobrando fama como especialista en la etnología de los nez percés, los omaha y los winnebagos, pueblos originarios de América del

---

[16]   Nadine Nuttall Laughton a Ross Parmenter, 24 de mayo de 1962, Colección Parmenter.
[17]   Zelia Nuttall a Frederic Ward Putnam, 20 de enero de 1895, Archivo Nuttall, Museo Peabody.

Norte.[18] Zelia puso manos a la obra casi de inmediato. A finales de enero de 1886, le contaba, encantada, a su mentor: "El placer que me dio conocer a la señorita Fletcher fue muy grande y debo agradecerte, así sea brevemente, por darme la oportunidad de que ello fuera posible. Además de ser etnóloga, es filántropa, y una mujer brillante y sensible y, como tal, inspira mi más cálida admiración".[19] Fletcher, que era casi dos décadas mayor que Zelia, fue su modelo a seguir; su amistad continuó hasta la muerte de Fletcher en 1923.

Zelia fue perseverante mientras se afianzaba su relación con Putnam. Le compartía noticias sobre sus prometedores avances: la aceptación de un artículo para su publicación, fotografías y dibujos de artefactos, planes para viajes, insinuaciones sobre nuevos proyectos, reflexiones en torno a las similitudes entre los motivos aztecas y los de la Antigua Grecia, o detalles de su estudio del náhuatl con "un viejo cacique de Tlaxcala".[20] Además, le enviaba sus trabajos de investigación, pidiéndole que los revisara. Y, si él los aprobaba, le pedía que los enviara a revistas especializadas para su posible publicación. Se ofreció a mandarle artefactos desde México en su siguiente viaje. Consultó con él cómo debería darse a conocer públicamente —su "nom de plume", según sus propias palabras—. Pensó que sería apropiado aparecer como "Zelia Nuttall" a la hora de firmar sus trabajos, pero como "Sra. Zelia Nuttall" al ser listada como miembro de organizaciones científicas o si se le mencionaba en otras publicaciones. Ésta, según le escribió a Putnam, le parecía una manera respetable para que una mujer fuera conocida en público, pero pidió su aprobación antes de decidirse por tal etiqueta.[21]

[18] Véase Mark, *A Stranger in Her Native Land.*
[19] Zelia Nuttall a Frederic Ward Putnam, 31 de enero de 1886, Archivo Nuttall, Museo Peabody. Fletcher no era adinerada; cuando Zelia habla de su filantropía, probablemente se refiera a su disposición para compartir su conocimiento y para guiar a otros en el trabajo.
[20] Zelia Nuttall a Putnam, 31 de enero de 1886.
[21] Zelia Nuttall a Frederic Ward Putnam, 27 de septiembre de 1886, Archivos Putnam. (Ella continuó, por cierto, firmando como "Zelia Nuttall Pinart" en su correspondencia privada hasta principios de 1888).

Putnam demostró ser un benefactor atento. Se mostró encantado cuando el primer artículo de Zelia fue aceptado para su publicación,[22] y, cuando ella preguntó cómo podría afiliarse a la AAAS, él la respaldó en la solicitud de su membresía. Con su aprobación, Zelia acudió a la reunión de la asociación en Búfalo en agosto de 1886. Putnam sugirió que compartiera un artículo suyo durante la reunión, pero ella dudó en hacerlo, pues apenas estaba pensando cómo hacerse camino entre los hombres que dominaban el campo. Su vacilación resulta conmovedora, un recordatorio del tiempo en el que las mujeres raramente eran impulsadas a expresar sus puntos de vista:

> Tus palabras sobre la posibilidad de que yo misma lea en voz alta uno de mis artículos me dejaron completamente sin aliento. Tú, que has vivido en un ambiente de emancipación femenina, difícilmente puedes entender, estoy segura, el efecto que aún tiene en mí mi educación europea. Me parecía casi demasiado audaz exhibirme en letra impresa, y la idea de ponerme en pie para intentar transmitir información a personas más sabias que yo me aterra por completo. Dentro de algunos años, cuando me sienta más segura en mi carrera como etnóloga, haré lo que sugieres; mientras tanto, no puedo más que sentirme halagada de que me pensaras capaz de presentar un artículo aceptable.[23]

Su incomodidad era real, pero también su interés en volverse más conocida. Le pidió a Daniel Brinton, una eminencia de la Academia de Ciencias Naturales de Filadelfia, que leyera el artículo por ella, asegurándose, así, de que su trabajo tuviera una audiencia atenta. Pero Putnam no desistió. Un año más tarde postuló a Zelia para convertirse en socia de la AAAS, lo cual la

---

[22]   Se trata de "The Terracotta Heads of Teotihuacan", publicado a mediados de 1886.

[23]   Zelia Nuttall a Frederic Ward Putnam, 26 de junio de 1886, Archivo Nuttall, Museo Peabody.

convertiría en la séptima mujer en ser invitada a unirse a los rangos superiores de la asociación. Con sus cartas, Putnam guio los estudios de su discípula y la ayudó a tener más confianza en sus observaciones e interpretaciones.

Zelia se volvió cada vez más dependiente de la aprobación de Putnam. Apenas un mes después de que se publicara su primer artículo, Zelia, al no haber recibido aún noticias de su mentor, estaba francamente preocupada, temerosa de que no le hubiera gustado. Cuando supo que, por el contrario, había despertado su admiración, se quedó sin aliento: "Recibí tu amable carta con alegría, pues la había esperado durante mucho tiempo, deseando conocer tu veredicto sobre 'las cabezas de barro'. Saber que el artículo ha sido de tu agrado me complace más de lo que puedo expresar y me alivia de los temores que empezaban a surgir en mí, a saber, que te hubiera decepcionado".[24] A veces, su gratitud rayaba en lo pomposo. "Oh, mi padrino en la arqueología", le escribió desde Europa a inicios de 1887, "estoy agradecida contigo y procuraré ser un orgullo para el Museo Peabody. Y ojalá que sus paredes sigan expandiéndose y su influencia continúe extendiéndose gracias a hombres de ciencia tan auténticos como su actual curador".[25]

Como una amante insegura, Zelia se preocupaba cuando dejaba de recibir correspondencia de Putnam: "Conforme pasan las semanas y los meses y no escucho de ti", como le dijo alguna vez, y comenzaba a angustiarse.[26] Se preguntaba si quizá sus cartas se hubieran perdido, o si él o la señora Putnam habían estado enfermos,[27] o decía tener miedo de haberlo ofendido de alguna manera: "No puedo imaginar que algo así sea

---

[24]   Zelia Nuttall a Frederic Ward Putnam, 12 de agosto de 1886, Archivos Putnam.
[25]   Zelia Nuttall a Frederic Ward Putnam, 1 de febrero de 1887, Archivos Putnam.
[26]   Zelia Nuttall a Frederic Ward Putnam, 8 de mayo de 1887, Archivos Putnam.
[27]   Zelia Nuttall a Frederic Ward Putnam, 21 de abril de 1887 y 6 de enero de 1888, Archivos Putnam; Zelia Nuttall a Frederic Ward Putnam, 16 de marzo de 1890, Archivo Nuttall, Museo Peabody.

posible, pero comparto contigo mis suposiciones para mostrarte cuán extraño me ha resultado tu silencio".[28] Desde Florencia, en 1890, Zelia se quejó de haber "esperado y esperado" escuchar de él, "pero en vano [...]. Ha pasado tanto, tantísimo tiempo desde que supe de ti, que casi siento como si me hubieras eliminado de tu lista de corresponsales".[29] Más tarde se refirió bromeando a sus "seductores hechizos de silencio".[30] Convenció a su madre para que ella también le escribiera para pedirle que le asegurara a Zelia que todo estaba bien.[31] Cuando, finalmente, recibió noticias suyas, enfatizó lo ansiosa que había estado.[32] Estos recordatorios lastimeros eran como las preocupaciones de una amante inquieta por ser rechazada. La insistencia debió, en ocasiones, de poner a prueba la paciencia de Putnam.

Pero Zelia no tenía por qué preocuparse. En los meses siguientes a su primer encuentro a finales de 1885, mientras los Nuttall se embarcaban hacia Europa donde planeaban quedarse algunos años, Putnam le pidió a Zelia que asumiera el puesto de asistente especial en arqueología mexicana del Peabody. Aunque abrumada por ese voto de confianza, le preocupaba, no obstante, parecer presuntuosa al aceptar un título así, o que la gente pensara que se trataba de un trabajo remunerado, algo que estaba mal visto para las mujeres en su círculo social. En su siguiente carta se deja ver su confusión:

Quiero agradecerle de todo corazón por el nombramiento en relación con el museo. ¿Puedo decirle con total franqueza que, al tener —afortunada y desafortunadamente— un amplio círculo de familiares y conocidos que expresan sus opiniones sin dudarlo,

28 Zelia Nuttall a Putnam, 8 de mayo de 1887; Zelia Nuttall a Frederic Ward Putnam, 16 de marzo de 1890, Archivo Nuttall, Museo Peabody.
29 Zelia Nuttall a Putnam, 16 de marzo de 1890.
30 Zelia Nuttall a Frederic Ward Putnam, 16 de abril de 1892, Archivos Putnam.
31 Magdalena Nuttall a Frederic Ward Putnam, 11 de noviembre de 1891, Colección Parmenter (la carta puede haber sido fechada erróneamente).
32 Zelia Nuttall a Frederic Ward Putnam, 11 de julio de 1887, Archivos Putnam.

he tenido que escuchar de ellos una serie de objeciones al término "asistente especial"? Me señalan —con mucha razón— que aún no he hecho nada por el museo y que estaré ausente de América por tanto tiempo que mi título sería una especie de sinecura. Me doy cuenta de que lo que ellos quieren es que quede completamente claro que mi título o vínculo con el museo será puramente *honorario*. Les gustaría, pues, que se me designara como "asistente especial honoraria" para México. En cualquier caso, aprecian el honor que usted me concede, pero creo que temen que personas ajenas no comprendan del todo mi relación con el museo. Ya ve lo franca y directa que soy al respecto, aun a riesgo de parecer desagradecida por el honor que me otorga.[33]

Al final, Zelia aceptó el título. Su respuesta prefiguraba un patrón: el de emplear las "preocupaciones" de sus amigos y familiares para camuflar su propia inseguridad, mientras buscaba validación en Putnam. Desde el principio de su relación, le dijo que estaba abocada a sus estudios y a la búsqueda de la publicación de sus textos, porque sus amigos y familiares insistían en que lo hiciera.[34] Cuando estaba lista para anunciar un descubrimiento, le dejaba claro a Putnam que eran sus familiares y amigos quienes la estaban presionando a hacerlo. Cuando le pidió que tomara el papel de curadora de las colecciones de Centroamérica del Peabody, expresó sus reservas, compartidas por sus amigos, pues sus habilidades estaban más orientadas hacia la investigación que hacia la administración.[35]

Era evidente que Putnam la tenía en una alta consideración. En el reporte anual del Museo Peabody de 1886, menos de un año después de que se conocieron, escribió acerca de su nombramiento con términos elogiosos:

---

[33]   Zelia Nuttall a Frederic Ward Putnam, 31 de octubre de 1886, Archivos Putnam.
[34]   Zelia Nuttall a Putnam, 27 de septiembre de 1886.
[35]   Zelia Nuttall a Frederic Ward Putnam, 15 de marzo de 1888, Archivos Putnam.

La Sra. Zelia Nuttall se ha convertido en una de las colaboradoras del museo [...]. Familiarizada con el idioma náhuatl [...] y con un talento excepcional para la lingüística y la arqueología, además de muy bien informada sobre los antiguos escritos, tanto nativos como españoles, relacionados con México y su gente, la señora Nuttall inicia su estudio con una preparación tan notable como excepcional.[36]

Y desde esa temprana interacción con su generoso mentor, Zelia había trazado su objetivo: consagrar su vida a la comprensión del México antiguo. Empezó concentrándose con mucha intensidad en ciertos artefactos inusuales: las pequeñas cabezas de terracota que había recolectado en Teotihuacan.

*

Los cazadores de artefactos en México no tenían que trabajar duro para encontrar esas cabezas de terracota. Como Zelia resaltó en su primer trabajo, publicado en 1886, las reliquias eran especialmente abundantes en Teotihuacan, pues "cada año, quienes buscan en los tramos recién arados de la tierra llana que se extienden a lo largo de la [...] Calzada de los Muertos y alrededor de las bases de las Pirámides cosechan una rica colección de ellos".[37] Luego de destacar la ubicuidad de las figurillas, el artículo cita las observaciones de académicos anteriores a ella, tanto estadounidenses y europeos como mexicanos, quienes habían reflexionado de forma más bien imaginativa sobre ellas, al describir las diferencias en sus rasgos faciales y la variedad de tocados que llevaban. ¿Eran estos pequeños objetos evidencia de una diversidad de culturas?

[36]   Frederic Ward Putnam, citado en Tozzer, "Zelia Nuttall", 476.
[37]   Nuttall, "The Terracotta Heads of Teotihuacan", 159. Con "tramos recién arados", Zelia se refería al uso de los terrenos del sitio para el cultivo de maíz y otras plantas, una práctica generalizada en muchos pueblos campesinos cercanos a sitios arqueológicos.

¿Deberían tomarse como un indicio de la evolución de una artesanía cada vez más sofisticada? ¿Eran huella de una ruta migratoria de asentamiento o eran algo completamente diferente? ¿Qué conocimiento podían ofrecer sobre el mundo antiguo? "Son más bien un enigma", escribió el antropólogo inglés E. B. Tylor en 1861, citado por Zelia para despertar el interés de los lectores e invitarlos a mirar las esculturas con mayor atención.[38]

Las conjeturas abundaban. Atraído por la fascinación del siglo XIX con el asunto de la raza, el arqueólogo francés Désiré Charnay estaba convencido de que podía ver en ellas rasgos faciales africanos, chinos y griegos. En un artículo de 1884, hizo especulaciones sobre sus orígenes:

> Entre estas máscaras, que reproducen con acierto y a veces con arte los tipos de diversas razas indígenas, se encuentran rostros extraños que parecen no pertenecer a América… Se puede observar a un negro [...]. También se ve una cabeza china, y poseo tipos representativos de la raza blanca, así como máscaras japonesas. Se pueden observar cabezas con frentes inclinadas hacia atrás, similares a los perfiles de Palenque, y otras con la frente recta de un perfil griego [...]. Es una mezcla extraordinaria que demuestra cuántas razas debieron de haberse mezclado o sucedido unas a otras en este antiguo continente.[39]

Las ideas de Charnay se hicieron eco de las preocupaciones de investigadores que lo precedieron acerca del origen de las civilizaciones en el hemisferio oeste. ¿Habían migrado de África, Asia o Europa? Si la identidad racial era un marcador del desarrollo humano, como muchos creían en ese tiempo, ¿qué revelaba sobre las civilizaciones en las Américas esa curiosa mezcla de rasgos?

---

[38] E. B. Tylor, citado en Nuttall, "The Terracotta Heads of Teotihuacan", 157.

[39] Désiré Charnay, citado en Nuttall, "The Terracotta Heads of Teotihuacan", 157-158, nota 4.

Al publicar su primera contribución a la ciencia, Zelia tenía un objetivo claro: hacer a un lado ese tipo de especulaciones confusas y equivocadas, y sustituirlas con la observación y la razón. A pesar de que existían muchas teorías, según ella misma escribió, nadie había aún sometido a las cabezas de terracota a un escrutinio riguroso ni se había tomado el tiempo de organizar la evidencia, describirla y clasificarla en grupos ordenados. Su propósito era, pues, mostrar que el trabajo de campo cuidadoso haría evidente lo que otros habían pasado por alto. Los artefactos eran pequeños y habían sido subestimados por muchos, pero, afirmaba Zelia, poseían información relevante para las preguntas cruciales de la antropología: ¿quién? ¿Cuándo? ¿Dónde? ¿Y por qué?

En el número de primavera de 1886 del *American Journal of Archaeology*, Zelia presentó sus descubrimientos en el que, como se ha dicho ya, fue su primer artículo publicado. Anunció en él que las figurillas se habían ordenado "naturalmente" a sí mismas en tres grupos, así que el texto se enfoca, con claridad y dejando fuera la especulación, en la descripción de cada uno de ellos. En la Clase I, colocó "intentos primarios y burdos de representación de un rostro humano, en forma de máscara y con un cuello o un tronco cortos […]. Ninguno tiene orejas. Tienen frentes altas y cuadradas, narices prominentes y bien delineadas, fosas nasales abiertas, bocas grandes y ojos entreabiertos o que están, en algunos pocos casos, completamente cerrados".[40] En la Clase II, colocó los primeros esfuerzos de refinamiento artístico, anotando que "el modelado de ornamentos de arcilla para la cabeza es visible en los aretes circulares (algunos con bordes de cuentas) que sobresalen a ambos lados del rostro". Su inspección atenta reveló "agujeros, muescas y líneas", que sugerían las formas en que los tocados, las plumas o las cuentas podrían haber sido fijados a las cabezas, tal como los pequeños modelos usados por los

---

[40]   Nuttall, "The Terracotta Heads of Teotihuacan", 160.

fabricantes de sombreros y pelucas para exhibir sus creaciones.[41] También notó rastros de pintura de muchos colores y diferentes tipos de arcilla. A partir de estos detalles, Zelia identificó cinco subcategorías distintivas de las esculturas de la Clase II, invitando a los lectores a unirse a ella para mirar cuidadosamente cada tipo a través de una "lupa de gran aumento".[42]

La Clase III era la más importante, afirmó Zelia, debido a la calidad del modelado y el tallado, y a las "modificaciones en los rasgos: las suficientes para darle individualidad a cada espécimen [...]. Los rostros están invariablemente en reposo; en algunos los ojos están cerrados [...]. Encontramos, con idénticos tocados, algunas caras jóvenes y suaves, otras muy alargadas, algunas con mejillas hundidas, otras más con arrugas".[43]

Al describir este último tipo, Zelia recurrió a pasajes de descripciones escritas en la época de la conquista española y a imágenes pictográficas de los códices reproducidos por Edward King, el vizconde de Kingsborough, en *Antigüedades de México*. A propósito de las estatuas que representaban figuras con los ojos cerrados, Zelia logró demostrar que "en la escritura pictográfica, los ojos cerrados transmiten invariablemente la idea de muerte".[44] Esta lectura cuidadosa y el cotejo de diversas fuentes le permitieron a Zelia relacionar los objetos de barro con las observaciones del siglo XVI sobre los aztecas —sobre sus dioses, rituales, etapas de la vida y diferencias de estatus social y género—. Un juego de artefactos tenía círculos cuidadosamente modelados alrededor de los ojos y una línea sobre la boca. Zelia demostró que esas marcas replicaban pictografías del dios de la lluvia, Tláloc, encontradas en códices y descritas tanto en náhuatl como en

---

41   Como Nuttall ("The Terracotta Heads of Teotihuacan", 161) lo dice: "Las cabezas de barro parecen, en efecto, haber servido de alguna manera para el mismo propósito que un maniquí de peluquero".

42   *Ibidem*, 162.

43   *Ibidem*, 164.

44   *Ibidem*.

español. Eran, según esas fuentes, ornamentos usados por los sacerdotes durante los rituales de sacrificio —y a veces también por los asistentes a tales rituales—. En otras cabezas podían identificarse, rodeándolas, bocas de serpiente y de tigre, mientras que otras más eran coronadas por altas plumas, todo ello en consonancia con la manera en que según las descripciones españolas y el arte indígena se adornaban algunas veces los nobles y guerreros para infundirles miedo a sus adversarios.

Al comparar esas esculturas de terracota con pictogramas y escritos ancestrales, Zelia pudo demostrar que algunas representaban niños, mientras que otras plasmaban hombres jóvenes, guerreros o ancianos, y algunas más mostraban las distintas modas adoptadas por mujeres. Esas distinciones le permitieron a Zelia desafiar ideas populares acerca de los orígenes africanos, asiáticos, europeos o egipcios de las "razas" americanas y de redirigir la discusión hacia el tipo de ornamentación que exhibían las esculturas, o a la base sobre la que originalmente se adherían cabello real, plumas y gemas. Tal cambio le permitió a Zelia identificar a la persona o el dios que los artefactos representaban y discutir con mayor credibilidad su propósito ritual o simbólico.

El minucioso estudio de Zelia la llevó a plantear conclusiones claras. Afirmó que los muñones en forma de cuello unidos a tantas de las cabezas indicaban que estaban originalmente pegadas a cuerpos hechos de materiales no duraderos, como ciertas muñecas populares en tiempos victorianos, que tenían cabezas de porcelana pegadas a flexibles cuerpos de tela. Las diferencias en la forma de las cabezas teotihuacanas también indicaron que varias de las bases fueron creadas para poner plumas y otros ornamentos que no habían resistido los estragos del tiempo. Además, Zelia proclamó confiadamente que esas esculturas representaban individuos específicos: personas o dioses descritos por los conquistadores y representados en los pictogramas de los códices ancestrales.

La originalidad del trabajo de Zelia se debía en buena parte al

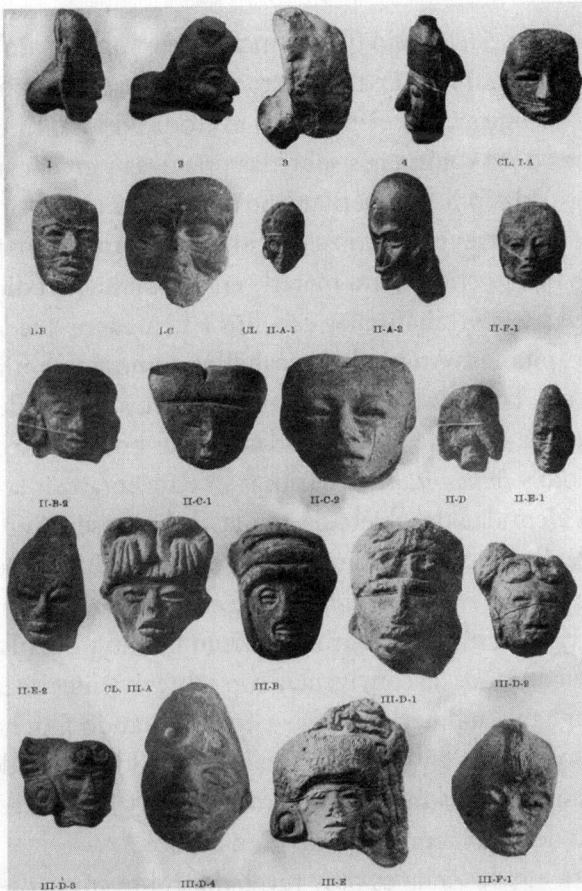

Ilustraciones que acompañaban el trabajo "The Terracota Heads of Teotihuacan" de Zelia Nuttall.

uso de múltiples fuentes de información, pues revisó las crónicas de los españoles de tiempos de la Conquista y códices indígenas posteriores a ésta o que la habían sobrevivido. Al comparar esas fuentes con las esculturas mismas, notó similitudes y diferencias entre figurillas, pinturas y escritos. Identificó, entre las figurillas, a deidades, como Tezcatlipoca, el dios de la guerra y la oscuridad, Tláloc, dios de la lluvia y la fertilidad, Xochiquetzal, la diosa del amor, entre otros, y después las asoció con los rituales y días festivos en que se celebraba cada uno.

"Mira bien este dibujo que he incluido en mi artículo", parecía decir Zelia, al invitar a sus lectores a compararlo con lo que se podía encontrar, por ejemplo, en el Códice Florentino, compuesto por doce volúmenes sobre las prácticas y creencias aztecas, compiladas por fray Bernardino de Sahagún en el siglo XVI, con base en entrevistas y observaciones de primera mano: "Al mancebo que se criaba para matarle en esta fiesta [del dios Tezcatlipoca] [...] cortábanle los cabellos a la manera que los usaban los capitanes. Atábanle los cabellos como una borla sobre la corona de la cabeza. Con una franxa curiosa atábanle aquella atadura de los cabellos dos borlas con sus botones, hechas de pluma y oro y *tochómitl*, muy curiosas".[45] Para enfatizar la exactitud de la identidad del objeto de arcilla, Zelia presentó un dibujo de una réplica pictográfica del dios Tezcatlipoca, redibujado a partir de la *Historia de las Indias de Nueva España*, etnografía de 1681 escrita por el fraile dominico Diego Durán y basada en sus casi cincuenta años de convivencia con sobrevivientes de la Conquista de habla náhuatl.[46] Para su época, cuando muchos manuscritos y códices antiguos aún no habían sido descifrados y en ausencia de técnicas modernas para analizar y datar artefactos, el trabajo de Zelia representó un gran avance.

El artículo de Zelia es muy revelador sobre cómo pretendía ser vista como académica. Primero, deja claro que había leído lo que otros habían escrito y que, por tanto, su trabajo era su forma de participar en una discusión continua, iniciada por otros académicos, demostrando así lo mucho que se había preparado antes de plasmar sus ideas en papel. En segundo lugar, demuestra su intención de ir más allá de las especulaciones existentes en su época, a fin de contestar preguntas que habían desconcertado

---

[45]   Bernardino de Sahagún, *Historia general...*, citado en Nuttall, "The Terracotta Heads of Teotihuacan", 165. [Presentamos la cita original de Sahagún, tomada del libro 2, capítulo 24, folios 31 a 33, según la transcripción de Alfredo López Austin y Josefina García Quintana, en su estupenda edición de la obra, retomada por el Códice Florentino Digital (n. de los trads.)].

[46]   Nuttall, "The Terracotta Heads of Teotihuacan", 166.

a otros. Su trabajo aspiraba, pues, a ser original e importante. También, al clasificar los artefactos en categorías, deja ver cuán atentamente los había examinado (y, de hecho, menciona varias veces cómo los había observado a través de un microscopio). Su método comparativo incluía la descripción y categorización de los artefactos, la consideración de códices y manuscritos antiguos españoles y su manera, si bien matizada, de entender cómo los objetos habían sido utilizados o concebidos; esta última, una innovación atrevida en la investigación arqueológica.

En el artículo, Zelia afirma, a sabiendas de que Brinton y Putnam respaldarían su análisis, que quienes pensaban que las cabezas eran ídolos de "civilizaciones remotas, extrañas y desconocidas" no sólo estaban equivocados, sino que su posición era "insostenible".[47] Admitía ser nueva en el campo, pero aun en ese punto temprano de su carrera toleraba pocos desacuerdos con sus conclusiones. Al agradecerle a Frederic Ward Putnam en una nota al pie por su interés y estímulo, y al citar al jefe del Museo Nacional Mexicano, a un curador de la Institución Smithsoniana y a un expresidente de la Academia de las Ciencias Naturales de Filadelfia, señalaba, implícitamente, que haba discutido su trabajo con académicos altamente reconocidos. El artículo "The Terracotta Heads of Teotihuacan" llevaba consigo una declaración muy clara: "Aquí estoy, he trabajado más arduamente que otros, estoy publicando en una revista de vanguardia, tengo a autoridades importantes de mi lado, y te reto a estar en desacuerdo conmigo". Zelia había encontrado su voz.

*

En agosto de 1886, mientras esperaba en Nueva York para abordar un barco hacia Europa, era evidente que Zelia Nuttall había avanzado mucho en poco tiempo en su camino para convertirse

---

[47] *Ibidem*, 178.

en una mujer con una vocación. Había encontrado un mentor —y uno muy influyente, además— y había establecido una relación cercana y de apoyo con él. Se había familiarizado con las colecciones de varios museos y se había hecho amiga de mucha de la gente más respetada en el campo. Se había unido a las organizaciones que los reunían para discutir sus avances y había publicado su primer artículo en una revista consultada por quienes estaban impulsando la antropología. Había asistido a una importante reunión de científicos y su trabajo había sido leído por un líder respetado de la antropología. Le habían pedido que aceptara el título de "asistente especial en arqueología mexicana" en el Museo Peabody de Harvard.

Sin embargo, Zelia tenía reservas acerca de a dónde la llevaría el futuro. El motivo del viaje a Europa era acompañar a su hermano George, quien apenas había cumplido veinticinco años, a Alemania, en donde estudiaría un doctorado en la Universidad de Gotinga. No estaba segura de dónde se asentaría el resto de su familia —es decir, Roberta, su hermana; Nadine, su hija, y Magdalena, su madre—. Tenía responsabilidades: Nadine tenía tan sólo cinco años y Magdalena se estaba haciendo vieja. Zelia no estaba segura de poder seguir avanzando en sus investigaciones desde Europa como lo había hecho en México y Estados Unidos. Le confió a Putnam sus aprensiones, y al mismo tiempo expresó una vez más su permanente agradecimiento:

En verdad me dirijo hacia un futuro desconocido —un nuevo capítulo de mi vida está a punto de abrirse y, en cierta medida, lo temo—. Sin embargo, tengo a mi madre, a mi bebé y a mi trabajo, además de a una multitud de verdaderos amigos que me animan. Quisiera decirte cuánto me alegra poder contarte entre ellos y cuán profunda y sinceramente aprecio tu cordial y genuina bondad hacia mí, manifestada de tantas maneras. Confío en que aún podré demostrarte qué tan buena amiga puedo ser también yo; mi intención será siempre sincera y leal, y si fracaso no será por falta de buena voluntad.[48]

A pesar de afirmar que contaba con el apoyo de su familia y amigos, a Zelia le preocupaban las expectativas que pudieran tener sobre ella. Cuando la familia llegó a la isla de Wight dos semanas después, le escribió de nuevo a Putnam, desbordada de cariño, pero también dejándole ver ciertas dudas sobre el hecho de tener ambiciones profesionales que podrían resultar demasiado adelantadas socialmente para una mujer: "Tú eres, de verdad, prueba viviente de tu dicho favorito —ése de que el bien en el mundo pesa más que la maldad—. Un científico como tú, tan dispuesto a ayudar y alentar a los novatos, compensa la experiencia que he tenido tantas veces de estar rodeada de amigos que no entienden por qué trabajo cuando podría dedicarme al ocio".[49] Siempre se mostró agradecida con Putnam. "Pasé muchas horas de feliz calma, recostada en mi camastro, rodeada una vez más por mis seres queridos. Y a menudo, mis pensamientos se detenían, con el agradecido recuerdo de tu bondad, en mi amado trabajo, que ahora está tan bien cuidado".[50] Empezó a referirse al Peabody como "nuestro museo".[51]

---

[48]   Zelia Nuttall a Frederic Ward Putnam, 31 de agosto de 1886, Archivos Putnam.
[49]   Zelia Nuttall a Frederic Ward Putnam, 15 de septiembre de 1886, Archivos Putnam.
[50]   Zelia Nuttall a Putnam, 15 de septiembre de 1886.
[51]   Zelia Nuttall a Frederic Ward Putnam, 29 de mayo de 1891, Archivo Nuttall, Museo Peabody.

4. TESOROS DEL NUEVO MUNDO Y GLIFOS EN UNA PIEDRA

Zelia Nuttall aprovechó la oportunidad de visitar las bibliotecas, los museos y los archivos de Europa durante la época en que su hermano George estudiaba en Alemania. Sabía que había en ellos mucha información acerca del Nuevo Mundo, antes y después de la conquista española. William Prescott había escrito sus magistrales relatos de la conquista de México y Perú, con sus vívidas descripciones de lugares y eventos, sin haber puesto un pie en ninguno de los países. En cambio, se había apoyado en valiosas fuentes de información sobre el Nuevo Mundo que podían encontrarse en el Viejo. Al emprender su viaje a Europa, Zelia compartió su plan de ataque con su mentor, Frederic Putnam: "Pasaré el próximo invierno en Viena estudiando el original del códice en el que he estado trabajando y después visitaré París y Londres, donde existen otros mss [manuscritos] mexicanos originales".[1]

Antes del siglo XVI, los aztecas, los mayas y otras culturas en Mesoamérica habían acumulado bibliotecas. Aunque sólo los mayas habían ideado un lenguaje escrito, los aztecas contaban sus historias con imágenes de colores brillantes y símbolos.

---

[1] Zelia Nuttall a Frederic Ward Putnam, 26 de junio de 1886, Archivo Nuttall, Museo Peabody. El Códice Viena, un manuscrito precolombino, se resguardó en la Biblioteca Nacional de Austria.

Bernal Díaz del Castillo, un soldado que había acompañado a Hernán Cortés, escribió haber visto "muchos libros de su papel cosidos a dobleces".[2] En estos textos pictográficos plegados como acordeón, los artistas pintaban relatos sobre batallas legendarias entre los dioses del paraíso, la tierra y el inframundo, y registraban la genealogía de sus reyes. Daban cuenta de cómo se había creado el mundo y hacían un recuento de las migraciones y linajes de sus ancestros. Describían sus actividades diarias y sus rituales, registraban canciones de plegaria y agradecimiento, y transmitían tabúes y presagios.

Un puñado de esos códices, tal vez quince en total, sobrevivió a la Conquista.[3] Uno es un manuscrito maya conocido como el Códice de Dresde, que según algunos data del siglo XI o XII. Se creía que el Códice Borgia, proveniente del centro de México, había sido creado a inicios del siglo XVI, y Zelia encontraría un códice en la biblioteca del Museo Británico que pudo haber sido pintado en el siglo XIV.

Otros códices sobrevivientes —alrededor de dos docenas— fueron hechos por encargo tras la Conquista. Como los otros códices más antiguos, consistían en grandes páginas plegadas en

---

[2]   Bernal Díaz del Castillo, citado en Deuel, *Testaments of Time*, 484. [*Historia verdadera…*, 1982, cap. XLIV, p. 84 (n. de los trads.)].

[3]   En su introducción a una edición del Códice Nuttall, Arthur Miller identifica el Códice Bodley, el Códice Laud y el Códice Selden en la Universidad de Oxford; el Códice Becker I, el Códice Becker II y el Códice Viena en el Museo de Etnología de Viena; el Códice Colombino en el Museo Nacional de Antropología en la Ciudad de México; el Códice Nuttall y el Códice Sánchez Solís en el Museo Británico de Londres; el Códice Borgia y el Códice Vaticanus B en el Vaticano, en Roma; el Códice Fejérváry-Mayer en el Museo Mundial de Liverpool; el Códice Cospi en la biblioteca de la Universidad de Bolonia, y el Códice Mexicanus 20 (Ms. Mex No. 20) en la Biblioteca Nacional de París. El Códice de Dresde, de origen maya y ubicado en la Biblioteca Estatal de Sajonia en la ciudad alemana que lleva en el nombre, eleva el número total a quince. Estos documentos son frágiles y, por lo general, están desvanecidos y en distintos estados de conservación. Muchos siguen sin descifrarse. Véase Miller, "Introduction to the Dover Edition". Sobre los códices como documentos históricos, véase Deuel, *Testaments of Time*, especialmente los capítulos 23-25. Los españoles también recibieron, a manera de regalo, mapas de las tierras que estaban conquistando.

acordeón, hechas de piel de venado, papel amate o —en el caso exclusivo de las copias posteriores a la Conquista— pergamino, y pintadas en colores brillantes. Algunos fueron elaborados por órdenes de sacerdotes u oficiales españoles, quienes se interesaron en preservar las memorias, tradiciones religiosas y mitos originarios de las civilizaciones que habían subyugado. Otros fueron producidos por comunidades indígenas para conmemorar sus propias historias, leyendas y derechos. Otros documentaron reclamos de tierra, alianzas y relaciones tributarias. Luego de su tardío reconocimiento de la importancia de esos documentos, los sacerdotes españoles establecieron escuelas para pintores indígenas, quienes aprendieron a recrear el "lenguaje" de los relatos originales.

Hasta el día de hoy, algunos de estos códices no han sido decodificados en su totalidad. Entre los esfuerzos recientes por entender los textos ancestrales está el *Mapa de Cuauhtinchan No. 2*, descubierto a finales de los noventa en la Ciudad de México y descifrado por un equipo de académicos a inicios de los años 2000. Había sido pintado en papel amate aproximadamente dos décadas después de la llegada de los españoles.[4] Al desdoblarse como un largo mural, cuenta la historia de la peregrinación centenaria de los chichimecas, ancestros de los aztecas, hacia su nueva tierra, el norte de la Ciudad de México. El viaje épico está marcado por retos, tribulaciones, y valiosos recuerdos de eventos históricos y religiosos. Se pueden encontrar variaciones de ese relato en otros códices que fusionan el mito con la historia. Con frecuencia, tales relatos describen el momento en el que el dios Huitzilopochtli le concedió a su pueblo el dominio del mundo.

En los márgenes de algunos códices supervivientes se conservan interpretaciones, anotadas allí en náhuatl o en español, sobre los pictogramas. Tales interpretaciones registraban muchas

---

4   Véase Carrasco y Sessions, *Cave, City, and Eagle's Next*. [Hay una edición en español, bajo el título de *Cueva, ciudad y nido de águila*, publicada por la misma Universidad de Nuevo México, unos cuatro años después de la publicación original en inglés (n. de los trads.)].

veces las explicaciones proporcionadas por los escribas y narradores indígenas después de la Conquista. Algunas veces, los códices muestran figuras con un signo similar a globos de texto sobre sus cabezas, como en novelas gráficas o tiras cómicas contemporáneas. Algunos de estos libros pintados iban acompañados por relatos de primera mano de sacerdotes o soldados españoles, o por entrevistas con indígenas que eran capaces de describir cómo era la vida antes de 1492.

Los soldados y sacerdotes también escribieron memorias, diarios y cartas que describían sus encuentros con el Nuevo Mundo. Se esperaba que aquellos que lideraban incursiones a territorio indígena presentaran informes, y éstos se enviaban a España para ser estudiados y archivados. Otros fueron escritos por misioneros, como Bartolomé de las Casas, un fraile dominico que acompañó a Diego Velázquez durante la conquista de Cuba, tras la cual se le otorgó una encomienda, a la que terminó renunciando, arrepentido de la devastación causada por la conquista española y del maltrato a los indígenas. Crítico abierto de la crueldad y la destrucción españolas, Las Casas abogó por el fin de la violencia, de la esclavitud y de los esfuerzos por desaparecer las tradiciones culturales indígenas.[5] Algo similar pasó con fray Diego de Landa, un sacerdote franciscano, quien primero se aseguró de que todos los códices —a excepción de tres— de una extensa biblioteca maya fueran quemados por idólatras e implementó con entusiasmo la Inquisición en la península de Yucatán, pero luego se arrepintió de que tanto se hubiera destruido y pasó años investigando y escribiendo sobre la cultura y el lenguaje mayas, a fin de que no se perdieran en el olvido.[6] Zelia fue

---

[5]   Wagner and Parish, *The Life and Writings of Bartolomé de Las Casas.* Los escritos y los esfuerzos de Las Casas para influir a la corte española alentaron a que el Consejo de las Indias aprobara, en 1542, leyes importantes para proteger las vidas y derechos de los indígenas.

[6]   La *Relación de las cosas de Yucatán* de Landa, aunque defectuosa en muchas maneras, contiene buena parte de lo que actualmente se sabe sobre los mayas.

extraordinariamente hábil en el uso de los relatos de Landa y de Las Casas, así como los de Juan Díaz, Diego Durán y Gonzalo Fernández de Oviedo. Probablemente los conocía mejor que cualquier otro anticuario de su tiempo.

Muchos textos indígenas fueron enviados a España como regalos para la realeza, a manera de una evidencia más de las riquezas que se podían encontrar en el Nuevo Mundo, junto con oro, jade, trabajos de arte plumario, gemas u otros artefactos incautados de los tesoros locales. El emperador azteca Moctezuma le dio dos códices y mucho oro y objetos preciosos a Cortés, quien mandó tales obsequios a la corte española. Los libros escritos por sacerdotes y conquistadores fueron publicados en España, y también en ese país se archivaron las cartas de los oficiales, entre otros documentos. Algunos de los primeros clérigos y soldados también se apropiaron de *souvenirs* y curiosidades del Nuevo Mundo y los mandaron a su casa para su resguardo. Con el tiempo, algunos de esos tesoros fueron "obsequiados" a reyes, reinas, aristócratas y académicos de países vecinos, o fueron donados a la Iglesia. El Códice Mendoza terminó en París cuando el barco español que lo llevaba fue capturado por los franceses.[7] Los piratas ingleses también ayudaron a la redistribución de las riquezas del Nuevo Mundo.

En 1898, mientras trabajaba en Florencia, Zelia se encontró con registros sobre un libro ilustrado con colores brillantes pintado sobre piel de animal que había sido enviado por Cortés a Carlos V, rey de España y emperador del Sacro Imperio Romano Germánico, en 1519, el cual había sido resguardado por años en la biblioteca del monasterio de San Marcos de aquella ciudad italiana. En algún momento fue enviado a Roma para que lo estudiaran. Allí los funcionarios de la Iglesia lo consideraron como un libro infantil, "tan tonto que sólo podía aburrirlos",

---

[7]   Carrasco, *The Aztecs*, 39.

según la investigación de Zelia.[8] No se supo nada más de su paradero hasta la década de 1830, cuando le fue enviado a Robert Curzon —el decimocuarto barón Zouche, miembro del Parlamento británico, diplomático y coleccionista de manuscritos bíblicos ancestrales— por un amigo suyo. No se sabe cómo ese amigo había adquirido el códice, pero aparentemente éste formó parte —junto con otros valiosos manuscritos ancestrales, provenientes, por ejemplo, de Monte Athos o de Tierra Santa— de la colección resguardada en Parham Park, la finca de Curzon en Sussex. El códice pasó luego a manos de su hijo, el decimoquinto barón Zouche, en 1879, y él llegó al acuerdo de que fuera resguardado en el Museo Británico.[9]

Zelia siguió la historia del manuscrito en sus deambulaciones por Europa, y su investigación finalmente la llevó hasta ese recinto londinense. Lo reconoció de inmediato como uno de los pocos códices precolombinos existentes. Estudió sus imágenes pictográficas y quedó cautivada por sus relatos de reinados, genealogías, guerras y costumbres del pueblo mixteco en las tierras altas de Oaxaca. Era una pieza peculiar de literatura, historia y arte que extendería el conocimiento sobre cómo había sido Mesoamérica antes de la llegada de los españoles. Con la ayuda del Museo Peabody de Arqueología y Etnografía en la Universidad de Harvard y con el apoyo del mecenas de dicha institución, Charles Bowditch, se publicó en 1902 una reproducción a todo color del códice, desde entonces conocido como el Códice Nuttall (esto a pesar de que, por instrucciones de la propia Zelia, la portada de la edición del Peabody identifica el manuscrito como "un códice mexicano ancestral propiedad de lord Zouche de Harynworth,

---

[8] Nuttall, *Codex Nuttall* 2. Algunos eventos similares provocaron estragos en otros códices. El Códice Borgia, que originalmente fue propiedad de la famosa y adinerada familia Borgia, se les había dado a los niños para que jugaran, y quemaron algunos pedazos. Véase Deuel, *Testaments of Time*, 502.

[9] Sobre la búsqueda del códice, véase Deuel, *Testaments of Time*, 547-550.

Inglaterra"). [10] Ese mismo año, Zelia le obsequió una copia al presidente Theodore Roosevelt.[11] En 1949 Alfonso Caso descifró con éxito este y otros tres códices, y mostró que proporcionan genealogías de la realeza que llegan hasta el siglo VII, llenas de detalles sobre sus nacimientos, muertes, guerras y ritos religiosos, así como historias de sus supuestos ancestros divinos.[12]

*

Después de instalar a su hermano George en la Universidad de Gotinga en 1886, Zelia, su hermana Roberta, su hija Nadine y su madre Magdalena se alojaron en el grande y majestuoso Grand Hotel Union en Dresde. Para marzo de 1887 ya se habían mudado a un par de departamentos en el número 47 de la calle Wiener (*Wienerstrasse*, en alemán), a unos pasos del Gran Jardín (*Grosser Garten*), el enorme parque barroco de la ciudad. Los departamentos eran espaciosos, sus ventanas estaban cubiertas por cortinas de terciopelo y estaban profusamente amueblados con sillas, sofás, mesas pequeñas, pesados libreros, pinturas y numerosos objetos decorativos. Magdalena y Roberta vivían en el primer piso, y Zelia y Nadine, quien entonces tenía cuatro años, ocupaban el segundo piso. Esto era conveniente para Zelia, quien se fue a explorar bibliotecas y museos, agradecida de que la abuela y la tía Roberta de Nadine estuvieran allí para cuidarla.

[10]   Algunas veces también es nombrado como el Códice Zouche-Nuttall o el Códice Zouche.

[11]   Con esta nueva publicación en mano, Zelia viajó a Washington para una reunión con el presidente Roosevelt. Alice Cunningham Fletcher y la directora del Buró Estadounidense de Etnología estaban presentes cuando Zelia le presentó una copia al presidente, quien la aceptó animosamente. La reunión fue un éxito, a pesar de que buena parte de la discusión no fue sobre México, sino sobre asuntos raciales que eran considerados importantes en Estados Unidos en ese entonces. "Fue muy interesante escucharlos discutir sobre la cuestión de los indios y negros con el presidente", escribió Zelia; Zelia Nuttall a Phoebe Apperson Hearst, 6 de noviembre de 1902, citado en Mark, *A Stranger in Her Native Land*, 283.

[12]   Caso, "El mapa de Teozacoalco".

Las oportunidades para la investigación abundaban. Zelia estudió artefactos en museos, copió pictogramas y le escribió a Putnam sobre su deleite al cruzarse con "una magnífica pieza mexicana de arte plumario. Según le informó, "pasé algunas semanas en Viena este otoño y allí reuní materiales valiosos". Su capacidad de observación se hizo evidente al comparar el Códice de Viena original con su reproducción en uno de los volúmenes de la obra de Kingsborough; notó, por ejemplo, que los colores habían sido mal reproducidos y que había un error en el orden de las páginas del facsímil. Zelia, quien valoraba mucho su vínculo con Harvard, le dijo a Putnam cuán contenta estaba de que su "cargo oficial de 'asistente especial del Museo Peabody'" le había abierto varias puertas en Viena.[13]

Con el trabajo que tuvo la oportunidad de realizar en ese ambiente tan fructífero, Zelia pronto dio a la luz dos artículos en una revista publicada por el Peabody, ambos con introducciones de Frederic Putnam. Igual que en su estudio sobre las cabezas de terracota de 1886, fue meticulosa y no perdonó a nadie al plantear su propio punto de vista. En uno de los textos, repasó lo que otros habían escrito, entre 1596 y la década de 1870, sobre un penacho atesorado en Viena, pero que había sido enviado a España desde México a principios del siglo XVI.[14] Investigadores anteriores habían discrepado sobre su uso; algunos pensaban que era un estandarte; otros, una bandera, "un sombrero morisco" o un delantal que había sido usado por la realeza azteca o por las élites militares. Todos estaban equivocados, según Zelia. Su propia investigación indicaba que se trataba de un tocado. Había encontrado dos pequeñas pinturas del siglo XIX donde aparecía un pictograma de la era de la Conquista, el cual representaba a un guerrero azteca con

---

[13] Zelia Nuttall a Frederic Ward Putnam, 11 de marzo de 1887, Archivos Putnam.
[14] La pieza de arte plumaria no es otra que el así llamado "Penacho de Moctezuma", hasta la fecha en el Museo de Etnología de Viena. Fue Zelia Nuttall quien propuso que el penacho había pertenecido al emperador azteca, pero no hay certeza de que eso haya sido así (n. de los trads.).

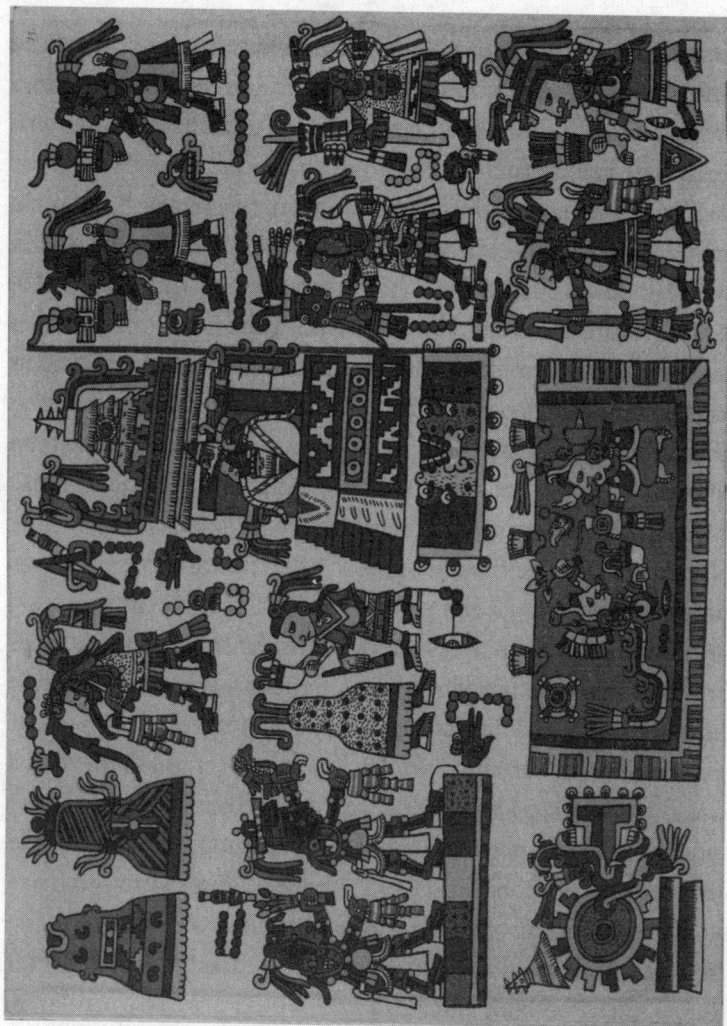

Fragmento del Códice Nuttall.

un artefacto del mismo estilo en su cabeza. Después, señaló cómo aparecía también en un pictograma del Códice Magliabechiano, resguardado en Florencia. Zelia se disculpaba por tener que decirles a sus respetados colegas que estaban equivocados, pero el suyo había sido un "esfuerzo imperfecto" y el de ella era ahora capaz de revelar una mejor interpretación.[15]

[15]   Nuttall, *Standard or Head-Dress?*, 47; véase también Zelia Nuttall a Putnam, 11 de marzo de 1887.

Cuando dirigió su atención a un tipo de arma empleada para arrojar lanzas con mayor fuerza y velocidad, el *átlatl*, representado en los códices, Zelia fue igualmente enfática. Según ella, aquellos que argumentaban que la lanza ya no se usaba en la época de la Conquista estaban equivocados, y recurrió a crónicas españolas, pictogramas en varios códices, traducciones de palabras en náhuatl y detalles de estatuas encontradas en el centro de México y en Yucatán para sustentar su argumento. Putnam, en su nota editorial, señaló que su minuciosa investigación le permitía a Zelia escribir "con el sello de la autoridad".[16] Luego siguió con una serie de artículos sobre escudos aztecas, representaciones de osos, coyotes y otros animales, y más trabajos de arte plumario, todos presentados con la misma rigurosa investigación y la insistencia de su autora en el carácter definitivo de sus propias interpretaciones.[17] Estas investigaciones tempranas ayudaron a resolver enigmas que habían desconcertado a otros académicos e introdujeron nuevos análisis sobre creencias y costumbres ancestrales.

Durante una estancia de varios meses en Florencia, Zelia consultó, en la Biblioteca Laurenciana de la familia Medici, el original de la obra del siglo XVI compilada por fray Bernardino de Sahagún e ilustrada con pinturas y textos de escribas indígenas. "He encontrado esto más importante de lo que hubiera esperado nunca", le dijo a Putnam en 1890. "Contiene capítulos enteros en náhuatl que no se han traducido ni publicado jamás y, lo que es más importante, alrededor de 1 000 ilustraciones" pintadas por

[16]   Putnam, "Editorial Note", 71. Su trabajo archivístico y lingüístico, Zelia escribió, "prueba, sin lugar a dudas, que la lanza, arrojada por un *átlatl* de madera, no sólo era de uso general en la época de la Conquista, sino que fue reconocida por los españoles como el arma más efectiva de los aztecas". También demostró que versiones más sofisticadas del *átlatl* aparecían regularmente en representaciones y estatuas de los dioses. Véase Nuttall, *The Atlatl or Spear-Thrower of the Ancient Mexicans*, 181, 197.

[17]   Véanse Nuttall, "On Ancient Mexican Shields"; Nuttall, "Coyote versus Long-Tailed Bear", y Nuttall, "Ancient Mexican Feather Work".

artistas aztecas. La *Historia general de las cosas de Nueva España* de
Sahagún, conocido también como el Códice Florentino, era tan
detallada que proporcionaba instrucciones para hacer trabajos de
arte plumario, para cortar y pulir piedras, y para trabajar con oro
y plata. Esto era rico forraje para Zelia, pues ofrecía detalles que
podrían ayudar a explicar mucho acerca de la vida material y espiritual del México precolombino. "Me estoy dando cuenta, de
maneras de veras sorprendentes, del interés y el valor de esta *Historia*, tanto que estoy muy tentada a emprender una traducción
completa al inglés y publicarla junto con las pintorescas ilustraciones del ms.". No obstante, le escribió a Putnam, consideraba
más importante continuar con su propio trabajo original, aunque
planeaba realizar la traducción "en los ratos libres".[18]

La idea de producir facsímiles de alta calidad de códices importantes de la era de la Conquista también tentaba a Zelia. En
la Biblioteca Nacional Central de Florencia, entonces albergada
en la Galería Uffizi, estudió el original del Códice Magliabechiano, un manuscrito del siglo XVI sobre la religión, cosmología
y cultura de los aztecas. Atraída por la belleza de sus pictogramas llenos de color, Zelia pensó que un facsímil, distribuido a
un número limitado de especialistas, sería una gran publicación
para el Peabody. Las copias serían especiales, en el sentido de
que emplearían técnicas modernas de fotograbado y litografía
a color, que permitirían representar fielmente los colores y tex-
turas del original. Muchas de sus cartas a Putnam entre 1892
y 1893 incluían descripciones detalladas e instrucciones sobre
el tipo de papel, las impresiones, los colores y la encuaderna-
ción, sin descuidar ningún aspecto del proyecto. Charles Bowditch, el benefactor del Peabody, estaba encantando de financiar

[18]   Zelia Nuttall a Frederic Ward Putnam, 16 de marzo de 1890, Archivo Nuttall,
Museo Peabody. En abril de 1891 escribió sobre su trabajo continuo en el manuscrito, "una mina perfecta de información [...]; paso todas las mañanas en la biblioteca tomando notas de sus textos en náhuatl y sus ilustraciones"; Zelia Nuttall
a Frederic Ward Putnam, 21 abril de 1891, Archivo Nuttall, Museo Putnam.

el trabajo, aunque acabó riñendo con Zelia por cómo debía ser distribuido.[19]

A lo largo de este tiempo, Zelia pensaba constantemente en un proyecto. Aun antes de que se fuera a Europa, le confió a Putnam que pensaba que podría haber encontrado un llamativo y particular enfoque de investigación. "Tiene que ver nada menos que con los grandes monolitos mexicanos: el Calendario y la Piedra de Sacrificios", dijo, entusiasta,[20] a pesar de haberlo consultado ya con Daniel Brinton en Filadelfia, quien le había insistido en "no perder tiempo en confirmar y continuar [...] las investigaciones en esta línea".[21] Sin embargo, su estudio del Calendario Azteca sería el que le aseguraría su fama como antropóloga y una de las contribuciones más perdurables que haría a la disciplina.[22] Zelia demostraría que el Calendario era la clave que conectaba la cosmología de la práctica religiosa azteca con los mercados seculares, las jerarquías sociales y las instituciones de gobierno.

A medida que su investigación ganaba reconocimiento, Zelia fue teniendo más confianza en sí misma. Para principios de la década de 1890 había transformado sus inseguridades como académica en fortalezas como investigadora: si tenía dudas, trabajaba más duro; si no comprendía algo completamente, seguía

---

[19] Se imprimieron doscientas copias del facsímil. Zelia quería distribuir muchas de esas de forma gratuita; Bowditch, en cambio, las quería vender como una manera de recuperar el costo de su producción.

[20] Zelia Nuttall a Frederic Ward Putnam, 12 de agosto de 1886, Archivos Putnam. ["Sacrificial Stone" (Piedra de Sacrificios) es el nombre que en inglés se le da a la Piedra de Tízoc o Piedra de Chetumal, conocida también durante mucho tiempo como el Altar de Sacrificios Gladiatorios. No empleamos el nombre que se le da hoy en día, para evitar un anacronismo (n. de los trads.)].

[21] Zelia Nuttall a Putnam, 26 de junio de 1886.

[22] Cuando Zelia le dijo por primera vez de sus ambiciones con el Calendario, Putnam le advirtió que no revelara su trabajo antes de estar lista para divulgar su evidencia definitivamente. Pero Zelia no estuvo de acuerdo, pues pensaba que necesitaba vigilar ese proyecto y alertar a la gente sobre lo que estaba por venir. Así lo hizo en una carta publicada por la Asociación Estadounidense para el Avance de la Ciencia en 1886.

intentándolo; si encontraba una pista, la seguía. Su estilo era el adecuado para una disciplina que buscaba ser respetada como ciencia: estudiar los artefactos con intensidad y leer todo lo posible sobre ellos; consultar cualquier testimonio existente entre los primeros textos escritos de la historia; comparar cuidadosamente las fuentes; desarrollar una teoría y enfatizar la superioridad de la investigación y el razonamiento propios frente a los de otros. El trabajo de Zelia era arqueológico, pero no del tipo que depende de excavar con pala y brocha; se sentía cómoda, en cambio, excavando en los archivos y yuxtaponiendo diversas fuentes con los artefactos que ella y otros encontraban. Samuel Rawson Gardiner, su profesor de historia en el Bedford College en Londres, quien defendía la investigación archivística rigurosa, se habría sentido orgulloso.

*

El Calendario Azteca era un artefacto bien conocido cuando Zelia Nuttall reveló una nueva interpretación de sus símbolos y círculos en el Noveno Congreso Internacional de Americanistas en Huelva, España, en 1892. El evento fue organizado para conmemorar los cuatrocientos años del "descubrimiento" europeo del Nuevo Mundo. La presentación y el artículo de Zelia merecieron elogios, una mención de la reina María Cristina de España en un discurso oficial y una medalla de oro.

Enterrada durante la destrucción del imperio azteca, la Piedra del Sol había sido descubierta en diciembre de 1790, cuando se estaban haciendo reparaciones en el Zócalo, la plaza central de la Ciudad de México. La piedra esculpida, de unos tres metros y medio de diámetro y veinticinco toneladas de peso, se convirtió en una atracción popular y fue exhibida en la Catedral, a pocos pasos de donde había sido encontrada. Antonio de León y Gama, astrónomo, matemático y arqueólogo mexicano, escribió sobre su descubrimiento y elogió la inteligencia de los aztecas que la habían creado.[23] Alexander von Humboldt, quien la vio cuando visitó México en 1803-1804, incluyó un dibujo en su *Vues des cordillères et monuments des peuples indigènes de l'Amérique,* publicado en 1810, y alentó a los intelectuales mexicanos a que estudiaran el significado de sus círculos concéntricos y numerosos glifos. Y muchos otros intentaron, justamente, descifrar su enigma en los años que siguieron.

Para los 1890, los académicos estaban de acuerdo en que la Piedra mostraba el calendario de un año ritual de 260 días, basado en la combinación de veinte días (cada uno de los cuales tenía un signo propio) y trece numerales.[24] Este calendario ritual especificaba los días en los cuales debían ser honrados los distintos dioses; su propósito era, pues, regular los días festivos, los ritos religiosos y los sacrificios. Además de ese almanaque sacerdotal, los investigadores pensaban que la misma Piedra contenía un calendario solar de dieciocho secciones de veinte días cada una, más cinco días "vacíos" adicionales al final de cada ciclo, formando así un calendario de 365 días.[25] También creían que un ciclo más grande de cincuenta y dos años constituía una época en la historia de los aztecas; y que dentro de cada época había divisiones de cuatro años, cada una con su propio nombre, repetidas en secuencia.

Con base en su conocimiento de textos ancestrales, astronomía y matemáticas, así como de mitología y ritos religiosos aztecas, Zelia fue capaz de ofrecer nuevas y sorprendentes interpretaciones sobre el uso de la Piedra del Sol y el significado de

[23]   León y Gama, *Descripción histórica y cronológica.*
[24]   Cada uno de los veinte signos de los días tenía, así, trece variantes, cada una basada a su vez en un número, según el cual eran contadas cronológicamente (el primer día, signo 1, para el primer día, era seguido del segundo día, signo 2, para el segundo día, y así sucesivamente, hasta llegar al número 13; el siguiente ciclo de trece días comenzaba con el decimocuarto día, signo 1). Cada uno de los 260 días tenía, de tal suerte, un nombre único. Véase Carrasco con Sessions, *Daily Life of the Aztecs,* 59-62.
[25]   Los cinco días vacíos servían para ajustar el calendario al tiempo astronómico anual. Cada cuarto año requería un ajuste adicional.

La Piedra del Sol o Calendario Azteca.

los glifos tallados en ella. Era muy consciente de la importancia de su trabajo. En 1892 le escribió a Putnam con gran entusiasmo:

> Como sabes, he trabajado en el sistema del Calendario durante años, de manera intermitente, pero a pesar de todo mi estudio, no había podido comprenderlo satisfactoriamente ni hallar en él un método real, y estaba desesperada conmigo misma por ello. Después, no obstante, de repetidos fracasos e intentos renovados, he alcanzado el resultado más grandioso posible: descifrar el sistema completo de este calendario, no menor que el de los antiguos griegos, los mayas, etc. Es un sistema asombroso basado en periodos lunares… El sistema es difícil de describir, pero he hecho gráficos que lo explican con claridad meridiana. Es el único trabajo que he realizado con el que estoy *absolutamente satisfecha*, porque se demuestra a sí mismo como correcto. *Nadie puede dudar del sistema una vez que lo haya examinado.*

Zelia tenía la certeza de que su trabajo haría "una contribución científica que, una vez revelada, nunca podría ser desplazada; arroja una luz permanente y el sistema calendárico de los antiguos mexicas será siempre considerado una de las maravillas del ingenio humano. Ningún otro puede compararse con él por su simplicidad y perfección".[26]

El análisis de Zelia no era sencillo. Involucraba la interpretación de distintos y divergentes relatos de los conquistadores y su comparación con leyendas de la tradición azteca; la superposición de las leyendas con los significados de los nombres de los signos de los días y de los días individuales; la reconfiguración de fechas entre los calendarios gregoriano y juliano; la consideración de las fechas en las que ocurrieron eventos específicos durante la conquista española, y la observación del movimiento del sol, las estrellas y la luna en relación con los glifos en la piedra. Como le escribió a Putnam, "el asombroso resultado que he logrado referente a la cosmología, religión y conocimiento astronómico de los mexicas […] demuestra con firmeza cómo son equivalentes a los de los antiguos egipcios".[27]

Mediante el uso de todas esas herramientas, Zelia argumentaba que el calendario ritual interactuaba sin dificultades con el calendario solar si los dos se leían en conjunto correctamente, lo cual le otorgaba a la Piedra un significado tanto religioso como secular.[28] Su "ley fundamental", afirmó, era que "el número de un año y el de su primer día debían ser idénticos" y que "existía

26   Zelia Nuttall a Frederic Ward Putnam, 8 de agosto de 1892, Archivo Nuttall, Museo Peabody.

27   Zelia Nuttall a Frederic Ward Putnam, 13 de febrero de 1892, Archivo Nuttall, Museo Peabody.

28   Nuttall, *Note on the Ancient Mexican Calendar System*, 6-7, apunta que, con base en sus lecturas y cálculos, "fue forzada a concluir que ambos métodos [para contar el tiempo] se debieron haber usado. En mi intento de explicar la existencia de dos órdenes de días, me inclinaba a creer, en un momento temprano de mi investigación, que el Calendario había servido de manera demótica y hierática. Pero investigaciones recientes me llevaron a la firme convicción de que un método era tan natural como el otro, y ambos se empleaban alternativamente".

una conexión definida entre el nombre del año solar y el primer día del año calendario que abarcaba".[29] La Piedra, entendida como una interacción de dos formas distintas de contar el tiempo, había sido concebida para regular la vida espiritual y cívica de la comunidad, proporcionando un plan para las celebraciones, los días de mercado y los tributos rendidos al rey azteca. Zelia, para dejar su punto más claro, ideó una serie de tablas que demostraban la interacción de los dos calendarios.

De manera típica en ella, Zelia decía estar sorprendida de que otros no hubieran visto lo que, según ella, estaba "más allá de cualquier duda".[30] Pero quizá se les podría perdonar su ignorancia —ella misma así lo sugería—, ya que los secretos para comprender el tiempo estaban en la antigüedad estrechamente controlados por los sacerdotes y chamanes, un hecho observado por Bernardino de Sahagún, el sacerdote franciscano que pasó su vida como misionero y quien buscó documentar la vida de los aztecas antes de la Conquista:

> Los indios, que bien entendían los secretos destas ruedas y calendario, no los enseñaban ni descubrían sino a muy pocos, porque por ello ganaban de comer y eran estimados y tenidos por hombres sabios y entendidos; empero, sabían casi todos los indios adultos y tenían noticia del año, ansí del número como de la casa en que andaban; mas de los nombres de los días y semanas y otros muchos secretos y cuentas que tenían, solos aquellos maestros compotistas lo alcanzábanla de saber.[31]

---

[29]   *Ibidem*, 7-8. Esta afirmación pone juntos dos sistemas, uno para nombrar los signos de los días y otro para numerar los días.

[30]   *Ibidem*, 35.

[31]   Bernardino de Sahagún, citado en Nuttall, *Note on the Ancient Mexican Calendar System*, 11. [En realidad, como la propia Nuttall lo consigna, las palabras son una cita que hace Sahagún "de un tratado que un religioso escribió" —tratado que, por cierto, el autor del Códice Florentino a veces valida y a veces refuta—. Hasta donde sabemos, se desconocen el título del autor (a quien Nuttall llama "Anonymous Friar": 'fraile anónimo') y del tratado. Dentro de la obra de Sahagún, la cita se

Estos "maestros compotistas" la pasaron muy mal durante la Conquista, pues solían entrar más frecuentemente en contacto con los españoles, lo cual los volvía más susceptibles a contraer enfermedades europeas. También era más probable que fueran asesinados por los conquistadores, quienes creían que era necesario aniquilar las creencias ancestrales y las "supersticiones" en favor de su propia y "verdadera" religión. El conocimiento de ese sistema calendárico demostró ser, así, sabiduría frágil.

Sin embargo, a la par de la conquista española, hubo esfuerzos por recuperar la tradición azteca. Un ejemplo es la iniciativa de Sahagún, cuando reunió a los "más viejos y sabios indios en Tlatelolco con los más capaces entre los colegiales españoles con el fin de discutir el sistema del calendario ancestral".[32] Tras varios días de discusión y debate, llegaron a la conclusión de que, para los aztecas, "comenzaba el año [el] segundo día de febrero" del calendario gregoriano.[33] No obstante, esta resolución, según demostró Zelia, era contradicha por muchos otros intentos de fijar fechas y acontecimientos según los signos y números de los días del calendario azteca. En ese sentido, citó a diecisiete autoridades diferentes que llegaron a nueve fechas "definitivas" para el inicio del año azteca.

La propuesta de Zelia era que el año festivo de 260 días incluía muchas festividades flexibles, pero que —como mostraban sus tablas— había cuatro ceremonias religiosas que siempre ocurrían en fechas específicas, las cuales también eran consignadas por el calendario solar, pues coincidían con los equinoccios y solsticios anuales. Su conocimiento de los textos españoles y pictográficos le permitió, así, demostrar que las fiestas más grandes

---

encuentra en el libro IV, f. 78. Hemos vuelto a seguir la transcripción de López Austin y García Quintana, recuperada por el Códice Florentino Digital (n. de los trads.)].

32 Nuttall, *Note on the Ancient Mexican Calendar System*, 10.

33 Bernardino de Sahagún, citado en Nuttall, *Note on the Ancient Mexican Calendar System*, 10. [La cita original se encuentra en el libro VII, f. 22.; la versión de López Austin y García Quintana respeta la ortografía del siglo XVI: transcribe "hebrero", no "febrero" (n. de los trads.)].

del año coincidían con acontecimientos importantes del sistema solar. De esta manera, las ceremonias fijas de esos cuatro eventos señalados en el calendario ritual podían identificarse como momentos también definidos en el calendario solar, mientras que las celebraciones de otros rituales se planeaban de un modo más flexible. Para Zelia, el primer día del año azteca siempre ocurría el día del equinoccio de primavera:

> Nada podría resultar más natural y plausible que los mexicanos, quienes, según se sabe, eran adoradores del Sol, hubieran determinado que el inicio de su año solar fuera en la fecha del equinoccio de primavera y que organizaran festivales para conmemorar los otros momentos destacados del curso anual del sol. Pero, por extraño que parezca, con la única excepción citada anteriormente [el Códice Fuenleal de 1547], el sol como factor en la organización del calendario solar ha sido completamente ignorado hasta el día de hoy por todos los escritores que han abordado el tema.[34]

Al proponer la idea de que las principales festividades del año ritual coincidían con los equinoccios y solsticios, Zelia pudo anclar el calendario ritual azteca a los cuatro cuartos del año solar. Uno de los textos que le resultó particularmente útil fue la *Historia de las Indias de Nueva España y Islas de Tierra Firme*, de Diego Durán, fraile dominico del siglo XVI, en cuyas páginas se ofrece una colorida descripción de cómo pudo haber sido la ceremonia dedicada al Sol, repetida dos veces por año. En esas fechas (el 17 de marzo y el 2 de diciembre, de acuerdo con Durán), dice Zelia, "el sacerdote hacía sonar su caracola para reunir al pueblo. Un prisionero o esclavo ricamente ataviado —el mensajero elegido para llevar al Sol el mensaje del pueblo— era enviado a la

---

[34] Nuttall, *Note on the Ancient Mexican Calendar System*, 9.

cima del templo para realizar una invocación".[35] Según el relato
de Durán, el mensajero elegido

> empezaba a subir por el templo arriba, subiendo muy poco a
> poco, haciendo tras cada escalón mucha demora; estándose
> parado un rato y en subiendo otro, parábase otro rato, según
> llevaba instrucción de lo que había de estar en cada escalón, y
> también para denotar el curso del sol y su [ir] poco a poco ha-
> ciendo su curso acá en la tierra, y así tardaba en subir aquellas
> gradas grande rato. En acabando que las acababa de subir, íbase
> a la piedra que llamamos *cuauhxicalli*, y subíase en ella, la cual
> dijimos que tenía en medio las armas del sol. Puesto allí, en voz
> alta, vuelto a la imagen del sol que estaba colgada en la pieza
> encima de aquel altar y, de cuando en cuando, volviéndose al
> verdadero sol, decía su embajada. En acabándola de decir, su-
> bían por las cuatro escaleras que dije tenía esta piedra para subir
> a ella, cuatro ministros del sacrificio, y quitábanle el báculo y la
> rodela y la carga que traía, y a él lo tomaban de pies y manos y
> subía el principal sacrificador con su cuchilla en la mano y de-
> gollábalo […]. Acabada de salir toda la sangre, luego le abrían
> por el pecho y le sacaban el corazón, y con la mano alta se lo
> presentaban al sol […]. Acabado de sacrificar este indio a cuyo
> sacrificio había estado todo el pueblo sin desayunarse, midiendo
> el tiempo de tal arte que cuando aquel indio acabase de subir al
> sacrificadero fuese medio día en punto.[36]

---

[35] *Ibidem*, 19.
[36] Diego Durán, citado en Nuttall, *Note on the Ancient Mexican Calendar System*,
20. [No hay muchas ediciones recientes de la obra de Durán. Acá reproducimos
la de Porrúa (1967, v. I, p. 107), pero luego de haberla cotejado con el manuscrito
original (f. 272r. y v.), en su versión digitalizada, disponible en el sitio web de la
Biblioteca Nacional de España, hicimos un par de enmiendas. Cuando se habla de
la piedra *cuauhxicalli*, Zelia Nuttall, en su citación, prescinde del término náhuatl y
dice en cambio que se trata de "a great circular stone" ("una gran piedra circular").
Además, omite algunas frases y, en el final de la cita, resume de manera tan con-
densada las ideas de Durán que más que citar, parafrasea (n. de los trads.)].

Zelia pudo demostrar que los cuatro eventos solares del año proporcionaban también la base para la organización de los días de mercado. Cada pueblo, escribió, tenía un mercado central, con caminos que se extendían hacia el norte, sur, este y oeste, señalando la división de la tierra en cuatro cuadrantes. El mercado era el único lugar legal para el intercambio de bienes, y las fechas que marcaban los días de mercado coincidían con aquellas en las que diferentes tipos de productos eran más importantes para el comercio: verduras y pescado en un día de mercado, minerales en otro, y así sucesivamente. Además, se exigía el tributo de los súbditos de cada una de las direcciones geográficas, de forma que en una determinada fecha se recolectaba el de los pueblos sometidos al oeste, en otra fecha el de aquellos al este, y así sucesivamente. Los glifos también indicaban los usos del trabajo en la agricultura y la industria. "Baste señalar aquí la importancia primordial del mercado como una institución del gobierno comunal", declaró Zelia con confianza, "y el hecho de que la rotación regular de los días de mercado y el día de descanso obligatorio cada veinte días fueron las características más destacadas y permanentes del año solar civil".[37]

Con base en la interacción de los dos calendarios, los sacerdotes, astrónomos y académicos dispusieron reglas de control social mantenidas por los reyes aztecas:

Desde un punto de vista práctico, nada podía adecuarse de manera más simple y admirable a las necesidades de un gobierno comunal que tal distribución del trabajo o de las ocupaciones en categorías vinculadas a los nombres de los días. Gracias a ella, los gobernantes tenían un control total sobre toda la actividad humana y los productos de la tierra, y podían regularlos fácilmente según fuera necesario.

---

[37]   Nuttall, *Note on the Ancient Mexican Calendar System*, 23.

Las estaciones, los festivales, la jerarquía de los dioses, las divisiones sociales, el pago de tributos, los mercados, los días de descanso y la asignación del trabajo se convirtieron en la base de las leyes del gobierno civil y ritual. Tales reglas eran "justas pero crueles", afirmó Zelia, y era la piedra del Calendario la que las establecía.[38]

*

Después del Congreso Internacional de Americanistas de 1892 en Huelva, Zelia hizo planes para que el Museo Peabody publicara su trabajo sobre el Calendario Azteca. Instó a Frederic Putnam a que apresurara las cosas: "No necesito decirte cuán ansiosa estoy por distribuir mi artículo entre mis condiscípulos para que pueda ser estudiado y examinado cuidadosamente".[39] Con todo, pronto le estaba reclamando por no haber cumplido su compromiso de imprimir la investigación rápidamente, a pesar de que sólo habían pasado tres meses desde su presentación. "No puedo sobreponerme a la desilusión de que no esté impreso aún", se quejó; "confiando en tu promesa, anuncié que iba a salir en unas semanas y ahora han pasado meses y todavía sigue en prensa, y ya no me atrevo ni a pensar en cuándo va a salir por temor a perder definitivamente la paciencia". Fue aún más allá y lo culpó por las "circunstancias desfavorables que me han tocado vivir debido a tu manejo de mi publicación", escribiéndole, desafiante: "Veo que, viviendo en Europa, no es factible imprimir un trabajo en América".[40] Estaba insatisfecha con las pruebas de imprenta que llegaron finalmente desde Cambridge, y se dispuso a revisarlas y a mandar a hacer unas nuevas en Dresde, donde podría supervisarlas más de cerca. Cada nueva versión de la futura publicación se hacía más

---

[38] *Ibidem*, 22-23, 18.
[39] Zelia Nuttall a Frederic Ward Putnam, 28 de diciembre de 1892, Archivo Nuttall, Museo Peabody.
[40] Zelia Nuttall a Frederic Ward Putnam, 7 de enero de 1893, Archivo Nuttall, Museo Peabody.

compleja, ya que añadía más detalles al texto y a las tablas. La demora aumentó, agravada por su mala salud.[41]

Después, Zelia cambió de opinión sobre la rapidez con la que ansiaba la publicación, al darse cuenta "de las serias desventajas de publicar como unas memorias permanentes un trabajo originalmente pensado como una ponencia en un congreso", pues la presentación en vivo implicaba pasar por alto algunos de los asuntos más técnicos de la investigación para facilitar la comprensión de la audiencia en el tiempo del que disponía. En contraste, sería imposible explicar a detalle la complejidad sus tablas en una publicación corta. Tenía sentimientos encontrados: aunque quería deslumbrar a los especialistas con la exposición más completa posible de su trabajo, a la vez le preocupaba que, si no publicaba algo rápido, fuera complicado reclamar la autoría de sus hallazgos. Con todo, siguió trabajando en el artículo, añadiendo descripciones y gráficos, y, luego de unos años, decidió publicar una "nota" para presentar sus observaciones durante el décimo Congreso Internacional de Americanistas, celebrado en Estocolmo en 1894, "de la manera más sencilla y breve posible" —y accesible, esperaba, para todos los lectores serios—.[42] Aunque prometió que pronto publicaría una discusión más extensa, y se refería a su trabajo sobre el Calendario Azteca con frecuencia, no apareció nunca un artículo más pormenorizado sobre el asunto.[43]

[41]   En 1894, Zelia les dio a los asistentes de una conferencia en Estocolmo una versión abreviada del artículo. Cenó en la mesa del rey sueco en el palacio y se emocionó cuando el príncipe heredero entabló conversación con ella. Estaba encantada de que "incluso el Dr. Seler me felicitó por haber descubierto el verdadero orden del Calendario"; Zelia Nuttall a Magdalena Nuttall, 15 de agosto de 1894, Colección Parmenter.

[42]   Nuttall, *Note on the Ancient Mexican Calendar System*, 3, 4.

[43]   En 1901, en *The Fundamental Principles,* Nuttall presentó muchos detalles adicionales, ahora para dar evidencia de un argumento muy distinto. En esa publicación posterior explicó que la Piedra "es una imagen del Gran Plan o del Esquema de la Organización" de la civilización azteca, que tiene eco en otras civilizaciones antiguas alrededor del mundo, con base en la idea común de la estrella polar y la esvástica (119).

*

Aun antes de asentarse en Dresde, Zelia sabía lo importante que era estar en contacto con otros académicos y asistir a reuniones de antropólogos si quería hacerse de un nombre dentro del campo. Cuando en 1886 asistió a la reunión anual de la Asociación Estadounidense para el Avance de la Ciencia en Búfalo, Nueva York, se propuso buscar a Daniel Brinton, Alice Fletcher, Frederic Putnam y a sus colegas. Cuando, en esa reunión —según queda dicho en el capítulo anterior—, Brinton leyó por Zelia su ponencia, ello había dado a conocer su nombre ante decenas de personas involucradas en la disciplina. Cuando Putnam se la presentó a sus conocidos, Zelia estaba tan agradecida que le pidió a su mamá que le escribiera para darle las gracias.[44] En los albores de la antropología, esas reuniones eran importantes, pues ayudaban a crear redes de trabajo entre académicos en un momento en el cual todavía no se habían formado los departamentos universitarios y era difícil evaluar quién era quién en el campo.

Desde entonces, Zelia había asistido, tan sólo en unos cuantos años, a reuniones académicas en Alemania, Rusia, España, Suecia y Estados Unidos, entre otros países, y había sido invitada a volverse miembro de la Asociación Estadounidense de Antropología, la Sociedad Estadounidense de Etnología y la Sociedad Filosófica Estadounidense, así como a ser "miembro correspondiente" de organizaciones similares en Inglaterra, Francia, Italia, México, Perú, Suecia y Suiza. Su respuesta a tales solicitudes era invariablemente que sí, con gratitud y aprecio. Cuando no podía asistir a una reunión, le pedía a Brinton, Putnam o alguien más que leyera en su nombre un artículo o un anuncio frente a los asistentes: sabía que mantenerse visible era importante para su carrera.

[44] Magdalena Nuttall a Frederic Ward Putnam, 12 de septiembre de 1886, Archivos Putnam.

Mientras buscaba volverse más conocida por sus investigaciones, expandió su red de trabajo para incluir a otras mujeres antropólogas. En 1885 "diez mujeres intelectuales de Washington" establecieron la Sociedad Estadounidense de Mujeres Antropólogas, reunidas por su primera presidenta, Matilda Stevenson, junto con Alice Fletcher, entre otras. La organización celebraba reuniones periódicas y debatía artículos escritos por sus integrantes e invitadas. Zelia no fue una de las fundadoras, pero asistió a una de sus primeras reuniones en junio de 1886; se convirtió en miembro correspondiente en 1889, y, en 1891, uno de sus trabajos fue leído ante las académicas reunidas. En cierto momento, incluso, planeó redactar un estudio especial para la Sociedad sobre las mujeres aztecas, pero no lo llevó a cabo. "Me parecía tedioso intentar hacer un artículo ligero y legible", le dijo a Putnam. "No estaba de humor para eso, así que lo pospuse por el momento".[45]

A veces, para su mortificación, Zelia tropezaba con las convenciones informales del mundo académico. En uno de esos incidentes, había acordado con Putnam que su artículo sobre el penacho aparecería en el primer número del primer volumen de los *Archaeological and Ethnological Papers* del Museo Peabody en 1888. Mientras preparaba la versión final del artículo, lo tradujo al alemán y lo envió para su publicación en Alemania, con la idea de que apareciera después de que el Peabody lo publicara en inglés. Sin embargo, los alemanes lo publicaron primero, adelantándose al Peabody e impidiendo que éste tuviera el mérito de ser el primero en divulgar el hallazgo. Putnam la reprendió por ello, y Zelia estaba lógicamente arrepentida. "Juro que nunca más permitiré que ninguna traducción se haga antes de que el manuscrito original esté impreso y publicado", le escribió en marzo. "Si no fuera por el Museo Peabody y su curador —quien, lo sé, confía en mí—, me sentiría tentada a renunciar a

---

[45] Zelia Nuttall a Frederic Ward Putnam, 21 de abril de 1891, Archivo Nuttall, Museo Peabody.

toda publicación, pues, en mi caso, publicar ha significado siempre sufrir contratiempos".[46]

Sin embargo, Zelia falló de nuevo en sus responsabilidades con Putnam y con el Peabody. En un reporte a los fideicomisarios del museo, Putnam había anunciado un próximo artículo de Nuttall, pero el artículo en cuestión ya se había publicado en otra parte, así que, cuando se enteró, le escribió a Zelia para decirle que lo había avergonzado. Ella respondió a la defensiva, justificando su decisión y culpándolo por haber malinterpretado la situación y por tardar en escribirle, aunque a la vez hacía todo lo posible para mantenerse en su gracia.[47] Luego de ese incidente, procuró siempre discutir con él sus planes de publicación antes de llevarlos a cabo. En cualquier caso, tener que asumir la responsabilidad de sus decisiones editoriales dejó a Zelia "muy desanimada y abatida", según le escribió a Putnam, pues de por sí "lograr que las publicaciones propias se impriman es un trabajo muy arduo".[48]

Conforme aprendía nuevas lecciones sobre las normas y los modales académicos, Zelia empezó rápidamente a esperarlos de los demás. A finales de 1886, Daniel Brinton le envió el borrador de un artículo, basado en las investigaciones de Zelia, a lo cual ella respondió con anotaciones y comentarios. Cuando el artículo salió publicado, descubrió que Brinton había usado su retroalimentación pero sin mencionar su trabajo, a tal grado que le estaba robando el crédito de un descubrimiento. Estaba tan indignada al ver que Brinton, a quien había con frecuencia buscado para consejos, se había "apropiado" de su trabajo, que sufrió, según le escribió a Putnam, "un leve ataque de postración nerviosa".[49] También le había molestado que Brinton se había referido a

46 Zelia Nuttall a Frederic Ward Putnam, 29 de marzo de 1888, Archivo Nuttall, Museo Peabody.
47 Zelia Nuttall a Frederic Ward Putnam, 16 de abril de 1892, Archivos Putnam.
48 Zelia Nuttall a Frederic Ward Putnam, 2 de febrero de 1893, Archivo Nuttall.
49 Zelia Nuttall a Frederic Ward Putnam, 18 de diciembre de 1886, Archivos Putnam.

ella en un trabajo como la "Sra. Z. Nuttall del Museo Peabody", con lo cual parecía dar a entender que estaba formalmente empleada por el museo. Esperaba —como muestran sus cartas— que Putnam entendiera que no era así como ella se refería a su vinculación con el museo ante los demás. Además, seguía siendo sensible a cualquier insinuación de que su trabajado fuera remunerado, algo que en ese momento era indecoroso para una mujer con recursos. La experiencia con Brinton la hizo reflexionar en torno a lo que estaba aprendiendo. Como le escribió a Putnam:

> Recuerdo cómo una vez me advertiste, con toda seriedad, que hablara lo menos posible sobre mi trabajo con quienes me sonsacaban información sin ofrecerme nada a cambio sobre el suyo […]. Esas palabras dejaron una profunda impresión en mí en ese momento. Bueno, ahora entiendo por qué me hablaste de ese modo, desde tu madura experiencia y tu bondad. Pero también dijiste que hay más bien que mal en el mundo, y que existen buenos amigos, y me aferro con aún más fervor a esa fe en la naturaleza humana a medida que mi experiencia se amplía y se abren mis ojos.[50]

Con toda certeza, ya no consideraba a Daniel Brinton como su amigo, aunque le dijo a Putnam que estaba dispuesta a considerar su error como "no intencional".[51]

El resguardo de sus descubrimientos hasta que pudiera reclamarlos como propios de manera pública —una lección que había aprendido, en primer lugar, de su exmarido, Alphonse Pinart, y que ahora había vuelto a asimilar— se convirtió para Zelia en un principio muy preciado. En su escritura, enfatizaba —a veces de formas demasiado personales— que *ella* había descubierto tal o cual significado o propuesto tal otra interpretación importante.

---

[50]   Zelia Nuttall a Frederic Ward Putnam, 9 de diciembre de 1886, Archivos Putnam.
[51]   Zelia Nuttall a Frederic Ward Putnam, 1 de febrero de 1887, Archivos Putnam.

En la reunión de Búfalo de la Asociación Estadounidense para el Avance de la Ciencia, Putnam le había aconsejado que escribiera en primera persona del singular ("Descubrí…", "Sostengo que…". "Mi investigación muestra…"), en lugar de adjudicarle sus hallazgos a un más vago "nosotros" o de emplear la voz pasiva.[52] Y, en efecto, Zelia con frecuencia subrayó la importancia de "mi descubrimiento" al hablar de su trabajo. Además, estaba ansiosa por asegurarse de que sus publicaciones recibieran atención en revistas científicas, tanto académicas como de divulgación, y exhortaba a Putnam, y a otros, a que le informaran a estas publicaciones sobre sus logros.

En el Séptimo Congreso Internacional de Americanistas en Berlín en 1888, Zelia conoció a Eduard Seler, un respetado mexicanista y erudito, que en ese entonces era director del Museo de Etnología de Berlín. El hecho de que Seler no aceptara que Zelia había probado, sin lugar a dudas, que el penacho era, en efecto, un tocado, y no un estandarte, la dejó atónita. "¡Válgame Dios!", le confió a Putnam. "Los fundamentos para su desacuerdo conmigo no han sido bien elegidos". En esa misma carta, cuenta que planea mandar una nota a la Sociedad para alertar a los académicos acerca del razonamiento "incompleto" de Seler, y se complace en reportar cómo la esposa de éste estaba de su lado y no del de su marido.[53] Zelia clamaba que el pictograma en el Códice Magliabechiano de un hombre usando el tocado demostraba su punto, y estaba encantada de saber que otros estudiosos apoyaban su interpretación.

Por esas fechas, Zelia estaba también desarrollando una idea más clara sobre cómo quería proseguir con su nueva carrera. Cuando Putnam le pidió que se volviera la nueva curadora de las colecciones de América Central en el Peabody en 1888, Zelia lo

---

[52] Zelia Nuttall a Frederic Ward Putnam, 6 de enero de 1888, Archivos Putnam.
[53] Zelia Nuttall a Frederic Ward Putnam, 2 de noviembre de 1889, Archivos Putnam.

rechazó. Estaba profundamente comprometida —le escribió— con continuar su investigación en Europa y México, y pensaba que su vocación era ser una investigadora independiente.[54] Sentía que no había alcanzado todavía la suficiente credibilidad académica como para asumir el rol que Putnam le proponía y seguía reacia a ser considerada una empleada, aun de una institución tan prestigiosa como el Peabody. Como asistente especial sin salario, la obligación de Zelia era informar al museo acerca de lo que estaba pasando en la arqueología y etnología mexicanas, estar a la caza de artefactos que pudieran ser enviados al museo y preparar artículos para las publicaciones del propio museo. Estas tareas encajaban bien con sus viajes y sus responsabilidades familiares. Así, aunque ganó cierto prestigio de su asociación con Harvard y el Peabody, estaba interesada en mantener su libertad para viajar y trabajar con su propio horario.

Conforme Zelia ganaba confianza en sí misma, las cartas que le enviaba a su mentor fueron adquiriendo un tono más cortante. Cuando Putnam se retrasó en mandarle las copias de su artículo sobre el *átlatl* publicado por el Peabody, Zelia no le tuvo consideración. Se había sentido "muy decepcionada y hasta enojada por recibir sólo veinte copias y no poder cumplir mi promesa de mandarles una a muchos 'colegas' europeos". Un tono de imperiosidad impregnaba lo siguiente:

Si todavía no me has mandado más, por favor envíame, sin más demora, cuarenta copias del artículo empacadas cuidadosamente [...]. Por favor no te tardes más en mandármelas, ¡no sabes cuánto

---

[54] Zelia Nuttall a Frederic Ward Putnam, 15 de marzo de 1888, Archivos Putnam. [El original usa la palabra *métier*, que aquí hemos traducido como "vocación". La palabra, en francés, significa 'oficio' o 'profesión', pero el uso en lengua inglesa de ese galicismo tiene otros matices: no es sólo la profesión, sino el tipo de labor para la que una persona parece tener una habilidad natural. Creemos que, por el contexto, la palabra "vocación" funciona, pero la frase tiene, pues, otras connotaciones en el original: no es sólo una inclinación o un deseo, sino la certeza de que es un trabajo para el que tiene las habilidades necesarias (n. de los trads.)].

ha puesto a prueba mi paciencia esperar un año la aparición del artículo sobre el *átlatl*, para después no tener copias para distribuir! Para decirte la verdad, me he sentido incluso enojada.[55]

Más tarde envió una nota de agradecimiento muy cortés, reconociendo que se había excedido y disculpándose por sus apresuradas palabras.[56]

*

Durante estos primeros años de investigación, descubrimiento, escritura y creación de redes de trabajo, Zelia viajó mucho y aprovechó cada oportunidad para visitar bibliotecas y museos. En 1886, estuvo en Baltimore, Berlín, Boston, Búfalo, Londres, Filadelfia y Washington D. C. El año siguiente, más tarde de asentarse en Dresde, partió a Viena y después a París, Bremen, Boston, San Francisco y Washington, antes de regresar a Dresde en 1888. En los siguientes dos años, visitó Noruega y Suecia, y las ciudades de Florencia, París, Roma y Venecia. Después, estuvo varios meses en Berlín y Florencia, para después volver a Dresde y a Berlín, y partir luego hacia Inglaterra. Zelia pasó parte del verano de 1892 en Estocolmo y, tras tocar base en Dresde, partió rumbo a España, en donde visitó Córdoba, Granada, Huelva, Madrid y Sevilla. Terminó el año en Florencia. El siguiente año pasó muchos meses en Estados Unidos, y después se fue a Europa de nuevo. No hay registros de que haya visitado México durante esos años, dato que sugiere la importancia que tenían entonces las instituciones europeas para realizar investigaciones sobre el pasado, incluso de las naciones americanas.

[55]   Zelia Nuttall a Frederic Ward Putnam, 31 de julio de 1891, Archivo Nuttall, Museo Peabody; Zelia Nuttall a Putnam, 7 de enero de 1893.
[56]   Zelia Nuttall a Frederic Ward Putnam, 16 de marzo de 1892, Archivos Putnam.

Lo anterior implicaba muchos desplazamientos. Cuando las visitas incluían investigaciones extensas en bibliotecas específicas, Zelia se instalaba durante varios meses. A menudo llevaba consigo a Nadine, y en ocasiones a Magdalena y a Roberta. George también llegó a acompañarlas en algunos de sus viajes. Como Zelia viajaba principalmente por tren, barco y carruaje —pues necesitaba llevar consigo muchos de sus libros y documentos, además de ropa y objetos personales—, y como iba acompañada por familiares con sus propios baúles y cajas, estos viajes implicaban un esfuerzo y estrés significativos. Frecuentemente se quejaba de estar cansada y enferma.

Si la investigación, los viajes y las publicaciones de Zelia en estos años son de por sí impresionantes, lo son aún más si se recuerda que estaba además haciendo malabares con sus responsabilidades familiares y con la carga que representaba la mala salud de su madre. Empezó a compartir algunas de sus preocupaciones personales y presiones con Putnam. Desde el inicio de su correspondencia, cuando le escribió para explicarle quién era y por qué estaba interesada en las cabezas de terracota, le había contado sobre su desafortunado matrimonio.[57] Más tarde, lo mantuvo al tanto de los procedimientos de divorcio. A principios de 1888, cuando Pinart disputó los términos de la separación y el divorcio, Zelia compartió su ansiedad con Putnam y le dijo que necesitaría regresar urgentemente a Estados Unidos para arreglar sus asuntos. Le escribió desde la casa de su tío en St. Helena, California, sobre la depresión que la abrumaba, y expresó su preocupación por el retraso que causaría en su investigación.

La mala salud —de ella, de su madre y de Nadine— aparecía regularmente en las cartas de Zelia, generalmente para justificar su incapacidad para terminar un artículo en el que estaba

[57]   Zelia Nuttall a Frederic Ward Putnam, 17 de diciembre de 1885, Archivos Putnam.

trabajando.[58] A principios de 1887 se retrasó cuando su madre estuvo enferma durante dos meses. Más tarde, fue su propia enfermedad la causa de sus retrasos. "Estuve bastante enferma durante algunas semanas cuando llegó tu carta" —le escribió a Putnam—, "y luego mi madre también enfermó. Intenté terminar mi artículo sobre el *átlatl*, con la esperanza de poder enviártelo antes de nuestro verano [...]. Pero me resultaba imposible trabajar y caí en un estado de desaliento y frustración tan grande a causa de mis fuerzas limitadas que no tuve el valor de escribirte para anunciar esa demora inevitable".[59] Tuvo un grave episodio de influenza a principios de 1890 que la dejó "incapaz incluso de pensar". Luego Nadine contrajo escarlatina. Zelia volvió a enfermar de gripe en 1892 y no pudo trabajar durante cierto tiempo.[60] Nadine estuvo "peligrosamente enferma" en la primavera de ese año.[61] El reumatismo dificultaba que Zelia pudiera escribir por largos periodos, por lo que le recomendaron pasar unas semanas en el campo.[62] También sufrió un absceso dental.[63] Y así, lo personal a menudo interfería con lo profesional, retrasando su trabajo y contribuyendo a su fracaso para cumplir con sus compromisos.

De cualquier manera, Zelia tenía los recursos para llevar una vida cómoda. Nadine recordaba de su infancia en Dresde que su abuela ocupaba un "primer piso grande y hermoso rodeado de jardines", y que ella y su madre vivían felizmente en el piso de arriba.[64] Tenían empleados que se encargaban de muchas

---

[58] Los biógrafos de escritores y pensadores victorianos han señalado los problemas de salud como medios psicológicos para lidiar con la presión, la incertidumbre, los asuntos personales sin resolver y los traumas de la infancia. Véanse, por ejemplo, Feinstein, *Becoming William James*, y Mark, *A Stranger in Her Native Land*.

[59] Zelia Nuttall a Frederic Ward Putnam, 29 de julio de 1889, Archivos Putnam.

[60] Zelia Nuttall a Frederic Ward Putnam, 16 de marzo de 1892, Archivos Putnam.

[61] Zelia Nuttall a Putnam, 8 de agosto de 1892.

[62] Zelia Nuttall a Putnam, 28 de diciembre de 1892; Zelia Nuttall a Frederic Ward Putnam, 3 de junio de 1892, Archivos Putnam.

[63] Zelia Nuttall a Frederic Ward Putnam, 18 de mayo de 1893, Archivo Nuttall, Museo Peabody.

[64] Nadine Nuttall Laughton a Ross Parmenter, 28 de noviembre de 1961, Colección Parmenter.

tareas cotidianas, lo cual le proporcionaba a Zelia tiempo para dedicarse a sus estudios. La vida doméstica y laboral coincidían por momentos: Zelia necesitaba ir a Florencia para estudiar un famoso códice; a la vez, Magdalena, que tenía una debilidad por esa ciudad italiana, se beneficiaría de un clima más cálido. Por ende, la familia completa se trasladó a esa ciudad y se instaló en una casa. Allí, Magdalena y Roberta cuidaban a Nadine, mientras Zelia estaba ocupada en la biblioteca, en donde pasaba la mayoría de sus mañanas.

Roberta fue una presencia constante en esos arreglos familiares, siempre junto a Magdalena. No se casó sino hasta 1900, cuando tenía treinta y un años. Aunque Zelia estaba atenta a las necesidades de Nadine cuando estaban en Dresde, sentía alivio de contar con su hermana para que asumiera las responsabilidades familiares durante sus viajes.[65] Fue Roberta quien acompañó a su madre a España, en donde se quedaron cuando la mala salud de Magdalena le impidió seguir viajando. Zelia continuó el viaje sin ellas: se instaló en Florencia por un tiempo, y después visitó Venecia, Roma y París. Cuando pasó seis meses en Estados Unidos entre 1893 y 1894, Nadine se quedó en Dresde con Magdalena y Roberta. La vida de Zelia era compleja, puesto que intentaba equilibrar su vida familiar, su salud y los compromisos laborales; sin embargo, sus recursos le permitieron viajar, hacer investigación, escribir y construir redes de trabajo a pesar de esos retos.

*

La preeminencia de Frederic Putnam como antropólogo y director de museo se hizo aún más evidente cuando fue invitado a liderar el área de antropología en la Exposición Mundial

---

[65] Parmenter documenta muchas ocasiones en que Roberta estuvo a cargo de Nadine mientras la familia residía en Europa. Las labores de cuidado eran un rol típico de la hija menor durante la época victoriana.

Colombina, que iba a celebrarse en Chicago en el verano de 1893. Cuando comenzó a reunir al equipo necesario para crear una exhibición antropológica apropiada para esa feria mundial, sabía que Zelia sería una asistente valiosa. Para 1892, tenía ya ocho años de conocerla, y respetaba profundamente su trabajo, su determinación y su capacidad para distinguir entre artefactos y discernir su calidad y procedencia. Le pidió que se hiciera responsable de las exhibiciones de las antiguas civilizaciones mexicanas, que estuviera a la caza de colecciones de alta calidad en Europa, que organizara su envío a Chicago y que supervisara su exhibición en la feria. Además, le pidió que fuera una de las cinco mujeres que formarían parte del jurado encargado de otorgar medallas a las muestras etnológicas más innovadoras.[66]

Zelia aceptó encantada tales responsabilidades. Se comprometió, según le escribió a Putnam, a hacer todo lo posible "para ayudar a que la exhibición del México antiguo sea lo más completa e informativa posible. Aprecio mucho el honor y la responsabilidad que me fue otorgada y me propongo ser una satisfactoria asistente a cargo".[67] Se puso a trabajar y a reunir artefactos, y muy pronto comenzó a importunar a Putnam con preguntas sobre cómo enviar y asegurar los objetos que estaba enviando a Chicago. Estaba particularmente orgullosa de haber logrado que le prestaran un excelente ejemplar de un escudo mexicano, gracias a sus contactos en México y España.[68] Hizo planes para enviar los facsímiles del Códice Florentino en los que había estado trabajando, sus gráficos que explicaban el Calendario Azteca, pinturas de antigüedades aztecas sobre las que había escrito y una reproducción de un mapa del siglo XVI del valle central de México. También sugirió incluir pinturas de una serie de escudos mexicanos que podrían colgarse alrededor de la exhibición.

---

66 Se unió a Alice Cunningham Fletcher, Alice Pallmer Henderson, Matilda Stevenson y Sara Yorke Stevenson en el comité.
67 Zelia Nuttall a Frederic Ward Putnam, 16 de abril de 1892, Archivos Putnam.
68 Zelia Nuttall a Frederic Ward Putnam, 28 de diciembre de 1892.

Sin embargo, dudaba de si podría asistir a la feria en Chicago. Su salud era inestable; se quejaba de reumatismo, de peritonitis y de influenza. Cuando la suya no era el problema, escribía sobre la precaria situación de salud de su madre y de Nadine. Sus planes cambiaban constantemente y, a medida que se acercaba la feria, surgieron, además, preocupaciones financieras. Le escribió a Putnam sobre haber invertido su "capital disponible" —víctima del pánico económico que se desató ese año— en una empresa de Chicago cuyas acciones se desplomaron. "Mientras me encuentre en este estado de incertidumbre, no puedo incurrir en ningún gasto adicional y simplemente no puedo permitirme ir a Chicago", lamentó el 18 de mayo de 1893, poco después de la inauguración de la feria.[69]

Un mes después, Zelia anunció su intención de reunirse con Putnam en Chicago. Había sido invitada a unirse a la Junta de Damas Administradoras de la Exposición, una organización presidida por Bertha Palmer, una de las primeras coleccionistas de pinturas impresionistas. La junta supervisaba, en el marco de la Exposición Mundial Colombina, las actividades del Edificio de Mujeres, diseñado por Sophia Hayden, de veintiún años, la primera mujer en graduarse de arquitectura en el Instituto Tecnológico de Massachusetts. Se esperaba que las exhibiciones mostraran los roles de la mujer como "madre, artista, escritora, anfitriona y curadora".[70] La junta también patrocinaba el Congreso de Mujeres, que organizaba debates sobre el estatus legal de la mujer, el sufragio, la educación y otros temas de interés para reformistas y rebeldes. Esta invitación para unirse a un grupo de unas cien mujeres preeminentes, la mayoría de ellas ricas y bien conectadas, pudo haber persuadido a Zelia de la doble importancia de estar presente en la feria. "Qué conversaciones vamos a tener sobre todo tipo de cosas", le escribió a Putnam, animada,

69   Zelia Nuttall a Putnam, 18 de mayo de 1893.
70   Rosenberg, *America at the Fair*, 75-76, 250-252.

sin mencionar sus quejas recientes por su falta de respuesta a las muchas cartas que ella le había enviado.[71]

Cuando llegó a Chicago en julio, Zelia encontró a Putnam completamente agotado por tanto trabajo. En contraste, ella estaba llena de energía. Se paseaba una y otra vez entre las exhibiciones del Edificio de Antropología, examinando críticamente la nota explicativa de cada artefacto y presentándose con entusiasmo ante quienes estaban trazando el futuro de la disciplina. Nadine de once años recibió en Dresde —donde se había quedado con Magdalena y Roberta— una alegre carta de su madre, quien estaba "escribiendo desde un bonito cuarto amarillo a cinco cuadras de la exposición".[72] Cuando terminó la feria a finales de octubre, Zelia, que tenía treinta y siete, se había vuelto famosa. Y también la antropología de las Américas.

[71]   Zelia Nuttall a Frederic Ward Putnam, 26 de junio de 1893, Archivo Nuttall, Museo Peabody.
[72]   Zelia Nuttall a Nadine Nuttall, 30[?] de agosto de 1893, Archivo Nuttall, Museo Peabody.

5. UNA FERIA EN CHICAGO

La Feria Mundial de Chicago —organizada para celebrar cuatrocientos años de progreso después de que Cristóbal Colón "descubriera" el Nuevo Mundo— atrajo la atención del mundo para enfocarla en las maravillas del presente de una tierra devota a la innovación y el progreso. Por seis meses, asombró y entretuvo en igual medida a los visitantes. La feria misma sugería que nada era imposible para esta nación que miraba hacia delante.

Durante la Exposición Mundial Colombina de 1893, según su nombre oficial, el tema fue el progreso en la industria, las artes, la agricultura y la ciencia: una historia triunfal del avance de la iniciativa y la innovación humanas. En el imaginario del momento, tanto el popular como el de la élite, la exposición era una declaración sobre la evolución de la cultura y el alto nivel que ésta había alcanzado en Estados Unidos. Al ocupar, así, el lugar que le correspondía entre los países modernos del mundo, Estados Unidos hizo desfilar, mediante esa feria, a la nación entera. Ese año, en el marco de la Exposición, los niños recitaron el Juramento de Lealtad por primera vez en las escuelas, el Departamento Postal de los Estados Unidos emitió su primer sello conmemorativo y el 4 de julio se celebró con extravagantes fuegos artificiales sobre el lago Michigan. La exposición sería incluso mencionada en el poema de Katherine Lee Bates "America the Beautiful".[1]

En medio de esa celebración de un presente y un futuro de abundancia, la antropología cobró protagonismo. Tenía su propio edificio, el cual albergaba una ambiciosa exhibición de artefactos indígenas, ancestrales y contemporáneos, organizada en paralelo con el Congreso Internacional de Antropología. Tanto la exposición como el congreso atrajeron especial atención hacia las civilizaciones del norte, centro y sur de América. Proclamaban, además, el progreso de las sociedades humanas "desde su estado primitivo hasta la condición actual, atravesando diversas etapas sucesivas", tal y como lo expresó W. H. Holmes del Buró Estadounidense de Etnología, progreso que se hacía evidente, según los académicos de entonces, tanto en los cambios físicos de la especie humana como en las instituciones sociales, políticas y religiosas.[2]

En el Congreso Internacional de Antropología, Zelia Nuttall brilló con fuerza. Presentó su trabajo sobre el Calendario Azteca, el cual fue aclamado por sus colegas. "Las investigaciones de la Sra. Nuttall han venido a proporcionar, por primera vez, una clave satisfactoria para este altamente desarrollado sistema calendárico, el cual, hasta ahora, era el más misterioso de todos los logros culturales de los aborígenes americanos", escribió Holmes. Sus tablas, explicó, lograban volver claro un sistema increíblemente complicado. Daniel Brinton, presidente del congreso, quien había presentado el trabajo de Zelia sobre las esculturas de terracota por primera vez en Búfalo, Nueva York, calificó este nuevo trabajo como "histórico para el progreso de tales estudios en el campo de la antropología americana".[3]

---

[1] La imagen de "tus ciudades de alabastro" hacía referencia a la "Ciudad Blanca" construida para la Exposición. El poema fue musicalizado y se convertiría en una famosa canción patriótica.
[2] Holmes, "The World's Fair Congress of Anthropology", 423.
[3] *Ibidem*, 428.

Alrededor de sesenta periódicos de Estados Unidos reportaron el descubrimiento de Zelia y el elogio de Brinton. *The New York Times* alabó su trabajo, e incluso los lectores de periódicos en pueblos pequeños como Roanoke, Virginia o Pensacola, Florida, pudieron enterarse sobre su hazaña en el desciframiento del tiempo de los aztecas.[4] "Algunos académicos de reputación internacional lo declararon como el descubrimiento más importante del siglo, ya que proporcionaba una clave importante para entender el arte y la vida ancestral de al menos seis diferentes naciones que habitaron México y Centroamérica hace muchos siglos", declaró el *Nashville Banner* a la gente local que no pudo asistir a la feria o a la conferencia.[5] El *Santa Cruz Surf* reportó que la presentación de Zelia reveló "la precisión y perfección de este calendario, que se adelantó a cualquier sistema actualmente en uso, lo cual es evidencia de la alta civilización y los logros matemáticos de los antiguos habitantes de América [...]. También proporciona la clave para descifrar la religión, la arquitectura y la vida doméstica de ese pueblo".[6]

Zelia estaba embelesada con toda esa atención. En una carta a su "querida Mamita",[7] habló con entusiasmo acerca de la reunión:

Toda mi semana ha estado completamente ocupada con el Congreso, y vaya que ha sido uno espléndido e interesante [...]. ¿Puedes creerlo? Leí mi trabajo sobre el Calendario yo misma e improvisé una charla sobre antigüedades mexicanas esa misma tarde. No sé qué me pasó, pero no tuve ni un poco de miedo y todo salió muy bien [...]. El trabajo causó una gran sensación. He sido asediada por reporteros [...], aunque me negué a que

---

4   Buena parte de esos reportajes eran, en realidad, el mismo, si acaso con algunos cambios menores, lo que es indicio de cómo el telégrafo conectaba a los periódicos del momento.

5   *Nashville Banner*, 29 de agosto de 1893.

6   *Santa Cruz Surf,* 2 de septiembre de 1893.

7   En el original, aparece "darling Mamita" (n. de los trads.).

apareciera cualquier información personal sobre mí. El Congreso terminó la noche de ayer con un gran banquete […]. No me lo habría perdido por nada del mundo.[8]

¿Era ésta la misma persona quien, apenas unos años atrás, había temblado ante la idea de presentar su trabajo en una reunión de antropólogos, aterrada ante la sola la idea de "ponerme en pie para intentar transmitir información a personas más sabias que yo"?[9] Zelia fue premiada con una medalla por la calidad de sus contribuciones a la exhibición.

*

No se esperaba que Chicago fuera la ciudad elegida para la Exposición Mundial Colombina. La apuesta segura era la ciudad de Nueva York. William Waldorf Astor, J. P. Morgan y Cornelius Vanderbilt prometieron sendas y generosas donaciones para convertir la Feria Mundial de 1893 en un magnífico homenaje a la ciudad y un elogio del progreso y la grandeza de Estados Unidos. Con más de tres millones de habitantes, Nueva York era la ciudad más grande de la Unión Americana y un centro para el comercio, la industria y la riqueza que encarnaba las grandes aspiraciones urbanas de la Edad Dorada. Sí, había propuestas de Chicago, St. Louis y Washington D. C., pero los neoyorquinos estaban convencidos de que nadie elegiría esos toscos lugares cuando su ciudad estaba en la balanza. Andrew Carnegie dijo bromeando que una sonrisa amable era la única respuesta apropiada cuando se llegaban a sugerir aquellas ciudades más bien cuestionables.[10]

Después de que la Gran Exposición de los Trabajos de la Industria de todas las Naciones de 1851, celebrada en Inglaterra,

8   Zelia Nuttall a Magdalena Nuttall, 3 de septiembre de 1893, Colección Parmenter.
9   Zelia Nuttall a Frederic Putnam, 26 de junio de 1886, Archivo Nuttall, Museo Peabody.
10 Hinsley, "Anthropology as Education and Entertainment", 13.

estableciera su modelo a seguir, este tipo de convenciones internacionales fueron creciendo en popularidad, dando lugar a exhibiciones cada vez más grandes de innovación, cultura, ciencia, industria… y nacionalismo. La feria más reciente, la Exposición Universal de París de 1889, había sido más grande, más glamurosa y más emocionante que todas las anteriores, como dejaba ver su emblemático monumento, la Torre Eiffel: trescientos metros de hierro e ímpetu francés. Más de veintiocho millones de personas admiraron, en la capital francesa, aquella enorme muestra de los logros de la era moderna, y elogiaron el efecto de la luz eléctrica en sus aceras y edificios. Los pabellones de todo el mundo buscaban proclamar la vastedad de los imperios coloniales europeos. Con todo, las propuestas para organizar la Exposición Mundial Colombina de 1893 prometían hacerla incluso mejor que la de París.

Para el desagrado de los neoyorquinos, el Congreso de Estados Unidos eligió a Chicago como el sitio para la Exposición. La ciudad, alguna vez conocida principalmente por sus mataderos y su vasta topografía de vías férreas, tenía entonces un millón y medio de habitantes y albergaba el primer rascacielos a prueba de fuego del país (el edificio de Home Insurance, construido en 1884), un hotel elegante y famoso (el Palmer House, construido en 1870), una tienda departamental igualmente impresionante (Marshall Field's, reconstruida en 1881), amplios bulevares, una orquesta sinfónica, un teatro shakespeariano, una ópera y una biblioteca pública. Sus patios de carga, terminales de pasajeros, tranvías y transbordadores eran modernos y eficientes, y su ubicación en el Medio Oeste hacía que muchos la consideraran la ciudad estadounidense por excelencia. Tenía, por ejemplo, tenaces defensores en el Congreso. "La gente de Chicago es solidaria, cordial, entusiasta", alardeó Robert Hitt, de la Cámara de Representantes, en un intento de influir en sus colegas. "Son ciudadanos que aman su país y harán todo lo posible, de principio a fin, para que la feria sea tal que cada estadounidense, hasta en el rincón más lejano de la República, quede satisfecho".[11]

Los líderes de Chicago estaban ansiosos por mostrar la transformación de la ciudad desde 1871, cuando, según la leyenda, la vaca de Catherine O'Leary pateó un farol, causando el Gran Incendio de Chicago.[12] El fuego arrasó más de ocho kilómetros cuadrados, destruyó diecisiete mil edificios, mató a más de trescientas personas y dejó a cien mil sin hogar. Para 1893, sus políticos y empresarios estaban decididos a poner a Chicago en el mapa cultural de Estados Unidos y a exhibir sus refinamientos urbanos. A mostrarla, pues, como un lugar donde las artes y las ciencias pudieran brillar, la industria prosperara y los estereotipos sobre la vulgaridad, la rudeza y el hedor de los mataderos del Medio Oeste quedaran en el pasado.

Fue así que Philip Armour, Marshall Field, Cyrus McCormick, Gustavus Swift y Charles Yerkes —nombres que representaban el corazón industrial, comercial y financiero de la ciudad— prometieron una fortuna para ayudar a construir esa nueva imagen por medio de la feria. Ellos, junto con otros patrocinadores adinerados, como John Bunn, Potter Palmer, George Pullman y Charles Schwab, estaban decididos a utilizar la Exposición para hacer crecer aún más el refinamiento y la sofisticación en su ciudad. Para febrero de 1890, cuando el Congreso estaba listo para votar sobre la sede de la feria mundial, los plutócratas de Chicago ya habían prometido 10 millones de dólares para la iniciativa, un factor decisivo en su elección para ser la anfitriona.[13]

Sin embargo, no era fácil dejar atrás la identidad de Chicago como ciudad empacadora de carne: tan sólo en 1890 se mataron

---

[11]   Robert Hitt, citado en Connolly, "How Chicago Beat New York to Get the 1893 World's Fair", 2.

[12]   La anécdota, según se supo después, es ficticia.

[13]   En el Congreso, Chicago recibió 157 votos, Nueva York 107, St. Louis 26 y Washington 18. El gobierno estadounidense comprometió 1.5 millones de dólares para apoyar la presencia del gobierno en la feria. Véase Connolly, "How Chicago Beat New York to Get the 1893 World's Fair", 3.

5.7 millones de cerdos y 2.2 millones de vacas. Además, no eran precisamente escasas la miseria urbana, el hambre y la violencia, y su aire denso de humo de carbón hacía toser a sus habitantes. Con todo, era una ciudad en constante progreso, y su élite hizo un fuerte cabildeo para que la feria demostrara todo lo que Chicago tenía para ofrecer.

Los trabajos comenzaron de inmediato y, tres años después, una espectacular ciudad de fantasía se había materializado. Construida sobre casi 250 hectáreas de terreno pantanoso en los alrededores del Parque Jackson, la feria abrió con bombo y platillo el 1 de mayo de 1893. "La Exposición ya no es un sueño; es una realidad", celebró el *Chicago Tribune*. El presidente Grover Cleveland y su esposa, Frances, estaban en el podio oficial desde la cual elogiaron la nueva era de progreso que la feria representaba. Cuando el presidente presionó una tecla eléctrica, se develó una gran estatua, titulada *La República*, y se pusieron en marcha las ruedas y engranajes de las máquinas en el Palacio de las Manufacturas y las Artes Liberales.[14] Según los periodistas, la música y los impresionantes edificios superaban la perfección. La feria, de acuerdo con uno de ellos, marcaba "una época en el progreso humano". También informaba que, tan sólo en el primer día, habían acudido unas quinientas mil personas.[15] La entrada costaba cincuenta centavos, pero los niños menores de seis años no pagaban boleto. Aquellos que planeaban regresar en repetidas ocasiones o que desempeñaban algún rol oficial debían formarse para que les tomaran las fotos de sus acreditaciones especiales.

La Ciudad Blanca —como se conocía al parque de la exposición—, inaugurada entre oleadas de admiración, era sin duda

[14] Para la traducción de los nombres de este y los demás edificios, hemos seguido el reportaje contemporáneo "La Exposición Universal Colombina de Chicago", de José Alcalá-Gadiano, publicado en *El Centenario: Revista Ilustrada* (Madrid, 1893, t. 2) (n. de los trads.).

[15] "The Exposition No Longer a Dream; It is Reality", *Chicago Tribune*, 2 de mayo de 1893. Para una discusión más extensa sobre la planeación, construcción y demoliciones de los edificios de la feria, véase Larson, *The Devil in the White City*.

una declaración extravagante de la transformación de Chicago en una de las grandes ciudades del mundo. A pesar de la lluvia y de la niebla del amanecer, el sol fue asomándose poco a poco para iluminar el día. Los edificios, cubiertos de estuco para que parecieran palacios de mármol blanco, deslumbraban a los visitantes con su tamaño, su simetría neoclásica y su profusa decoración. Había mucho ante lo cual maravillarse: jardines, paseos, una isla boscosa, estatuas heroicas, fuentes, lagos, canales, la primera pasarela móvil (llamada *travelator*), un barco vikingo y réplicas a escala real de las carabelas de Cristóbal Colón (la Niña, la Pinta y la Santa María). Y por encima de todo, se alzaba la respuesta de Chicago a la Torre Eiffel: la rueda de Ferris, la primera rueda de la fortuna de la historia.

La feria atrajo a sesenta y cinco mil expositores, quienes, para la admiración de los visitantes, exhibían maravillas como locomotoras, máquinas de escribir, trilladoras a vapor, coches eléctricos, imágenes en movimiento, un prototipo de la cremallera y mucho, mucho más.[16] Scott Joplin y John Philip Sousa entusiasmaron a las audiencias, al igual que los bailarines de hula de Hawái, el Coro del Tabernáculo Mormón y Antonín Dvořák dirigiendo la Orquesta Sinfónica de Chicago. Cuarenta y seis países contribuyeron a la exposición y, según un recuento, 27 529 400 personas pasaron por las puertas de entrada entre el 1 de mayo y el 30 de octubre, el último día oficial de la feria.[17]

El edificio más grande del mundo en ese entonces, el Palacio de las Manufacturas y las Artes Liberales, medía más de cinco campos y medio de futbol de largo, y dos y medio de ancho. Con sus arcos, columnas, pórticos, estatuas y su enorme patio

---

[16] Aunque "motion pictures", como dice en el original, suele traducirse como 'películas' hacerlo así en este contexto nos pareció anacrónico: a lo que alude la autora es a la proyección de los caballos galopantes de Muybridge mediante su zoopraxiscopio. Por eso preferimos el más explicativo "imágenes en movimiento" (n. de los trads.).

[17] Rosenberg, *America at the Fair*, 80.

central, era un modelo del neoclasicismo victoriano. El Palacio del Gobierno, por su parte, fue aclamado como una obra perfecta de la arquitectura "Beaux-Arts", y el Palacio de la Electricidad, con sus "40 000 paneles de vidrio que brillan en la noche con un esplendor indescriptible", estaba lleno, en palabras de un periodista entusiasta, de "maquinaria eléctrica de una variedad tan asombrosa que resulta increíble para los no iniciados".[18] Por la noche, los edificios y las vías fluviales se transformaban en un iluminado mundo de fantasía. Por impresionante que hubiera sido la feria de París, la de Chicago fue más grande y asombrosa.

Las multitudes estaban encantadas. Había un espectáculo de danza oriental en la "Calle de El Cairo", montada en el enorme paseo de Midway Plaisance junto con una aldea japonesa, una Torre Eiffel en miniatura, un café vienés y un corral con veinte avestruces, entre otras maravillas. Harry Houdini fue un gran éxito y, aunque "Buffalo Bill" Cody no fue seleccionado como expositor, su espectáculo del Lejano Oeste abrió justo al otro lado de la calle, sumándose a las atracciones. También se podían probar el chicle Juicy Fruit, el cereal Cream of Wheat y las palomitas Cracker Jack, todos ellos lanzados al mercado durante la feria. Un abanico plegable era uno de los recuerdos favoritos, al igual que las postales entintadas a mano y las monedas acuñadas especialmente para el evento. El propósito de la feria era asombrar y deleitar, y lo logró con millones de personas.

En una exposición que jugaba tanto con lo fantástico, el Edificio de Antropología destacaba por su seriedad. Aunque tenía atractivas entradas arqueadas, su techo era plano y sus paredes estaban libres de los detalles decorativos que caracterizaban las estructuras más deslumbrantes de la feria. Era pequeño para los estándares de otros edificios: medía sólo 126 metros de largo por 69 de ancho. Sin embargo, ubicado en la esquina sureste del parque de exposiciones, cerca del lago Míchigan, capturaba el

[18]   Shaw, "The World's Fair".

espíritu de toda la feria. Los 4830 metros cuadrados de sus galerías eran una celebración de "El hombre y sus obras", como declaraba su lema.

Los que esperaban para entrar al Edificio de Antropología se asombraban al ver, en el pasto justo afuera de la entrada, una réplica en tamaño real de las construcciones realizadas por indígenas bajo los salientes de los acantilados en la montaña Battle, de la cordillera de las Rocallosas, en Colorado. Cerca de allí, modelos de los templos mayas de Labná y Uxmal emergían entre vegetación tropical, atrayendo el interés y provocando admiración. También había una aldea penobscot que mostraba los tipis cónicos de esta tribu de Maine, una casa de consejo iroquesa, un hogan navajo y un teatro kwakiutl al aire libre, con bailarines y tambores. Aunque el edificio estaba alejado del centro de la feria, escondido detrás del Edificio de Agricultura y rodeado por insulsos graneros de productos lácteos y de silvicultura, las exhibiciones exteriores dispuestas a su alrededor fueron diseñadas para atraer visitantes, con la idea de luego educarlos sobre la historia de la vida humana.

Y vaya exhibición la que había dentro: era la mayor colección de objetos etnológicos jamás reunida, conformada por miles de artefactos de todo el mundo. Al recorrer sus pasillos, los visitantes podían ver herramientas de civilizaciones desaparecidas hacía mucho tiempo, ornamentos de cámaras funerarias, utensilios tallados, sillas y tambores ceremoniales, fotografías de tribus de la selva y de pinturas rupestres, figurillas, canastas, momias, armas y mucho más. Había vitrinas con tapas de cristal y dispuestas en filas ordenadas alrededor de la sala; también enormes aparadores de cristal que contenían montajes con maniquíes de personas "primitivas" haciendo actividades cotidianas: preparando comida, tallando instrumentos, cosiendo y tejiendo, entreteniéndose con juegos simples. Había tótems enormes y grandes muestras de escudos, máscaras y armas. Algunos de los artefactos provocaban mucho asombro: la colección

Un mapa de recuerdo de la Exposición Mundial Colombina de Chicago en 1893; el Edificio de Antropología está circulado en la esquina inferior derecha.

del almirante Robert Peary de arpones de marfil, flechas y ropa del pueblo inuit le encantaba, por ejemplo, a las multitudes.

*

La exhibición del Edificio de Antropología le debió su tamaño, organización e inspiración a la persona a cargo: Frederic Putnam. En la cima de su fama como académico y director del museo Peabody, Putnam estaba comprometido con lograr que la feria capturara todo lo que se sabía del pasado y del presente de las culturas indígenas del Nuevo Mundo. En septiembre de 1891, al dirigirse a los líderes de la ciudad, Putnam argumentó que, si la tan esperada exposición no contaba con una muestra de "las condiciones de vida de los diferentes pueblos que estaban aquí cuando Colón cruzó el océano Atlántico", sería "un monumento levantado sobre la nada, al menos en lo que respecta a la América de hace 400 años, pues mostraría tan sólo la América de hoy".[19] Para evitarlo, prometía "crear una exhibición etnológica perfecta del pasado y el presente de la gente de América".[20]

Putnam pasó tres años en comunicación con académicos, coleccionistas, directores de museos y antropólogos, y contrató a docenas de asistentes para llevar a cabo la organización de los artefactos de todo del mundo. Reclutó a Franz Boas, un investigador alemán de treinta y seis años que en ese entonces impartía clases en la Universidad Clark en Massachusetts, para que fuera su mano derecha en el proyecto. De impresionante bigote y pronunciadas entradas, Boas había estudiado a los inuit en el norte de Canadá y a las culturas indígenas del noroeste del Pacífico. Por la época de la Feria Mundial de Chicago, estaba experimentando con la antropometría, un método popular en aquellos tiempos, que consistía en usar las medidas del cuerpo humano —particularmente las del cráneo— para evaluar los niveles del desarrollo de distintos grupos culturales y raciales. Pronto, tales experimentaciones lo llevaron a cuestionar las suposiciones raciales de la antropología de finales del siglo XIX y a desarrollar una comprensión más matizada de las diferencias entre culturas. Si bien ello le traería fama más adelante, para 1893 su nombre era relativamente desconocido. Cuando la gente se encontraba con Boas por primera vez, se impresionaban con frecuencia por las cicatrices que tenía en su mejilla izquierda, resultado de luchas con espadas y cuchillos durante sus días universitarios en Alemania.[21]

---

[19] Frederic Ward Putnam, citado en Hinsley, "Anthropology as Education and Entertainment", 16.
[20] Frederic Ward Putnam, citado en Wilcox, "Anthropology in a Changing América", 130.
[21] Sobre la carrera antropológica de Boas, véase King, *Gods of the Upper Air*.

Boas estaba tan entusiasmado como Putnam por consolidar la reputación de su disciplina mediante la calidad de las exposiciones presentadas. Le ayudó a reclutar a una red de agentes para buscar artefactos de culturas indígenas del noroeste del Pacífico y para asegurarse de que las exhibiciones de la región andina, de Centroamérica y de México fueran lo más espectaculares posible. Enfocados sustancialmente en el Nuevo Mundo, Putnam y Boas querían mostrar evidencia de que los seres humanos habían habitado este hemisferio miles de años antes de la llegada de Colón. Esperaban, con ello, educar a los visitantes acerca de las culturas de aquellos pueblos que dejaron monumentos grandiosos detrás, desde los constructores del gran montículo de la Serpiente en el valle del río Ohio hasta las antiguas culturas de los aztecas, incas y mayas. Esperaban que todos los que vinieran a contemplar los artefactos y logros de las sociedades precolombinas leyeran las fichas cuidadosamente redactadas que los acompañaban y que se fueran de la feria con una mayor conciencia de que el "Nuevo" Mundo era, de hecho, muy antiguo.

La tarea que Putnam y Boas decidieron emprender fue poco menos que abrumadora. Tenían que decidir qué debían exhibir, y cómo hacerlo, de entre los miles de objetos enviados a la feria por sus asistentes, agentes y coleccionistas, así como por museos de todo el mundo. Los problemas de organización y programación retrasaron la apertura del Edificio de Antropología hasta principios de julio, dos meses después del inicio de la feria. La paciencia de Putnam fue llevada al límite y tuvo pocas cosas buenas que decir sobre la organización del evento. "Nunca antes había tenido que lidiar con tales dificultades, con tanta ineficiencia por parte de los trabajadores ni con tal falta de cooperación. En toda mi experiencia, jamás había visto a un grupo de trabajadores lograr tan poco ni había perdido tanto tiempo en correspondencia y requerimientos", se quejaba.[22]

---

[22]   Frederic Ward Putnam, citado en Hinsley, "Anthropology as Education and Entertainment", 24.

Putnam fue frecuentemente hecho a un lado por constructores, organizadores y patrocinadores más agresivos. Cada construcción tenía su propio líder, luchando para asegurarse de que su
dominio avanzara. Los trabajadores y mecánicos se encontraban
en una posición privilegiada, en el sentido de que los administradores de los edificios competían por su mano de obra, así como
por equipo y materiales. Putnam pasó gran parte del tiempo previo a la feria en negociaciones por espacio, trabajadores, electricidad, agua y dinero. A menudo, tuvo que llegar a acuerdos poco
atractivos. Cuando finalmente abrió, el Edificio de Antropología también albergaba enormes mamuts y aves coloridas, y no fue
precisamente del gusto de Putnam que la Conferencia Nacional
de Beneficencia y Correccionales de Estados Unidos utilizara
parte del edificio para exhibir la primera silla eléctrica.

La enorme carga de trabajo dificultó que Putnam y Boas
mantuvieran su compromiso inicial con una serie de exhibiciones al aire libre realizadas en la feria, en los alrededores al
Edificio de Antropología. En ellas, se esperaba que los pueblos
indígenas llevaran a cabo sus actividades diarias y demostraran
sus habilidades y prácticas culturales. Aunque para las generaciones posteriores esto recordaría a los insensibles "zoológicos
humanos", en aquella época del imperialismo tales exhibiciones
fueron un destacado atractivo de la feria, probablemente destinado a impresionar a los transeúntes con la evidencia del desarrollo cultural que culminaba en las civilizaciones avanzadas de
Europa y Estados Unidos. Después de todo, ésa era una convicción de la época. Sin embargo, esos cuadros vivientes de la vida
en las comunidades rápidamente adquirieron una atmósfera de
espectáculo de feria, y los indígenas fueron sometidos a abusos
por parte de los organizadores y expuestos a las burlas de los visitantes y periodistas. La gente los increpaba, llamándolos salvajes, bárbaros e incluso caníbales. Cansados de ser exhibidos sin
siquiera recibir un pago por ello, algunos se "escaparon" al paseo de Midway Plaisance, en donde vendían canastas, comida,

La exhibición antropológica en la Exposición Mundial Colombina de 1893.

cerámica y baratijas a los turistas, logrando así ganar al menos algo más que silbidos y burlas. En la noche, regresaban a los modelos de sus casas comunales, hogans y tipis para dormir.

En algunos sentidos, el Midway ofrecía mayores oportunidades de ver "culturas extrañas" que los alrededores del Edificio de Antropología. Este paseo de un kilómetro y medio de largo estaba destinado al entretenimiento público, y, si bien ayudaba a mantener a la feria a flote, económicamente hablando, distaba mucho de compartir los compromisos de Putnam con una educación pública seria sobre otras civilizaciones. En sus jardines se daba reunión una mezcolanza de aldeas modelo de Austria, China, Dahomey, Alemania, Irlanda, Java, Laponia, Marruecos, Samoa y Turquía, colocadas sin un orden claro y entremezcladas con exhibiciones de vidrio de Murano, la rueda de la fortuna de Ferris, una granja de avestruces, un espectáculo de animales, la maqueta de un volcán hawaiano en erupción y un bazar de la India Oriental.

Los atractivos más destacados de ese paseo, como la "Calle de El Cairo" con camellos, el espectáculo de danza oriental, los tragaespadas, o el fumadero de opio con sus consumidores chinos, eran vistos, por la mayoría del público, como una muestra de esos pueblos "primitivos" y "morenos", cuyas razas y culturas supuestamente les impedían alcanzar niveles superiores de civilización. En el estanque ubicado en el noroeste del Midway, allí donde se ubicaba la "aldea" de los esquimales, la expectativa era que los adultos y los niños inuit vivieran su vida cotidiana, usando su tradicional vestimenta de piel, justo como lo harían en el norte de Canadá, aun cuando estuvieran en el calor veraniego de Chicago. Eran recibidos como rarezas, personas "contaminadas por el contacto con la civilización" que comían pescado crudo y cuyos perros aullaban durante la noche.[23] En vez de exhibir el rigor y la disciplina de la ciencia antropológica, buena parte de la feria puso, así, en evidencia las suposiciones erróneas que había detrás de la comprensión de la raza y el progreso a finales del siglo XIX.

Putnam y Boas se sentían más cómodos con su propia gente, los 247 arqueólogos, etnólogos, folcloristas, antropólogos, anticuarios y lingüistas que asistieron al Congreso Internacional de Antropología en septiembre. Mientras se paseaban entre las exhibiciones, recorrían el Midway, se detenían por té en restaurantes y cafés, descansaban en parques frondosos y se reunían en banquetes para celebrar sus logros, los conferencistas estaban ansiosos por entablar nuevas relaciones profesionales, conocer a los líderes del campo y discutir posibles expediciones en conjunto o colaboraciones en tratados académicos. Sus presentaciones les daban la oportunidad de conocer colegas y discutir con ellos sus trabajos, y las exhibiciones les permitían observar, aprender y debatir. Muchos de los participantes ya se conocían,

---

[23] *Boston Globe*, s.f., citado en Hinsley, "Anthropology as Education and Entertainment", 41.

pues se habían encontrado antes en las reuniones anuales de las asociaciones que funcionaban como adscripciones institucionales, antes de que los museos y las universidades cumplieran ese papel. De cualquier forma, Chicago representó para todos ellos una gran ocasión para hacer nuevos vínculos y anunciar las propias investigaciones, y los hizo sentirse parte de un momento importante, rodeados de colegas que estaban haciendo descubrimientos significativos.

El impacto de la Feria Mundial en la manera en que la ciudad de Chicago era percibida fue duradero. De hecho, la Exposición fue tan espectacular que su lado oscuro es con frecuencia olvidado. Y, sin embargo, la calamidad ensombreció la feria. Primero, hay que recordar al asesino serial H. H. Holmes, cuyas actividades criminales prosperaron mientras millones de personas visitaban la ciudad.[24] Después, está, por supuesto, el asesinato de Carter Harrison, alcalde de Chicago: dos días antes del cierre oficial de la Exposición, Patrick Prendergast —un hombre enfurecido porque no recibió de Harrison un nombramiento que, según él, merecía—, le disparó mientras el alcalde descansaba en su casa. La gran ceremonia de clausura fue reemplazada por un sobrio arriado de las banderas de todos los países y estados que participaron en la feria. Con un saludo de veintiún disparos, un toque de trompeta y el himno nacional estadounidense, la feria había, oficial y tristemente, terminado.[25]

Algunos de los magníficos edificios temporales construidos para la feria sobrevivieron, pero la mayoría fueron destruidos por incendios o actos de vandalismo. El Pánico de 1893 y la depresión económica que gravitaba en torno a la Exposición desde su apertura provocaron un ambiente cada vez más apremiante, tanto para los trabajadores como para los inversores. Millones

---

[24] Véase Larson, *The Devil in the White City*.
[25] Sin ser oficial, algunos espacios de la feria se mantuvieron abiertos por un tiempo, pero la mayoría de los expositores se apresuraron a levantar el campamento e irse a casa.

estaban sin trabajo, desesperanzados, arruinados y sin opciones para mejorar su situación. Después vino la huelga de Pullman de 1894, que comenzó en Chicago, pero acabó por volverse un movimiento nacional, impulsado por el recién formado Sindicato Ferroviario Estadounidense. Durante la huelga —que por dos meses detuvo la mayor parte del tráfico de ferrocarriles del oeste de Estados Unidos—, y debido a la reacción que ante ella tuvo la Compañía Pullman, murieron al menos treinta personas.[26]

Aun así, el brillo de la Ciudad Blanca —sobrenombre que recibió la Exposición debido al color de la mayoría de sus edificios— sobrevivió por mucho tiempo en la memoria y le facilitó a la élite de Chicago el acceso a los círculos exclusivos de Boston, Nueva York y Filadelfia. La feria les dio un nuevo brillo a los hoteles, restaurantes y tranvías, y precipitó un rediseño importante de la ciudad. Por esas fechas también ganó fuerza el City Beautiful Movement (o "Movimiento para embellecer las ciudades"), el cual alentó la construcción de grandes avenidas, imponentes palacios culturales, parques y paseos, así como la implementación de mejoras en las instalaciones sanitarias y educativas, tanto en Chicago como en otras ciudades de Estados Unidos que estaban también creciendo con rapidez.

*

La Feria Mundial de 1893 fue un punto de inflexión definitivo en la carrera de Zelia Nuttall. La presentación de su trabajo sobre el Calendario Azteca terminó de consolidar su reputación y, durante sus dos meses en Chicago, Nuttall logró hacer más profunda su amistad con muchas personas que desempeñarían un papel importante en su futuro. Entre ellos estaba el asistente de Putnam, Franz Boas, a quien había conocido en la reunión de

---

[26]   La huelga y la reacción ante ella llevaron a que en 1894 el presidente Grover Cleveland declarara un Día del Trabajo anual en honor a los trabajadores.

la Asociación Estadounidense para el Avance de la Ciencia que tuvo lugar en Búfalo en 1886, cuando Zelia era una debutante de treinta y nueve años y Daniel Brinton leyó su artículo porque ella era demasiado tímida para hacerlo.[27] A pesar de su posición subalterna en la exhibición de Chicago, Boas estaba destinado a hacer mucho más que escribir para la revista de la asociación y enseñar en la Universidad Clark, una pequeña escuela de Nueva Inglaterra. Su fama vendría unos años más tarde, cuando trabajó para Putnam en el Museo Americano de Historia Natural en Nueva York y luego comenzó una carrera de profesor en la Universidad de Columbia. Así, para 1893, Zelia era la más famosa de los dos, aunque el grupo de antropólogos formado por Boas en Columbia más tarde terminaría por eclipsarla.

Asimismo, durante la feria, Nuttall reavivó su amistad con Phoebe Apperson Hearst, a quien conocía de California, y esa relación sería de inmensa importancia para Zelia en las siguientes décadas. Mientras desempeñaba su labor como maestra en un pequeño pueblo de Missouri, Phoebe Apperson había despertado el interés de George Hearst, un hombre mucho mayor, de cuarenta y nueve años, que se había vuelto fabulosamente rico como minero de plata. Luego de su matrimonio, Phoebe se convirtió en una gran dama de la década de 1860 en San Francisco, quien, en sus frecuentes viajes a Europa, iba coleccionando las cosas que llamaban su atención, mientras criaba con devoción a su único hijo, William Randolph Hearst, el futuro magnate de la prensa. Cuando George, su esposo, fue electo senador de Estados Unidos en 1886, Phoebe expandió sus actividades de reforma social a Washington. La muerte de su esposo en 1891 la había dejado en control de una magnífica fortuna, que pronto aprendió a utilizar para el avance de muchas causas progresistas: la educación preescolar, las prácticas de salud pública, la arquitectura urbana, y los derechos, el sufragio y la educación superior femeninos.

27   Sobre la amistad entre Boas y Nuttall, véase Parmenter, "Glimpses of a Friendship".

Phoebe Apperson Hearst, *ca.* 1916.

Phoebe Hearst era el epítome de los filántropos de la Edad Dorada, esos que trazaron el desarrollo de los paisajes urbanos de Estados Unidos y promovieron la creación de espléndidos museos, parques, jardines y bibliotecas públicas. Phoebe tenía la esperanza de que la arquitectura, la planificación, la salud pública y las mejoras educativas asegurarían que las ciudades de Estados Unidos en veloz crecimiento se convirtieran en centros culturales y educativos, dejando atrás la miseria, el ruido y el hacinamiento que caracterizaban a las ciudades industriales del momento. En la Feria Mundial de Chicago quedó tan fascinada por el pabellón de California —cuyo diseño se inspiraba en las misiones franciscanas de ese estado— que, de vuelta a casa, impulsaría el así llamado "estilo neomisión". La Universidad de

California en Berkeley, cuyo campus fue un beneficiario significativo de su generosidad, lleva en buena medida la impronta de su arquitectura favorita.

Elegante, envuelta en capas de encaje y de seda, con su cabello que empezaba a mostrar las canas propias de sus cincuenta y un años, Hearst recorría la feria con porte majestuoso, saboreando el poder y la influencia de estar en completo control del extraordinario patrimonio Hearst.[28] Fue una figura destacada de la Exposición, buscada por muchos con la esperanza de que contribuyera con sus proyectos y financiara sus sueños.

Hearst estaba en Chicago para apoyar a la Federación General de Clubes de Mujeres en la promoción de la educación y la independencia económica de las mujeres, así como para reunirse con reformadores y otros filántropos para discutir qué acciones podían llevarse a cabo para aligerar el sufrimiento causado por la depresión económica de 1893. Además, tenía especial interés en visitar el Palacio de las Mujeres y en acudir al Congreso Mundial de Mujeres Representantes. Para entonces, había comenzado a coleccionar artefactos relacionados con la población indígena de California, y, ansiosa por aprender más sobre antropología, era una atenta observadora de las exhibiciones de la feria. Zelia, con su ojo perspicaz, dirigía la atención de su amiga hacia valiosos artefactos, dispuesta a compartir con ella sus conocimientos. De igual manera, Hearst disfrutaba de instruir a Zelia acerca de los beneficios de ampliar sus vínculos con personas influyentes.

Sara Yorke Stevenson, una rica heredera proveniente de Filadelfia, defensora de los derechos de las mujeres, además de una egiptóloga de éxito, estaba también en la feria como parte del jurado de las exhibiciones etnológicas a petición de Putnam. Era cercana a Phoebe Hearst y pronto entabló una cálida amistad con Zelia. Como miembro de la Asociación de

---

[28] Para una biografía detallada de Hearst y su poder, véase Nickliss, *Phoebe Apperson Hearst.*

Sara Yorke Stevenson, *ca.* 1915.

Arqueología de la Universidad de Pensilvania, Stevenson trabajaba de cerca con William Pepper, un profesor de medicina clínica que por entonces era el rector de la universidad, para promover el Museo de Arqueología y Paleontología de esa institución educativa. En ello contó también con el apoyo de su amiga, la adinerada Hearst, quien secundó sus planes para mejorar la colección antropológica de la universidad. En el Congreso Internacional de Arqueología, Stevenson presentó un artículo sobre un papiro recientemente descubierto que arrojó luz sobre las prácticas funerarias del antiguo Egipto. Como Hearst, era vista con frecuencia en el Palacio de las Mujeres de la feria y participó con avidez en el Congreso Mundial de Mujeres Representantes.

Corpulenta y de mandíbula cuadrada, Stevenson era una fiel creyente de que los museos eran la manera más efectiva de difundir el conocimiento del pasado.[29] Zelia, por supuesto, luego de su trabajo en Europa y México, estaba también absolutamente convencida del valor de los museos. Y en el caso de Hearst, la preservación y la exposición pública de artefactos antropológicos la interesaban cada vez más. Fue así que ese entusiasmo compartido acercó aún más a estas tres impresionantes mujeres. Stevenson y Zelia tenían mucho en común. Además de que ambas eran mujeres intelectuales y comprometidas con alcanzar sus sueños, compartían su amor por México y París —Stevenson había vivido en París en su niñez, y después, durante su adolescencia, vivió cinco años cerca de la Ciudad de México—. Las dos eran mujeres acostumbradas a su fortuna y sus privilegios. Stevenson, diez años mayor que Zelia, sabía cómo usar su posición para hacer avanzar las causas de su interés, y publicaba con regularidad artículos en el *Philadelphia Public Ledger* para promover ideas como el sufragio femenino.

Conocer a Stevenson en la feria fue un momento preciado para Zelia. "Qué festín de recuerdos será siempre nuestra estancia en Chicago", escribió después a su nueva amiga; "qué extraño y qué incongruente fue todo, pero qué felices fuimos juntas y cuánta diversión logramos extraer del popurrí que nos rodeaba".[30] Anhelaba vivir experiencias similares con mujeres que compartieran su interés por la antigüedad. "¡Qué no daría yo", escribió Zelia a Stevenson a su regreso a Dresde, "por una charla contigo *à la Chicago*, encaramada en tu cama con un coco tallado en la mano y un camaleón secándose sobre tu tocador? *Quel tableau!* Ah, *ma chère*, ¡vaya mundo es éste, y cuán solitario a veces![31] ¿Por qué será que los amigos que quisiéramos ver casi nunca están cerca cuando los necesitamos?".[32]

---

[29]   Para mayor información sobre Stevenson, véase Fowler y Wilcox, *Philadelphia and the Development of Americanist Archaeology*.

[30]   Zelia Nuttall a Sara Stevenson, 26 de febrero de 1894, Colección Parmenter.

[31]   Conservamos las expresiones *Quel tableau!* ("¡Vaya escena!") y *ma chère* ("querida mía") en el francés original empleado por Zelia para reflejar sus intenciones cosmopolitas (n. de los trads.).

[32]   Zelia Nuttall a Sara Stevenson, 2 de junio de 1894, Colección Parmenter.

A este círculo de amistad se uniría también una cuarta mujer: Alice Cunningham Fletcher, una de las antropólogas más famosas de su tiempo y la única mujer que formaba parte del comité ejecutivo del Congreso Internacional de Antropología. Había pasado varios años viviendo entre tribus nativas americanas en los Dakotas, Idaho y Nebraska, con la intención de familiarizarse con sus actividades diarias y rituales. Sus perspectivas eran novedosas, porque había logrado ser aceptada como testigo de las vidas de mujeres y niños, lo que le permitió comprender sus contribuciones a las comunidades de las que formaban parte. Estaba particularmente interesada en la música y la danza de las tribus.

Fletcher temía que los indígenas estadounidenses no sobrevivieran al embate de la civilización blanca y creía que sólo podrían salvarse mediante la educación y la asimilación a las costumbres de los blancos, quienes avanzaban constantemente hacia el oeste, ocupando tierras tradicionalmente nativas. Defensora de la asignación de títulos de propiedad individuales, pues tenía la esperanza de que esto ayudara a preservar los derechos de los nativos americanos sobre sus reservas, Fletcher ayudó a redactar la Ley de Omaha de 1882 y la Ley Dawes de 1887, consideradas por muchos políticas progresistas en aquel momento. También trabajó como agente del gobierno para supervisar la distribución de tierras entre las tribus nez percé, omaha y winnebago. La historia, sin embargo, demostraría trágicamente cómo esa idea de "modernizar" a las tribus indígenas por medio de la asimilación y la propiedad de la tierra sólo contribuyó aún más a su declive. Así, aunque las ideas de Alice Fletcher sobre cómo sostener a las comunidades indígenas habían surgido de una preocupación genuina, otros usaron la bandera de la educación y la propiedad para debilitar aún más el tejido de las sociedades nativas americanas.[33]

---

[33]   Véase Mark, *A Stranger in Her Native Land.*

Fletcher había estudiado en el Museo Peabody de Arqueología y Etnología, y era devota de Frederic Putnam. En sus conferencias sobre la vida de los nativos americanos —con frecuencia ofrecidas en eventos organizados por mujeres— solía exaltar a Putnam y el trabajo de su museo, al que se refería como un "Palacio de la Verdad" comprometido con demostrar la autenticidad y las funciones de cada artefacto en su colección.[34] Al inicio de la carrera de Fletcher, Putnam había reconocido su potencial y la animó a unírsele en Cambridge, Massachusetts, con la esperanza de que, bajo su guía, el trabajo de ella ayudara a combatir la incomprensión generalizada en torno a las culturas nativas americanas.[35] Fue elegida vicepresidenta de la sección de antropología de la Asociación Estadounidense para el Avance de la Ciencia y presidenta de la Sociedad Antropológica de Mujeres, además de recibir otros honores. En 1890, Fletcher se convirtió en la primera receptora de la Beca Thaw del Museo Peabody, un reconocimiento que le garantizaba una subvención vitalicia de 1050 dólares al año para continuar con su investigación.[36] Un año después, adoptó a Francis La Flesche, hijo de un jefe omaha con quien había estado trabajando en la reserva. Fletcher alentó a La Flesche a cursar estudios formales en antropología, y se convertiría en el primer nativo americano en especializarse en el campo.[37]

---

[34] Fletcher, en el *Boston Daily Advertiser*, s.f., citada en Mark, *A Stranger in Her Native Land*, 38.

[35] Mark, *A Stranger in Her Native Land*, 3.

[36] Mary Copley Thaw proporcionó los fondos al Peabody explícitamente para ayudar a su amiga, Alice Fletcher. Frederic Putnam estaba fascinado con la donación y dispuesto a hacer el nombramiento vitalicio que Thaw quería. Los funcionarios de Harvard, sin embargo, desaprobaban una donación hecha para beneficiar a un individuo específico y, aunque aceptaron a Fletcher como becaria, se resistieron a ofrecerle un nombramiento académico, lo cual decepcionó a quienes apoyaban la apertura de Harvard a mujeres estudiantes y profesoras. Véase Mark, *A Stranger in Her Native Land*, 203-207.

[37] Para una discusión completa sobre Alice Fletcher y su relación con Francis La Flesche, véase Mark, *A Stranger in Her Native Land*.

A sus cincuenta y siete años, Fletcher, con un rostro redondo y maternal y una figura baja y rolliza, irradiaba una bondad innata. Su hogar en Washington D. C. era a menudo un lugar de reunión para investigadores con ideas afines, particularmente mujeres, entre quienes recibía el apodo de "Su Majestad", por su parecido con la reina Victoria.[38] A pesar de su trayectoria, Fletcher también era propensa a la inseguridad. Había esperado ser elegida como asistente de Putnam para la feria, y cuando el puesto fue otorgado al menos conocido Franz Boas, se preocupó por la calidad de su trabajo y su posición en el campo. En el Congreso Internacional de Antropología de 1893, presentó una ponencia sobre las canciones de amor del pueblo omaha, de la cual, recibida con condescendencia, se destacaron sobre todo "sus agradables demostraciones vocales", a diferencia de la presentación de Zelia sobre el Calendario Azteca, tan alabada y comentada.[39] La feria dejó, pues, a Fletcher con los ánimos bajos.

Dado que ambas eran asistentes de campo del Museo Peabody, protegidas de Frederic Putnam y mujeres excepcionales en un mundo dominado por hombres, era natural que Zelia y Fletcher se volvieran amigas, aunque la mayor de las dos tendiera a asumir, sobre todo al principio, que ambas debían competir por la bendición de Putnam. Sin embargo, Zelia admiraba a su "querida Alice", a quien había conocido por recomendación de Putnam en 1886. Después del congreso en Chicago, esperaba poder ayudar a su amiga y contribuir a que ampliara sus experiencias. Así, cuando se anunció una conferencia de etnología en Estocolmo en 1894, Zelia quería que Fletcher fuera una delegada oficial e instó a su amiga a aprovechar el viaje para visitarla en Dresde. Apeló a Putnam para que la ayudara: "Haz todo lo que puedas para enviarla; unos pocos cientos de dólares cubrirían todos los gastos de viaje, y seguramente se conseguirá esa

---

[38] Temkin, "Alice Cunningham Fletcher", 98.
[39] Holmes, "The World's Fair Congress of Anthropology", 246.

Alice Cunningham Fletcher con mujeres winnebago en 1888.

suma para ella, pues el viaje significará nueva vida y fortaleza para una de las mujeres más nobles de nuestro país [...]. Querido padrino, por favor, haz lo que puedas por nuestra amada Alice Fletcher y, de ese modo, también me harás feliz a mí".[40]

Poco después, Fletcher recibió una beca de viaje de 500 dólares de su benefactora en la Universidad de Harvard, Mary Copley Thaw, quizás por recomendación de Putnam. Visitó sitios en Irlanda, Inglaterra y Francia antes de dirigirse a Dresde, donde encontró a la "Señora Nuttall [...] trabajando en su Calendario [...], muy comprometida y decidida a tener éxito".[41] Las dos mujeres salieron de viaje para visitar Praga, Leipzig, Viena y Berlín, donde conocieron a figuras influyentes en el nuevo campo de la antropología y exploraron los museos y bibliotecas que albergaban artefactos del Nuevo Mundo. Cuando Fletcher regresó a su hogar en Washington, después de cinco meses en el extranjero, estaba ansiosa por retomar su vida y trabajo en

---

[40] Zelia Nuttall a Frederic Ward Putnam, 5 de junio de 1894, Archivo Nuttall, Museo Peabody.

[41] Alice Fletcher a Frederic Ward Putnam, 19 de octubre de 1894, citada en Mark, *A Stranger in Her Native Land*, 243.

Estados Unidos. Consideraba que las personas en Europa estaban "tan limitadas y tan abrumadas por su pasado, que siempre lo llevan consigo".[42] Una afirmación sin duda llamativa para una antropóloga.

A estas figuras destacadas de la antropología temprana —Alice Fletcher, Phoebe Hearst, Zelia Nuttall y Sara Stevenson— se les unió Matilda Coxe Stevenson en la Feria Mundial y en el Congreso Internacional de Antropología en 1893. Con cuarenta y cuatro años, Tilly Stevenson era la más cercana en edad a Zelia. Durante años, acompañó a James, su esposo, en expediciones geológicas por el oeste de Estados Unidos y acabó por convertirse en experta en los zuñi de Nuevo México. Cuando mostró por primera vez interés y habilidad en el campo, le advirtieron que, "a menos que su trabajo se presentara bajo el nombre de su esposo, sería ignorado, porque era mujer".[43] Y así lo hizo, al menos al principio. No obstante, cuando tuvo lugar la feria de Chicago, cinco años después de la muerte de su esposo, Tilly Stevenson ya había forjado una reputación propia. Al igual que Zelia, era conocida por su compromiso con la investigación rigurosa y, como Fletcher, había obtenido el reconocimiento reticente de sus pares masculinos por sus perspectivas "femeninas" sobre la vida de las mujeres y niños indígenas. Tilly Stevenson tenía un empleo en el Buró Estadounidense de Etnología de la Institución Smithsoniana y presentó en Chicago una ponencia sobre los clanes en la cultura zuñi.

[42]   Alice Fletcher a Isabel Barrows, 10 de noviembre de 1894, citado en Mark, *A Stranger in Her Native Land*, 244.

[43]   Browman, *Cultural Negotiations*, 4. El primer nombramiento de Matilda Coxe Stevenson en el Buró Estadounidense de Etnología fue meramente honorario. Sin embargo, después de la muerte de su esposo, cuando el Buró evidentemente se dio cuenta de que su experiencia era esencial, fue contratada en toda forma y comenzó a recibir un salario. La investigación sobre su trabajo demostró, por cierto, que otro antropólogo, John Harrington, usó algunas partes como propias. James Stevenson era geólogo autodidacta y funcionario del Servicio Geológico de Estados Unidos; mucho de su trabajo profesional se llevó a cabo en las Montañas Rocallosas, en donde también hizo investigación antropológica.

Consciente de las dificultades que enfrentaban las mujeres en el campo, Matilda Stevenson fue la primera presidenta de la Sociedad Antropológica de Mujeres, que ayudó a instaurarla en 1885. Sus fundadoras —entre las cuales estaba también Alice Fletcher— dejaron clara la misión de la organización desde sus comienzos: como la Sociedad Antropológica de Washington no admitía mujeres, consideraban necesario que la ciudad tuviera dos sociedades análogas. "No tenemos el deseo de perpetuar una distinción de sexo en la ciencia", escribieron; "sin embargo, dadas las condiciones actuales, estamos satisfechas con trabajar por nuestra cuenta mientras llega el momento en que la ciencia considere sólo el trabajo y no al trabajador".[44]

Su propósito siempre fue ser serias y profesionales: no se servirían refrigerios, excepto en el congreso anual de la sociedad, y las reuniones estarían centradas en la presentación de trabajos académicos. "El objetivo de esta sociedad será promover la antropología, fomentando su estudio y facilitando el intercambio de ideas entre aquellas interesadas en la investigación antropológica", declaraba su acta constitutiva.[45] La sociedad existió de manera independiente durante catorce años, hasta que el creciente respeto por "el trabajo, no el trabajador" llevó a su incorporación en su contraparte masculina, la Sociedad Antropológica de Washington.

*

Zelia aprovechó al máximo el tiempo que pasó en Chicago, para formar y hacer amistades más profundas con una red de hombres y mujeres de ideas afines. La convivencia con todos ellos —Boas, Brinton, Cushing, Fletcher, Hearst, Putnam, Sara Stevenson, Matilda Stevenson y otros—, así como el reconocimiento que

[44] McGee, "Women's Anthropological Society of America", 240-41.
[45] *Ibidem*, 240.

recibió, ayudaron a que Zelia saliera de la feria con una renovada confianza en sí misma.[46] Como le escribió a Sara Stevenson desde Dresde: "Debo decirte que ahora me doy cuenta de cuánto *crecí* durante el tiempo que estuve lejos de aquí. Sí: *superé las posibilidades* y, en muchos sentidos, soy una mujer diferente a la que era hace seis meses, aunque nadie lo note salvo yo misma. Me siento como tú cuando regresaste a Filadelfia. ¡Las personas parecen más cerradas, más aburridas a mis ojos! Pero eso no me deprime. Al contrario: me siento privilegiada y agradecida por cuanto he disfrutado, y me regocijo pensando en ello".[47]

En cambio para su mentor, el saldo de la exposición no fue tan positivo. La gran esperanza de Frederic Putnam era que, al finalizar la feria, los artefactos y las maquetas de la exhibición de antropología fueran transferidos a un nuevo Museo Colombino en Chicago. También esperaba que algunos fueran enviados al Peabody. Después de la exposición, se quedó trabajando

---

[46] La feria de Chicago también le dio a Zelia nuevas posibilidades para escapar de algunas de sus preocupaciones financieras, resultado de la depresión de 1893. ¿Estaría interesado el recién creado Museo de Historia Natural de Chicago en comprarle un códice valioso? Como escribió en una carta a Putnam desde Filadelfia, en donde se estaba quedando con Sara Stevenson,

> Realmente necesito desesperadamente de tu ayuda para poder vender este manuscrito, ya que es la única forma que veo para superar mis dificultades y poder continuar con mis publicaciones y mi trabajo científico. Como sabes, aparte de unas pocas páginas de un manuscrito conservado en la Sociedad Filosófica, *no hay un solo manuscrito mexicano en los Estados Unidos*, y seguramente el Museo Colombino debería tener uno [...] ¿Sabes cuán raros son esos manuscritos?, y el hecho de que el mío *aún no haya sido publicado* aumenta su valor [...] ¿No es exasperante que tenga que convertirme en comerciante sólo porque invertí 17 500 dólares equivocadamente y ahora no puedo tocar ni un centavo de esa suma? A veces me deprimo mucho por todo esto, pero no sirve de nada, y debería consolarme el hecho de que tal vez no lo pierda todo y pueda recuperar el capital con el tiempo [...]. Aunque quién sabe cuándo.

Zelia Nuttall a Frederic Putnam, 15 de noviembre de 1893, Archivo Nuttall, Museo Peabody.

[47] Zelia Nuttall a Sara Stevenson, 26 de febrero de 1894, Colección Parmenter.

incansablemente para organizar el nuevo museo, pero resultó ser una labor muy frustrante. Las diferencias y los conflictos entre los planificadores, los posibles directores, las autoridades locales y los magnates de la ciudad obstaculizaron la toma de decisiones y alargaron los plazos. Las disputas sobre "la propiedad" de los artefactos aumentaron las tensiones, y Putnam fue cuestionado por su lealtad, dividida entre ambos museos.

Sin embargo, gracias a una donación de un millón de dólares del magnate de las tiendas departamentales Marshall Field, el Palacio de Bellas Artes de la feria pudo convertirse en un depósito adecuado para muchos de los artefactos que se habían exhibido en el Edificio de Antropología. De hecho, rebautizado como el Museo Colombino Field, se convirtió en un impresionante monumento a la antropología. El *Chicago Sunday Herald* lo celebró de esta manera: "Las colecciones de los grandes museos del mundo han ido creciendo poco a poco, a lo largo de años, generaciones e incluso siglos. En cambio, el Museo Colombino Field, en poco más de medio año desde su nacimiento, se ha consolidado como un gran museo a partir de una sola exposición y de un solo salto".[48] Diez mil personas acudieron a ver el nuevo museo en su día de apertura. Esto fue un triunfo para Chicago y su posición como centro de estudios antropológicos, pero Putnam regresó a Cambridge exhausto y amargado. No tenía mucho que decir en favor de los organizadores de la feria ni de quienes trabajaban para establecer el museo. "Después de exprimirme todo el jugo", escribió, "me desecharon como una naranja usada".[49]

Para Zelia y sus colegas antropólogos, la Exposición Mundial Colombina fue un momento para celebrar la evolución de su disciplina. De un extraordinario número de vitrinas, montajes en

---

[48] *Chicago Sunday Herald*, 3 de junio de 1894, citado en Hinsley y Wilcox, Document J: "Heir of the Big Fair", 407.

[49] Frederic Putnam a Samuel Crawford, 7 de marzo de 1894, citado en Hinsley, "Anthropology as Education and Entertainment", 73.

escaparates, réplicas monumentales y un congreso que aplaudió y debatió el trabajo antropológico, surgió un consenso sobre las normas, el alcance y los protocolos de la disciplina que guiarían su práctica durante los siguientes treinta años. De igual manera, el estudio de las civilizaciones de América ganó mayor respeto, alcanzando un estatus similar al de los más prestigiosos estudios del Mediterráneo y el Cercano Oriente. Para esta nueva comunidad, la respetabilidad científica del trabajo era más importante que la "altura" de la cultura estudiada. Ahora, en compañía de un grupo más consolidado y seguro de colegas y partidarios, Zelia Nuttall tenía buenas razones para sentirse esperanzada sobre su vocación.

6. UN MUSEO EN CONSTRUCCIÓN

Un suave y profundo canto llenó la catedral. El sonido se mezclaba con el humo del incienso que se levantaba por entre los rayos tintados de luz que se colaban por los vitrales. El ritual para bendecir la apertura de la feria había comenzado con un solemne *Te Deum*, mientras los sacerdotes, vestidos con túnicas bordadas en oro, avanzaban majestuosos hacia las puertas arqueadas y tomaban su puesto frente a la audiencia. "A la señal convenida, se izaron dos banderas: una para los comerciantes de la parte alta, y otra para los de la parte baja de la ciudad. Según la manera en la que sus respectivas banderas se desplegaban y ondeaban con la brisa, se pronosticaba si iban a tener éxito o no en la feria", escribió Zelia.[1] Los sacerdotes rociaron agua bendita, las campanas repicaron, el gobernador y el alcalde avanzaron en procesión, y después llegaron cien soldados marchando a paso lento con una banda. Detrás de ellos, los habitantes del pueblo se empujaban entre ellos mientras se unían al desfile.

[1] Zelia Nuttall a Sara Yorke Stevenson, 31 de julio de 1896, Colección Parmenter. Cuando escribía desde Rusia, Zelia a veces usaba el calendario gregoriano y otras veces el juliano, de forma que hay confusión sobre qué sistema estaba usando cuando le puso fecha a sus cartas y cuándo reportaba sus actividades. Indicaré siempre que haya escrito ambas fechas.

Si esta imponente ceremonia hubiera sucedido en México, no habría sido para nada extraño encontrar allí a Zelia Nuttall, siguiendo de cerca lo que parecía un ritual sincrético entre lo católico y lo indígena. En cambio, se encontraba a medio mundo de distancia, atestiguando un evento esplendoroso que no tenía ninguna conexión con su creciente reputación como estudiosa de las antiguas civilizaciones de Mesoamérica: la misa y el desfile inaugurales de la Exposición Panrusa de Arte e Industria en Nizhni Nóvgorod. Los sacerdotes usaban el *kamelavkion* ortodoxo, en lugar de la mitra católica, y los dorados íconos de los santos miraban impasibles desde las paredes de piedra. Era julio de 1896, y Zelia estaba representando al Museo de Arqueología y Antropología de la Universidad de Pensilvania, como delegada oficial de Estados Unidos en la coronación del zar Nicolás II.

La misión de Zelia era bastante sencilla: ir de compras para el museo. En la feria de Nizhni Nóvgorod, y en muchas otras paradas de su viaje, buscó artefactos domésticos y religiosos que pudieran servir como base para el departamento ruso del museo. A lo largo del verano, viajó de aquí para allá, como tantos otros coleccionistas que recorrieron el mundo en busca de artefactos. En un momento en que el colonialismo europeo estaba dividiendo al mundo, Estados Unidos se abría paso con fuerza hacia su propia era de imperialismo y consolidación como potencia mundial, y parte de ello recaía en el valor simbólico de sus colecciones de arte mundial, cada vez más vastas. La misión de quienes formaban parte de esa gran empresa victoriana consistía, con frecuencia, en un arduo y sucio forrajeo. Algunas de sus admiradas amistades —Phoebe Hearst, William Pepper y Sara Stevenson— le habían confiado a Zelia ese importante aunque desgastante trabajo. Desde Nizhni Nóvgorod, le escribió cartas a Stevenson para mantenerla al tanto de sus aventuras:

Apenas se puede imaginar un conjunto menos atractivo de bazares de ropa antigua. En otros lugares, como en España, esas ventas se hacen al aire libre y son bastante pintorescas. Aquí, tienes que entrar a un cuarto bajo y pequeño, lleno de incontables prendas viejas: capas y abrigos de piel, y vestidos de seda, colgados junto a viejos trajes rusos de brocado. Hay poca variedad, poco que valga la pena, pero lo que hay es bueno.[2]

De esos interiores tan mal iluminados a veces salía triunfante. Una vez, encontró un elegante y bien preservado "traje típico de calle", formado por "una pesada enagua de seda roja con brocado, una chaqueta a juego, forrada y ribeteada con piel, y una hermosa gorra de terciopelo rojo, todo bordado en oro". Planeaba regresar en busca de guantes y un velo de hilos de oro para completar el atuendo y, además, todavía estaba buscando un "traje completo para uso en casa". El trabajo era tan relevante, pensó, que no importaba si implicaba un poco de incomodidad. "Aunque me desagradaba la suciedad y me lavé con jabón carbólico tan pronto llegué a casa", le confió a Stevenson, "disfruté desenterrar las curiosidades y estoy deseando que llegue la búsqueda de mañana".[3] Zelia creía que los futuros visitantes del museo admirarían la calidad y la belleza de su colección.

Zelia continuó con ese ritmo demandante entre mayo y finales de agosto de 1896, buscando artefactos y asistiendo a los eventos en torno a la coronación. Las procesiones, los rituales, las reuniones en salones, los recorridos por las ciudades y las compras eran actividades de todos los días y, a pesar de su poca familiaridad con las antigüedades rusas y su cultura, contó con la camaradería de los amigos que había hecho en los congresos de antropología. Estos viejos amigos le dieron consejos, la entretuvieron y le presentaron a coleccionistas y museógrafos. Entendían su misión, pues ellos también estaban comprometidos con la tarea de recolectar y preservar artículos del pasado.

[2]   Zelia Nuttall a Stevenson, 31 de julio de 1896.
[3]   *Ibidem.*

En total, Zelia envió 287 artefactos a Filadelfia. Había entre ellos íconos, cajas de rapé, alfombras, sandalias, mesas, armas, prendas de vestir y cunas. Recolectó fotografías de mezquitas, luchadores y músicos de Samarcanda. También litografías de actividades relacionadas con la coronación en Moscú, la puerta de una iglesia antigua e instrumentos musicales; además, encontró, para Phoebe Hearst, un velo bellamente bordado. Un propósito central le daba coherencia a esa mezcolanza: Zelia estaba recolectando objetos auténticos que representaban un vasto imperio y sus diversas culturas. Antes de que las culturas desaparecieran de la historia, creía que era importante coleccionar y preservar todo lo que se pudiera.

La historia de cómo Zelia acabó en ese viaje por la Rusia zarista está relacionada con un movimiento nacional para la creación de museos y la conformación de colecciones de arte y cultura de alrededor del mundo, movimiento impulsado por la ambición de los directores de los museos y sus ricos patronos. "¿Te acuerdas de nuestras pláticas sobre el 'museo ideal' y cómo tú, Alice Fletcher, y yo deberíamos juntarnos y trabajar por él?", le preguntó Zelia a Stevenson.[4] Conforme los museos se convertían en la base institucional de la antropología en la década de 1890, Zelia estaba allí, ansiosa por desarrollar su misión.

*

Después de la Guerra Civil, cuando Estados Unidos se estaba industrializando y urbanizando con rapidez, algunos museos magníficos abrieron sus puertas en muchas ciudades. Entre 1866 y la Primera Guerra Mundial, veinticinco museos de arte, antropología e historia natural se fundaron en Estados Unidos, empezando con el Museo Peabody de Arqueología y Etnología

---

[4]   Zelia Nuttall a Sara Yorke Stevenson, 22 de septiembre de 1896, Archivo Nuttall, Archivos del Museo Penn.

de la Universidad de Harvard en 1866, el Museo Americano de Historia Natural en 1869 y el Museo Metropolitano de Arte en 1870, ambos en Nueva York, y el Museo de Bellas Artes de Boston en 1870.[5] Para 1914, distintos museos adornaban también avenidas en Atlanta, Cleveland, Detroit, Los Ángeles, Milwaukee, Portland y Toledo. La moda era evidente: después de la destrucción y dislocación que provocó la Guerra Civil, Estados Unidos, que había entrado en un periodo de rápida expansión económica, estaba decidido a construir esos nuevos templos para la cultura, así como bibliotecas, ayuntamientos, jardines botánicos, casas de ópera, etcétera. Esas instituciones representaban aquello a lo que las élites de las ciudades en rápido crecimiento aspiraban: urbanización, elegancia, civilidad, orden, higiene, educación pública y liderazgo en las artes y las ciencias. La ambición nacionalista por competir con Europa también ayudó a potencializar esta gran época para los museos. Muchos antropólogos encontraron casa y trabajo permanente en ellos, pues se convirtieron en directores, investigadores o miembros del personal.

---

[5] Por orden de fundación, fueron el Museo Peabody de Arqueología y Etnología, en 1866; el Museo Peabody de Historia Natural de Yale, en 1866; el Museo Americano de Historia Natural, en 1869; el Museo Metropolitano de Arte de Nueva York, en 1870; el Museo de Bellas Artes de Boston, en 1870; el Museo de Arte de Filadelfia, en 1876; el Instituto de Arte de Chicago, en 1879; el Museo de Bellas Artes de St. Louis, en 1881; el Museo de Arte de Milwaukee, en 1882; el Museo de Arte de Indianápolis, en 1883; el Instituto de Arte de Mineápolis, en 1883; el Museo de Arqueología y Antropología de la Universidad de Pensilvania, en 1887; el Museo Colombino Field (ahora Museo Field) en Chicago, en 1894; el Instituto de Artes de Detroit, en 1885; el Museo de Arte de Portland (Oregón), en 1892; el Museo De Young de Arte en San Francisco, en 1895; el Museo Brooklyn, en 1895; el Departamento de Bellas Artes, Instituto Carnegie (ahora el Museo Carnegie de Arte) en Pittsburgh, en 1896; el Museo de Bellas Artes en Houston, en 1900; el Museo de Antropología Phoebe A. Hearst en Berkeley, en 1901; el Museo de Arte de Dallas, en 1903; la Asociación de Arte en Atlanta (ahora Museo de Arte High), en 1905; el Museo de Arte del Condado de Los Ángeles, en 1910; el Museo de Arte de Nueva Orleans, en 1911; el Museo de Arte de Cleveland, en 1913. Tras su fundación, a menudo transcurría una década o más antes de que los museos estuvieran listos para abrir sus puertas.

Algunos de estos museos tienen actualmente problemas para mantener su relevancia, para superar las acusaciones de elitismo y para pagarles su salario a los curadores, administradores, guardias y maestros; pero en el momento de su creación eran sitios de interés populares para la clase media en ascenso y uno de los destinos favoritos para la filantropía. A la vez imponentes y majestuosos, proclamaban su propósito virtuoso y honraban a sus acaudalados patrocinadores mediante espléndidas escalinatas de granito, columnas de mármol y salones revestidos de madera. Exudaban orgullo cívico. Los museos ofrecían un "viaje imaginario en el tiempo", como dijo un académico, para educar al público en general sobre el arte y las civilizaciones antiguas.[6]

El movimiento para la creación de estos palacios de la cultura estaba acompañado por un sentido de urgencia. Muchos miembros de la élite adinerada se sentían motivados a adquirir arte y artefactos por simple competencia. Otros temían que las evidencias del pasado desaparecieran rápidamente, amenazadas por el avance acelerado de la industria y el crecimiento de la población. Para quienes coleccionaban artefactos de pueblos originarios de América, la presión era particularmente grande, ya que el avance hacia el oeste de personas, ejércitos, enfermedades y religiones estaba diezmando a las poblaciones nativas y erosionando sus prácticas tradicionales. Para algunos, la compulsión resultaba en una acumulación de objetos sin ton ni son. Para los museos que tenían un poco de esto y un poco de lo otro, la labor de catalogar y ordenar era abrumadora; a menudo, tales esfuerzos despertaban la ambición de conseguir más y más objetos, a fin de llenar los vacíos en las colecciones en expansión. Para los museos con una misión más definida, también era intensa la presión por cumplir con su visión.

Los esfuerzos mundiales por preservar los patrimonios nacionales contribuían al frenesí. Zelia creía que los museos de Rusia

---

[6] Black, *On Exhibit*, 3.

pronto dificultarían la labor de los coleccionistas extranjeros. "Dentro de muy pocos años será completamente imposible conseguir cualquier cosa, a cualquier precio", le dijo a Stevenson, "ya que los museos etnológicos rusos también están dándose cuenta de que es ahora o nunca que deben reunir y preservar todo lo relacionado a los trajes y costumbres nacionales".[7] En el Museo del Hermitage en San Petersburgo le dijeron que ya no se podían hacer intercambios y le negaron incluso la compra de duplicados para el museo de Filadelfia. En la Academia de Ciencias de Rusia recibió negativas tajantes para sacar cualquier objeto del país.

Ya fueran museos de bellas artes, de historia natural o de antropología, su propósito era en realidad el mismo: preservar, ordenar y exhibir el pasado. Tal ambición estaba impulsada por las aspiraciones imperialistas, la competencia por el prestigio urbano y las vastas fortunas personales.[8] Financiados por patrocinadores adinerados y respaldados por autoridades locales, los museos personificaban el espíritu de la época. "Estamos impulsando la construcción del Museo. Para ello, estamos solicitando una asignación del Estado; uno de nuestros amigos ha donado 50000 dólares para el edificio y hemos recaudado 48000 dólares más", escribió Stevenson a Zelia, jactándose del progreso de "su" museo en Filadelfia. "No sé si te conté que la primavera pasada obtuvimos de la ciudad tres hectáreas de terreno para construir allí el museo".[9] Se trataba de asociaciones público-privadas, mucho antes de que tales iniciativas fueran promovidas como soluciones a los problemas urbanos.

Llegaban objetos de todo el mundo, recolectados por un ejército de exploradores y rastreadores. Las expediciones a excavaciones arqueológicas, los viajes de compras a galerías extranjeras, los intercambios y las donaciones eran respaldados con entusiasmo por asociaciones académicas e individuos con

[7]   Zelia Nuttall a Sara Yorke Stevenson, 31 de julio de 1896.
[8]   Véase Black, *On Exhibit*.
[9]   Sara Yorke Stevenson a Zelia Nuttall, 17 de diciembre de 1895, Archivo Stevenson, Archivos del Museo Penn.

dinero. Los presentes y futuros directores de museos de antropología e historia natural unieron fuerzas durante la Exposición Mundial Colombina de Chicago de 1893, durante la cual, simultáneamente, alentaron los proyectos de los demás y compitieron por sus propias instituciones. Juntos, estos museos se convirtieron en el centro del trabajo antropológico. Proporcionaron artefactos para su estudio, lugares en donde reunirse y trabajos para quienes tenían conocimiento especializado en antigüedades.

En la mayoría de los países había poco control efectivo sobre lo que podía comprarse, intercambiarse o simplemente embolsarse. En México, incluso los turistas casuales sabían que los agentes de aduana no iban a detectar los artefactos que se enviaran con el equipaje personal, escondidos debajo de libros y ropa.[10] Alfred Tozzer, un joven antropólogo de Harvard, comprometido con garantizar que el Museo Peabody tuviera un buen suministro de materiales del cenote sagrado de los mayas en Chichén Itzá, sacó del país objetos de oro, cobre y jade, cosidos en pequeños bolsillos del chaleco acolchado que vestía. Asimismo, sus cajas de cigarros, según le contó a su familia, iban llenos de pequeños objetos, y en su camioneta llevaba piezas más voluminosas.[11] Pero Tozzer no era para nada el único. Hubo quienes, por ejemplo, luego de un viaje a Japón, regresaron a Boston con treinta mil grabados y cuatro mil pinturas para el nuevo Museo de Bellas Artes de la ciudad.[12] En general, los descubridores se adjudicaban la propiedad, como lo demuestra el siguiente comentario de Zelia, que, en diciembre de 1895, le dijo a Stevenson que un amigo, en su camino hacia Egipto, esperaba encontrar muchas momias, y "prometió […] una buena para ti".[13]

[10] Calderón de la Barca, *Life in Mexico*.
[11] Alfred Tozzer a su familia, 14 de abril de 1904, Archivo Tozzer; Papers; McVicker, *Adela Breton*, 128-129.
[12] Para una discusión sobre la popularidad del arte asiático en los museos estadounidenses, véase Meyer y Brysac, *The China Collectors*.
[13] Zelia Nuttall a Sara Yorke Stevenson, 17 de diciembre de 1895, Archivo Nuttall, Archivos del Museo Penn.

La situación era tal que los coleccionistas, los directores de los museos y sus curadores estaban preocupados por la procedencia de su botín y por los posibles reclamos de sus países de origen. En general, su argumento para defender el saqueo era que los museos de Europa y Estados Unidos sabrían resguardar mejor tales objetos.[14] Si se dejaban en su lugar, decían, los artefactos serían destruidos o robados y, entonces, acabarían por desaparecer para el mundo "civilizado". Desde Yucatán, Alfred Tozzer le escribió una carta a su familia en Lynn, Massachusetts, en donde explicaba los beneficios de contrabandear artefactos:

No me interesa este negocio de contrabando, pero si los mexicanos van a hacer leyes estúpidas [para prevenir que los artefactos salgan del país] e intentar detener el crecimiento de la arqueología en el Norte, entonces no quedará otra que romperlas. Es casi un deber tomar todo lo que se pueda del país, pues cualquier cosa que permanezca va a perderse, o bien, a destruirse, y por lo tanto se perderá para la ciencia.[15]

La convicción de que estaban actuando en nombre de la ciencia —es decir, objetivamente, sin pasión y con base en los hechos— encubrió actos que de otra manera se podrían haber interpretado como saqueo.

"Con profundo interés en el progreso de los museos en mi país, y particularmente en el Museo de la Universidad de Pensilvania, con el conocimiento que tengo de sus grandes aspiraciones y éxitos del pasado, voy a servir a sus intereses con el corazón y con el alma", le prometió Zelia a William Pepper, rector de la

---

[14]   En México, Egipto y algunos otros países, las autoridades nacionales habían empezado a crear leyes para proteger su patrimonio histórico. Sin embargo, muchas veces las reglas y regulaciones para la exportación de material arqueológico eran fácilmente eludidas, ya que los países tenían poca capacidad para implementarlas.
[15]   Alfred Tozzer a su familia, 14 de abril de 1904.

universidad, en las vísperas de su partida.[16] Ella estaba comprometida con la causa.

*

En esta era de florecimiento para el desarrollo museístico, el entusiasmo —y los caprichos— de los patronos tenía, con frecuencia, una influencia enorme en sus colecciones. Moldeado por un trío de benefactores influyentes, el museo de la Universidad de Pensilvania es un claro ejemplo de eso.

Esbelto, guapo y de buen bigote, William Pepper era un hombre cortés y bien conectado. En los inicios de su carrera, había sido el director médico de la Exposición del Centenario de 1876 en Filadelfia. Más tarde fundó una revista sobre medicina y ayudó a crear la primera biblioteca gratuita de la ciudad. En 1880 el apuesto médico fue nombrado rector de la Universidad de Pensilvania. Igual que los líderes de otras históricas instituciones, el objetivo de Pepper era transformar la universidad: de ser una escuela cuya atención estaba puesta casi exclusivamente en la enseñanza —de medicina, sobre todo—, la convirtió en una institución orientada a la investigación que estaría a la vanguardia en la innovación y el descubrimiento. Junto a los presidentes de las universidades de Harvard, Columbia, Johns Hopkins y Yale, intentó emular las grandes universidades europeas, especialmente las de Alemania y Francia. Durante su administración, la Universidad de Pensilvania construyó veinte edificios nuevos, fundó trece nuevos departamentos y desarrolló nuevos planes de estudios.[17] Pero era necesario algo más: para muchas instituciones con aspiraciones similares, además de nuevas cátedras, laboratorios y bibliotecas, la fundación de un museo

[16]   Zelia Nuttall a William Pepper, 17 de abril de 1896, Archivo Nuttall, Archivos del Museo Penn.
[17]   Danien y King, "Unsung Visionary", 41.

de historia natural o de antropología simbolizaba su compromiso con las ciencias.

El proyecto de crear un museo en la universidad trajo consigo,
en la vida de Pepper, una estrecha sociedad con Sara Stevenson,
una egiptóloga decidida y bien conectada que daba clases en la
misma institución. Bajo la tutela de Frederic Putnam, Stevenson
fue la primera mujer en presentar una conferencia en el Museo
Peabody. Más tarde, conforme la investigación sobre los orígenes de las civilizaciones humanas ganaba fuerza, la egiptóloga
fue una impulsora decidida de que Filadelfia albergara un museo de antropología. Incansable, insistía en que el mayor logro
del nuevo museo sería poseer y exhibir una colección de tesoros
de Egipto y de Tierra Santa. Es por ello que fue nombrada curadora de las colecciones de Babilonia, Egipto y el Mediterráneo,
y, aunque no recibía un sueldo por esa tarea, se comprometió
con ella y arrastró a Pepper a su empresa. "Nunca vas a renunciar a tu misión de crear un museo, y yo nunca voy a renunciar
a ayudarte", le escribió Pepper en 1893. "Estoy seguro de que
Dios nos va a mandar unas cuantas donaciones generosas y luego
brindaremos con litros de champán".[18] Se rumoraba que eran
amantes, y sus cartas demuestran una considerable intimidad.[19]

Ambos, Pepper y Stevenson, tenían la esperanza de obtener
reputación al formar una colección de alto nivel. El camino para
alcanzar ese objetivo, sin embargo, era incierto. Mientras Boston tenía el Peabody, famoso por sus colecciones de Mesoamérica y por la creciente influencia de su curador, Washington
D. C., la Institución Smithsoniana, la cual albergaba las mejores colecciones a nivel nacional de las culturas nativas americanas, y la ciudad de Nueva York el Museo Americano de Historia
Natural, un imán de científicos desde entonces, a Filadelfia le

[18]   William Pepper a Sara Yorke Stevenson, 1893, citado en Hinsley, "Drab Doves
      Take Flight", 16. Pepper había originalmente imaginado el museo como una adi-
      ción de la biblioteca de la universidad; Stevenson lo alentó a agrandar su visión.
[19]   Véase Hinsley, "Drab Doves Take Flight", 16-17.

faltaba todavía reunir a su comunidad de antropólogos en torno a un proyecto común. El desarrollo de la disciplina antropológica en esa antigua ciudad había dependido durante mucho tiempo de clubes y asociaciones, cuyos compromisos eran más bien una extensión de intereses intelectuales privados. Algunos de estos clubes eran tan prestigiosos —la Sociedad Filosófica Estadounidense, fundada en 1743, por ejemplo— que su estatus sin duda disminuyó el entusiasmo por crear nuevas instituciones. Mientras otras ciudades recibían con entusiasmo sus nuevos museos, los prósperos cuáqueros de Filadelfia concentraban sus energías en otros proyectos.[20]

Así, a pesar del velo de refinamiento que caracterizaba a la ciudad, se necesitó un esfuerzo especial para consolidar las lealtades locales. Pepper y Stevenson llegaron a la conclusión de que su mejor apuesta era centrarse en formar una colección de artefactos provenientes de tierras bíblicas. Así, en 1887 crearon el Fondo de Exploración Babilónica para financiar excavaciones y adquirir artefactos en Egipto, Grecia, Italia y el Cercano Oriente. Resultó una gran idea: acumular, primero, materiales de alta calidad provenientes de la región mediterránea —entonces el tipo más prestigioso de colección para un museo— y luego usar ese botín para abogar por la creación de un edificio adecuado donde albergarlo y exhibirlo.[21] De igual manera, le pidieron a Daniel Brinton, líder de la Academia de Ciencias Naturales de Filadelfia y el primer profesor de antropología en Estados Unidos, que promoviera la recaudación de donaciones para formar colecciones del Nuevo Mundo, pero a los filántropos locales eso les parecía una "pila de puntas de flecha", y no apoyaron la causa.[22]

---

[20] Véase Hinsley, "Drab Doves Take Flight", 1-3.

[21] El Fondo de Exploración Babilónica se centró en recolectar. Pepper también apoyó la creación de un programa de lenguas semíticas en la universidad. Véase Hinsley, "Drab Doves Take Flight", 4-5.

[22] Charles Conrad Abbott a Frederic Ward Putnam, octubre de 1878, citado en Hinsley, "Drab Doves Take Flight", 6. Abbott fue el primer curador de la sección

El nuevo museo de Pepper y Stevenson fue finalmente fundado en 1887, y dos años más tarde él constituyó la Asociación Universitaria de Arqueología, a fin de recaudar fondos, destinados a la construcción del edificio que albergaría su impresionante tesoro de antigüedades procedentes de lo que entonces se consideraba la cuna de la civilización. No estuvo abierto al público sino hasta finales de siglo, mucho después que los museos de Cambridge y Washington.

La Exposición Mundial de Chicago reunió a muchos de los antropólogos más comprometidos con el desarrollo de esa disciplina. Pepper estuvo allí, junto con sus queridas amigas Phoebe Hearst y Sara Stevenson. Franz Boas, Alice Cunningham Fletcher, Frederic Putnam Zelia Nuttall y otros se unieron a ellos para discutir cómo debía ser un museo moderno. En el Edificio de Antropología de Putnam, pudieron ver cómo una presentación innovadora de artefactos culturales podía ser una poderosa contribución a la educación pública. Pepper estaba convencido de que un museo así sería una gran manera de asegurar el sitio de la Universidad de Pensilvania en el mapa de la vanguardia científica.

Después de la Exposición, Pepper y Stevenson intentaron atraer a Boas a su proyecto en Filadelfia. Boas —a quien Charles King describió como "irascible, necio, impaciente y poco comprometido"— se encontraba sin rumbo fijo tras la feria.[23] Consideró la oferta de Filadelfia, pero en su lugar eligió el Museo Americano de Historia Natural en Nueva York, donde Putnam había sido nombrado curador.[24] Allí trabajó bajo la guía de su mentor, y luego fue nombrado profesor en la Universidad de Columbia.

Hearst, quien aún estaba adaptándose a su papel como una de las filántropas más ricas del país, fue un gran apoyo para las

americana del Museo de Arqueología y Antropología de la Universidad de Pensilvania en Filadelfia.

[23] King, *Gods of the Upper Air*, 73.

[24] Putnam continuó con su trabajo en Harvard, al tiempo que trabaja como curador para la institución de Nueva York.

aspiraciones de Pepper y Stevenson. Ya se había hecho un nombre gracias a su promoción de la educación pública y los derechos de las mujeres, y para ese entonces había desarrollado un interés por la arquitectura y el urbanismo, con la esperanza de que las ciudades del país pudieran volverse lugares menos caóticos, más seguros y más atractivos para vivir. Sus frecuentes viajes a Europa despertaron en ella el gusto por el coleccionismo. Dondequiera que iba —o al menos eso parecía—, compraba objetos de épocas pasadas y los enviaba a sus casas en California y Washington D. C. Además, Pepper era su médico personal y un amigo cercano. Hearst le atribuía haberle salvado la vida cuando tuvo fiebre reumática en 1895; él le recomendó adoptar un estilo de vida menos estresante y le aconsejó un largo descanso en Europa.[25]

Como otros filántropos adinerados de su época, Hearst confiaba en el poder educativo de los museos. Creía, además, que éstos podían, en una época en la que el mundo estaba cambiando tan rápidamente, proteger el tesoro del pasado; es decir, salvarlo del robo, la destrucción o la decadencia, y asegurarse de que permaneciera en buenas manos. En Estados Unidos, cuya población se sentía cada vez más inestable por el triple impacto de la inmigración, la industrialización y la urbanización, estas instituciones podían también transmitir una importante enseñanza sobre la unidad fundamental del desarrollo humano en un mundo en rápida transformación. En ese sentido, Hearst creía que los museos debían estar abiertos a todos y que debían trabajar para educar a través de sus exposiciones y conferencias públicas. Por ello, en Washington —donde vivió mientras su esposo era senador y después de su muerte en 1891—, buscó asegurar fondos y apoyo de amigos, fundaciones y el gobierno para sus obras filantrópicas.

---

[25] Cuando Pepper murió en 1898, Hearst lamentó haber "perdido a uno de los mejores amigos de toda mi vida". Phoebe Apperson Hearst a Mr. Leonard, 17 de agosto de 1898, citado en Nickliss, *Phoebe Apperson Hearst*, 252.

234   A LA SOMBRA DE QUETZALCÓATL

Hearst ayudó al proyecto del museo de Filadelfia de diversas maneras. Financió excavaciones y expediciones, incluida una en Florida a mediados de la década de 1890, y otra en Egipto, llevada a cabo por George A. Reisner en 1899. También donó numerosos objetos que había recolectado durante sus viajes a Egipto e Italia. A petición de Sara Stevenson, fue elegida presidenta honoraria de la Sociedad Estadounidense de Exploración de la Universidad de Pensilvania. Pero también colaboraba de otras formas. En 1894, Nuttall le escribió a Stevenson sobre un colega alemán, Max Uhle, del Museo de Dresde, que había realizado un importante trabajo en Perú y había estudiado las ruinas de Tiahuanaco en Bolivia para el Museo Etnológico de Berlín. Para su consternación, su esperanza de seguir contando con financiamiento se desmoronó cuando su mecenas murió inesperadamente. Phoebe Hearst rescató a Uhle. "Es extraña la combinación de circunstancias imprevistas que nos ha llevado a compartir el mismo interés en las mismas personas y cosas", le escribió Zelia con gratitud. "Gracias a Sara Stevenson supe que fue tu generosidad e interés en su trabajo lo que le ha permitido al Dr. Uhle continuar sus exploraciones en Perú".[26] Uhle fue contratado por el museo de Filadelfia y contribuyó a su colección de materiales provenientes de América, comenzando con noventa contenedores de artefactos de Bolivia.

Fue en su papel de benefactora del Museo de Arqueología y Antropología que Hearst animó a Pepper y Stevenson a considerar el desarrollo de un departamento dedicado a Rusia. Como

---

[26] Zelia Nuttall a Phoebe Apperson Hearst, 1 de febrero de 1897 [fechado erróneamente en 1896], Archivo Nuttall, Archivos del Museo Penn. Zelia elogió las excavaciones de Uhle en Pachacámac, donde encontró una multitud de restos óseos femeninos, concluyendo "que éstos confirman la existencia de las 'Vírgenes del Sol', quienes vivían, al igual que las vestales romanas, apartadas, en una morada o monasterio". Además, descubrió un antiguo mural pintado al fresco, que contenía "las primeras representaciones de gran tamaño, realistas y de apariencia vívida de las que he tenido noticia". Zelia Nuttall a Sara Yorke Stevenson, 6 de febrero de 1894, Archivo Nuttall, Archivos del Museo Penn.

estaba planeando asistir como delegada oficial a la coronación del zar Nicolás II en 1896, se ofreció a investigar sobre oportunidades de intercambio de artefactos con los museos rusos y de recolección de objetos etnológicos para ellos. Ya de por sí agradecidos por sus contribuciones al trabajo de su vida, se convirtieron en aliados entusiastas en ese nuevo proyecto.

Zelia se volvió parte de esa iniciativa por casualidad. Inmediatamente después de la Feria Mundial de Chicago, viajó al este: estuvo un tiempo en Filadelfia con Stevenson y paró en Boston, Washington y Nueva York antes de navegar de vuelta a Europa a través de mares agitados e invernales. Regresó a su investigación sobre el Calendario Azteca durante la parada que hizo en Inglaterra, donde se quedó un mes completo. Según le comentó a Stevenson, trabajaba "de ocho a nueve horas diarias". "Creo, en efecto, que además de ti y Alice Fletcher y Agnes Crane y Putnam, pocas personas pueden entender por qué he sentido la necesidad de dedicarle otra vez mi atención absoluta a esto, luego de que mis experiencias con Brinton y otros desde agosto, cuando leí el artículo, me abrieran los ojos y pusieran frente a ellos tantos puntos importantes".[27]

De vuelta en Dresde a principios de febrero de 1894, Zelia se sentía abrumada por las responsabilidades familiares.

Hacía mucha falta en casa. Cuando llegué encontré a mi hermana esperándome con ansiedad para que pudiera acompañarla a un baile: llegué apenas a tiempo para el último baile de la corte y otras festividades, y sin saber cómo me encontré a mí misma de pronto transformada de un ratón de biblioteca en una mariposa chaperona,

escribió en una larga carta para ponerse al corriente con Stevenson.

27   Zelia Nuttall a Stevenson, 26 de febrero de 1894.

Hasta hace unos días, salía todas las tardes. Imagina combinar eso con desempacar, asentarme, disfrutar a Nadine, descubrir sus gustos, poner mi casa en orden de nuevo, crear atuendos de baile, además de hacer muchas visitas, recibir otras tantas, dedicar las horas libres a mi madre —quien está, afortunadamente, mucho mejor—, escuchar confidencias y dar consejos sobre algunos pequeños asuntos amorosos de mi hermano y mi hermana, etcétera. ¿Te sorprende que no haya escrito?.[28]

Zelia se escapó a Suecia con su hija Nadine con la intención de descansar. A finales de año, ya otra vez en Dresde, recibió con entusiasmo la invitación de Stevenson para acompañarla a una expedición en Egipto. Zelia tenía mucho tiempo deseando conocer esa cuna de la antigüedad, y hacerlo en compañía de una egiptóloga experta —quien, además, era una buena amiga— se sentía como un verdadero regalo. Las dos eran mujeres ocupadas, y el viaje significaría un descanso para ellas. "Si las dos nos sentimos libres y satisfechas por haber conseguido nuestros objetivos", le confió Zelia a su amiga, "seremos las almas más alegres en la tierra de las momias el próximo año: nos convertiremos en lotófagas y encontraremos el olvido".[29]

Sin embargo, en noviembre de 1895, Zelia recibió la triste noticia de que Stevenson estaba bajo demasiada presión en la universidad, por lo que no podría llevar a cabo la expedición a Egipto. Hearst, preocupada por la salud de su hijo, también canceló su visita a la coronación rusa. Convencidos del valor de tener un departamento dedicado a Rusia, Hearst, Pepper y Stevenson coincidieron en que Zelia sería la persona ideal para asumir esa

---

[28] *Ibidem*. Zelia pronto se ocupó en investigar colecciones de armas antiguas para el esposo de Sara (Zelia Nuttall a Sara Yorke Stevenson, 3 de marzo de 1894, Archivo Nuttall, Archivos del Museo Penn). Se refirió a Sara como "mi querida amiga" (Zelia Nuttall a Sara Yorke Stevenson, 22 de mayo de 1895, Archivo Nuttall, Archivos del Museo Penn).

[29] Zelia Nuttall a Sara Yorke Stevenson, 19 de noviembre de 1895, Archivo Nuttall, Archivos del Museo Penn.

Zelia y Nadine Nuttall en Dresde en 1894.

aventura en su lugar. Ya estaba en Europa; hablaba francés, alemán, italiano, español e incluso un poco de ruso; tenía un sinfín de contactos y era conocida por tener un ojo muy agudo. Pensaron que sería una excelente embajadora para su museo y una astuta coleccionista de artefactos.

Zelia se sorprendió al recibir una carta del rector de la Universidad de Pensilvania, en la que se le pedía que representara a la institución en las próximas festividades en Moscú. ¿Estaba dispuesta a asistir a la coronación y, durante su estancia en aquel país, proponer intercambios de material con instituciones rusas y buscar objetos para exhibir y estudiar en Filadelfia? Ansiosa por la aventura, Zelia pronto comenzó a hacer planes. Hearst, quien financiaba gran parte de sus viajes y adquisiciones, la animó a aprovechar los alojamientos que ya había reservado para sí misma en Moscú.[30]

El viaje a Rusia volvió a poner a Zelia en un papel que le resultaba cada vez más familiar: ir en representación de una institución. Había ya trabajado como asistente especial para el Museo Peabody y había recolectado y organizado exposiciones para la Feria Mundial de Chicago. Ahora sería responsable de valorar objetos, comprarlos y gestionar los complejos arreglos necesarios para enviarlos a Filadelfia. Aunque estaba nerviosa, le prometió a Hearst que cumpliría su misión "con éxito y obtendría valiosas contribuciones para el Museo de Filadelfia".[31] Stevenson le envió una lista de cosas que debía buscar: publicaciones, convenios de intercambio, materiales arqueológicos y objetos etnográficos.[32]

Antes de partir, Zelia movilizó sus "contactos con personas del ámbito arqueológico en Rusia", quienes la ayudaron a "hacer gestiones para asegurar mi presencia en todas las fiestas

---

[30]   Cuando recibió la carta de Pepper, Zelia no había escuchado de la cancelación de los planes de Hearst y estaba bajo la impresión de que irían a Rusia juntas. Se decepcionó al descubrir que viajaría sola.

[31]   Zelia Nuttall a Phoebe Apperson Hearst, 16 de abril de 1896, Archivo Hearst.

[32]   Sara Yorke Stevenson a Zelia Nuttall, 15 de abril de 1896, Archivo Nuttall, Archivos del Museo Penn.

oficiales".[33] Había conocido a la condesa Pauline Ouvaroff, presidenta de la Sociedad Imperial de Arqueología de Moscú y directora de su museo arqueológico, durante las celebraciones del IV Centenario en España en 1892. Esta vez, la condesa habló con el gran duque Sergei, hermano del zar, para asegurarse de que su amiga fuera incluida entre los invitados a los actos de celebración organizados con motivo de la coronación. Al enterarse de que necesitaba una carta del ministro estadounidense en Moscú para ser parte del séquito oficial, Zelia le envió un telegrama a Stevenson y le pidió que le escribiera al ministro en su nombre. Como ocurrió a lo largo de toda su vida, Zelia entendía bien que a la hora de concretar ese tipo de negocios, era fundamental contar con las relaciones adecuadas.

Y así fue como Zelia Nuttall asistió a los bailes, los salones y las celebraciones religiosas en Moscú, se hospedó con condes y condesas, y coleccionó con diligencia recuerdos de su estancia.[34] Llegó antes de que comenzaran las festividades oficiales, contrató a una doncella rusa y a una "anciana rusa extremadamente inteligente y amable" que le daba clases de ruso. Ya había estudiado el idioma, pero sentía que estaba "en gran desventaja al no poder entender ni hablar bien la lengua".[35] Estaba entusiasmada por presenciar los actos imperiales, pero su propósito principal estaba claro: recolectar todo lo que pudiera para sus patrocinadores.

Los Ouvaroff le presentaron a la comunidad antropológica de Moscú. Gracias a estas conexiones, Zelia pronto organizó intercambios entre la Universidad de Pensilvania y museos rusos. En un informe para Pepper y Stevenson, compartió noticias sobre lo que podrían llegar a recibir del Museo Etnológico de Moscú:

[33]   Zelia Nuttall a Hearst, 16 de abril de 1896.
[34]   Zelia estaba en la ciudad cuando más de mil trescientas personas fueron pisoteadas hasta la muerte en la tragedia de Jodynka.
[35]   Zelia Nuttall a Sara Yorke Stevenson, 6 de junio de 1896 (25 de mayo según el calendario gregoriano), Archivo Nuttall, Archivos del Museo Penn.

El director ofrece los trajes rusos antiguos más bellos e interesantes (completos o en parte) de distintas provincias, entre ellos gorros bordados en oro, prendas bordadas, sillas, zapatos, etc. También modelos u originales de herramientas agrícolas, algunos curiosos instrumentos musicales y saleros de madera como los que usan los campesinos. ¡Ha ofrecido también un hermoso arco en su vaina ricamente ornamentada, y flechas en un carcaj a juego (de la Rusia asiática), a cambio de un arco y flechas de indios americanos! Le dije que sin duda ustedes satisfarían su deseo.[36]

No obstante, Zelia temía que cualquier cosa que enviaran desde Estados Unidos no fuera lo suficientemente impresionante como para igualar el valor de los objetos ofrecidos. Sugirió mandar el modelo de un tótem como forma de equilibrar los intercambios. Y se mantuvo muy ocupada: la Universidad de Pensilvania no podía haber pedido una defensora más entusiasta. Se disculpó por no haber seguido la sugerencia de Pepper de escribir una serie de artículos para los periódicos de Filadelfia: "He necesitado toda mi energía para asimilar las impresiones diarias, soportar el cansancio de asistir a los actos y estudiar los museos y conocer a las personas vinculadas con ellos".[37] Zelia escribió a su hermana Roberta y a su hija Nadine contándoles que en todos lados se sentía tratada como una persona de la realeza.[38]

Armada con cartas de presentación de la condesa, Zelia viajó por Kiev, Nizhni Nóvgorod, Riga, Rostov, San Petersburgo y Yaroslav, adquiriendo objetos y reuniéndose con funcionarios locales y coleccionistas. Desde la residencia campestre de los Ouvaroff, cerca de Nizhni Nóvgorod, realizó una "exhaustiva búsqueda de material etnológico en no menos de tres aldeas",

---

[36] Zelia Nuttall a receptor(es) indefinido(s) [¿Sara Yorke Stevenson y William Pepper?], "Report on Russia Trip", 20 de mayo de 1896, Colección Parmenter.
[37] Zelia Nuttall a Stevenson, 6 de junio de 1896.
[38] Zelia Nuttall a Roberta Nuttall y Nadine Nuttall, 12 de julio de 1896, Colección Parmenter.

pero se sintió decepcionada al encontrar tan poco. "Sólo las mujeres ancianas recordaban cómo eran los trajes nacionales: todos los antiguos gorros bordados habían sido llevados hace tiempo a las iglesias para fundir el oro de los hilos".[39] En Riga, Zelia visitó la Exposición Etnológica Letona y asistió al Congreso Arqueológico Panruso, presidido por la condesa Ouvaroff. Envió al museo trajes típicos de la región del Báltico.

"No me gusta gastar nada sin autorización", escribió Zelia, pero "por otro lado, parece una verdadera lástima dejar pasar la oportunidad de conseguir objetos raros a precios bajos".[40] Estaba cuidando cada centavo, gastando "en promedio 3 dólares diarios" en comida y alojamiento.[41] Desde Nizhni Nóvgorod informó sobre los altos precios: tuvo que pagar casi lo mismo por la habitación de su doncella que lo que había pagado por una habitación en Chicago —un dólar y medio—.[42] Todo había subido de precio porque, según explicó, el zar estaba a punto de visitar la ciudad. Más tarde, le confesó a Hearst que estaba llena de "emociones encontradas [...]. Comprar o no comprar: ésa era la cuestión. Compré algunas cosas muy interesantes y dos trajes antiguos completos de un traje tradicional ruso, como los que usaban la nobleza y los comerciantes hace dos generaciones".[43] ¿Estaba actuando dentro de los límites de su encargo? ¿Serían valorados sus esfuerzos? "Ay, niña querida", lamentó en una carta a Stevenson, "cuánto deseo haber hecho lo mejor posible".[44]

En ocasiones, Zelia usaba sus propios recursos para adquirir objetos. "Como no me siento autorizada para comprarlos para el Museo, prefiero darme el gusto de hacerles un regalo antes que

---

[39] Zelia Nuttall a Sara Yorke Stevenson, 31 de julio de 1896.
[40] Zelia Nuttall a William Pepper, 28 de junio de 1896, Colección Parmenter.
[41] Zelia Nuttall a Stevenson, 6 de junio de 1896.
[42] Zelia Nuttall a Sara Yorke Stevenson, "Report on Russia Trip", 17 de julio de 1896, Colección Parmenter.
[43] Zelia Nuttall a Phoebe Apperson Hearst, 21 de octubre de 1896, Archivo Hearst.
[44] Zelia Nuttall a Sara Yorke Stevenson, 29 de julio de 1896, Colección Parmenter.

perder la oportunidad".[45] Otras compras la ponían en el mismo dilema: ¿debía usar los fondos que le habían confiado o su propio dinero? En septiembre de 1896, desde Dresde, escribió con preocupación a William Pepper, explicando sus dudas sobre el uso del dinero del museo:

> Si usted considera que he cometido un error, o si deseara revertir el asunto, estoy dispuesta a reembolsar la suma que gasté y quedarme con las piezas adquiridas. Mi situación en Nijni [*sic*] fue difícil: cuando comenzó la feria, no tenía instrucciones claras y estaba demasiado lejos como para comunicarme con ustedes con la suficiente celeridad, pero a la vez no quise dejar pasar una oportunidad así [...]. Con todo, me siento mil veces compensada por todo lo que vi y aprendí, y siempre llevaré conmigo el más sincero agradecimiento hacia la generosa señora Hearst por su apoyo al Museo y a su representante. Confío en que, cuando se reúnan todas las cosas que he coleccionado, intercambiado y encargado (probablemente para la próxima primavera ya las habrán recibido todas), pensarán que justifican los gastos de mi misión. Aun así, siento el enorme peso de la responsabilidad, pues no sé hasta qué punto he cumplido con sus deseos y expectativas.[46]

En octubre le escribió con aprecio a Hearst, en un intento por asegurarle que el dinero había sido bien invertido:

> Supongo que ya te habrás dado cuenta de lo rápido que se me pasó el tiempo, y mis informes habrán demostrado lo ocupada que estuve, haciendo todo lo posible por promover los intereses del Museo y trabajando con todo el corazón y el alma en esta misión que asumí con tanto entusiasmo. Pienso una y otra vez, con una gratitud tierna y afectuosa, en que es a ti a quien le debo los muchos y

[45] Zelia Nuttall a Pepper, 28 de junio de 1896.
[46] Zelia Nuttall a William Pepper, 14 de septiembre de 1896, Colección Parmenter.

hermosos recuerdos del tiempo de la coronación, y en cuánto estoy en deuda contigo, no sólo como amiga, sino como compatriota y científica. Cuando se reúna la colección que he conformado, espero que consideres que mi misión fue un éxito. Ahora comprendo que será gracias enteramente a tu generosidad que el Museo contará con un departamento dedicado a Rusia. Creo y espero que mi trabajo estará a la altura de tus expectativas. La empresa no fue fácil, sentía el enorme peso de la responsabilidad y, en ocasiones, fue duro estar sola y tan lejos de cualquier consejo o ayuda.[47]

Como puede verse, y a pesar de todas esas dudas, Zelia estaba entusiasmada con lo que había reunido y esperaba ilusionada verlo en exhibición.

*

Dos años después de su regreso de Rusia, la exhibición con sus descubrimientos no se había programado todavía. Desde Florencia, donde estaba trabajando en sus investigaciones, y Lausana, donde Nadine iba a la escuela, les escribió a la junta directiva del Museo de Arqueología y Antropología del Museo en Filadelfia y a Stevenson y a Hearst para pedirles que presionaran al director del museo, Stewart Culin, a fin de que se exhibieran los objetos de Rusia.[48] Dada la importancia del rol que habían desempeñado en el desarrollo del museo, Zelia esperaba que sus amigas insistieran en que la exhibición avanzara, aun si el director no mostraba interés en ella.

Desafortunadamente, para 1898, las amistades de Zelia en

---

[47]   Zelia Nuttall a Phoebe Apperson Hearst, 21 de octubre de 1896.
[48]   Zelia Nuttall al presidente y al consejo de gerentes del Departamento de Arqueología de la Universidad de Pensilvania, s.f.; Zelia Nuttall a Hearst, 1 de enero de 1896 [1897]; Zelia Nuttall a Sara Yorke Stevenson, 18 de enero de 1897; Zelia Nuttall a Sara Yorke Stevenson, 17 de febrero de 1897. Todas las cartas pertenecen a los Archivos del Museo Penn.

Filadelfia no tenían el mismo poder para dirigir el destino del museo. William Pepper murió repentinamente ese año mientras visitaba a Hearst en la Hacienda del Pozo de Verona, su suntuosa casa cerca de Pleasanton, California. Con su muerte, menguó la conexión de Hearst con el museo. Además, en ese tiempo, estaba más interesada en proyectos de California, particularmente de la Universidad, en donde era tratada con mucho respeto. Se molestó enormemente cuando Stewart Culin le negó su petición de transferir algunas de sus donaciones a California, tanto que renunció a su puesto en el consejo del Museo de Filadelfia y a su papel como presidenta honoraria de la Sociedad Estadounidense de Exploración, y comenzó a financiar otros proyectos en los que pudiera tener más influencia.

Al mismo tiempo, los administradores de la Universidad de Pensilvania estaban ansiosos por tener más control sobre el museo, sus colecciones y su presupuesto. La responsabilidad de la dirección y el manejo del museo se dividió entre el consejo, los patrocinadores y el director. Stewart Culin había decepcionado al consejo por haber utilizado su tiempo al frente del museo para reforzar su propia reputación mediante viajes, conferencias y otras actividades externas. Cuando se le informó sobre el descontento, se dispuso a reforzar su control, mediante su influencia sobre el consejo y los curadores del museo, la mayoría de los cuales trabajaba voluntariamente.[49] Stevenson protestó cuando Stewart quiso "invadir" sus colecciones de Babilonia, Egipto y el Mediterráneo. Finalmente, enfurecida por los esfuerzos por debilitar al consejo del museo, renunció a la curaduría y al consejo, llevándose, además, a muchos de los miembros independientes con ella. De tal suerte, a finales del siglo, Stevenson no era ya una fuerza importante en el museo, y Zelia se alejó de su órbita.

[49]   Hinsley, "Drab Doves Take Flight", 9-10.

Con Nadine en la escuela, Zelia estuvo muy ocupada los siguientes años. A su trabajo previo sobre las cabezas de terracota, los penachos y las lanzas, añadió artículos sobre el significado de las figuras animales en los pictogramas aztecas y sobre la naturaleza de las piedras preciosas que los pueblos bajo el yugo azteca les pagaban como tributo a los señores de Tenochtitlan.[50] Los estudios de la Piedra del Sol y los códices Bodley, Selden y Viena, junto con su comparación con las fuentes españolas, llevaron a Zelia a insistir en la importancia de los días de mercado para la regulación de la vida diaria de los aztecas. Demostró cómo lo que con frecuencia se había entendido como recipientes para contener el corazón y la sangre de las víctimas del sacrificio, eran en realidad instrumentos de medición monitoreados oficialmente para las transacciones en el mercado.[51]

Zelia se basó en las crónicas españolas sobre el mundo indígena para volver a contar leyendas y explicar prácticas medicinales.[52] También logró demostrar, en un artículo sobre los sacrificios humanos, que los relatos sobre su ubicuidad estaban "gravemente exagerados", pues la práctica estaba, de hecho, reservada para ocasiones solemnes y siempre en presencia de los altos sacerdotes. Esto —decía— contrarrestaba la idea de que los aztecas eran una "raza" salvaje y sanguinaria. Para respaldar esta afirmación, Zelia citó a los frailes españoles a propósito del amoroso cuidado que los aztecas les daban a sus hijos. "Yo, por mi parte, no conozco ninguna nación que los superara", escribió, "y sostengo que quienes niegan sus méritos ignoran por completo los principios más elementales que se necesitan para formarse una idea del elevado estado de cultura y armonía en el que vivían estos pueblos bajo sus antiguas leyes y formas de gobierno".[53]

50 Nuttall, "Coyote versus Long-Tailed Bear"; Nuttall, "Chalchihuitl in Ancient Mexico".
51 Nuttall, "Preliminary Note".
52 Nuttall, "A Note on Ancient Mexican Folk-Lore".
53 Nuttall, "Ancient Mexican Superstitions", 266, 268.

En todos estos artículos, la lectura minuciosa de pictogramas individuales y la comparación con pasajes de la literatura española le permitieron a Zelia extraer valiosas conclusiones sobre los comportamientos y creencias de la época anterior a la Conquista. Estaba trabajando en un facsímil del Códice Magliabechiano y en otro del que luego sería conocido como el Códice Nuttall —el manuscrito perteneciente a Lord Curzon, barón de Zouche, que había encontrado en la biblioteca del Museo Británico—. Además, en los años posteriores a su viaje a Rusia se dedicó al esmerado ensamblaje de su trabajo más extenso y ambicioso: un estudio detallado que comparaba los calendarios y la cosmología en México con los de culturas tempranas de otras partes del mundo.[54]

Sin embargo, la indecisión en Pensilvania seguía siendo una fuente de frustración para Zelia. Estaba furiosa porque Culin no había cumplido con las promesas de enviar el material de intercambio a las instituciones rusas. En 1901 se quejó con Hearst de que Culin ni siquiera había desempacado los numerosos objetos que ella había enviado desde Rusia con tanto cuidado.[55] También le escribió a Stevenson: "Hasta el momento, he esperado pacientemente noticias de su parte, con la esperanza también de que la señora Hearst hubiera recibido algún mensaje sobre el deseo del consejo de exhibir la Colección Rusa […]. Me siento tan decepcionada con todo esto que ya ni siquiera me importa si la colección se exhibe o no".[56]

En 1962, Ross Parmenter visitó el museo de la Universidad de Pensilvania mientras realizaba investigaciones para su biografía de Zelia, con la esperanza de descubrir qué había sido de su colección. Fue así que descubrió que no existía ningún departamento de Rusia, y que el personal del museo desconocía sus aportaciones. Tal vez, sugirió alguien, los objetos estaban en

54   Nuttall, *The Fundamental Principles*.
55   Zelia Nuttall a Phoebe Apperson Hearst, 10 de febrero de 1901, Archivo Hearst.
56   Zelia Nuttall a Sara Yorke Stevenson, 3 de abril de 1901, Archivo Nuttall, Archivos del Museo Penn.

el ático; nadie parecía saber nada.[57] Posteriormente, la colección fue encontrada, y hoy los frutos del trabajo de Zelia en Rusia están resguardados y seguros en la Universidad de Pensilvania. Parte de la colección ha sido digitalizada para su consulta en línea, pero jamás ha sido exhibida.

Hearst, Pepper y Stevenson fueron borradas del mapa por cambios personales e institucionales, y Zelia fue eliminada junto con ellas. Con todo, todavía se deja sentir su influencia en Filadelfia: el Museo de Arqueología y Antropología de la Universidad de Pensilvania es famoso aún hoy en día por sus extraordinarias colecciones de artefactos de la región mediterránea —de sus veintiocho galerías, quince están centradas en ella—, buena parte de las cuales fue recolectada bajo la guía de tres amigos: Phoebe Apperson Hearst, William Pepper y Sara Yorke Stevenson.

[57] Ross Parmenter, notas, Colección Parmenter.

7. LA UNIVERSIDAD DE CALIFORNIA ASUME EL CONTROL

A principios de septiembre de 1901, Phoebe Hearst recibió, en la Hacienda del Pozo de Verona —su magnífica casa de campo en California—, la visita de tres amigos muy especiales.[1] Cada uno de ellos contaba para entonces con un impresionante historial de logros. Frederic Putnam era una autoridad en la administración de museos y el estudio científico de las antiguas culturas occidentales. Veterano de la Exposición Colombina de Chicago en 1893 y cocreador del Museo Colombino Field, era el responsable de los departamentos de antropología de la Universidad de Harvard y del Museo Americano de Historia Natural en la ciudad de Nueva York. Zelia Nuttall era una reconocida experta en las civilizaciones antiguas de México, además de una escritora prolífica y una coleccionista experimentada de artefactos etnográficos y arqueológicos. Y Benjamin Ide Wheeler, doctor en lenguas clásicas por la Universidad de Heidelberg, era el enérgico rector de la Universidad de California y un ambicioso creador de instituciones.[2] Una cuarta invitada, Alice Fletcher, cuyos

---

[1]   La Hacienda del Pozo de Verona fue nombrada así en honor al elegante brocal de pozo italiano, importado desde esa ciudad italiana, que adornaba su patio. La mansión fue construida entre 1894 y 1898, y posteriormente ampliada. Fue destruida por un incendio en 1969.

[2]   Véase "Benjamin Ide Wheeler".

conocimientos sobre la vida de los nativos americanos habían influido en las políticas públicas, había llegado días antes para descansar y continuar sus estudios sobre la música indígena.[3]

Para recorrer los cerca de cincuenta kilómetros hasta la finca al suroeste de San Francisco, los invitados de Hearst habían abordado un tren en Oakland que serpenteaba a través de impresionantes paisajes silvestres y rurales, hasta llegar a la parada de tren privada de la hacienda. Desde allí, fueron llevados en carruajes a una villa de inspiración española y morisca con ochocientas hectáreas de jardines, bosque, y senderos para caminar: "un parque de árboles fabulosos [...], cuya alfombra echa hermosas flores tanto en verano como en invierno", según la entusiasta descripción de Ludwig Boltzmann, un físico vienés, después de su propia visita.[4]

Construida con base en las dimensiones de las magníficas "cabañas" de verano de la élite de la Costa Este en Newport, Rhode Island, las cincuenta y tres habitaciones de la hacienda estaban llenas del botín que Hearst había reunido luego de muchos años y muchos viajes. Abundaban los tapices, las estatuas, las pinturas, los jarrones, los candelabros y los muebles antiguos. En algunas habitaciones, la acumulación victoriana amenazaba incluso con sobresaturar el espacio. "El interior de la hacienda", reportó Boltzmann, en alusión a ese revoltijo, "es un cofre de tesoros lleno de trabajos maravillosos de arte y objetos extraños reunidos por la dueña, provenientes de todas las regiones del Viejo y el Nuevo Mundo; la mezcla más original de rarezas griegas, romanas, medievales, mexicanas, chinas, japonesas e indias".[5] Afuera, el aire, limpio de la contaminación que con

---

3   Mark, *A Stranger in Her Native Land*, 284-285. Mark señala que Fletcher encontró varias de sus visitas a la hacienda solitarias e incómodas. Extrañaba la compañía de su hijo adoptivo, Francis La Flesche, de la nación omaha, y le pidió que la visitara mientras ella se encontraba en la finca.
4   Ludwig Boltzmann, citado en Thompson, "The East Bay Then and Now".
5   Boltzmann, citado en Thompson, "The East Bay Then and Now".

tanta frecuencia envolvía a San Francisco, estaba impregnado del aroma de los pinos. Las colinas boscosas y los exquisitos jardines les otorgaban a los muchos invitados de Hearst la sensación de haber llegado a un elegante y hermoso *spa*, donde podían relajarse y pasear a su gusto.

Sin embargo, el grupo que se había reunido aquel septiembre no estaba allí para relajarse ni para pasear. Sus invitados tenían una misión: discutir cómo la Universidad de California podría avanzar en una ambición muy importante para Hearst. Formaban, pues, un comité especial, nombrado por Wheeler a recomendación de Hearst, cuyo objetivo era asesorar a la universidad sobre cómo establecer un museo y un departamento de antropología. El Comité Asesor, presidido por Putnam, debía "sugerir y considerar propuestas para el desarrollo del departamento; dirigir, de acuerdo con los deseos de los patrocinadores, las diversas expediciones, exploraciones e investigaciones previstas; supervisar las colecciones recibidas y velar por su seguridad […], y procurar la construcción de un edificio para el museo".[6]

El plan —el desarrollo simultáneo de un departamento de antropología y un museo dentro de la estructura de una universidad, con el fin de promover la recolección, el estudio y la exhibición de artefactos— era innovador para la época. A medida que se desarrollaba, este experimento institucional impulsó el campo de la antropología, pero también fomentó una distinción más marcada entre entusiastas amateurs, como Phoebe Hearst, Zelia Nuttall y Sara Stevenson, y aquellos que se consideraban a sí mismos académicos profesionales. En el nuevo siglo, museos y departamentos, aficionados y profesionales, divulgadores e investigadores competían por el alma de la ciencia antropológica.

*

[6]   Reporte de la primera reunión del Comité Asesor, 7 de septiembre de 1901, Archivo Putnam.

Phoebe Apperson, la maestra de Missouri que se casó con el barón del oro y la plata George Hearst, estaba profundamente interesada en la educación, y particularmente en la de las mujeres. Cofundadora del Congreso Nacional de Madres, el cual más tarde se convirtió en la Asociación Nacional de Padres y Maestros, y de la Escuela Nacional Catedralicia para Niñas en Washington D. C., era una impulsora destacada de las reformas en materia educativa. Además, promovió la Asociación Cristiana de Mujeres Jóvenes y ayudó a financiar jardines de infancia públicos en San Francisco, mientras promovía por todo el país la importancia de la educación temprana.

La experiencia de Hearst con Sara Stevenson y William Pepper en la Universidad de Pensilvania la había hecho interesarse en la forma en que los museos podían contribuir con la educación pública, por ejemplo, al informar a los visitantes sobre las diferentes civilizaciones de alrededor del mundo. Cuando sus conexiones personales con la universidad se debilitaron luego de la muerte de Pepper, de la renuncia de Stevenson y de sus propias diferencias con Stewart Culin, estaba lista para continuar en otros sitios con sus proyectos y pensó que podría desempeñar un papel más asertivo en la promoción de la educación cultural en California.

Desde 1897, Hearst era miembro de la Junta de Regentes de la Universidad de California —fue, por cierto, la primera mujer con ese puesto—, y en cuanto tal sus responsabilidades incluían participar en la votación para definir los nombramientos de profesores y las políticas universitarias, así como trabajar por el constante crecimiento de la institución. El rector Wheeler consultaba con ella frecuentemente, e incluso la nombró presidenta interina mientras él estaba fuera del campus en 1900, una posición nueva para una mujer en ese tiempo. Las muestras de cortesía que le rindieron él y sus predecesores fueron bien recompensadas: con el paso de los años, Phoebe Hearst demostró ser una amiga generosa para la universidad, pues, entre otras cosas, realizó importantes donaciones para becas dirigidas a mujeres estudiantes, patrocinó un concurso internacional para el diseño arquitectónico del campus y aportó fondos para la construcción de un grupo de edificios que acabarían llevando su nombre.[7] Estaba profundamente comprometida con la preservación de objetos provenientes de asentamientos nativos americanos, especialmente en California, y por entonces, a inicios del siglo XX, tenía puesta su atención en las maneras en que la universidad podría reunir una colección amplia y prestigiosa de artefactos de aquellas culturas y, con el tiempo, una colección igualmente valiosa de materiales etnográficos y arqueológicos de Mesoamérica y Sudamérica.

Cuando se fundó el Museo de Arqueología y Antropología de la Universidad de Pensilvania en 1887, tenía su propio departamento —si bien pequeño— de arqueología y paleontología. Su objetivo era curar colecciones y exposiciones, llevar a cabo y financiar excavaciones, promover la educación pública y ofrecer formación basada en la práctica a quienes desearan profundizar en el conocimiento de las civilizaciones antiguas. Para William Pepper y Sara Stevenson, este departamento los ayudaba a garantizar la autonomía del consejo directivo del museo para seguir su propia agenda, beneficiándose al mismo tiempo de su vínculo con una universidad prestigiosa. Sin embargo, bajo la dirección de Stewart Culin, la universidad intentó incorporar el museo y su departamento de arqueología y paleontología a su administración central, asumiendo un mayor control sobre su dirección. Esto provocó conflictos relacionados con las contrataciones, la toma de decisiones y la recaudación de fondos, lo que llevó a la renuncia de Stevenson. Hearst creía que la colaboración entre un departamento universitario y un museo, planeada de forma más estratégica, podría evitar este tipo de tensiones en California.

---

[7]   Con el financiamiento de Hearst, la universidad patrocinó una competencia internacional de arquitectura para definir el plan para el campus en 1896; una firma francesa, M. Émile Bénard, fue la elegida.

Igual que Hearst, Zelia Nuttall había aprendido de su experiencia en la Universidad de Pensilvania. Las amistades y los intereses compartidos la habían llevado a la órbita del museo, y su viaje a Rusia le había dado experiencia valiosa como coleccionista para una institución de ese tipo. Pero ella también estaba lista para seguir adelante y vio el nuevo proyecto en California como una valiosa extensión de su "centro sagrado", el Museo Peabody de Arqueología y Etnología de Harvard.[8]

Fueron años de gran crecimiento para los colegios universitarios estadounidenses, ya que las facultades, que originalmente tenían como misión principal inculcar en los estudiantes varones un refinado conocimiento de lenguas clásicas, retórica, teología, historia natural, matemáticas y filosofía, se transformaron radicalmente en grandes universidades orientadas a la investigación. En 1850, el Harvard College, la institución más famosa de su tipo en Estados Unidos, era muy parecido a una escuela preparatoria para los jóvenes de la élite en Boston y sus alrededores. Apenas 293 estudiantes eran educados por un cuerpo docente de treinta y tres personas, que incluía profesores, instructores, tutores, becarios y asistentes.[9] Todos los universitarios seguían un idéntico plan de estudios. No había departamentos académicos, y el rector pasaba la mayor parte de su tiempo supervisando y disciplinando a los estudiantes que no podían resistirse a las guerras de comida, los disturbios y las madamas locales.[10]

Sin embargo, para finales de siglo, Harvard alojaba a más de dos mil universitarios, mil quinientos estudiantes de posgrado y doscientos cincuenta miembros del personal docente. El campo de la historia natural se había subdividido en ocho departamentos independientes, todos dentro de la recién creada facultad de artes y ciencias, que había absorbido a la Escuela Científica

8   Zelia Nuttall a Frances Mead, 1 de agosto de 1901, Archivo Nuttall, Museo Peabody.
9   Morison, *The Development of Harvard University*, xc.
10 Morison, *Three Centuries of Harvard*, capítulo 12.

Lawrence, en la cual Louis Agassiz había reinado con autoridad y se había formado toda una generación de académicos. A las escuelas profesionales de medicina, derecho y teología se sumaron escuelas de educación y arquitectura, y en 1908 se incorporaría una escuela de negocios.

Esa clase de desarrollo institucional fue común a lo largo y ancho del país. Una plétora de universidades fueron creadas, como también lo fueron muchos colegios concesionarios de tierras, cuya finalidad era la de proporcionar entrenamientos prácticos en ingeniería, ciencia y agronomía. También en esa época se fundaron muchos colegios de mujeres, además de que las instituciones que ya existían empezaron a admitirlas como estudiantes y a incorporar por primera vez a algunas profesoras al cuerpo docente. Un interés renovado por la investigación —así como un deseo generalizado de competir con las universidades europeas— estimuló la creación de estudios de posgrado. Yale otorgó el primer doctorado en Estados Unidos en 1861; doce años después, Harvard concedió el segundo.[11]

El profesorado de estas y otras instituciones comenzó a presionar a las administraciones universitarias para que les permitieran dedicar una mayor parte de su tiempo a la investigación y la escritura, lo que produjo la tensión, aún vigente, entre las responsabilidades docentes y de investigación. Las licencias sabáticas, que ofrecían a los profesores la oportunidad de dedicarse a su investigación sin las obligaciones docentes, fueron una importante innovación en varios campus, y reflejaba la creciente competencia entre universidades por atraer a profesores talentosos con vocación investigadora.

La antropología fue una excepción entre los nuevos campos de estudio, dada su lenta transición al estatus de departamento. Los museos se habían vuelto un entorno ideal para esta disciplina,

---

[11]   En el siglo XIX, quienes buscaban títulos más allá de la licenciatura acudían a universidades europeas —y en particular a las de Francia y Alemania— para estudiar.

porque ofrecían financiamiento para la exploración, el estudio y las colecciones. Así, a diferencia de otras ciencias, podía avanzar sin necesidad de establecer un departamento universitario que funcionara como su centro de gravedad. Además, ello permitía que, en algunos casos, el profesorado pudiera ser reconocido por su experiencia sin verse atado a las responsabilidades docentes y administrativas que conllevaba inevitablemente la creación de un departamento. El primer profesor de antropología en Estados Unidos fue Daniel Brinton, quien recibió ese nombramiento en 1886 en la Universidad de Pensilvania. Su cargo era honorífico y, en realidad, se trataba de una forma de celebrar su liderazgo en el campo sin abrumarlo con otros deberes. De hecho, el departamento de antropología de esa universidad no fue fundado sino hasta 1910. Harvard nombró a Frederic Putnam como profesor en 1887; había trabajado, hasta entonces, como curador en el Museo Peabody y continuó de planta allí hasta 1890, cuando Harvard creó su Departamento de Antropología, el primero en Estados Unidos. En otras instituciones, los estudiantes podían cursar asignaturas sobre el "hombre primitivo", la civilización clásica o la antropología general, impartidas por profesores vinculados a los departamentos de historia, sociología, religión o lenguas clásicas. Por su parte, la formación de posgrado, en la medida en que existía, se llevaba generalmente a cabo según un esquema de aprendizaje bajo la tutela y financiación de los museos.

La Universidad de California introduciría innovaciones importantes en la forma en la que la antropología se organizaba y enseñaba. Fundada en 1868 y alimentada por la riqueza local proveniente de la minería, la agricultura y la industria, aspiraba a competir con las universidades consolidadas de la Costa Este. A inicios del siglo XX, contaba con más de mil quinientos estudiantes y un campus amplio con muchos edificios atractivos de estilo neomisión. Las mujeres formaban parte del alumnado desde 1871. Como otras instituciones de su época, su liderazgo se basaba en su compromiso con el crecimiento, la innovación y el prestigio nacional. Las ideas innovadoras sobre cómo incorporar la antropología a la oferta académica central de la universidad se consolidaron en la Hacienda del Pozo de Verona en 1901.

Zelia Nuttall volcó su energía en el plan para el desarrollo de esos nuevos y prestigiosos proyectos paralelos: el departamento y el museo de Antropología de la Universidad de California. En ese momento, no pudo haber previsto que, al trabajar tan arduamente para institucionalizar la disciplina dentro del entorno universitario, estaba contribuyendo a crear una estructura que limitaría las oportunidades para realizar trabajo antropológico.

*

Antes de la reunión del Comité Asesor, Hearst le pidió a Zelia que consultara a su amigo Franz Boas —instalado ya en la Universidad de Columbia—, en busca de una guía sobre cuál era la mejor manera para que una universidad promoviera el estudio y la comprensión de la antropología.[12] Sutilmente, también quería tantear el posible interés de Boas en unirse al proyecto. En los pocos años transcurridos desde su colaboración con Putnam en la Exposición Mundial Colombina de Chicago y en el Museo Americano de Historia Natural, Boas se había convertido en una figura destacada en el campo y en un fiel creyente en los beneficios de que sus practicantes recibieran una formación académica avanzada. Tenía muchos consejos que darle al comité. En una carta dirigida a Nuttall, Boas argumentaba que su propio trabajo en Columbia debía servir de ejemplo sobre cómo formar a una nueva generación de antropólogos profesionales:

Desde que me hice cargo del trabajo en Nueva York, he tratado de llevarlo a cabo de tal manera que, tarde o temprano,

---

[12]   Para más información sobre el desarrollo de la antropología en la Universidad de California y el papel de Phoebe Hearst, véase Jacknis, "A Museum Prehistory".

desemboque en la creación de una escuela de antropología bien organizada, que reúna todas las diferentes ramas de la disciplina. Considero que esto es una de las necesidades fundamentales de nuestra ciencia, porque sin ello nunca podremos aspirar a investigar y explorar a fondo los diversos y abundantes problemas de la antropología americana.

Boas añadió que era necesario desarrollar un buen museo como "base para la enseñanza universitaria en todas las líneas de la investigación antropológica".[13] Esta función central, pensaba, podía combinarse fácilmente con objetivos más amplios: contribuir con la educación pública, por ejemplo.

Para Boas, lo más importante era contratar y darle poder a un grupo de "observadores capacitados" que tuvieran una ventaja sobre pioneros como él mismo, Zelia y Putnam: "Creo que estarás de acuerdo conmigo en que casi todos nosotros tenemos deficiencias en ciertas áreas con las que deberíamos estar familiarizados, y que esa falta de conocimiento sistemático puede observarse incluso en los escritos de nuestros mejores hombres", escribió a Zelia. "Pero, además de esto, el número de jóvenes dedicados a este trabajo es sumamente limitado, y estoy muy preocupado, porque quienes se unan a este trabajo no deberían estar tan poco preparados como lo ha estado la mayoría de nuestra generación". Hoy en día resulta difícil no notar que, a pesar de estar escribiéndole a una mujer y de estar siendo cortejado por otra para un puesto de liderazgo, Boas hablaba refiriéndose sólo a la formación de los hombres. Así eran aquellos tiempos. En esa misma carta larga, propuso un plan de diez años para la Universidad de California, basado en el trabajo desarrollado en Harvard, particularmente en la ciencia de la arqueología, y en los avances de Columbia en etnología. No tuvo reparos en proponerse a sí mismo y a sus estudiantes para ocupar puestos importantes en el proyecto:

[13]   Franz Boas a Zelia Nuttall, 18 de mayo de 1901, Archivo Hearst.

258   A LA SOMBRA DE QUETZALCÓATL

Si la pregunta fuera cómo podrían gastarse fondos considerables de la forma más provechosa posible, sugeriría que el siguiente método daría los resultados más satisfactorios: establecer por un periodo de cinco años cuatro becas en etnología y dos en arqueología. Que estas becas se otorguen durante los primeros años en Columbia para etnología y en Harvard para arqueología. Luego, y tan pronto como los becarios estén lo suficientemente preparados para realizar trabajo independiente, que la beca sea transferida a la Universidad de California, y se le dé al becario la oportunidad de realizar trabajo de campo en ese estado. Durante los siguientes cuatro o cinco años, y no más, denme la oportunidad de dirigir las operaciones, para cimentarlas sobre una base sistemática y bien definida. Estoy seguro de que al finalizar ese tiempo podría formarse un departamento sólido en la Universidad de California, completamente independiente de cualquier cooperación futura por nuestra parte.[14]

Zelia envió esta carta a Hearst junto con su respaldo al autor. "Tengo la más alta opinión del Dr. Boas", escribió a su amiga, añadiendo que "es de nobles principios, desinteresado y devoto del avance del trabajo científico. Como verás, tiene una notable amplitud de miras e inteligencia de sobra para entender la situación. Además, está dispuesto a poner las cosas en marcha de modo que, en unos cinco años, pueda existir un departamento independiente y sólido en la Universidad de California".[15]

Boas creía que una de las prioridades del nuevo departamento debía ser la preservación de las lenguas y culturas indígenas de California. Antes de enviar su propuesta, le pidió a Zelia que le pasara a Hearst un mensaje sobre la urgencia de esta misión:

[14] Boas a Zelia Nuttall, 18 de mayo de 1901.
[15] Zelia Nuttall a Phoebe Apperson Hearst, 19 de mayo de 1901, Archivo Hearst. Nuttall probablemente utilizó la palabra *desinteresado* en el sentido de que Boas no tenía ningún interés material en el establecimiento de una nueva iniciativa en Berkeley, a pesar de la ayuda que había ofrecido anteriormente en la carta.

Usted sabe que todas estas tribus están al borde de la extinción, y que, en cuestión de apenas unos pocos años, sus lenguas, y con ellas sus tradiciones y los registros de sus costumbres, habrán desaparecido. Por esta razón, he estado sumamente preocupado por formar hombres y recaudar fondos para llevar a cabo trabajo entre las tribus [...]. Si queremos conservar algo que valga la pena de toda la información que está desapareciendo día tras día, es necesario que los fondos disponibles sean mucho mayores de lo que son actualmente. En este momento puedo disponer aproximadamente de 3 000 dólares al año en California, pero ese monto no es suficiente para realizar el trabajo de manera efectiva. Necesito al menos 3 000 dólares más por año para cubrir tanto los gastos de recolección de información como los de su publicación.[16]

Este consejo fue bien recibido, ya que Hearst había estado desde hacía tiempo interesada en preservar la historia del estado. Boas recomendó a dos de sus estudiantes, Alfred Kroeber y Roland Dixon, para ocupar las nuevas becas de etnología en Columbia. ¿Podría Zelia intentar que la señora Hearst se interesara en concretar esa idea y apoyar la asignación de estos jóvenes a la Universidad de California una vez que estuvieran debidamente formados? Conforme el plan se desenvolvía, Boas prefería permanecer en Columbia, donde sentía que estaba logrando avances importantes en la formación de la siguiente generación de antropólogos.

Hearst recibió con impaciencia el plan de diez años de Boas. Le decepcionaba que, si él dirigía la iniciativa, pasarían cuatro o cinco años antes de que pudiera contribuir de forma significativa. Pero Zelia le sugirió actuar con rapidez:

Como ves, [Boas] no busca nada para sí mismo y ya tiene las manos llenas. Su interés es meramente científico, y es con base

---

[16] Franz Boas a Zelia Nuttall, 11 de abril de 1901, en la Biblioteca Bancroft, "Foundations of Anthropology".

en él que recomienda contratar lo antes posible al Sr. Kroeber y destinar 3 000 dólares anuales a California. Espero que, de ser posible llevarla a cabo, no perdamos la oportunidad de asegurar la contratación de este joven prometedor y que no lo haga antes otra institución.[17]

En julio de 1901, bastante antes de la reunión del Comité Asesor en septiembre y de la posterior aprobación de su informe por parte del Consejo de Regentes de la Universidad de California, Hearst envió un telegrama a Alfred Kroeber ofreciéndole un puesto en el nuevo —aunque aún no autorizado— departamento, sujeto a la aprobación de Wheeler.[18] Ella lo traería a la universidad y apoyaría su investigación, pero de forma independiente de la guía y de los plazos de Boas. Era evidente que Hearst esperaba ser quien tomara las decisiones si la universidad seguía adelante con el plan. Dos días después, Kroeber envió un telegrama aceptando esa oferta, no del todo formalizada.[19]

Zelia pasó gran parte de 1901 en Estados Unidos con su hija Nadine. Se hospedaban con amistades en Maine, Massachusetts, Nueva York y Washington D. C. Por esas fechas tuvo lugar la presentación de Nadine ante la sociedad, en su papel de señorita "debutante" a sus diecinueve años.[20] Zelia estaba tan ansiosa como Hearst por seguir avanzando con el plan. En julio partió rumbo a California en tren, acompañada por Nadine y Alice Fletcher. Parte del viaje fue a través de tierras canadienses. A pesar del paisaje espectacular de montañas, bosques y lagos, la travesía fue larga y agotadora, con interrupciones inesperadas en el camino. Los empleados de mantenimiento de la Canadian

---

[17]   Zelia Nuttall a Hearst, 19 de mayo de 1901.

[18]   Phoebe Apperson Hearst a Alfred Kroeber, 20 de julio de 1901, citado en Nickliss, *Phoebe Apperson Hearst*, 272.

[19]   Alfred Kroeber a Phoebe Apperson Hearst, 22 de julio de 1901, en la Biblioteca Bancroft, "Foundations of Anthropology".

[20]   Desafortunadamente, no existe información sobre cómo fue este año de compromisos sociales para Nadine.

Pacific Railway, en huelga desde mayo, atraían la atención sobre su campaña por mejores salarios y condiciones laborales mediante sabotajes ocasionales en las líneas principales. Mientras cruzaban Manitoba, Zelia, Alice y Nadine se enteraron de que un cambio de vía, que habían dejado abierto de forma deliberada, había causado el descarrilamiento de un tren de carga justo delante de ellas: "Diez vagones quedaron destrozados y apilados unos sobre otros en un paso estrecho —no hubo víctimas, pero nuestro tren se retrasó 32 horas—".[21] Su propio tren sufrió un descarrilamiento parcial al atropellar una vaca que se había cruzado en las vías. Cuando finalmente llegaron a California, Alice se dirigió a la casa de campo de Hearst para descansar, mientras que Zelia y Nadine pasaron varias semanas con parientes en San Francisco, presentando a la debutante en sociedad. Las dos amigas se reencontraron en la hacienda para la reunión del Comité Asesor el 7 de septiembre.

Los miembros del comité recomendaron con toda rapidez que la universidad aceptara la donación de Hearst para financiar investigaciones sobre los nativos americanos en California. También respaldaron el nombramiento del estudiante Alfred Kroeber para supervisar el trabajo. Hearst aceptó enseguida pagar los salarios, la investigación y las instalaciones durante los primeros cinco años del departamento. También estaba dispuesta a contribuir con un número significativo de artefactos para el museo, aunque contaba con el patrocinio de otros mecenas para la construcción del edificio. "¡Dios bendiga a la Sra. Hearst!", dijo Putnam entusiasmado el día después de la reunión. "Ha hecho un trabajo enorme que va a tener grandes alcances".[22]

El reporte del Comité Asesor, enviado al Consejo de Regentes y aprobado un 10 de septiembre, instaba a la universidad a

---

[21] Zelia Nuttall a Charles Bowditch, 1 de agosto de 1901, Archivo Nuttall, Museo Peabody.
[22] Frederic Ward Putnam, 10 de octubre de 1901, en la Biblioteca Bancroft, "Foundations of Anthropology".

establecer, de forma simultánea, tanto un departamento de antropología como un museo. Esto haría posible contratar a profesores para la instrucción regular en antropología, dándoles el poder de certificar a los estudiantes mediante un programa de grado. Por su parte, se esperaba que el museo atrajera a profesores y estudiantes, pues les daría la oportunidad de estudiar artefactos y de hacer la curaduría de exhibiciones importantes. Era un plan tentador, y rápidamente, gracias a la acción de los regentes que aprobaron con celeridad la creación del nuevo departamento, comenzó a volverse realidad —al menos en parte—. La Universidad de California se convirtió, así, en la segunda institución del país, después de Harvard, en fundar un departamento de antropología dedicado a la enseñanza y la investigación. La Universidad de Columbia le siguió en 1902.

Para promover el museo, el comité adoptó una estrategia utilizada por la Universidad de Pensilvania: primero recolectar, luego construir. La universidad debía participar activamente en la búsqueda de artefactos y en el patrocinio de excavaciones. "Es de suma importancia que estas colecciones […] sean reunidas y catalogadas […] en una estructura temporal a prueba de incendios", afirmaba el informe presentado a los regentes. De este modo, "al saber que tal refugio temporal estaba lleno de objetos de gran valor e interés que no serían exhibidos hasta estar debidamente organizados, las personas responsables acelerarían sin duda la construcción de un edificio para el museo".[23]

En la primavera de 1902, Kroeber —que en ese momento tenía apenas veinticinco años— ofreció un curso sobre las culturas nativas de América en el recién constituido Departamento de Antropología. Era un estudiante devoto de Boas y fue la primera persona en recibir un doctorado en antropología por la Universidad de Columbia. También —y esto no es ninguna sorpresa— era

---

[23] Reporte del Honorable Comité Asesor para el Consejo de Regentes, septiembre de 1901, Colección Parmenter.

un fiel creyente de la importancia de profesionalizar la disciplina mediante la formación académica. Kroeber alentó a Hearst a financiar más plazas para profesores en el nuevo departamento. Muy pronto George Reisner y Max Uhle, quienes habían estado trabajando para el Museo de Arqueología y Antropología en Filadelfia y eran bien conocidos por Hearst, fueron reclutados para continuar con sus investigaciones, ahora en la Universidad de California, así como para ocupar puestos docentes en la cátedra nombrada en honor a ella dentro del Departamento de Antropología.[24] (Roland Dixon, el otro estudiante de Columbia recomendado por Boas, fue contratado por Harvard).

No pasó mucho tiempo, sin embargo, antes de que Hearst empezara a sentirse arrepentida de haberse apresurado en la contratación de Alfred Kroeber, pues, según ella, el joven estaba demasiado ansioso por tomar decisiones importantes él solo y sin tomarla en cuenta.[25] Hearst quería que el departamento ampliara su enfoque y se comprometiera de manera más decidida con el estudio antropológico de Mesoamérica y Sudamérica; quería que Putnam estuviera más involucrado en la universidad; quería, también, que el departamento diera más conferencias, y esperaba que se tomara más en serio la creación del museo. Era una de las regentes de la universidad, además de confidente de su rector, y una de sus más importantes patrocinadoras; desde su perspectiva, había pagado por la creación del departamento y pensaba que merecía tener voz en él.

Por medio de Alice Fletcher, Hearst le hizo saber a Putnam que Kroeber no era la persona adecuada para dirigir el departamento. Al enterarse de su descontento, el joven director redobló sus esfuerzos y se resistió. Estaba decidido a continuar con su propio plan de investigación y profesionalización. Ella quería

[24] Nickliss, *Phoebe Apperson Hearst*, 262.
[25] Mark, *A Stranger in Her Native Land*, 286-287; Nickliss, *Phoebe Apperson Hearst*, 278-283.

que lo reemplazaran y contaba con el apoyo de Wheeler para despedirlo. Pero Putnam intervino en su defensa, solicitando que el recién nombrado comité ejecutivo del departamento retrasara cualquier acción hasta que él pudiera estar en California. Al final, las cosas se dieron en favor de Kroeber, quien estaba a cargo de la gestión diaria del Departamento de Antropología y contaba con el respaldo de Putnam. Hearst quedó insatisfecha, pero sin autoridad para cambiar el resultado.[26]

*

La creación del departamento había sido, sin duda, una victoria rápida para sus promotores; sin embargo, la creación simultánea del museo avanzaba con mucha mayor lentitud de lo previsto. El proyecto del museo puso en evidencia la brecha que se agrandaba entre quienes querían que funcionara principalmente como un espacio cultural y educativo, y quienes estaban en cambio comprometidos con la formación académica, la investigación y la acreditación profesional. Boas ya había expresado su preocupación por las posibles fricciones entre el departamento y el museo en una carta que le mandó a Kroeber en octubre de 1901, en la que señalaba que el informe del comité era considerablemente ambiguo respecto a la relación entre ambos institutos de la universidad.[27]

Una oferta de Joseph Florimond, el duque de Loubat, la cual brindaba una salida para unir ambas iniciativas, llegó en el momento oportuno. Hijo de un inventor francés, el duque era un adinerado filántropo, entusiasta de la navegación y bibliófilo, que desde hacía mucho tiempo mostraba un gran interés por la antropología. Además, era bien conocido por Boas y Putnam.[28] Ya

---

[26] Nickliss, *Phoebe Apperson Hearst*, 278-284.

[27] Franz Boas a Alfred Kroeber, 18 de octubre de 1901, en la Biblioteca Bancroft, "Foundations of Anthropology".

[28] Florimond fue nombrado duque por el papa León XVIII y recibió otros honores en Francia y en Estados Unidos.

había hecho una donación sustancial a la Universidad de Columbia para la ampliación de su campus y la creación del Premio Loubat en ciencias sociales, y había contribuido a la adquisición de artefactos guatemaltecos y mexicanos para museos en Nueva York y París. Se había graduado de la Universidad de París, institución donde financió la creación del Museo de Etnografía.

El duque —según le contó Zelia a Putnam en una carta— propuso financiar una cátedra en el nuevo Departamento de Antropología que tendría, entre sus obligaciones, la responsabilidad de dirigir el museo, con lo cual se crearía una relación clara entre ambas entidades. Ésta parecía una solución razonable, pero estaba atravesada por otro problema: ¿dónde debería ubicarse el museo? Kroeber y Putnam —y, en segundo plano, Boas— apoyaban decididamente que el edificio se construyera en el campus de Berkeley, para que estuviera a la mano de los profesores y estudiantes que llevarían allí a cabo sus investigaciones. Los amigos de Zelia, a quienes había acudido para conseguir donaciones, querían que el museo estuviera enfocado en la educación pública, y que por lo tanto se ubicara en la ciudad de San Francisco. Por ello, Zelia le sugirió a Putnam —quien estaba ya de regreso en Cambridge, Massachusetts—, que, para facilitar la recaudación de fondos y destacar su compromiso con la educación pública, el museo se levantara en San Francisco y tuviera una junta de ciudadanos influyentes. Al mismo tiempo, para impulsar sus fines académicos, la universidad nombraría a un profesor de antropología para dirigir el museo, definir sus colecciones y supervisar las actividades de investigación.[29]

Zelia también mostró interés en otra propuesta del duque: la de que fuera ella quien ocupara la cátedra. En esa posición, se dedicaría en corazón y alma al papel de directora del museo:

---

[29] Zelia Nuttall a Frederic Ward Putnam, 14 de octubre de 1901, Archivo Nuttall, Museo Peabody.

Me comprometería, por el momento, a dar, *al menos,* seis conferencias al año, y me dedicaría de lleno a la creación del museo. Creo que, si yo recibiera este título por parte de la universidad y al mismo tiempo asumiera el trabajo de dirigir la empresa en ciernes, sería de gran utilidad para darle orden a las cosas y, así, más adelante, podría retirarme cuando una persona más competente estuviera dispuesta a venir aquí y dedicar su vida al mismo trabajo.

Como lo había hecho en otras ocasiones al proponerse a sí misma para un cargo de ese estilo, Zelia explicó que era sólo por petición de sus amistades que estaba dispuesta a aceptar esa posición: "Todos mis amigos que podrían ayudarnos económicamente declararon que si yo fuera quien dirigiera o fundara el museo, entonces estarían dispuestos a contribuir con él. Y que *no* lo harían por la universidad".[30]

No era probable que tal propuesta contara con el respaldo de quienes estaban más interesados en el futuro del departamento, pero antes de que siquiera pudiera discutirse a fondo, surgió otro tema delicado: cómo nombrar al nuevo museo. Los amigos adinerados de Zelia le habían dicho en varias conversaciones que no contribuirían si el edificio se llamaba Museo Hearst. La alta sociedad sanfranciscana se oponía firmemente a la dirección que estaba tomando el periódico local, el *San Francisco Examiner,* bajo el mando del hijo de Phoebe Hearst, William Randolph Hearst, así como a su creciente imperio editorial. Además del sensacionalismo en el que W. R. Hearst basaba buena parte de las ganancias de su negocio en la prensa estadounidense, les desagradaba tanto su apoyo a la facción progresista del Partido Demócrata —ellos preferían al Partido Republicano Progresista, centrado en la reforma del gobierno— como su respaldo a la participación de Estados Unidos en la Guerra Hispano-Estadounidense.

[30]   Zelia Nuttall a Putnam, 14 de octubre de 1901.

Que un museo bautizado en honor a Phoebe Hearst no tuviera relación con su hijo no era suficiente para disipar sus preocupaciones. Simplemente se negaban a aportar dinero a un supuesto "Museo Hearst".

Zelia tenía la esperanza de resolver el problema restándole importancia a la conexión del museo con la familia Hearst conforme avanzaba la recaudación de fondos. Le escribió a Putnam:

> Por lo tanto, te aconsejo que no enfatices el nombre de la Sra. Hearst cuando hables con californianos sobre el museo, y que en cambio subrayes que se *construirá mediante suscripción pública*. La Sra. Hearst, en efecto, hará las donaciones más valiosas al museo, pero ella misma dice que no puede hacerlo todo y que no está dispuesta a costear la *construcción* del edificio del museo. Si otros contribuyen, también deben recibir crédito por eso [...]. No tienes idea de la complejidad de las "dinámicas internas" de los asuntos aquí: el rechazo hacia [William Randolph] Hearst es tan grande que la gente es incapaz de ver que él no tiene ninguna relación con las nobles obras de su angelical madre.[31]

Zelia propuso que la nueva institución se llamara Museo de California y que se construyera en San Francisco en honor al presidente William McKinley, quien había sido asesinado poco después de que el Comité Asesor se reuniera en septiembre.

La respuesta de Putnam fue clara, al igual que sus compromisos. Aconsejó encarecidamente actuar con menos cautela y reprendió a Zelia por no valorar adecuadamente a Phoebe Hearst.[32] Dado el enorme bien que Hearst había hecho, escribió, las decisiones sobre la ubicación y el nombre del museo debían discutirse con ella y con el rector Wheeler. Era desafortunado que su

---

31 Zelia Nuttall a Frederic Ward Putnam, 30 de octubre de 1901, Archivo Nuttall, Museo Peabody.
32 Frederic Ward Putnam a Zelia Nuttall, 19 de noviembre de 1901, Archivo Nuttall, Museo Peabody.

hijo se hubiera ganado tantos enemigos, pero Putnam insistió en que Phoebe no apoyaba las actividades periodísticas de su hijo. El Comité Asesor trabajaba para la universidad, por lo que debía anteponer los intereses de ésta sobre los de los potenciales donadores. Debía, además, de quedar muy claro que el museo era de la universidad, no de San Francisco. Y, en tanto museo universitario, debía ser un espacio de investigación y estar ubicado en la universidad, a menos que la señora Hearst opinara lo contrario.

El tono de Putnam era admonitorio. Le recordó a Zelia que tenía el deber de cumplir con los deseos de Phoebe Hearst y de la universidad. Zelia respondió con enfado: "Estoy verdaderamente horrorizada de que pudieras suponer, aunque fuera por un momento, que no estoy en total acuerdo con la Sra. Hearst y el rector Wheeler respecto a la construcción del Museo Universitario en San Francisco". Putnam simplemente no comprendía los sentimientos de los sanfranciscanos, para quienes "Berkeley parece estar al doble de distancia de lo que Cambridge le parece a un bostoniano, por lo que un museo en Berkeley bien podría estar en Kamchatka, en lo que respecta a ellos". Si el museo se ubicara en San Francisco, sería propiedad de la universidad y estaría bajo la autoridad de su nuevo Departamento de Antropología, al tiempo que los habitantes de la ciudad se sentirían parte de él, ya que sería construido con sus aportes y contarían con un papel consultivo por medio del comité:

Como amiga desde hace veinte años de la Sra. Hearst, por quien siento el más profundo afecto y admiración, puedes estar seguro de que siempre me encargaré de que su noble trabajo sea debidamente reconocido y apreciado. Al mismo tiempo, si se ha de obtener dinero de otras personas, habrá que tratarlas con tacto y actuar con cierta discreción. El asunto será delicado, pero nadie sino una californiana de toda la vida, como yo, puede comprender a cabalidad sus dificultades y complicaciones […]. Está muy bien que tú, desde fuera, digas lo que los californianos *deberían* hacer, pero si fueras uno de ellos te darías cuenta de que no se les puede *obligar* a actuar como *deberían* de inmediato: hay que guiarlos e impulsarlos poco a poco.

Zelia continuó explicando que el esposo de una potencial contribuidora adinerada le había prohibido donar al museo si éste tenía "un cierto nombre", y añadió: "Espero que te des cuenta de que la carta que me mandaste recordándome mis obligaciones está basada en un completo malentendido y de que estoy haciendo todo lo posible para promover, no [sólo] los deseos de la Sra. Hearst, quien ha sido casi como una madre para mí, sino también los intereses de la universidad y la capital del estado donde nací". Eran palabras fuertes, pero las suavizó al firmar "como siempre, tu ahijada en la Ciencia".[33]

El papel de Zelia en las discusiones sobre el museo era un tanto espinoso. El duque había sugerido que ella tomara la cátedra que la pondría en una posición importante en el departamento y en el museo. Putnam sugirió, por su parte, que sus amigos millonarios, que se oponían con tanta vehemencia a la ubicación del museo en la universidad y al nombre Hearst, contribuyeran creando una cátedra de arqueología y etnología de México y Centroamérica para ella, y dándole rienda suelta para desarrollar una colección museística. Su misión sería, así, la de promover la creación de un museo dedicado a esos temas. Sin embargo, incluso al hacer esta propuesta, Putnam debía saber que el nombramiento de Zelia para una cátedra —como la que había imaginado el duque o como la que él mismo había sugerido— sería difícil de vender a Kroeber y a sus colegas académicos, quienes querían construir un cuerpo docente más rigurosamente formado, además de que, en el mejor de los casos, se mostrarían escépticos ante el hecho de que una mujer ocupara un puesto de esa naturaleza.

---

[33] Zelia Nuttall a Frederic Ward Putnam, 25 de noviembre de 1901, Archivo Nuttall, Museo Peabody.

¿Qué podría, entonces, hacerse para reconocer el compromiso de Zelia mientras se redirigía su ambición? Quizá inspirada por la idea de Putnam de vincular el financiamiento con el interés personal de Zelia en México, surgió una nueva propuesta —aunque no está claro quién la sugirió—, que la animaba a enfocar sus energías en otra parte. Ethel Sperry Crocker, la adinerada amiga de Zelia, cuyo esposo se había negado a contribuir a un museo con el nombre Hearst, ofreció en cambio 5 000 dólares al nuevo Departamento de Antropología para hacer investigación en México. El obsequio fue bien recibido, si bien venía con una condición: la investigación debía llevarse a cabo bajo "la supervisión exclusiva de la Sra. Nuttall".[34]

Estos fondos le permitirían a Zelia llevar a cabo su investigación sobre México con un pequeño salario anual de 1 500 dólares y buscar antigüedades que fueran adecuadas para el museo. Elizabeth Mills Reid, otra adinerada mujer de San Francisco, aportó dinero adicional a lo que se convirtió en el Fondo Crocker-Reid. Con este acuerdo de mutuo beneficio se evitó una crisis y Kroeber ganó más poder para definir el desarrollo del departamento. Putnam y Wheeler se mantuvieron firmes en su compromiso de reconocer a Phoebe Hearst en el nombre del museo. Zelia renunció a competir por un puesto en el departamento, y redirigió sus esfuerzos hacia la investigación y la caza de artefactos provenientes de México para la universidad.

Hearst siguió negándose a dar dinero para la construcción de un edificio para el museo, postura que retrasó su creación. En cambio, apoyó las labores de recolección. Financió el trabajo de George Reisner en Egipto y el de Max Uhle en Perú, quienes reunieron piezas extraordinarias para la universidad. También patrocinó una importante colección de canastas nativas americanas

---

[34] Minuta de una reunión del Comité Asesor, 16 de enero de 1902, Archivo Putnam. Se desconoce de dónde viene y cómo se presentó esa idea.

y de artefactos de las islas del Pacífico.[35] Como un reflejo de los intereses de Phoebe Hearst y Alfred Kroeber, la Universidad de California adquirió la colección más extensa del mundo de artefactos de pueblos nativos americanos del estado.

Al final, Hearst sí accedió a financiar un edificio, conocido como el Tin Shack, el cual estaría ubicado en el campus de Berkeley y serviría para guardar las colecciones cada vez más grandes del departamento; sería un lugar donde los objetos podrían ser estudiados, pero no exhibidos. Un año después, los artefactos fueron trasladados a un almacén en San Francisco, y luego regresarían al Tin Shack en los años treinta, donde permanecieron hasta 1953. El museo no tuvo una sede estable, sino hasta 1950, cuando finalmente se instaló en el edificio Kroeber Hall del campus de Berkeley, bajo la administración del Departamento de Antropología.[36] Fue nombrado oficialmente Museo de Antropología Phoebe A. Hearst en 1991.

Mucho antes de que el museo tuviera un edificio o un nombre, ya era evidente que el departamento asumiría el liderazgo en antropología en la Universidad de California, y que el museo subordinaría la educación pública a la investigación y la docencia. Hearst y Zelia fueron, así, superadas por los defensores del desarrollo académico profesional. En los años siguientes, otras instituciones seguirían los pasos de la universidad.

*

Aunque fue una de las fundadoras del Departamento de Antropología y una firme defensora de la creación de un museo complementario, Zelia no tuvo un papel central en su desarrollo después de 1901. No obstante, ahora contaba con otra afiliación prestigiosa que podía sumar a la de Harvard, y tenía buenos

---

[35] La canasta californiana era inusual porque en su diseño estaba tejido el nombre de su creador y la ocasión para la cual fue hecha.

[36] Biblioteca Bancroft, "Foundations of Anthropology".

motivos para estar agradecida. A través del fondo Crocker-Reid, también disponía de un salario modesto y, con apoyo adicional de Phoebe Hearst, pudo contribuir a la colección universitaria de artefactos provenientes de México. Además, gozaba de un grado significativo de independencia para decidir cómo cumplir con sus responsabilidades.

Por otra parte, Zelia tuvo poco tiempo para lamentarse por haber salido del círculo íntimo de quienes trazaban el rumbo de la antropología en la universidad, pues comenzaba a atraer la atención académica tras publicar una respuesta de gran alcance —aunque en buena medida improbable— a una de las preguntas centrales que se planteaban quienes en ese entonces estudiaban la antropología del Nuevo Mundo: ¿las culturas antiguas de las Américas descendían de un mismo hogar ancestral, o se desarrollaron por separado en distintos lugares? En *The Fundamental Principles of Old and New World Civilizations* (Los principios fundamentales de las civilizaciones del Viejo y el Nuevo Mundo), Zelia ofrecía una respuesta clara: las civilizaciones humanas de todo el orbe podían rastrearse hasta un único lugar en el Viejo Mundo.[37] Zelia llegó a esta conclusión siguiendo un novedoso camino de investigación. En lugar de especular sobre antiguas rutas migratorias o historias genealógicas, o de emplear métodos incipientes para datar artefactos y civilizaciones, optó por observar las filosofías cósmicas de las primeras sociedades, sus creencias sagradas y su comprensión de las leyes del universo. Curiosamente, encontró que compartían raíces muy similares.

Zelia comenzó *The Fundamental Principles* con base en una reelaboración de su investigación sobre el Calendario Azteca, demostrando una vez más su profundo conocimiento de las revelaciones que contenía sobre los dioses, las estrellas, los solsticios y equinoccios, y las leyes terrenales que organizaban a la sociedad mexica. Seguía defendiendo su trabajo anterior, pero

---

[37]   Nuttall, *The Fundamental Principles*.

ahora recalcaba que "en mi juvenil entusiasmo e inexperiencia, poco preveía que pasaría trece años en una demandante investigación antes de sentirme lista para expresar mis conclusiones sobre el Calendario". Pero ahora sí que estaba lista para revelar cómo la Piedra del Sol era un punto de partida para apreciar una verdad más universal: "El gran avance que creo haber logrado es el reconocimiento de que el monolito es una imagen del Gran Plan o Esquema de Organización". La piedra, según Zelia, representaba "el punto más alto alcanzado en la evolución de un conjunto de ideas que le fueron sugeridas al hombre primitivo tras una larga observación de los fenómenos de la naturaleza y gracias al trascendental reconocimiento de la estrella polar".[38]

Para sustentar sus afirmaciones, Zelia citaba leyendas aztecas y mayas sobre la creación, rastreaba el significado de palabras y símbolos en náhuatl y otras lenguas mesoamericanas, y recurría a las crónicas de sacerdotes y soldados españoles. Luego expandió los límites de su investigación hacia lo que se conocía sobre otros pueblos antiguos y sus cosmologías, para demostrar que en efecto existía, como ella afirmaba, "un Gran Plan" en la historia humana, confirmado por las similitudes entre representaciones simbólicas de entidades y eventos sagrados en diversas civilizaciones, dondequiera que se encontraran.[39] Afirmaba que los sistemas de creencias eran innatos a la sociedad humana y coincidían con la idea de un único dios o fuente de vida, sin importar cuántos nombres se le hubieran dado en diferentes mitologías y textos sagrados. Como ha señalado el arqueoastrónomo Anthony Aveni, Zelia fue "una difusionista inquebrantable".[40]

La escritura de ese trabajo la tenía muy ilusionada, y estaba determinada a que sus conclusiones fueran reconocidas por todos los estudiosos serios de la antigüedad. Más adelante, diría que *The*

---

[38] *Ibidem*, 119.
[39] *Ibidem*, 244.
[40] Anthony Aveni, comunicación personal con el autor, 2022.

Fundamental Principles fue la "obra suprema" de su carrera.[41] En el Museo Peabody de Cambridge, la administradora Frances Mead recibía actualizaciones entusiastas de parte de Zelia, conforme su investigación pasaba de los aztecas y los mayas a la cosmología egipcia, siempre con la promesa de una conclusión impactante:

> He estado haciendo un análisis minucioso de los símbolos egipcios, y estudié el sistema del calendario y la organización social del antiguo Egipto con el máximo cuidado posible. Los resultados que he obtenido son tan extraordinarios que siento que estoy ahora en la parte más importante de toda mi investigación. Sé que el profesor Putnam estará impactado y fascinado, como lo estoy yo también, ante los inimaginables resultados obtenidos; no digo más por el momento, para que él pueda disfrutar, junto contigo, todo el efecto del clímax de mi investigación.[42]

El cielo nocturno era el punto de partida para el argumento de Zelia. Según su relato, todo comenzó una noche invernal de 1898, mientras, desde su ventana, estuvo observando "la Estrella Polar y la región circumpolar del cielo con un interés nuevo y entusiasta". En ese momento la golpeó una idea que alteró su entendimiento sobre todas las cosas en que había estado trabajando: "Dejé mi ventana esa noche memorable con la certeza cada vez mayor de la profundidad y el poder de la influencia que la observación prolongada de la Estrella Polar y las constelaciones circumpolares habrían naturalmente ejercido sobre las mentes de los hombres primitivos". Enseguida comenzó con "una línea fresca de investigación, y me dediqué a estudiar la astronomía primitiva y su influencia sobre el desarrollo intelectual de los humanos en general y de las razas

[41]   Solicitud de la beca de la Fundación Guggenheim de Zelia Nuttall, 3 de octubre de 1929, Colección Parmenter.
[42]   Zelia Nuttall a Frances Mead, 10 de marzo de 1900, Archivo Nuttall, Museo Peabody.

americanas en particular".[43] Con una prosa densa, Zelia invitaba a sus lectores a emprender un viaje imaginario hacia lo que todas las personas de las civilizaciones antiguas debieron haber notado en los cielos nocturnos cuando miraban hacia arriba, durante milenios y milenios.

Los astrónomos antiguos sin duda habrían notado la persistencia de la Estrella Polar. Por ello, Zelia concluyó que se trataba del único punto de orientación en la cosmología azteca. También observó cómo, al seguir los giros de la Osa Mayor alrededor de la Estrella Polar, se formaba un diseño similar a una esvástica que apuntaba en las cuatro direcciones del cielo. Mucho tiempo antes de que el Partido Nacionalsocialista en Alemania adoptara el símbolo, la esvástica había sido utilizada por numerosas culturas antiguas, por lo que era bien conocida por historiadores y antropólogos a finales del siglo XIX.[44] Toda la investigación que Zelia había realizado se ordenaba ahora "en un conjunto simple y armonioso. Al darme cuenta de esto, comprendí que, con el origen de la esvástica, había encontrado el origen del conjunto de ideas primigenias que habían regido a la raza humana desde sus albores y que, en las civilizaciones de México y América Central, finalmente se habían desarrollado en un ingenioso sistema de gobierno y organización social".[45] Al observar el mundo, Zelia veía el símbolo de la esvástica en cosmologías cercanas y lejanas. No fue la primera en llamar la atención sobre su ubicuidad, y señalaba con entusiasmo la recurrencia de ese símbolo como una forma de trazar similitudes entre las sociedades antiguas.

Según Zelia, los observadores del cielo nocturno de muchas civilizaciones antiguas habrían concluido, a partir del diseño en forma de compás de las estrellas que forman aquella esvástica

---

[43] Nuttall, *The Fundamental Principles*, 3-6. Para una explicación contemporánea sobre cómo entendían el cielo los granjeros, navegantes, cazadores, gobernadores, entre otros, de la Antigüedad, véase Aveni, *People and the Sky*.

[44] Véase Wilson, *The Swastika*.

[45] Nuttall, *The Fundamental Principles*, 6-7.

cosmológica —tal y como los primeros habitantes de México lo habían hecho—, que la Tierra estaba dividida en las regiones norte, sur, este y oeste. Además, los astrónomos ancestrales habrían notado que un año de cuatro estaciones coincidía con los solsticios y equinoccios. Por todo ello —argumentaba Zelia—, sería un paso fácil e intuitivo la identificación de cuatro elementos fundamentales —tierra, fuego, agua y aire—, así como asignarles símbolos y nombres que tuvieran significados religiosos y terrenales.

La dualidad del día y la noche explicaba otras dualidades —madre y padre, bueno y malo, sol y luna, tierra y cielo, luz y oscuridad, vida y muerte— que podrían ser traducidas en la identidad de las deidades y sus míticos conflictos y concilios. Pronto la mente ancestral habría desarrollado los conceptos espaciales de *arriba*, *centro* y *abajo*. Al combinarse con los cuatro puntos cardinales, estos tres niveles proporcionaron a los antiguos una comprensión de la magia y el simbolismo del número siete, así como la capacidad de concebir el *pasado*, el *presente* y el *futuro*.

La mayor parte de las deidades en la religión azteca —de acuerdo con la argumentación de Zelia— podían reducirse a la inspiración de un solo dios: Tezcatlipoca, "Señor del Norte", que podía entenderse como la representación de la Estrella Polar, estable e inmóvil. El resto de los dioses eran variaciones de esta figura central, incluyendo a los asociados con las direcciones, las estaciones, los fenómenos climáticos, el cielo, la tierra y la vida después de la muerte. Esto sugería, según Zelia, que los aztecas habían adorado a un dios supremo, si bien multiforme en su representación, del mismo modo en que los egipcios adoraron a Atón, el dios sol, y los cristianos se refieren a su único dios con una variedad de nombres: Creador, Padre, Dios, Señor, Cristo, el Altísimo, el Espíritu Santo, entre otros. Tezcatlipoca era el dios central que controlaba las cuatro direcciones del mundo, las cuatro estaciones y los cuatro elementos, y que, de acuerdo con Zelia, servía también para configurar la tierra, el universo y el inframundo.

Como en México, otros pueblos desarrollaron conceptos y creencias similares. Zelia hablaba, por ejemplo, de las cosmologías de los chinos, egipcios, griegos, persas, fenicios, romanos, entre otros, en las que había encontrado evidencia del uso de la esvástica y de números sagrados, además de una unidad en la experiencia y creencias humanas. Supuso que fueron los antiguos navegantes fenicios quienes impulsaron la difusión de este conocimiento por todo el mundo, sugiriendo así una base mediterránea para todas las civilizaciones posteriores. Las diferencias entre culturas podían explicarse por su aislamiento después de su fundación migratoria inicial. A su vez, la observación minuciosa de las estrellas por parte de algunos explicaba el desarrollo gradual de "centros de crecimiento intelectual".[46]

Como de costumbre, Zelia estaba completamente segura de la conclusión a la que había llegado: existía una unidad entre las culturas antiguas, y esa unidad también podía encontrarse en su evolución a lo largo del tiempo:

Para mí, el resultado más valioso de la investigación precedente es el reconocimiento gradual de que toda la evolución intelectual, moral y religiosa de la humanidad ha sido el resultado de las leyes fijas que gobiernan el universo. Desde el momento en que nuestro mundo comenzó a girar en el espacio, ha existido, a intervalos, un punto luminoso de fijeza en el espacio y una fuerza desconocida, tan irresistible como la que controla la aguja magnética y el giroscopio. Este punto de luz parece haber elevado la mente del ser humano desde la ignorancia y la oscuridad, guiando sus pasos hacia una escala más alta de existencia y una concepción más elevada de un poder central supremo. A partir de esto, entre las razas favorecidas, la mente humana parece haber desarrollado gradualmente la concepción superior de una deidad suprema invisible, a medida que ascendía en la escala de evolución espiritual.[47]

---

46 *Ibidem*, 14.
47 *Ibidem*, 244.

Seguir el texto de *The Fundamental Principles* no es para nada sencillo. Con casi 200 000 palabras, el libro no contiene capítulos ni subtítulos y debe leerse de corrido de principio a fin. Está conformado por una sucesión ininterrumpida de párrafos largos y densos, con sólo referencias ocasionales a las conclusiones derivadas de una montaña de evidencias, intercaladas entre diversos dibujos de estrellas, glifos y mapas basados en una multitud de fuentes. Quienes reseñaron el libro parecían no saber qué hacer para entenderlo; estaban atrapados entre la admiración por su erudición, la incomodidad por su longitud y complejidad innecesarias, y la perplejidad ante sus conclusiones. Thomas Wilson, en *American Anthropologist*, señaló que "el libro está lleno, a veces, de especulaciones elaboradas y profundas, pero muchas otras —de hecho, la mayoría— de teorías maravillosamente pertinentes y atractivas; con afirmaciones en cada página que invitan a la discusión, si no a la creencia", todo lo cual demostraba la "inteligencia de la autora". De cualquier manera, no estaba seguro de cómo resumirlo, ya que "casi cada página de la obra contiene proposiciones extrañas y sorprendentes, ya sean hechos o argumentos, que deben exponerse detalladamente o, de lo contrario, dejarse de lado por completo. Por ello mi recomendación al lector es que consiga el libro y lo lea por sí mismo". Wilson lamentó que Zelia hubiera optado por publicar esta obra inmensa sin una adecuada edición que organizara sus numerosas partes en un conjunto coherente. "El hecho de que el libro no prepare la mente del lector para las posturas que intenta sostener es una falla grave y un gran inconveniente que un buen editor podría haber evitado sin ocupar espacio adicional y con poco esfuerzo".[48] Y es que es difícil de leer, qué duda cabe.

Moses Gaster, en la revista *Folklore*, fue crítico, pero se mostró al mismo tiempo asombrado. Encontró la teoría de Zelia, aunque sin duda atractiva, demasiado mecánica: "Atribuye muy poco a la

---

[48] Wilson, "Reviewed Work", 361, 365.

inventiva humana y da demasiada importancia a una sola fuente de influencia sobre el hombre primitivo y sus sucesores más avanzados [...]. No obstante, no es posible reducir toda la masa de creencias y costumbres antiguas a un único conjunto de ideas, y menos a uno de naturaleza tan complicada". Sin embargo, continuó Gaster:

> Es de celebrarse la llegada de un libro como este, producto de la infatigable labor y perseverancia de la Sra. Nuttall. Comienza irritando a los lectores con la osadía de su nueva solución, y luego poco a poco nos obliga a reconocer —aunque a regañadientes— que, independientemente de si estamos de acuerdo o no con los puntos de vista de la autora, es posible que existan otras explicaciones más allá de, o paralelas a, las que nosotros mismos podamos considerar más factibles.[49]

Él, como otros reseñistas, consideraba que las analogías que Zelia había trazado entre símbolos de distintas civilizaciones eran, a menudo, muy forzadas. No obstante, desafiar sus conclusiones, especialmente aquellas basadas en el estudio exhaustivo del México antiguo, requería, según Stansbury Hagar, "un conocimiento para nada mediocre de los glifos nahuas y mayas".[50]

Zelia leyó detenidamente las reseñas y no le agradaron en lo más mínimo aquellas que criticaban su obra. Le pidió a Frances Mead que alertara a Putnam sobre una de esas refutaciones sobre su trabajo que apareció en *Globus*:

> [El artículo fue] escrito por un joven asistente del Museo de Berlín que aún no ha publicado nada que demuestre que posee conocimiento alguno sobre arqueología mexicana, y que sin embargo se presenta como una autoridad en la materia. No obstante, al criticar algunas de mis afirmaciones ha hecho tales tergiversaciones

---

49 Gaster, "Reviewed Work", 118, 119.
50 Hagar, "Reviewed Work", 218.

que me será fácil dejarlo en evidencia. Escribiré una respuesta a su reseña y se la enviaré pronto al Profesor para que la revise. Luego podremos publicarla en *Science* o en *The Anthropologist*, lo que le parezca a él más pertinente. El artículo es, en realidad, divertido: el hombre dice que el origen de la esvástica ya había sido satisfactoriamente resuelto por científicos (alemanes) y que mi libro es *"peligroso"* porque está escrito en un estilo científico y contradice las opiniones *autorizadas* sobre el contacto entre grupos humanos durante la prehistoria. ¡Imagínate! No sabe lo que le espera.[51]

The Fundamental Principles es un libro muy extraño. La densidad y la dificultad del texto son, acaso, parte de las razones por las que ha sido casi completamente olvidado, a diferencia de otras obras de Zelia. Este volumen, más que cualquier otra parte de su prolífica producción, muestra a Zelia en sintonía con su generación y limitada por los mismos prejuicios. La antropología, tal como surgió a finales del siglo XIX, buscaba comprender la progresión de las culturas, de las inferiores a las superiores, y de las razas, de las primitivas a las avanzadas. Aunque en la mayor parte de su trabajo Zelia no necesitó partir de estas suposiciones sobre jerarquías y sobre un desarrollo lineal de las civilizaciones —e incluso, hay que decirlo, en *The Fundamental Principles* nunca aborda directamente el tema de la raza—, tampoco escapó a la arrogancia de su época.

Zelia casi nunca se concentraba en un solo proyecto a la vez. Así, mientras redactaba este libro enigmático y colaboraba con Boas, Fletcher, Hearst y Putnam en los planes para la Universidad de California, también se ocupaba de asegurar que la edición facsimilar del Códice Magliabechiano —cuyo original había visto por primera vez en Florencia en 1887— estuviera

---

[51] Zelia Nuttall a Frances Mead, 11 de noviembre de 1901, Archivo Nuttall, Museo Peabody.

lista para su publicación. Financiado por el Fondo Crocker-Reid, el primer volumen de *The Book of the Life of the Ancient Mexicans*, como llamó Zelia al Códice (El libro de la vida de los antiguos mexicanos), con comentarios y notas suyos, fue publicado por la Universidad de California en 1903. Ese mismo financiamiento le permitió también emprender un nuevo capítulo en su vida: uno que se desarrollaría en México.

8. UN HOGAR EN MÉXICO

En 1902, cuando partió rumbo a México, Zelia Nuttall tenía cuarenta y cinco años y nunca había tenido una casa propia. Había rentado departamentos en Dresde y Florencia, casas en Oxford, y había vivido en hoteles o con amigos y familiares en Berlín, Boston, Ginebra, Londres, Nueva York, Filadelfia, Roma, San Francisco y Washington D. C. Cuando Nadine, su hija, estuvo en un internado en Lausana, entre 1895 y 1897, Zelia se hospedó por largos periodos en balnearios de la zona. En algunas ocasiones, pasó varias semanas del verano con sus amigos en Chocorua, New Hampshire, Newport, Rhode Island o Southwest Harbor en Maine, y con familiares en San Mateo o Santa Elena en California, pero nunca se había instalado en ningún lugar con intención de hacer allí su residencia permanente. Mientras se dirigía a la Ciudad de México, Zelia tenía en mente rentar, como solía, una habitación para su estancia, quizá en uno de sus suburbios más tranquilos. Anhelaba un lugar soleado, muy distinto de los inviernos sombríos de Dresde, para continuar con su investigación.

Sin embargo, en lugar de un refugio temporal, Zelia encontró la Casa Alvarado, un lugar construido al estilo español en una calle adoquinada y arbolada en Coyoacán, que decidió comprar para hacerla su hogar. Le dijo a Frances Mead, quien había sido muchos años asistente de Frederic Putnam en el Museo Peabody de Arqueología y Etnología de la Universidad de Harvard, que era un "lugar hermoso, antiguo y con jardines amplios. Nadine y yo estamos fascinadas con ella".[1] Nadine, de diecinueve años, quien había terminado ya la escuela y había sido introducida en sociedad, le escribió emocionada a su abuela: "Al fin decimos adiós a la vida incierta de los últimos años, y brincamos de júbilo por tener una casa con todas nuestras cosas rodeándonos y un jardín con flores, frutas, etc.". La muchacha estaba llena de planes:

El jardín es fascinante, con antiguos bancos de piedra, enormes árboles y rosales que crecen descontroladamente por todas partes […]. Estaré a cargo del huerto y de las gallinas, una vaca y uno o dos caballos. Espero poder tener algún día una cancha de tenis y un pequeño estudio allá abajo para mis curiosidades, para pintar y para hacer trabajos en cuero. También voy a cultivar todas nuestras verduras y tengo la intención de aprender sobre eso este verano […]. Aprenderé todo lo que pueda sobre el manejo del hogar y esas cosas […]. En verdad, nada podría ser mejor para nosotras que México. Es el centro de todo el trabajo e intereses de mi madre, y cada día hay más cosas que hacer. El clima es perfecto, y hay un aire tan fino y estimulante, cálido y claro, que podrías estar a la intemperie todo el año en perfecta comodidad […]. Me encantará vivir aquí, estoy segura. La mera idea de tener un hogar significa tanto, y difícilmente podría ser más feliz en otro país.[2]

La belleza, por supuesto, suele estar en los ojos del que mira. La Casa Alvarado se encontraba en estado de deterioro: había que reemplazar el techo, necesitaba plomería, albañilería, azulejos, pintura y nuevos pisos, además de que su jardín estaba hecho

[1]   Zelia Nuttall a Frances Mead, 5 de julio de 1902, Archivo Nuttall, Museo Peabody.
[2]   Nadine Nuttall a Magdalena Nuttall, 21 de junio de 1902, Archivo Nuttall, Museo Peabody.

un desastre. Con todo, Zelia tenía claro que valía la pena el esfuerzo de poner todo eso en orden, sin importar el costo. Ladrillos de un profundo color naranja quemado, enmarcados con mortero blanco, formaban una imponente fachada, mientras que una línea de techo ondulada y adornada, junto con una galería en el segundo piso, sugerían que, en el interior, todo era propicio para el ocio y la fantasía. San Juan Nepomuceno, patrón de los confesores, miraba hacia abajo desde un tímpano barroco sobre la entrada, como ofreciendo el perdón a quienes estuvieran dentro. Unas enormes puertas de madera tallada se abrían hacia un vestíbulo que pronto daba paso a un patio interior con azulejos, donde altos arcos españoles, sostenidos por una columnata de pilares de piedra, daban sombra a las habitaciones de la planta baja. La habitación de Zelia, en el segundo piso, era amplia, con ventanas soleadas y un techo alto; su biblioteca contaba con una inmensa chimenea. Al cruzar el patio y luego otra serie de imponentes puertas de madera, se llegaba al jardín, que contaba con un pozo, un reloj de sol, una fuente y pasillos con columnas, todo ello rodeado por altos muros; era el lugar perfecto para descansar bajo el cielo azul de una luminosa tarde mexicana.

Según una leyenda local, la casa fue construida en 1521 por Pedro de Alvarado, uno de los capitanes que desembarcaron en la Isla de Sacrificios en 1518. General en el ejército de Hernán Cortés y posteriormente gobernador de Guatemala, Alvarado fue, según una historiadora, "el hombre más cruel con los indígenas que haya visto México".[3] A pesar de su reputación de brutalidad, Zelia colocó una placa en la fachada, como un reconocimiento hacia la leyenda local, que decía "Casa Alvarado". Aun así, buscó algo más que un relato popular para confirmar esa versión. Al explorar en archivos de Coyoacán y de la Ciudad de México, sólo encontró evidencia de la casa a partir de

[3]   Bueno, *The Pursuit of Ruins*, 73.

La entrada de Casa Alvarado, con vista al patio interior.

principios del siglo XVIII.[4] Llenó las habitaciones y los pasillos de la mansión con libros, artefactos, plantas y muebles pesados de estilo español, y juró que sus enormes jardines se convertirían en un lugar de belleza y armonía, además de un sitio para la propagación de semillas de la era anterior a la Conquista. Un amigo de Zelia la llamó "una de las casas más hermosas de este mundo occidental nuestro".[5] Y la antropóloga, por usar una frase de Alfred Tozzer, se convirtió en su "brillante castellana".[6]

[4] Nuttall, "Las Tres Casas en Coyoacán". Cuando compró la casa, la inscripción de la fachada decía "Quinta Rosalía", pero era conocida como "Casa Alvarado".
[5] Means, "Zelia Nuttall", 487.
[6] Tozzer, "Zelia Nuttall", 478.

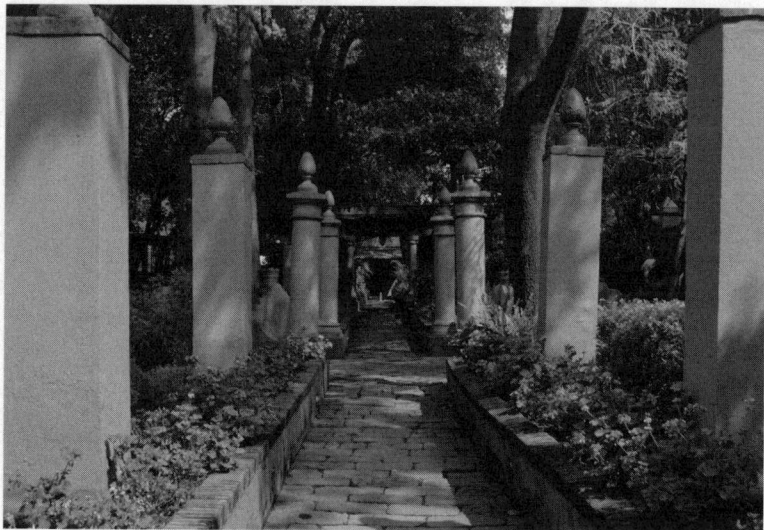

El jardín de la Casa Alvarado.

Como había nacido en Estados Unidos, Zelia había trabajado arduamente para el desarrollo de la ciencia y las instituciones de ese país, pero tenía a México en la sangre. Su abuela era mexicana, su abuelo le había contado emocionantes historias de su vida allá y muchos de sus amigos amaban ese país. A medida que se convirtió en la formidable decana de la Casa Alvarado, continuó con sus andanzas itinerantes, pero ahora sus viajes eran sobre todo dentro de México. Zelia Nuttall había, por fin, encontrado un hogar.

*

Zelia había llegado a la adultez durante la Edad Dorada de Estados Unidos, una época en la que se levantaron instituciones culturales en decenas de ciudades y el país se vio envuelto en un fervor por formar colecciones museísticas. En 1902, se vio transportada a otra época dorada, pero en México: el periodo entre 1876 y 1911, cuando las élites mexicanas buscaban importar un estilo de vida francés y las reformas de una vida urbana moderna. Se instaló en la Ciudad de México durante el apogeo del porfiriato, el "reinado" de treinta y cinco años del presidente José de la Cruz Porfirio Díaz Mori, un exgeneral que había tomado el poder en noviembre de 1876, cuando México era un país fragmentado que había sufrido más de sesenta años de invasiones extranjeras, múltiples revueltas armadas, rebeliones, golpes de Estado y cambios de gobierno. Además, en ese mismo siglo, tuvieron lugar la Guerra de Independencia contra España y, más recientemente, otro conflicto bélico con Estados Unidos, el cual había culminado con la pérdida de la mitad del territorio mexicano. Invadido por los franceses en 1861 y gobernado durante seis años por un emperador extranjero, en un periodo conocido eufemísticamente como la Intervención Francesa, México también padeció incursiones periódicas en su frontera norte por parte de un Estados Unidos expansionista. En los primeros cincuenta y cinco años de independencia, hubo setenta y cinco cambios de presidente y se redactaron cinco nuevas constituciones. "Orden y progreso", el lema del régimen de Porfirio Díaz, parecía por ello urgente y necesario.

Hacia el último cuarto del siglo XIX, México seguía siendo un país rural, y la lealtad de la mayoría de su población giraba en torno a su pueblo y su región, la "patria chica".[7] Los jefes locales, o caciques, y los caudillos regionales establecían los términos para la guerra o la paz en las provincias. Desde los años de la Guerra de Independencia y la violencia intermitente que la siguió, las haciendas y las iglesias del campo habían caído en ruinas. Para cuando Porfirio Díaz tomó el poder, los bandidos circulaban libremente, y el lodo, el polvo, las zanjas, las montañas y los senderos pedregosos complicaban el paso de carruajes, caballos y mulas por igual. Los carteristas, rufianes y mendigos hacían que las calles de la ciudad fueran igualmente peligrosas.

---

[7]   "Patria chica": en español en el original (n. de los trads.).

Durante su viaje hacia el norte del país desde la Ciudad de México en mayo de 1840, Fanny Calderón de la Barca, esposa del primer embajador español acreditado en México tras la Guerra de Independencia, observó un país desolado: "Ruinas aquí y allí... Aquí, el palacio de un virrey que ahora sirve de taberna, en donde atajan las mulas para que descansen y en donde se detienen los cocheros a beber pulque; allí, todo un pueblo que se desgaja; casas destechadas, muros y arquerías derruidos; una vieja iglesia, un convento en ruinas".[8] A su vez, alabó la abundancia de flores del país y sus maneras y modales amables, los cielos azul claro, las montañas pintorescas y los restos de antiguas ciudades. Pero siempre había un peligro: la "pestilencia de los ladrones".[9] Las cosas no mejoraron durante la Intervención Francesa. Después de que Sara Stevenson desembarcó en Veracruz en 1862, tardó nueve días —acompañada por bandidos contratados para proteger el pequeño convoy de carruajes de otros bandidos— en llegar a la Ciudad de México.[10]

La vida en México era precaria. La mortalidad infantil era alta en todo el país y el trabajo remunerado escaso, salvo en las minas, donde prevalecían condiciones semejantes a la esclavitud. La capital, a pesar de sus impresionantes edificios y plazas coloniales, se inundaba con frecuencia y olía a alcantarilla, caballos y podredumbre. Ése fue el México que conoció el abuelo de Zelia, John Parrott. Era el país que el presidente Díaz buscaba domar.

Astuto y fuerte, Porfirio Díaz había cursado el seminario para el sacerdocio en Oaxaca, su estado natal, antes de unirse a la milicia y convertirse en general dentro de un levantamiento orquestado para derrotar a los franceses en 1867. Después de eso, se

---

8   Calderón de la Barca, *Life in Mexico*, 216 [*La vida en México*, Felipe Teixidor, trad., Ciudad de México, Porrúa, 1959, p. 113]. Calderón de la Barca vivió en la Ciudad de México y viajó mucho entre los años 1839 y 1842; durante ese tiempo, escribió cartas largas y descriptivas, y dejó un diario con sus experiencias. Su libro de observaciones, publicado primero en Boston en 1843, fue muy popular en todos lados menos en México.

9   Calderón de la Barca, *Life in Mexico*, 414 [*La vida en México*, p. 256].

10   Stevenson, *Maximilian in Mexico*, 73.

había rebelado periódicamente contra una sucesión de gobiernos débiles y corruptos. Su principal demanda era la de organizar elecciones libres y justas. Irónicamente, luego de su llegada al poder mediante un golpe de Estado en 1876, fue reelegido periodo tras periodo hasta 1910, siempre mediante elecciones sin duda manipuladas. La única excepción fue el periodo presencial de Manuel González entre 1880 y 1884, quien logró ocupar el cargo porque, en un inicio, Díaz quería mostrar su compromiso con la idea de que los presidentes no deberían reelegirse en periodos sucesivos. González hizo lo mejor que pudo para llevar a cabo los planes y políticas de su predecesor y sucesor, pero cuando Díaz regresó a su cargo después de las elecciones de 1889 la promesa de no reelección fue convenientemente dejada de lado.

Con su impresionante bigote de morsa y su ceño fruncido, Porfirio Díaz fue el modelo del dictador modernizador, amado por los inversionistas extranjeros y las élites locales, y despiadado en sus esfuerzos por establecer orden. Puso a sus partisanos en posiciones de poder y armó un grupo de tecnócratas —los "Científicos"—[11] para manejar la economía e incentivar la inversión. Liderados por el secretario de Hacienda, José Yves Limantour, los Científicos organizaron las finanzas públicas, incentivaron la inversión extranjera para la construcción de vías férreas, así como para la minería y la agricultura, y sentaron las bases para el desarrollo económico. Para establecer una reputación creíble en el extranjero, el gobierno de Díaz negoció y pagó buena parte de la deuda externa. El dictador viajó a Estados Unidos y Europa para atraer inversionistas con la promesa de tierras y ganancias. La redacción de nuevas leyes, los incentivos fiscales, los subsidios, la administración pública y la policía: todas fueron herramientas para alentar el crecimiento de la economía. Creó un cuerpo policiaco federal, los "rurales",[12] para implementar una campaña

---

[11]   En español en el original (n. de los trads.).
[12]   En español en el original (n. de los trads.).

de represión brutal en el campo. La percepción extranjera de que México era "semisalvaje" y de que sus ciudadanos eran incapaces de "gobernarse a sí mismos" empezó a disminuir conforme la inversión se disparaba y se establecieron la ley y el orden.[13] En la Exposición Mundial Colombina de Chicago en 1893, el país expuso con orgullo sus riquezas y avances mineros y agrícolas, además de exhibir su abundancia en antigüedades.[14]

Las reformas porfirianas dieron lugar a un intenso periodo de crecimiento y cambio en México. Para 1910, veinticuatro mil kilómetros de vías férreas, construidas con capital británico y estadounidense, conectaban el norte con el sur y el este con el oeste. La minería, la agricultura, la ganadería, la industria y la producción petrolera florecieron, mientras la inversión extranjera era recibida con entusiasmo. A medida que las fortunas de Estados Unidos se entrelazaban con las de México, la comunidad de expatriados estadounidenses creció en tamaño e influencia, hasta sumar unas diez mil personas. En 1902, William Schell contabilizó doscientos setenta y seis negocios de propiedad estadounidense en la capital. Los estadounidenses construyeron su propio hospital, un cementerio, una escuela y un club de golf. Había una sede de la YMCA y muchas otras organizaciones creadas para servir a la "colonia" estadounidense.[15] Cuando el Ferrocarril Central Mexicano conectó a la Ciudad de México con El Paso, Texas, en 1884, aumentó el turismo, promovido mediante publicidad financiada por las compañías ferroviarias, en su mayoría propiedad de inversionistas estadounidenses.[16]

"Su voluntad es todopoderosa, tan grande, de hecho, como la del zar y el papa juntos", exclamó un admirador de Díaz en 1904.

[13]   Hart, *Empire and Revolution*, 41; para una discusión sobre la inversión estadounidense en México antes del porfiriato, véanse los capítulos 1 y 2 del mismo volumen.
[14]   Tenorio-Trillo, *Mexico at the World's Fairs*, 184-185.
[15]   Schell, *Integral Outsiders*, 22.
[16]   Ruiz, *Americans in the Treasure House*. El desarrollo de la fotografía, así como de objetos turísticos efímeros, tales como cartas postales y recuerdos, mejoraron la imagen de México como un país tanto moderno como encantadoramente rústico.

"Gobierna a millones con mano de hierro, y aun así lo aman".[17] Esa mano de hierro aseguró lo que llegó a conocerse como la "paz porfiriana",[18] un periodo de aparente tranquilidad, cimentado en la represión del disenso, el establecimiento de un sector público más organizado, el uso cuidadoso del clientelismo para cooptar a la oposición interna y el control del ejército y la policía. James Creelman, a menudo considerado un arquetipo del periodista sensacionalista, escribió en la revista *Pearson's* que el presidente "convirtió a las combativas, ignorantes, supersticiosas y empobrecidas masas mexicanas [...] en una nación fuerte, estable, pacífica, progresista y que paga sus deudas".[19] Díaz y sus Científicos querían que México fuera un país moderno y respetado, a la altura de las naciones europeas, del mismo modo en que la élite estadounidense aspiraba a competir con las capitales europeas en riqueza, elegancia y cultura.

Era un buen momento para ser rico en México, y especialmente en su capital. Las inversiones producían enormes fortunas para una élite internacional asentada en la Ciudad de México, cuya población creció rápidamente entre la década de 1870 y 1910 —periodo en que, por cierto, la ciudad fue desaguada, de modo que dejó de tener ese suelo pantanoso y de sufrir las inundaciones estacionales que propagaban enfermedades—. Tranvías cruzaban la ciudad, en una red que recorría más de ciento sesenta kilómetros, y llegaban a los suburbios, incluido Coyoacán, sitio de la Casa Alvarado. Los teléfonos, las calles pavimentadas y el alumbrado eléctrico hicieron también su aparición, y la población los recibió con alegría. Las tuberías de agua y los sistemas de alcantarillado se extendieron desde el centro de la ciudad hacia los barrios de clase alta del oeste y del sur, pero llegaban con menor frecuencia a los barrios marginales y los vecindarios obreros del este y el norte.[20]

17 Tweedie, *Porfirio Diaz*, 1.
18 En español en el original (n. de los trads.).
19 James Creelman, citado en Ruiz, *Americans in the Treasure House*, 73.
20 Véase Johns, *The City of Mexico in the Age of Díaz*, capítulos 2 y 3.

Era una época de distinción y exuberancia. Reinaba el estilo francés. Las élites sociales y políticas construían villas, castillos y palacios; se reunían para tomar té en Paseo de la Reforma —la gran avenida inspirada en los Champs-Élysées de París—; paseaban por los terrenos del Castillo de Chapultepec y la Alameda, y se aseguraban de que sus hijos aprendieran francés antes de que fueran enviados a Europa para estudiar la universidad o, al menos, hacer el tradicional "Grand Tour". En el Club France, las personas de la alta sociedad podían mostrar a sus caballos y lucir sus habilidades de equitación. Y las institutrices, la alta costura y la cocina francesas eran codiciadas por aquellos que querían brillar en sociedad. Por esas fechas, en un famoso edificio colonial de azulejos, se fundó el Jockey Club, donde sólo se admitía a lo mejor de la sociedad, que conversaba en español, pero también en inglés, francés y alemán. Para 1910, la Ciudad de México, con una población de casi medio millón de habitantes, contaba con una fuente de sodas en el primer Sanborns, un restaurante y tienda donde la élite se juntaba para tomar limonada y comer pasteles después de ir de compras a las tiendas departamentales de Liverpool y El Palacio de Hierro.

A pesar de todo, por muy favorable que haya sido para los ricos, el largo gobierno de Porfirio Díaz no fue una buena época para ser pobre, y mucho menos para ser un campesino. A medida que los ricos se enriquecían más y más, crecía el descontento social; las organizaciones obreras eran vigiladas rigurosamente y reprimidas en cualquier lugar donde representaran una amenaza. Las Leyes de Reforma de mediados de siglo limitaron la propiedad comunal y corporativa de la tierra, una transformación que afectó tanto a la Iglesia católica —que poseía alrededor de la mitad de las tierras del país— como a una multitud de pueblos campesinos que poseían la tierra ejidalmente. El ritmo de las expropiaciones se disparó, ya que nuevos mecanismos legales facilitaron la adquisición de tierras, sin importar si los nuevos terratenientes eran extranjeros o nacionales.

Porfirio Díaz, *ca.* 1909.

Para 1910, al menos la mitad de los campesinos se había quedado sin tierras.[21]

Muchos de quienes fueron desposeídos de sus tierras tuvieron que marcharse a las ciudades en busca de trabajo. Otros se convirtieron en peones endeudados en las haciendas recién ampliadas, o se sometieron a condiciones similares en minas o en plantaciones de azúcar, henequén, caucho o caoba. El impulso que Díaz dio al desarrollo capitalista reactivó un sector agrícola

[21]   Meyer y Sherman, *The Course of Mexican History*, 458.

estancado, pero terminó por concentrarlo en muy pocas manos. George Hearst, esposo de Phoebe Hearst, poseía alrededor de medio millón de hectáreas en Chihuahua, donde criaba ganado, y otro millón de hectáreas en Veracruz para el cultivo de tabaco, azúcar y café.[22] Una familia poderosa, los Terrazas, por poner otro ejemplo, era dueña de cincuenta haciendas y ranchos, que sumaban casi tres millones de hectáreas.[23] Los ricos y una pequeña clase media tenían acceso a educación y atención médica, pero no los pobres, y mucho menos los pobres del campo. Fue una época de injusticia y rebelión latente, pero pocos de los beneficiarios del espectáculo de modernización de Díaz eran conscientes de esas tensiones subyacentes.

Eran, eso sí, sensibles a las apariencias. ¿Qué podía decir esta élite elegante sobre la vasta población de indígenas y mestizos que, a sus ojos, revelaba el atraso de su país y su inferioridad cultural? ¿Cómo podía México reclamar otro lugar en el mundo, si la gran mayoría de sus habitantes era analfabeta, pobre y marginada, y habitaba en pequeños pueblos o aldeas? La élite era blanca o mestiza europeizada, pero ¿dónde podría hallarse la historia de un pasado que no se tratara sólo de los conquistadores europeos que devastaron la tierra? ¿Existía una historia que los porfiristas pudieran contar para que México ocupara su lugar entre las naciones modernas del mundo?

Fue así que cuando los intelectuales, las élites adineradas y una clase profesional en ascenso comenzaron a mirar más allá —y detrás— de las evidentes diferencias entre sus aspiraciones nacionales y la realidad de su población empobrecida, redescubrieron el pasado histórico en las civilizaciones precolombinas. Los aztecas, mayas, olmecas, toltecas, zapotecas y otras culturas

---

[22] En "Senator Hearst's Trip to Mexico", *The New York Times*, 30 de mayo de 1888, se informó que George Hearst había comprado casi un millón de hectáreas en Veracruz e invertido en ferrocarriles durante un viaje a México, donde fue agasajado por Díaz y las élites adineradas.

[23] Meyer y Sherman, *The Course of Mexican History*, 459.

habían dejado su huella por todo el país por medio de templos magníficos, estatuas enigmáticas, joyas de oro, figurillas de jade y pinturas murales. Esa historia, la que los conquistadores intentaron destruir con tanto empeño y que los misioneros y los pueblos locales trabajaron por conservar, fue recuperada como un patrimonio nacional tan glorioso como los de Grecia y Roma. La piedra del Calendario Azteca fue colocada en un lugar de honor en el Museo Nacional Mexicano en 1886, y una estatua de Cuauhtémoc, el emperador azteca que combatió a Cortés, fue emplazada en 1887 en el elegante Paseo de la Reforma. Fundida en bronce, representa heroico y valiente al tlatoani, quien lleva penacho y lanza. A sus pies, una inscripción: "A la memoria de Quauhtémoc y de los guerreros que combatieron heroicamente en defensa de su patria". En la Exposición Universal de París de 1889, el pabellón mexicano fue diseñado como un palacio azteca, aunque estaba decorado con estatuas neoclásicas, en una fusión de tradiciones europeas e indígenas.[24]

Durante el porfiriato, las élites sociales, políticas y económicas redescubrieron el México antiguo y lo convirtieron en su "pasado oficial", como parte de un esfuerzo deliberado por construir una nación.[25] El ideal de un pasado indígena noble ya había sido incorporado en la Declaración de Independencia de México en 1821, y el Museo Nacional Mexicano había estado coleccionando antigüedades desde su fundación en 1825. Sin embargo, lo que se sabía del pasado —y lo que sobre él se imaginaba— se convirtió a finales del siglo XIX y principios del XX en parte de la identidad nacional cotidiana: en una suerte de pegamento que unía a una pequeña élite moderna, una clase media emergente y una vasta clase baja empobrecida dentro de un gran relato del pasado. Bajo la influencia de políticos e intelectuales, México fue reimaginado así como una tierra antigua de alta cultura,

[24] Valiant, *Ornamental Nationalism*, 71-72.
[25] Bueno, *The Pursuit of Ruins*, 9.

igual a Egipto, Grecia o Roma en ingeniería, arte y cosmología. Por todo el país, las ruinas de grandes ciudades antiguas y las hazañas de ingeniería hidráulica y de construcción de caminos hablaban de la gloria de ese lejano pasado indígena.

*

De todas las diversas civilizaciones que alguna vez habitaron México, los aztecas eran los más populares entre los porfiristas. El Imperio azteca —consolidado en 1428 mediante la alianza de tres ciudades-Estado pertenecientes a la cultura náhuatl: Tenochtitlan, Texcoco y Tlacopan— dejó detrás monumentos extraordinarios en el Valle de México, que era el centro del poder económico, político y social. Los aztecas habitaron una brillante isla urbana, una de las ciudades más grandes del mundo a inicios del siglo XVI, y construyeron una compleja estructura social y política de múltiples niveles. Al norte de esta capital estaba la ciudad más antigua de Teotihuacan, un sitio ceremonial enorme donde, hacía siglos, otra civilización había estudiado las estrellas y cantado relatos sobre el origen del universo, con base en la observación ritual del sol y de la luna. Sus pirámides dominaban el paisaje, la más alta de las cuales llegaba a los sesenta y cinco metros de altura, y representaba una cultura comprometida con el orden, la simetría, la espiritualidad y el estruendo. Teotihuacan —así bautizada después por los aztecas— significa en náhuatl el "lugar donde los hombres se vuelven dioses": allí donde los grandes gobernantes y guerreros nacían, y a donde el resto de la gente iba a rendirles homenaje.[26] Los aztecas admiraban tanto esa ciudad, ya en ruinas en ese entonces, que se decían descendientes de la gran civilización que la había construido.

Pirámides pintadas con colores brillantes; efigies míticas de águilas, jaguares y serpientes; rutas de comercio y tributo que

---

[26]   Fash, Tokovinine y Fash, "The House of New Fire", 201.

se extendían desde un océano hasta el otro y penetraban profundamente en Centroamérica; una venerada casta de guerreros; una cosmología que celebraba tanto la vida como la muerte: tales eran los elementos que inspiraban el apego romántico hacia los aztecas. Era fácil imaginarlos valientes, bien organizados y dueños de un amplio territorio. Para los porfiristas, el guiño hacia la herencia azteca era una manera de proclamar: "No somos simplemente europeos exiliados en una tierra de indios pobres, desierto, montañas y selva. Tenemos una herencia audaz y única. Los indígenas y mestizos de hoy han perdido esa alta cultura, pero nosotros la reivindicamos y la abrazamos para trazar el camino del país hacia el porvenir". Uno de los principales estudiosos de la antigüedad del país, Alfredo Chavero, lo expresó bien: "Los pueblos antiguos que vivieron en [el Valle de México] son los más importantes en nuestra historia. Son a la vez los más conocidos [...]. Conocer, pues, lo más inmediato a nosotros y lo más estudiado hasta ahora debe ser el fin primero de [nuestras] investigaciones".[27] Esto se escribía incluso mientras las damas y caballeros mejor vestidos lucían lo último en moda francesa y despreciaban a quienes tenían la piel oscura.

Al mismo tiempo, la evidencia de otras civilizaciones del pasado estaba demasiado presente como para ser ignorada. Algunos arqueólogos mexicanos viajaron a la península de Yucatán y a las selvas del sur en busca de los mayas, y visitaron las ruinas mixtecas y zapotecas en Oaxaca. Había mucho por descubrir e interpretar en miles de sitios alrededor del país. ¿Qué estructuras podrían estar aún enterradas? ¿Quiénes habían tenido acceso a la cima de aquellos templos extraordinarios? ¿Qué rituales se realizaban allí? ¿Qué significaban esas ceremonias y qué podían decir sus dioses y mitos sobre su origen? ¿Qué significado tenían

---

[27] Alfredo Chavero, citado en Bueno, *The Pursuit of Ruins*, 42. [La cita original, que aquí reproducimos, corresponde a una carta de Chavero conservada en el Archivo General de la Nación (AGN), fondo de la Secretaría de Instrucción Pública y Bellas Artes (IPBA), primera serie, caja 167 bis, expediente 53, folio 1 (n. de los trads.)].

los artefactos producidos por cada cultura y qué papel desempeñaban en la vida de los nativos? ¿Qué culturas coexistieron? ¿Cuáles conquistaron a cuáles otras? ¿Cuáles habían desaparecido, y por qué?

Para ayudar a responder estas preguntas, el historiador más prominente de México y estudioso del náhuatl, Francisco del Paso y Troncoso, fue enviado a Europa en 1892 para buscar todos los documentos posibles relacionados con la historia antigua de México —una tarea que durante mucho tiempo también había ocupado a Zelia Nuttall—. Antonio Peñafiel, médico, político y erudito responsable de organizar el primer censo nacional de México, promovió el conocimiento sobre la lengua náhuatl y la geografía de los aztecas, y Nicolás León fue reconocido por sus estudios históricos sobre los tiempos precolombinos y coloniales en Michoacán y otras regiones. Alfredo Chavero, distinguido erudito, arqueólogo, político y poeta, ganó aún más prestigio al asumir la dirección del Museo Nacional Mexicano en 1903, en el cual modernizaría la organización y ampliaría las colecciones de artefactos antiguos.[28] Chavero ayudó a excavar las ruinas de Cholula, estudió el significado del Calendario Azteca y ayudó, mediante la escritura de obras de teatro, a popularizar relatos sobre dioses y reyes aztecas. Amigo y colega de muchos antropólogos extranjeros que llegaron a México en esa época, Chavero creía que los científicos debían establecer lazos de colaboración que fueran más allá de las fronteras nacionales.

Bajo el gobierno de Díaz, la antropología en México perseguía un propósito nacionalista. Puesto que la intención era promover una nueva comprensión de lo que significaba ser mexicano, los vestigios del pasado debían ser atesorados y preservados para la nación. Las élites intelectuales trabajaron para frenar el mercado de antigüedades mexicanas, el cual había provocado

[28] Para mayor información sobre fuentes de nacionalismo en México, véase Lomnitz, *Deep Mexico, Silent Mexico*.

que muchos artefactos fueran enviados al extranjero, especialmente a Estados Unidos. La Ley de Aduanas Marítimas y Fronterizas de 1827 había resultado ser poco efectiva en su intención de prohibir la exportación de material arqueológico. Los porfiristas querían proteger los artefactos del país del saqueo, por lo que crearon la Inspección y Conservación de Monumentos Arqueológicos en 1885, con el mandato explícito de supervisar las actividades arqueológicas y proteger las antigüedades en nombre del interés nacional.[29]

Leopoldo Batres, uno de los miembros del extenso círculo de lealtades de Díaz, se convirtió en el primer director de esta nueva organización, dependencia de la Secretaría de Justicia e Instrucción Pública, y su trabajo consistía en ayudar a que el país tomara control sobre su pasado. Batres creía que la pérdida de las antigüedades mexicanas hacia el extranjero era una constante fuente de humillación. Bajo su mando, había guardias de planta en sitios ancestrales alrededor del país, se les solicitaba a todos aquellos que desearan realizar excavaciones que obtuvieran permiso oficial, y se prohibió la exportación de reliquias sin autorización. Batres también influyó en la recolección y exposición de artefactos en el Museo Nacional Mexicano, y ello fue razón de conflicto con Alfredo Chavero, quien creía que Batres no contaba con la formación ni la disciplina necesarias para ejercer ese papel. Con frecuencia había discusiones sobre cuál organización, el museo o la secretaría, tenía más autoridad en cuanto a la preservación del pasado.

La búsqueda del país por poseer por completo su propio pasado llevó a desacuerdos entre quienes, como Batres, querían que la investigación antropológica en México fuera realizada sólo por mexicanos, y quienes creían —Chavero entre ellos— que era útil colaborar con investigadores extranjeros.

---

[29] La Inspección también se encargaba de la preservación de los edificios y monumentos coloniales.

En ningún lugar fue más evidente esta pelea que durante el decimotercer Congreso Internacional de Americanistas, celebrado en Nueva York en octubre de 1902, la primera reunión de este tipo que se llevó a cabo en Estados Unidos, durante la cual se puso particular atención en México. Zelia estaba allí con muchos de sus amigos. También Alfredo Chavero junto con Leopoldo Batres, ambos representando a México. Joseph Florimond, el duque de Loubat, tomó el papel de presidente honorario del congreso.[30]

The New York Times publicó informes diarios sobre el congreso, lo que sugiere hasta qué punto el público estadounidense estaba fascinado con la antropología del Nuevo Mundo. Gracias a esos reportajes podemos enterarnos, por ejemplo, de que los delegados debatieron seriamente sobre el uso del término "amerindio".[31] Con todo, para los periodistas fue más interesante el conflicto dentro de la delegación mexicana, encabezada por Alfredo Chavero. En un discurso, Chavero atribuyó el mérito de los descubrimientos en Monte Albán a un estadounidense, Marshall Saville. El *Times* informó de una "ruidosa escena" cuando Batres lo desafió, reclamando el crédito para sí mismo. Chavero avivó aún más el alboroto al declarar que "el señor Batres no es un científico; él sólo realiza excavaciones por orden del secretario del presidente, o de cualquier otra autoridad superior, y su trabajo consiste en preservar las valiosas ruinas".[32]

---

[30]   Morris K. Jessup, presidente del Museo Americano de Historia Natural, se desempeñó como presidente. Los jefes de delegación de Argentina, Costa Rica, Francia, Alemania, México, Suecia y Estados Unidos ejercieron como vicepresidentes. Frederic Putnam representó a Estados Unidos en calidad de vicepresidente. Nuttall fue una de los cincuenta miembros del consejo y representó a la Universidad de California.

[31]   La controversia fue sobre el uso de una palabra que no tenía un origen griego ni latino, la cual fue considerada por el *Times* como "francamente divertida". Véase "Editorial", *The New York Times*, 22 de octubre de 1902.

[32]   Alfredo Chavero, citado en "Mexican Delegate Discharged from Office", *The New York Times*, 26 de octubre de 1902. Véase también Valiant, *Ornamental Nationalism*, 173-181.

Alfredo Chavero, *ca*. 1900.

Se lanzaron insultos de un lado a otro, y ambos contendientes se quejaron ante Porfirio Díaz. La oficina del presidente ordenó a Chavero que despidiera a Batres de la comitiva mexicana del congreso y lo enviara de regreso a México. Tras intercambiar palabras acaloradas con el duque de Loubat, Batres se marchó, sintiendo que había sido "despojado del honor que le correspondía".[33] Aunque Chavero salió victorioso de este enfrentamiento, las tensiones en torno a la autoría de los descubrimientos y la propiedad de los artefactos fueron un asunto constante durante el porfiriato.

La insistencia de México en su notable herencia cultural ayudó a contrarrestar las pretensiones de superioridad militar y cultural de Estados Unidos, las cuales se habían intensificado

[33] "Mexican Delegate Discharged from Office".

tras la Guerra Hispano-Estadounidense. Apenas medio siglo
antes, en 1848, México se había visto obligado a ceder la mitad
de su territorio a Estados Unidos, y el ruido de los sables del imperialismo iba en aumento en el Caribe y Centroamérica. Bajo
Porfirio Díaz, México había desarrollado la infraestructura institucional para reclamar su patrimonio y contar una historia nacional sobre su pasado. Zelia Nuttall, instalada en su "sólida casa
de piedra" en Coyoacán, contribuiría a contar esa historia.[34]

*

Zelia llegó a la Ciudad de México en febrero de 1902 con una
carta de presentación dirigida a Porfirio Díaz y su esposa, doña
Carmen, escrita por Phoebe Hearst. Gracias a las mediaciones
del embajador estadounidense, Zelia concertó una audiencia con
el presidente de setenta y dos años, y quedó encantada de poder
demostrar su conocimiento sobre México, su deseo de contribuir
al estudio de su historia y sus credenciales de Harvard y la Universidad de California. Antes de adquirir la Casa Alvarado, en
junio, conoció a muchos de los antropólogos europeos, mexicanos y estadounidenses que llevaban a cabo excavaciones arqueológicas en el país. Zelia se presentó también ante el secretario de
Justicia e Instrucción Pública, quien tenía bajo su supervisión a
la dependencia Inspección y Conservación de Monumentos Arqueológicos, y también ante el secretario de Hacienda, José Limantour, quien, según se rumoraba, sería el sucesor del "Viejo
General" —es decir, Díaz—. Zelia, como solía, presentó con
orgullo copias del recién publicado Códice Nuttall a las personas que deseaba impresionar —y es del todo significativo que no
le diera una a Batres, ni siquiera cuando él se la pidió—.[35] Don
Porfirio podía considerarse en buena compañía, pues entre otras

de las personas a quienes Zelia había dado ejemplares del libro se encontraban el rey Óscar II de Suecia, la princesa Teresa de Baviera y el presidente estadounidense Theodore Roosevelt.

En los meses antes de que decidiera comprar la Casa Alvarado, Zelia fue recibida en México como una incorporación a la comunidad internacional de antropólogos. "Es muy imponente, con su altura y su físico distinguido", le dijo Tozzer a su familia: "para nada el tipo de mujer que uno se imaginaría como la autora de un mamotreto sobre simbolismo mexicano. Luce más como una líder social; cosa que en efecto es, independientemente de su posición como autora".[36] Tozzer, que tenía entonces veinticuatro años de edad y estaba apenas empezando su investigación sobre la cultura maya, se mostró muy interesado en Nadine: "La hija tiene casi veinte años y es tan profundamente interesante como su madre. Es una persona sensata y una excelente conversadora. Y por si eso fuera poco, es muy atractiva".[37] Pronto, empezó a referirse a Zelia como su "tía". Viajaron juntos a Yucatán, y tuvieron que lidiar con tormentas repentinas y caminos terribles. Tozzer estaba impresionado por su resiliencia cuando llegaron cansados y mojados a una pequeña ciudad. "Imagínense ese cuadro: la Sra. Nuttall, una mujer para nada acostumbrada a la penuria, una mujer que se ha codeado con la realeza de Europa, sentada en una banca con la parte superior de mi pijama puesta, bebiendo chocolate, y su hija con una de mis camisas de franela haciendo lo mismo".[38]

[36] Alfred Tozzer a su familia, 1 de abril de 1902, Archivo Tozzer. El "mamotreto" al que se refiere era el a menudo desconcertante libro de Zelia, *The Fundamental Principles of Old and New World Civilizations*, publicado en 1901.
[37] Alfred Tozzer a su familia, 1 de abril de 1902. Señaló que, a diferencia de Nadine, la hija de Thompson, Alice, era "inocente, inofensiva y, en general, poco interesante". Tozzer comenzó su investigación en México sobre la lengua maya, con la esperanza de que le proporcionara pistas para la interpretación de los códices, cantos y rituales mayas.
[38] Alfred Tozzer a su familia, 8 de abril de 1902, Archivo Tozzer. Luego relató una lamentable noche pasada en una choza como "protector" de las dos mujeres. Al final, Nadine demostró ser más resistente que Zelia, quien tenía hambre, frío y estaba molesta.

Antes de instalarse en su nueva casa, Zelia hizo una serie de viajes a sitios arqueológicos que siempre había querido visitar. En mayo, ella y Nadine se reunieron con amigos en las ruinas oaxaqueñas de Mitla, el "lugar de muertos", un centro religioso que alberga arte y arquitectura mixtecos y zapotecos. En esa árida altiplanicie rodeada de montañas, Zelia pudo pasear por vastos patios de piedra, inspeccionar los elaborados frisos geométricos que los decoraban, explorar templos e imaginar una sofisticada sociedad de reyes, sacerdotes, nobles, artesanos y campesinos.

En Mitla se reunió con Marshall Saville, un protegido de Putnam, quien había sido financiado por Charles Bowditch y el duque de Loubat para realizar trabajos en el sitio arqueológico de Copán, en Honduras, así como en otros sitios en Costa Rica y Yucatán. Saville trabajó con Putnam en el Museo Americano de Historia Natural como su primer curador de arqueología de Centroamérica y México, y en 1903 se convertiría en profesor en la Universidad de Columbia. Zelia y él habían coincidido en varios de los muchos congresos a los que ella solía asistir. Se le consideraba un meticuloso investigador de campo, que utilizaba técnicas de registro propias del así llamado "método del Museo Peabody". Era bien sabido que Saville prefería por mucho estar en el campo antes que en el aula o el museo.[39] Mientras recorrían las ruinas, y durante las amigables comidas que compartían después, él y Zelia intercambiaban preocupaciones sobre la idiosincrasia del inspector Batres. Saville deseaba avanzar con el trabajo en Mitla y Monte Albán, la capital política de la cultura zapoteca, pero el inspector estaba causándole retrasos. Acordaron que Zelia se encargaría de impulsar el proyecto ante la Inspección y Conservación de Monumentos Arqueológicos y la Secretaría de Justicia e Instrucción Pública cuando regresara a la Ciudad de México, recurriendo a amigos influyentes en nombre de Saville.

[39]   Saville fue el primero en ocupar la cátedra de Loubat de Arqueología Americana.

En Oaxaca, madre e hija también se reencontraron con Alfred Maudslay y su esposa, Annie, amigos de Inglaterra y de la Feria Mundial de Chicago. Exfuncionario colonial británico en el Caribe y las islas del Pacífico, Maudslay había desempeñado un papel clave en la limpieza y el levantamiento topográfico de las ruinas de Copán, y realizó un extenso trabajo en Chichén Itzá, Palenque y Tikal. Se había dado a conocer por su determinación para llevar a cabo su labor a pesar de las dificultades del clima y de los viajes, y ahora, como Saville, había sufrido la mano dura de Leopoldo Batres. Gran parte de la exploración de Maudslay fue catalogada, fotografiada, dibujada y explicada en una obra de varios volúmenes, publicada entre 1889 y 1902. "Su meta era la perfección, y sus trabajos científicos muestran que alcanzó ese ideal", escribió Tozzer con admiración.[40] Annie Maudslay capturó el romanticismo de las ruinas remotas y sus escenarios selváticos en su diario, el cual sería luego publicado bajo el título de *A Glimpse at Guatemala* (Un vistazo a Guatemala) y se volvería un libro bastante popular.

Los Maudslay eran propietarios de minas y plantaciones en Oaxaca, y se encontraban allí supervisando sus negocios. Zelia y Nadine los acompañaron en varias visitas a sitios antiguos, durante las cuales compartieron también comidas y excursiones con Arthur Laughton, el administrador de una de las pequeñas minas de oro de Maudslay en el estado. Fue entonces que surgió un romance entre Nadine y Arthur, quienes acabarían casándose dos años más tarde. Zelia aprobaba al joven y sus conexiones, según le contó luego a Phoebe Hearst, aunque al parecer deseaba que fuera un poco más rico:

Su prometido es un hombre inglés de 28 años. Es ingeniero en minería y administra una mina de oro en Oaxaca, propiedad del señor Maudslay, otro arqueólogo, también inglés. Arthur es hijo

---

[40] Tozzer, citado en Graham, *Alfred Maudslay and the Maya*, 271.

306   A LA SOMBRA DE QUETZALCÓATL

de John Knox Laughton, del King's College en Londres, historiador y profesor de historia naval de la época isabelina. Arthur heredó los intereses de su padre, y es un joven inteligente y encantador con excelentes cualidades, absolutamente recto y confiable. Es perfecto para Nadine y son muy felices —al igual que yo, como un reflejo de su felicidad—. Arthur no tiene nada más que su salario, pero eso les basta a ambos para la vida sencilla que ahora llevarán en Oaxaca.[41]

Mientras ese romance comenzaba a cobrar forma, Zelia y Nadine partieron apresuradamente rumbo a Chichén Itzá, donde pasarían cinco días. Viajaron en barco de vapor desde Veracruz hasta Progreso, hicieron una breve escala en Mérida y luego tomaron el tren que salía cada dos días hacia Dzitás. Todo esto las acercó a unos treinta kilómetros de las famosas ruinas. La última parte del trayecto debía realizarse en un volante —un carro de dos ruedas tirado por un caballo—, y resultaba francamente incómodo: los pasajeros se sentaban o recostaban sobre un colchón colocado en la parte trasera del carruaje, mientras eran sacudidos sobre caminos pedregosos, polvorientos y dañados por la lluvia.

La recompensa, sin embargo, era enorme. "Sin ningún aviso o advertencia, te encuentras de pronto con la ruina de un templo maravilloso, con sus columnas rotas, sus figuras humanas talladas en la piedra, sus murales y sus portales extraordinarios", escribió Tozzer a su familia en enero de 1902. "Muchos edificios poseen habitaciones preservadas a la perfección, e incluso conjuntos de habitaciones, con sus peculiares techos, que muestran cuán vasta fue la civilización que ocupó en su tiempo todo este territorio".[42] Zelia quedó maravillada con lo que vio en Chichén Itzá y en las excursiones a Labná y Uxmal. La cueva de Loltún,

[41]   Zelia Nuttall a Phoebe Apperson Hearst, 8 de octubre de 1904, Archivo Hearst.
[42]   Alfred Tozzer a su familia, 1 de enero de 1902, Archivo Tozzer.

donde las estalactitas y estalagmitas enmarcan murales que representan rituales mayas, la dejó especialmente fascinada.

Las ruinas de Chichén Itzá estaban ubicadas en una propiedad de Edward Thompson, quien había llegado por primera vez a Yucatán en 1885, luego de escribir un artículo sobre los mayas y la ciudad perdida de la Atlántida.[43] La Sociedad Estadounidense de Anticuarios y Charles Bowditch le financiaron su viaje a Yucatán para que profundizara en su teoría, y un amigo, el senador George Hoar de Massachusetts, logró que lo nombraran cónsul de Estados Unidos en la región. Otro amigo, Allison V. Armour, uno de los mecenas del Museo Colombino Field de Chicago, ayudó a Thompson a comprar la hacienda que incluía los terrenos de Chichén Itzá. Aunque el gobierno mexicano reclamaba la propiedad de las ruinas en los terrenos de Thompson, el sitio no estaba bien custodiado. Así fue que una generación de estudiosos de la civilización maya visitó la hacienda y recorrió las ruinas, abriéndose paso entre la selva que las cubría, con la intención de descifrar el lenguaje, la historia y la religión de una civilización perdida.

Thompson, quien invitó a Zelia y Nadine a hospedarse en su hacienda, no era un arqueólogo capacitado. Según Alfred Tozzer, quien se encontraba pasando allí una temporada cuando Zelia visitó la zona, sus métodos no eran científicos. Thompson, escribió Tozzer en una carta a su familia, "no se concentra en un solo lugar, sino que revolotea: hace un hoyo aquí, otro allá", cuando realiza una excavación.[44] Tozzer también criticaba las condiciones de los trabajadores de la hacienda, comparando su trato con el de los esclavos en el sur de Estados Unidos antes de la emancipación.[45] Puesto que Tozzer volvía una y otra vez para

[43] Thompson tuvo una vida larga y picaresca en Mérida y Yucatán. Véase Albright, *The Man Who Owned a Wonder of the World*, un esfuerzo por reconstruir la vida de Thompson, quien por cierto contó su propia historia en *The People of the Serpent*.
[44] Alfred Tozzer a su familia, 12 de marzo de 1902, Archivo Tozzer.
[45] Alfred Tozzer a su familia, 20 de marzo de 1902, Archivo Tozzer.

continuar su trabajo, Putnam le advirtió que vigilara de cerca a Thompson y sus actividades.

En 1904, Thompson comenzó a dragar el cenote sagrado de Chichén Itzá y desenterró un extraordinario cúmulo de artefactos de oro, jade, cobre y madera, muchos de los cuales envió al Museo Peabody. "Hay placas de oro, tazones de oro, figurillas de oro y campanillas de oro, tan brillantes y pulidas como el día en que fueron hechas […]. Y en cuanto al jade, no tiene fin", escribió Alfred Tozzer a su familia, a fin de compartir su emoción por los "abrumadores" descubrimientos enterrados en el lodo del cenote. Le preocupaba que el traslado de un tesoro, cuyo valor ascendía a "cientos de miles de dólares", pudiera incitar un conflicto internacional sobre su propiedad.[46] Aconsejó mantener el hallazgo en secreto, en lugar de refrenarse en el acarreo paulatino de los tesoros, y de hecho ayudó a transportar algunos de los artefactos a Cambridge.

Adela Breton, mujer inglesa que pintaba a mano exquisitas reproducciones del espectacular arte maya que se encontraba en las ruinas, residía también en la hacienda de Thompson cuando llegaron Zelia y Nadine. Había arribado a Yucatán a instancias de Alfred Maudslay, quien le había pedido que hiciera copias exactas de los murales y esculturas del sitio. Tozzer, quien mantuvo correspondencia con Breton hasta que ella murió, en 1923, la describió con toda la crueldad de sus ojos de veinticuatro años:

Una dama inglesa solterona con muchos recursos llegada directamente desde Inglaterra […]. Su apariencia es la típica de una mujer soltera e independiente de sesenta años bien entrados: es alta, delgada, de cara alargada y cabello gris; tiene algunos pelos dispersos en la barbilla —y muchos más en el bigote—; es extremadamente miope, pero se yergue recta como una flecha […]. Es artista, y he de decir que una muy buena […]. Parece buscar la

46 Alfred Tozzer a su familia, 20 de abril de 1905, Archivo Tozzer.

Alfred Tozzer, *ca*. 1904.

incomodidad a cualquier costo [...]. Ha estado aquí dos veces y
en ambas ocasiones ha elegido una habitación húmeda en ruinas,
con moho, que parece más bien una tumba y que, además, está
llena de murciélagos y criaturas diversas, en lugar de una habitación grande y bien ventilada en la hacienda.[47]

Inesperadamente, se desarrolló una amistad entre ellos. Tozzer,
quien era profesor en Harvard, se convertiría en una figura corpulenta e imponente, pero entonces era un joven delgado con
barba corta y lentes con montura de alambre. Adela Breton, por
su parte, estaba casi siempre enferma, probablemente a causa de
malaria, pero en los caminos se sentaba derecha sobre su caballo,

[47]   Alfred Tozzer a su familia, 5 de febrero de 1902, Archivo Tozzer.

Adela Breton y Pablo Solorio, *ca.* 1900.

montada correctamente de lado, siempre acompañada por Pablo Solorio, su sirviente y guía proveniente de Michoacán.

Breton y Tozzer pasaban con frecuencia las tardes juntos, discutiendo el progreso de sus proyectos. A ella le preocupaba que él no estuviera comiendo lo suficiente. "A pesar de su enfermedad, es muy atenta conmigo. A veces manda a Pablo a traerme pequeños obsequios, y cada noche, cuando bajo con ella, tengo que rechazar su invitación a comer de sus escasas provisiones".[48] Tozzer la acompañaba algunas veces cuando estaba haciendo pinturas de las tumbas y templos, y le ayudaba a tomar medidas.

[48]   Alfred Tozzer a su familia, 22 de enero de 1903, Archivo Tozzer.

En los veinte años de correspondencia que mantendrían, ella solía darle consejos sobre su trabajo. Él contestaba con admiración.
Breton también podía ser difícil algunas veces. Cuando Zelia
le recomendó a Putnam que le comisionaran pinturas para el
Peabody, él le pidió a Thompson que ayudara a que Breton pudiera realizar su trabajo. Pero Thompson y Breton no se llevaron bien. Una de las responsabilidades informales de aquél era
advertir a sus invitados que actuaran con cautela ante los inspectores, que obtuvieran permisos para sus trabajos y que mantuvieran una buena relación con los antropólogos y funcionarios
mexicanos, advertencia que le hizo a Breton a su llegada. Poco
después, sin embargo, le escribió a Putnam con cierta preocupación para informarle que las autoridades mexicanas le habían
negado permiso a Breton hasta para hacer bocetos en las ruinas:

> [Batres] tiene derecho a actuar así, y las autoridades federales
> siempre lo han respaldado en sus decisiones, pero a menos que
> ella haya hecho algo realmente fuera de lugar o lo haya ofendido
> gravemente de alguna manera, no creo que él hubiera actuado de
> forma tan radical. Lamento la situación, y he escrito una carta
> al Inspector pidiéndole, si es posible, que revoque su decisión, al
> menos en lo que respecta a sus bocetos y a otros trabajos simila-
> res que Maudslay quería que realizara [...]. No creo que me co-
> rresponda poner en riesgo mis propias perspectivas laborales por
> enfrentarme con el Inspector por ella, cuando, según su propia
> confesión, ella misma se ha buscado el problema, ya fuera inten-
> tando hacer algo que no debía, ya por algún acto tonto y falto de
> tacto de su parte.[49]

Batres visitó a Thompson poco después de esto y, según informó
éste, aquél "le entregó [a Breton] el interdicto para hacerla entrar

---

[49]   Edward Thompson a Frederic Ward Putnam, 3 de marzo de 1900, citado en Mc-
Vicker, *Adela Breton*, 62-63.

en razón [...]. No obstante, tan pronto como ella prometió cumplir con las leyes, él se relajó con sus órdenes y le permitió hacer bocetos y dibujos. [El inspector] afirma que el trabajador de Breton se puso a cavar y husmear de manera extraña y sospechosa".[50]

Cuando Breton visitó Uxmal con otros invitados, fue acusada de ser una "cascarrabias": "Dicen que se quejó durante todo el camino de ida, durante todo el tiempo que estuvo allí y durante todo el camino de regreso", informó Thompson. "Según ella, todo el mundo estaba confabulado en su contra, incluso el cochero de su volante, con el fin de hacer incómodo su viaje".[51] Thompson trataba de evitar estar "en casa" cuando ella trabajaba en las ruinas, por lo que se iba a Mérida con su esposa y sus seis hijos. A Breton no le importaba, ya que prefería estar sola. También había otras personas que no la encontraban tan terrible, e incluso que la consideraban agradable, aunque pocos se atrevían a cuestionar su deseo de hacer lo que le daba la gana. Breton y Zelia, por ejemplo, formaron una sociedad de admiración mutua: dos mujeres imperiosas dedicadas al arte y el estudio de la antigüedad.

Tras este viaje a Yucatán, Zelia y Nadine regresaron a la Ciudad de México. Fue entonces cuando tomaron la decisión de comprar la Casa Alvarado. Las renovaciones de la propiedad se llevaron a cabo desde el verano y hasta finales del otoño o inicios del invierno de 1903, mientras Zelia y Nadine "acampaban" en algunas habitaciones, esperando la llegada de 140 cajas con muebles, libros y objetos de su hogar en Dresde.[52] Zelia nunca escribía una carta sin quejarse del ruido, la ineficiencia y los errores, pero esas quejas siempre iban seguidas de declaraciones de embeleso por la casa. "Por supuesto que estamos muy incómodas y

---

[50]   Edward Thompson, citado en McVicker, *Adela Breton*, 63.

[51]   Thompson a Putnam, 3 de marzo de 1900, citado en McVicker, *Adela Breton*, 63.

[52]   Zelia Nuttall a Frances Mead, 1 de diciembre de 1902, Archivo Nuttall, Museo Peabody. También regresaron a California para hacer una visita durante ese periodo, y Zelia fue al Congreso Internacional de Americanistas de Nueva York en septiembre de 1902.

no tengo siquiera un lugar tranquilo para escribir. Pero todo va avanzando y empiezo a ver la luz", le escribió a Phoebe Hearst.[53] Anhelaba que sus amistades pudieran "ver lo que hemos hecho, pues sé que se alegrarán con nosotras".[54]

Desde entonces, la Casa Alvarado nunca dejó de impresionar a sus visitantes. Frederick Starr, un antropólogo de la Universidad de Chicago con vínculos con Putnam, fue uno de los muchos que encontraron el palacio hermoso y apacible:

Fuimos en carruaje hasta Coyoacán, donde encontramos a la Sra. Nuttall y a su hija en verdad encantadoramente instaladas. La decoración colorida de su casa es simple y fuerte, y la belleza de sus mastuerzos adorna el patio y los balcones [...]. Era tarde de visitas, así que, mientras la señora Nuttall se vestía, la señorita Nuttall nos mostró el jardín, donde han llevado a cabo una auténtica transformación.[55]

Jean Craik, una joven visitante de Montgomery, Alabama, estaba igualmente entusiasmada: "La pasión de mi vida siempre han sido las flores, y el jardín de la Casa Alvarado es un sueño. La casa también es encantadora; tanto el comedor —que antes era la capilla de la quinta— como los patios son de ensueño, y recuerdo aún su pérgola como la más hermosa que haya visto jamás".[56]

La vida en la Casa Alvarado era majestuosa pero tranquila, si bien interrumpida por las frecuentes visitas de sus amigos. Cuando los Bowditch llegaron de Boston, Zelia los llevó a hacer un recorrido por Teotihuacan. Otros de sus amigos la convencieron de que dejara su casa y fuera a recorrer Michoacán con ellos, donde encontró un "campo de investigación sumamente prometedor para

53 Zelia Nuttall a Phoebe Apperson Hearst, 29 de diciembre de 1902, Archivo Hearst.
54 Zelia Nuttall a Phoebe Apperson Hearst, 24 de enero de 1903, Archivo Hearst.
55 Frederick Starr, entrada de diario, agosto-septiembre de 1903, Colección Parmenter.
56 Jean Craik, citado en Parmenter, "Zelia Nuttall and the Recovery of Mexico's Past", 662-663.

el futuro".[57] Alice Fletcher, quien se quedó seis meses con ella en 1906 mientras tomaba clases de español y se familiarizaba con la antropología mexicana, le contó a Putnam que "México es mucho más hermoso de lo que me imaginaba y las personas son dignos sujetos de estudio, no sólo los nativos, sino también los descendientes de los españoles".[58] Adela Breton y Alfred Tozzer también quedaron impresionados ante el encanto de la casa y sus jardines.

Teresa Álvarez, "doña Teresita", descrita por Ross Parmenter como "una mujer pequeña, más bien severa y nerviosa", mantenía a flote la Casa Alvarado.[59] Se encargaba del orden, de la cocina y de las compras; también engatusaba, intimidaba y mantenía el concilio entre el resto del personal con una dedicación extraordinaria a doña Zelia. Trabajó para ella treinta y cinco años. Durante los periodos difíciles, lo hizo incluso sin salario. Durante la Revolución mexicana protegió con un rifle viejo la Casa Alvarado de los soldados y merodeadores. El jardín, por su parte, era dominio del jardinero de Zelia, don Antonio, a quien Nadine recordaba con sus "holgados pantalones y su camisa blanca, ocupado entre las plantas y acarreando agua".[60]

*

Vivir en México revitalizó a Zelia, quien estaba en sintonía con el deseo porfiriano de construir un discurso identitario nacional, ya que había hecho mucho por interpretar los rituales y la religión de los aztecas, así como por dar sentido a sus símbolos, dioses y leyendas. Algunos funcionarios públicos y visitantes extranjeros acudían a visitarla, impresionados por su conocimiento del pasado del país, y la escuchaban con atención mientras los guiaba

[57] Zelia Nuttall a Frederic Ward Putnam, 6 de abril de 1904, Archivo Putnam.
[58] Alice Fletcher a Frederic Ward Putnam, 11 de agosto de 1906, citado en Mark, *A Stranger in Her Native Land*, 297.
[59] Parmenter, "Zelia Nuttall and the Recovery of Mexico's Past", 614.
[60] Nadine Nuttall Laughton a Ross Parmenter, 29 de octubre de 1963, Colección Parmenter.

por su casa y su jardín, explicándoles la colección que estaba reuniendo con sumo cuidado. Zelia estaba convencida de que estaba haciendo una contribución significativa al campo de la antropología. "Creo que las instituciones estadounidenses pueden beneficiarse de mi estancia en México, en contacto con su gobierno y su gente, y que puedo contribuir al avance de la Ciencia en este país", le confió a Putnam.[61]

Zelia estaba a la caza de artefactos que pudiera adquirir para enviar a Estados Unidos, como lo había hecho en Rusia. El dinero del fondo Crocker-Reid estaba a su disposición para viajar y recolectar piezas para el Departamento de Antropología de la Universidad de California. Si necesitaba fondos adicionales para comprar algún objeto, recurría con frecuencia a Phoebe Hearst. En Puebla encontró un "lienzo" —una "tela pintada de maravillosa belleza", según le escribió a Putnam—,[62] e hizo las gestiones para que se hiciera una réplica que envió a la Universidad de California.[63] Recolectó trajes indígenas en Chiapas, Puebla, Oaxaca y Yucatán, muchos de ellos con resplandecientes bordados. Uno de sus descubrimientos fue el de un antiguo mapa del Valle de México en tiempos de la Conquista, que indicaba la ubicación de muchos de los pueblos que existían entonces. Zelia había encontrado el mapa en la Academia de Ciencias de Suecia, en Estocolmo, y deseaba ahora reproducirlo y "verificar mediante trabajo de campo la localización de todas las ruinas, pueblos, etc. que se indican en ese mapa, y obtener toda la información disponible sobre ellos por medio de archivos, tradiciones, leyendas, etc.".[64]

Cuando no estaba ampliando las colecciones para el museo, Zelia buscaba materiales para ella misma, entre ellos varios

[61]   Zelia Nuttall a Frederic Ward Putnam, 27 de mayo de 1902, Archivo Nuttall Papers, Museo Peabody.
[62]   "Lienzo": en español en el original (n. de los trads.).
[63]   Zelia Nuttall a Putnam, 27 de mayo de 1902.
[64]   "Report on Use of Crocker Fund for Research in Mexico, from Alice Fletcher and John Merriam", Archivo Putnam, 29 de septiembre de 1902.

316 A LA SOMBRA DE QUETZALCÓATL

procesos inquisitoriales de los siglos XVI, XVII y XVIII, relacionados con "prácticas supersticiosas [...], libelos contra los privilegios del Santo Oficio [...], [o sobre la] pureza de la fe", así como
casos judiciales sobre fraudes monetarios, títulos honoríficos y
patentes de nobleza. También compró "una maravillosa capa tejida para la escultura de un santo en una iglesia antigua". La capa
tenía "un borde ancho e inserciones de encaje, cuya peculiaridad
es que están hechos con hilos finísimos de fibra de agave". El
jardín, el patio y las verandas de Zelia se fueron llenando de un
número cada vez mayor de artefactos de piedra, entre ellos una
bella figura tallada del dios serpiente Quetzalcóatl, venerado por
su sabiduría.[65]

Zelia también estaba comprometida con su trabajo de traductora, con la esperanza de que con ello ayudara a arrojar luz
sobre los conocimientos de los pueblos de habla náhuatl en el
momento de la Conquista. Buscó a Mariano Rojas, a quien conoció en Tepoztlán, al sur de la Ciudad de México, para traducir
juntos algunos textos del Códice Florentino: "Aunque él conoce
a la perfección el náhuatl actual —probablemente mejor que nadie en México—, carece, por supuesto, de formación académica
y no podría avanzar con la traducción sin mi ayuda, ya que yo
conozco mejor que él los antiguos nombres de las cosas y las referencias que aparecen en los textos".[66] Según ella, fue una buena
colaboración: "Mis estudios lingüísticos y mi traducción de varias secciones de los textos en náhuatl [recopilados por] el fraile
Sahagún, que he podido realizar con la valiosa colaboración de
Mariano Rojas, el viejo cacique de Tepoztlán, me han proporcionado nuevo material de primera importancia".[67]

[65] Zelia Nuttall a Richard P. Clark, 24 de enero de 1904, Archivo Hearst.
[66] Zelia Nuttall a Putnam, 6 de abril de 1904. Zelia incluyó el trabajo que hizo con
el "viejo cacique" en su reporte anual a la Universidad de California. Véase Nuttall, "Annual Report to the Regents of the University of California", marzo de
1903-marzo de 1904, Colección Parmenter.
[67] Nuttall, "Report to the Crocker-Reid Fund for Work between March 1903 and
March 1904", Colección Parmenter.

Aunque seguía destacando en su trabajo de archivo, desarrolló un mayor interés por la exploración arqueológica. Así como había recolectado cabezas de terracota durante su primera estancia prolongada en México, entre 1884 y 1885, decidió realizar "excavaciones" cerca de la Casa Alvarado. Uno de sus huéspedes recordaba esta actividad como una rutina diaria que solía culminar con el hallazgo de unos cuantos fragmentos de cerámica:

> Cada mañana, después del desayuno, la señora Nuttall me daba una paleta y un balde. Ella misma llevaba una especie de pala de mango corto y salíamos al campo aledaño a 'excavar'. La mayoría de las veces encontrábamos pedazos rotos de cerámica, pero ella parecía pensar que algunos eran al menos significativos, si no es que valiosos [...]. Era una mujer muy guapa y encantadora. Vivía con gran estilo, rodeada de mucha servidumbre mexicana.[68]

Zelia continuó viajando por el país, visitando ruinas, buscando artefactos, y —luego de que adquiriera su primera cámara en 1904— documentando fotográficamente sus descubrimientos. En marzo de ese mismo año, mandó un reporte a la Universidad de California sobre sus actividades: "He visitado el templo en ruinas de Tepoztlán, las rocas talladas cerca de Cuernavaca en el estado de Morelos y la roca tallada en Orizaba, estado de Veracruz; visité un par de veces las ruinas de San Juan Teotihuacan y he examinado otras ruinas prehistóricas en el Valle de México. Recientemente [...] tuve la oportunidad inesperada de hacer una rápida investigación de la arqueología local de [Jalisco y Michoacán], la cual me era desconocida y me pareció sumamente interesante".[69]

68 Jean Craik a Ross Parmenter, s.f., en Parmenter, "Zelia Nuttall and the Recovery of Mexico's Past", 662-663.
69 Nuttall, "Report to the Crocker-Reid Fund". [Las "rocas talladas" de Morelos pueden corresponder a diversos sitios arqueológicos de ese estado; la de Orizaba, en cambio, debe referirse a la llamada "Piedra del gigante" (n. de los trads.)].

Zelia coleccionaba con avidez, incluso cuando sabía que no debía hacerlo. Encontró un códice de catorce páginas pintado sobre piel de venado, con comentarios en náhuatl, que consideró tan valioso que lo compró con su propio dinero, vendiendo algunas de sus pertenencias para poder costearlo. Su esperanza era que lo adquiriera el Museo Peabody o, si no, Bowditch o Hearst a título personal, o la Universidad de California —que no mostró ningún interés—. Bowditch también la rechazó, por lo que recurrió a Putnam para que hiciera "algún esfuerzo por conseguir a alguien que lo donara al Museo Peabody. Sabes bien que, si pudiera, yo misma se lo daría al museo, pero no puedo permitírmelo".[70] Si no conseguía un patrocinador, dijo, ofrecería el códice a la Institución Smithsoniana.

La procedencia de este códice debía mantenerse oculta al principio, según le explicó a Putnam:

Debido a que resido aquí, *debo* mantener en absoluto secreto que poseo este códice y que lo he sacado del país. Dentro de algunos años —pero no antes— podrá publicarse, y debo decir que me gustaría ser yo quien lo edite. Mientras tanto, para evitar meterme en serios problemas aquí, tanto mis amigos como yo debemos tener el mayor cuidado y ser sumamente discretos al respecto.[71]

Aunque no se abstenía de sacar tesoros de México de manera encubierta, Zelia también trabajaba en el Museo Nacional Mexicano bajo la dirección de Alfredo Chavero, contribuyendo a sus exhibiciones y archivos. Fue, de hecho, nombrada profesora honoraria de la institución, y en 1907 le ofrecieron una cátedra remunerada en el museo.[72] Aunque rechazó el nombramiento,

[70]   Zelia Nuttall a Frederic Ward Putnam, 28 de octubre de 1905, Archivo Putnam. Lo nombró *Hispano-Mexican Codex* ("Códice hispano-mexicano").
[71]   Zelia Nuttall a Putnam, 28 de octubre de 1905.
[72]   Zelia Nuttall a Alfred Kroeber, 14 de junio de 1907, Colección Parmenter.

continuó como profesora honoraria y trabajó junto a Isabel Ramírez Castañeda, la primera mujer antropóloga de México, quien asistía a Leopoldo Batres y a Eduard Seler en la organización y catalogación de las cerca de diez mil piezas del museo.⁷³ Ramírez era especialista en náhuatl y logró reunir, en el trabajo que realizaba cerca de la Ciudad de México, la etnología, el folclor y la arqueología. En un campo dominado por hombres, encontró en Zelia un imponente modelo a seguir.

Quizás la contribución más importante de Zelia a la antropología mexicana en esos años fue instar a Franz Boas a aceptar a Manuel Gamio para recibir una formación formal en antropología en la Universidad de Columbia. Gamio estaba en ese momento en sus veintes. Era ingeniero de formación y había estado trabajando en una plantación de caucho que poseía su familia en la frontera entre Oaxaca y Veracruz. Allí, las conversaciones con trabajadores indígenas del lugar hicieron que se despertara en él una fascinación por el pasado del país. Los trabajadores le enseñaron náhuatl y cambiaron el rumbo de su vida. Se trasladó a la Ciudad de México, inició estudios en el Museo Nacional Mexicano y realizó su primer trabajo arqueológico en Zacatecas. Esta labor atrajo la atención de Zelia, quien quedó profundamente impresionada por el joven investigador mexicano.

Consciente de que Boas tenía como objetivo formar un grupo de "observadores entrenados" para el desarrollo de la antropología científica, Zelia propuso a Manuel Gamio como candidato para convertirse en uno de sus alumnos. Zelia acudió a la Secretaría de Justicia e Instrucción Pública, después de que Gamio fue aceptado gracias a su recomendación, para asegurarse de que continuara recibiendo su salario como "ayudante en historia" del Museo Nacional Mexicano durante su estancia en el extranjero. Tenía un plan en mente, como le escribió a Boas:

⁷³ Ruiz, "Insiders and Outsiders in Mexican Archaeology", 2003.

Mi mayor anhelo es que reciba una educación minuciosa sobre el trabajo museístico para que en algún momento cercano pueda ser nombrado director de la sección de antropología del Museo Nacional aquí en México, y que tome el puesto de Batres como inspector de Monumentos. Todo esto debe quedarse, por supuesto, estrictamente entre nosotros, pero estoy segura de que se abrirán las puertas para él algún día, y que por el bien de la ciencia debemos formarlo de la mejor manera posible. También deberá aprender los métodos modernos del trabajo de la disciplina [...]. Por supuesto, ustedes dos decidirán cuáles deben ser sus investigaciones y estudios, pero debo insistir en que lo que se necesita con mayor urgencia aquí es un curador y arqueólogo profundamente formado, con conocimientos sobre los métodos modernos.

Zelia felicitó a Boas por invitar a Gamio a que se uniera con él en Columbia. Dijo que, mediante su futura educación, estaban "dando en este momento el primer paso serio hacia la realización de nuestras esperanzas y planes para el avance de la ciencia en el país".[74]

Gamio regresó a México en 1911, después de trabajar dos años con Boas. De vuelta en su país, empezó a trabajar en Teotihuacan y en el Templo Mayor en la Ciudad de México, y encontró vínculos entre las culturas de los habitantes cuyas tierras se extendían por Guatemala y México. Su libro *Forjando patria*, publicado en 1916, era un llamado al compromiso revolucionario de crear una fuerte identidad nacional anclada en el pasado indígena. También ayudó a que se concretara otra de las ambiciones de Boas: fundar la Escuela Internacional de Arqueología y Etnología Americanas en la Ciudad de México. La escuela abrió en 1911 y Gamio fue uno de sus primeros estudiantes. Como había esperado Zelia, también fue nombrado inspector de Monumentos, cargo que ocupó entre 1913 y 1916. Pero todo eso estaba todavía por venir.

[74] Zelia Nuttall a Franz Boas, 27 de septiembre de 1909, citado en Parmenter, "Glimpses of a Friendship", 115.

Manuel Gamio, *ca.* 1900.

*

Fueron años muy ocupados para Zelia Nuttall, durante los cuales trabajó desde múltiples frentes para promover el desarrollo científico de la antropología en Harvard, en la Universidad de California y en México. Publicó estudios sobre el jade antiguo, la brujería precolombina, las primeras relaciones entre Japón y México, el diseño de las ciudades aztecas y el significado de los pictogramas. Sin embargo, no todos estaban satisfechos con su trabajo durante este periodo. Alfred Kroeber, entre otros, expresó su preocupación de que, después de su mudanza a la Casa Alvarado, Zelia no estuviera cumpliendo con sus promesas como investigadora, pues parecía divagar entre un tema y otro.

También sospechaba que tal vez no estaba siendo del todo transparente con el uso del dinero del fondo Crocker-Reid.[75]

Kroeber comenzaba a preguntarse si Zelia estaba haciendo algún progreso con el segundo volumen del Códice Magliabechiano. El primer volumen, un facsímil del manuscrito, se había publicado en 1903; el nuevo volumen contendría la traducción de Zelia y notas extensas. Le pidió a Putnam que averiguara si algo de ese segundo volumen, de hecho, existía. Si era así, ¿no podría Zelia simplemente terminarlo en lugar de seguir dando excusas? "La señora Nuttall tiene siempre una buena razón para no reportar avances", escribió,

> pero eso no hace que el asunto progrese […]. Así que creo que, si podemos hacer algo para conseguir algunos resultados de la señora Nuttall, deberíamos hacerlo […]. Creo que una carta firme y paternal de tu parte podría surtir efecto […]. ¿No serían sus escritos igual de buenos si se pusiera a trabajar y escribiera con base en el material que ya tiene, en lugar de seguir manteniéndolo en ese estado tan caótico que sólo provoca que se distraiga con nuevos asuntos secundarios?[76]

Desde la perspectiva de Zelia, había buenas razones para no haber completado este gran proyecto; entre ellas, el dinero y su mala salud. Las dificultades financieras, que ya eran preocupantes en años anteriores, se volvieron mucho más apremiantes tras su

---

[75] Kroeber le escribió a Putnam para pedirle que intentara lograr que Zelia fuera más específica sobre el trabajo que estaba realizando con los fondos del Crocker-Reid (Alfred Kroeber a Frederic Ward Putnam, 14 de noviembre de 1904, Archivo Putnam). En 1905, envió una consulta similar a Frances Mead en el Peabody (Alfred Kroeber a Frances Mead, 24 de octubre de 1905, Archivo Putnam). Zelia finalmente respondió, para satisfacción de Kroeber (Alfred Kroeber a Frederic Ward Putnam, 29 de diciembre de 1905, Archivo Putnam), quien, sin embargo, pronto volvió a sentirse intranquilo ante la falta de avances de Zelia.

[76] Kroeber a Putnam, 4 de febrero de 1907; la respuesta de Putnam está perdida. El siguiente volumen, escrito por Elizabeth Hill Boone, se publicó hasta 1983, ya que Zelia nunca completó la obra por sí misma. Véase Boone, *The Codex Magliabechiano*.

mudanza a México. Después de la compra de la Casa Alvarado, no tenía ya fondos disponibles para costear los considerables gastos de las renovaciones. Había mucho por hacer y, aunque la mano de obra era barata, los trabajadores eran muy lentos.[77] Su familia se negó a ayudarla económicamente, pues sentían que Zelia había iniciado su nueva vida en México sin consultarlos. Pero ella se resistía a recortar su estilo de vida. En abril de 1903, Putnam escribió que esperaba que la "voluntad indomable" de Zelia la ayudara a "luchar contra el lobo" que acechaba tras la puerta.[78]

A medida que las preocupaciones económicas aumentaban con los crecientes costos de las reparaciones, Zelia propuso que su cuñada Hilda le comprara algunas de sus joyas, "las tres piezas más valiosas". La respuesta vino de su hermano Robert, según Zelia le contó a Phoebe Hearst para desahogarse:

Le expliqué [a Hilda] que, como una de [las piezas] había sido un regalo de mi padre a mi madre, esperaba que ella me la comprara, para que yo pudiera comprársela de regreso en cuanto pudiera permitírmelo. Le dije que todo lo que necesitaba obtener por las joyas eran uno o dos mil dólares [...]. En respuesta a esto, recibo una carta de mi hermano en la que me dice que Hilda le había dado mi carta para que la leyera, y que, como yo nunca le había pedido su consejo para instalarme en Coyoacán, no permitiría que su esposa aceptara mi propuesta, la cual, además, él personalmente consideraba inapropiada de mi parte y una falta de respeto hacia la deferencia que deberíamos tener por nuestros padres. Luego me sugiere que venda ciertas acciones que tengo, un procedimiento que reduciría mis ingresos mensuales y tardaría unos tres meses en concretarse. Para concluir, simplemente dice: "Lamento que te hayas puesto a ti misma en la situación financiera en la que dices estar".

[77]   Zelia Nuttall a Hearst, 24 de junio de 1903.
[78]   Frederic Ward Putnam a Zelia Nuttall, 26 de abril de 1903, Archivo Putnam.

En un gesto que se repetía con frecuencia, Hearst se involucró y, a lo largo de varios meses, le prestó a Zelia 3 000 dólares. Zelia quería que su benefactora supiera cuánto disfrutó la oportunidad de contestarle a Robert, "diciéndole que, gracias a tu amabilidad, consideración y generosidad, no necesitaré deshacerme de mis joyas y podré hacer frente a todos los gastos finales requeridos. Si hay algo que pueda hacer que él y Hilda se sientan avergonzados de ellos mismos por su comportamiento, es el contraste entre tus modales y los de ellos".[79]

Si Frederic Putnam fue el padrino científico de Zelia, Phoebe Hearst se convirtió en su "hada madrina, cuya varita mágica me ha permitido transformar la casa y el jardín en lo que ya conocerás".[80] Zelia estaba inmensamente agradecida. "Gracias a tu ayuda", escribió, "que me ha librado de una creciente ansiedad, disfrutaré desempacando e instalándome en la primera casa verdadera que he poseído".[81]

Pagar el préstamo fue un gran peso sobre Zelia, al igual que costear una boda "apropiada" para su hija Nadine y Arthur Laughton a finales de 1904. Buscó muchas maneras de saldar su deuda: vendiendo parte de su huerto, alquilando habitaciones en la Casa Alvarado, e incluso intentando vender su edición en varios volúmenes de *Antigüedades de México*, de Lord Kingsborough. También pensó que bibliotecas como las de Columbia o Harvard podrían comprar varios volúmenes que tenía de la obra magna de Alfred Maudslay. Asimismo, Zelia buscó compradores para algunos de sus documentos coloniales y escribió repetidamente a Alfred Kroeber, Frederic Putnam y Benjamin Wheeler para asegurarse de que los pagos que recibía del fondo Crocker-Reid se realizaran puntualmente. Tales preocupaciones a veces la ponían de mal humor. Una noche, cuando Alice Fletcher se presentó

[79]   Zelia Nuttall a Phoebe Apperson Hearst, 29 de marzo de 1903, Hearst Papers. Hilda Rosenstock Nuttall era rica por derecho propio.
[80]   Zelia Nuttall a Hearst, 29 de marzo de 1903.
[81]   Zelia Nuttall a Hearst, 24 de enero de 1903.

tarde para cenar, Zelia le habló con brusquedad.[82] Cuando no se apresuró a ir a Oaxaca para recibir a su primera nieta, se tensó su relación con Nadine, a quien a su vez culpaba por haberla descuidado. También reprendió a Alfred Kroeber por no asegurarse de que tuviera un cargo oficial en la Universidad de California. Él se disculpó por medio de Putnam.[83]

Su mala salud era la razón a la que Zelia le atribuía a menudo su incumplimiento con el trabajo prometido. Cuando Kroeber escribió a Putnam lamentando su tendencia a "dilatar las cosas", Zelia le respondió directamente a aquél: "Para mi desesperación, mi salud sigue siendo pésima y tengo constantes recaídas que me paralizan por completo en mi trabajo".[84] La vista se le había deteriorado por sus investigaciones archivísticas y sus médicos temían que sufriera un colapso nervioso si no descansaba durante un año. Solicitó entonces a Wheeler un año de licencia sin sueldo para poder mudarse a una altitud más baja.[85] El alquiler de la Casa Alvarado le ayudaría a cubrir sus necesidades económicas. Así que viajó al sur de México, y luego a Filadelfia para someterse a una operación en el Hospital de la Universidad Johns Hopkins, lo que retrasó aún más el trabajo.[86]

Zelia estaba allí cuando ocurrió el Gran Terremoto de San Francisco de 1906, el cual provocó además incendios en la ciudad. "Dos días después de mi llegada [...] la noticia de la terrible destrucción de San Francisco llegó como un rayo en cielo

[82] Alice Cunningham Fletcher, diario, entrada del 23 de septiembre de 1906, citado en Mark, *A Stranger in Her Native Land*, 307.

[83] Escribió a Putnam con cierto disgusto para disculparse, a título personal y de la universidad, pidiéndole al profesor de Harvard que transmitiera sus disculpas a Zelia (Kroeber a Putnam, 14 de noviembre de 1904).

[84] Alfred Kroeber a Frederic Ward Putnam, 2 de febrero de 1907, Archivo Putnam; Zelia Nuttall a Kroeber, 14 de junio 1907.

[85] Zelia Nuttall a Benjamin Wheeler, 31 de diciembre de 1907, Archivo Nuttall, Biblioteca Bancroft.

[86] Alice Fletcher visitó a Zelia en el hospital y le escribió a Phoebe Hearst para darle buenas noticias sobre su recuperación (Alice Fletcher a Phoebe Apperson Hearst, 6 de junio de 1906, Archivo Hearst).

despejado".[87] La familia Nuttall tenía propiedades en San Francisco que estaban en renta; ahora debían ser reconstruidas antes de poder alquilarlas de nuevo y volver a repartir los ingresos. Además, Zelia temía que su madre, que se había establecido en Tunbridge Wells, Inglaterra, pasara sus últimos años en la pobreza, a causa de las inversiones perdidas en el terremoto. Prometió que ayudaría a sostenerla económicamente y esperaba que su madrastra, Abby Parrott, siguiera proporcionándole una pensión. La casa de su hermano George también fue destruida. Zelia esperaba que William Randolph Hearst, cuyo edificio del *San Francisco Examiner* también debía ser reconstruido, comprara el terreno de George.

Le escribió a Kroeber que la pérdida de dos edificios en San Francisco la había obligado a "enfrentar la realidad de vivir sin ingresos por el tiempo que tome reconstruirlos. Tal vez tenga que intentar escribir artículos para revistas, etc.".[88] Consideró realizar una gira de conferencias en Estados Unidos. A fin de año, volvió a posponer el pago de su préstamo, escribiéndole con cierto pudor a Hearst:

Si no te escribí en octubre sobre el préstamo que tan amablemente me hiciste en 1902, es porque me sentía completamente abrumada y deshecha por no poder devolverlo este año como había esperado. El desastre de San Francisco me privó de todos mis ingresos, salvo los que recibo de la Universidad de California y de la renta de una parte de esta casa [...]. Estoy constante y dolorosamente consciente de mi deuda contigo. Espero que no malinterpretes el incumplimiento de mi promesa de saldar mi deuda contigo este año.[89]

[87] Zelia Nuttall a George Nuttall, 22 de abril de 1906, Colección Parmenter.
[88] Zelia Nuttall a Alfred Kroeber, 1 de junio de 1906, Colección Parmenter.
[89] Zelia Nuttall a Phoebe Apperson Hearst, 16 de diciembre de 1906, Archivo Hearst.

Para complicar las cosas, Phoebe Hearst también se vio obligada a recortar sus gastos, al igual que Ethel Crocker, quien seguía financiando el trabajo de Zelia, pero ahora sin el apoyo económico de Elizabeth Reid.

Cuando Zelia estuvo al fin de vuelta en la Casa Alvarado a finales de 1908, había recuperado algo de su energía. En el Museo Nacional Mexicano hizo un descubrimiento que capturó su imaginación: un documento del siglo XVI que ofrecía nuevas perspectivas sobre los viajes de sir Francis Drake por el Nuevo Mundo, en torno al cual giraría un nuevo proyecto de investigación que emprendería con entusiasmo en los años siguientes. El Congreso Internacional de Americanistas planeaba reunirse en la Ciudad de México en 1910, como parte de las celebraciones del centenario de la Independencia mexicana.[90] Como miembro del comité organizador, Zelia sabía que muchos de sus amigos y colegas acudirían al país que tanto amaba. Esperaba con ansias recibirlos.

A pesar de su mala salud, su precaria situación económica y las dificultades para terminar su obra, Zelia seguía encontrando gran placer en su hogar en México. Su jardín, lleno de rosas, era una fuente constante de alegría, y disfrutaba tener cerca sus libros y su colección de artefactos. Había entablado amistad con el presidente Porfirio Díaz y con sus Científicos, así como con destacadas figuras nacionales de la cultura y la ciencia. Los animaba a explorar su país e insistía en que un mayor conocimiento del pasado podía ayudar a cimentar sus aspiraciones para el futuro. En este rincón tranquilo de Coyoacán, estudiosos eminentes del mundo azteca, maya y zapoteca —Adela Breton, Alfredo Chavero, Manuel Gamio, Edgar Lee Hewett, Alfred Maudslay, Frederic Putnam, Isabel Ramírez,

[90] El congreso también coincidió con el aniversario de independencia en otros países latinoamericanos, por lo que se llevó a cabo en dos locaciones y en momentos separados; la primera parte fue en Buenos Aires, en mayo de 1910, y la segunda parte en México, en septiembre de ese mismo año.

Marshall Saville, Alfred Tozzer, entre otros— eran recibidos como amigos. Zelia los hospedaba, compartía con ellos ideas y descubrimientos, y los acompañaba en sus excursiones a yacimientos remotos.

Zelia Nuttall fue única en su papel como expatriada estadounidense en México. Mientras otros antropólogos tan sólo visitaban el país y se llevaban sus tesoros, ella decidió establecerse en suelo mexicano, impulsó a los investigadores locales y participó en el desarrollo de sus instituciones nacionales, al tiempo que seguía colaborando con instituciones estadounidenses y abasteciéndolas de artefactos. Algunas de estas actividades la llevarían pronto a un enfrentamiento público con el hombre que se consideraba a sí mismo como el guardián del patrimonio de México. Además, fuera de los muros de la Casa Alvarado, los vientos revolucionarios comenzaban a soplar con fuerza.

9. EL DESAFÍO DEL INSPECTOR

Leopoldo Batres no podía evitar hacerse de enemigos. Parecía casi un hábito arraigado en su personalidad —y uno que, además, era inherente a su posición—. Fue el primer inspector general y conservador de monumentos arqueológicos de la República mexicana, cargo que desempeñó durante veintiséis años y cuya posición usó para promover no sólo las ambiciones del país, sino las suyas propias.[1] Era un hombre calvo, con cuerpo en forma de pera, un bigote exuberante y una cintura que iba creciendo con los años. A veces carecía de buen juicio, pero nunca de confianza en sí mismo. La forma en la que abordaba sus responsabilidades con los investigadores era, como la historiadora Christina Bueno señaló, "muy parecida a un duelo, a una batalla por determinar quién era el 'verdadero' arqueólogo y quien tenía derecho de practicar esa disciplina".[2] El legado de Batres lleva sin duda la marca de su entusiasmo, pero también de su habitual falta de rigor, ya que tenía poca paciencia para el lento y

---

[1] Mi relato sobre Batres y la inspectoría se basa en gran medida en Bueno, *The Pursuit of Ruins*; Kelly, "Waking the Gods", y Valiant, *Ornamental Nationalism*, los cuales contienen abundante información sobre el mandato del "dictador de la arqueología", como lo llama Bueno (*The Pursuit of Ruins*, 80).

[2] Bueno, *The Pursuit of Ruins*, 114.

330 A LA SOMBRA DE QUETZALCÓATL

cuidadoso trabajo digno de un antropólogo bien formado.[3] Con certeza, el primer inspector no era la persona ideal para cargar el estandarte de la nueva identidad nacional de México, sin importar cuán comprometido estuviera con el proyecto de centralización y orden del presidente Porfirio Díaz.

Batres nació en 1852, en una prominente familia descendiente de españoles —de hecho, a él le gustaba presumir que estaba lejanamente emparentado con Hernán Cortés, aunque se rumoraba que en realidad era el hijo ilegítimo de Manuel Romero Rubio, uno de los Científicos de Díaz, y por lo tanto medio hermano de la esposa del presidente, doña Carmen Romero Rubio—.[4] Batres se desempeñó como militar durante los años caóticos que precedieron a la paz porfiriana, después de lo cual se fue a París a estudiar en su Museo Nacional de Historia Natural.[5] Allí se familiarizó con las entonces populares técnicas de antropometría, rama que estudiaba el tamaño y la forma de los huesos humanos para categorizar a las personas en diferentes "razas" y niveles de civilización. También aprendió allí las bases de la arqueología.

Aunque regresó a México sin un título universitario, Batres demostró gran avidez para el trabajo de campo, durante el cual recolectaba artefactos que luego vendía al Museo Nacional Mexicano. No pasó mucho tiempo antes de que llamara la atención de Díaz y, cuando en 1885 se creó la nueva Inspección y Conservación de Monumentos Arqueológicos de la República Mexicana, dependencia de la Secretaría de Justicia e Instrucción Pública, fue nombrado su director. Batres afirmaba que la idea de la Inspección había sido suya, pero presiones provenientes de

---

3   Bueno (*The Pursuit of Ruins*, 74) apunta que Batres llevó a cabo su trabajo de campo "con el gusto de un Indiana Jones".

4   Valiant, *Ornamental Nationalism*, 138.

5   En París, Batres fue alumno de Ernest Hamy y Armand de Quatrefages, ambos dedicados al estudio de las culturas precolombinas y de la antropometría. Véase Bueno, *The Pursuit of Ruins*, 73-74. Véase también Manrique Castañeda, "Leopoldo Batres".

distintos sectores ya estaban impulsando la creación de tal institución.[6]

Dada su posición, era inevitable que Batres generara resentimiento y resistencia entre los antropólogos. Su trabajo consistía en restringir, vigilar, limitar, inspeccionar, prohibir —y ocasionalmente autorizar— sus investigaciones. También debía consolidar la institución que garantizaría que tales tareas se llevaran a cabo en nombre del gobierno nacional. La única forma en que Batres podía hacer amigos entre los extranjeros que trabajaban en México, pero también entre los antropólogos mexicanos deseosos de descubrir más sobre el pasado de su país, era, como apunta Seonaid Valiant, "cuando les permitía el acceso a cualquier sitio que desearan, se abstenía de cuestionar sus métodos de excavación o sus interpretaciones, y no los confrontaba cuando enviaban artefactos fuera de México".[7]

Batres tenía una gran ambición personal, pero también se consideraba el legítimo protector de la historia de la nación. Creía que los extranjeros impacientes por explorar las ruinas de México debían ser rigurosamente vigilados, ya que era muy probable que se tratara de ladrones. Y tal vez tenía razón. "Es cierto", escribió el explorador austriaco Teobert Maler, "que actualmente los personajes al frente del departamento de arqueología están completamente en contra de conceder permisos a extranjeros para explorar las ruinas del país; pero esto tiene su razón en las inadmisibles pretensiones de algunos de ellos".[8] Los intrusos solían estar principalmente interesados en encontrar objetos para enviar a sus museos y colecciones favoritas en sus países de origen.

---

6 Éste era un paso que muchos otros países con antigüedades valiosas ya habían tomado. Grecia estableció una autoridad de arqueología en 1833 y Egipto fundó su Departamento de Antigüedades en 1859.
7 Valiant, *Ornamental Nationalism*, 161.
8 Teobert Maler a Charles Bowditch, 3 de octubre de 1903, citado en Graham, *Alfred Maudslay and the Maya*, 215.

Así que Batres no solía complacer los deseos de quienes necesitaban su aprobación, especialmente si eran extranjeros. Desde la perspectiva de los arqueólogos, ¿cómo no iba a parecer el inspector un sinvergüenza y un farsante? Además, Batres podía ser intimidante y exasperante, por lo que irritó a muchas personas. La mayoría de los arqueólogos extranjeros que trabajaban en México querían que fuera reemplazado, y tal vez nadie con más intensidad que Zelia Nuttall. Su enfrentamiento con el inspector en 1910 fue épico.

*

Mucho antes de la confrontación entre Zelia Nuttall y Leopoldo Batres, muchos otros se habían peleado con él. En 1896, Marshall Saville, un protegido de Frederic Putnam, buscó el permiso del gobierno de México para explorar ruinas en el sur del país a nombre del Museo Americano de Historia Natural —proyecto que contaba con el financiamiento sustancioso de Joseph Florimond, el duque de Loubat—. Un contrato firmado con el gobierno le permitiría a Saville exportar algunos de sus descubrimientos a Estados Unidos, y Batres dio su permiso, siempre y cuando él supervisara el trabajo.

Batres y Saville partieron juntos hacia Yaxchilán, sitio arqueológico ubicado en una curva del río Usumacinta, en la frontera con Guatemala. Sin embargo, al acercarse al sitio, Batres decidió que de hecho las ruinas estaban en territorio guatemalteco y, por lo tanto, no formaban parte del acuerdo: Saville no podía continuar con su excavación. En realidad, Batres estaba equivocado —el sitio era parte de México—, pero el daño estaba hecho. Saville concluyó que no tenía otra opción más que trasladar su operación un poco más al norte, a Palenque. Allí, padeció la supervisión de Batres, la cual era, según él, tan caprichosa e injustificada que parecía resultado del deseo del inspector de escapar del clima húmedo de Chiapas y de imponer límites a un

Leopoldo Batres, 1902.

científico extranjero. Llovía sin cesar, y Saville tuvo problemas para encontrar suficientes trabajadores; más tarde acusó a Batres de haber obstaculizado sus opciones de contratar gente local para despejar las ruinas de vegetación y hacer excavaciones. La expedición fue finalmente abandonada tras apenas unas semanas de trabajo, y Saville regresó a Estados Unidos. Más tarde, el inspector se burló diciendo que Saville no era lo suficientemente

334 A LA SOMBRA DE QUETZALCÓATL

resistente para ser arqueólogo y que no era más que un "gambu-sino" (es decir, un cazador de fortuna).[9]

Las tensiones no terminaron allí. A principios del nuevo siglo, Batres impidió que Saville excavara partes de Mitla, en Oaxaca, mientras el inspector merodeaba por las ruinas, cavando aquí y allá sin un sistema particular y apropiándose de los trabajadores contratados por Saville para sus propias investigaciones. Además, Batres no vaciló en atribuirse, y de manera enérgica, el mérito de nuevos descubrimientos allí y en otros lugares cerca de Monte Albán en los que Saville estaba también trabajando. Tal fue el tema central de la disputa pública entre el inspector y Alfredo Chavero durante el Decimotercer Congreso Internacional de Americanistas, celebrado en Nueva York en 1902, y tales fueron las quejas que Saville ya había compartido con Zelia cuando se encontraron en Mitla unos meses antes. Saville era mejor antropólogo, pero Batres tenía más poder.

En 1891, Alfred Maudslay solicitó permiso para explorar las ruinas de Monte Albán. Batres se lo negó, acusándolo de haber dañado esculturas mayas al tomar moldes de yeso de ellas para el Museo Británico.[10] Luego, en 1907, el gobierno británico solicitó permiso al secretario de Instrucción Pública y Bellas Artes para exportar artefactos zapotecas al Museo Británico, a nombre de una persona no identificada, pero que las

---

[9]   Leopoldo Batres, citado en Bueno, *The Pursuit of Ruins*, 113. [La cita original está en el Archivo Leopoldo Batres (ALB, a partir de aquí), folio 310. El archivo completo se conserva en el Archivo Histórico en Micropelícula, serie Leopoldo Batres, rollo primero, en la Biblioteca Nacional de Antropología e Historia de México (n. de los trads.)]. Batres, además, reporta que viajaba con un "un joven fifí americano, hijo de una familia rica" [ALB, f. 557]. Véase también Valiant, *Ornamental Nationalism*, 164-168.

[10] Batres acusó a Maudslay de haber dañado la superficie de antiguas estatuas al retirar los moldes que había hecho de ellas. También lo responsabilizó de robar y dañar los dinteles de Yaxchilán al rebajarlos para reducir su peso antes de enviarlos al Museo Británico. Véanse Valiant, *Ornamental Nationalism*, 163, y Graham, *Alfred Maudslay and the Maya*, 217-219. En ese tiempo, los moldes de yeso y papel eran métodos comunes para reproducir artefactos como estelas y ornamentaciones arquitectónicas para su exhibición en museos.

autoridades mexicanas creían era el propio Maudslay.[11] Cuando el secretario consultó a Batres sobre si debía o no conceder tal permiso, éste respondió con una negativa rotunda, basada en la acusación contra Maudslay de haber cometido un crimen de tal magnitud "que sólo este hecho bastaría para que México cerrara sus puertas y aun [lo] mirara con desdén" (se refiere al daño causado en los templos de Yaxchilán para remover dinteles labrados de piedra, que luego envió al Museo Británico).[12] El inspector comparó al "ladrón" de Maudslay con Cortés en su viaje a las Hibueras, por "ocupar" el territorio, en el cual, además, destruiría el patrimonio de México con tal de enviar sus riquezas al extranjero. Cuando el museo le informó a Maudslay que el permiso había sido negado, el explorador británico, a manera de represalia, vilipendió el trabajo que el inspector estaba llevando a cabo en Teotihuacan, describiéndolo como "un monumento colosal a la presunción y la incompetencia".[13]

Batres tenía una clara tendencia a la confrontación. En Nueva York, en el Congreso Internacional de Americanistas de 1902, se había peleado a gritos con el duque de Loubat a propósito del trabajo de Saville en Monte Albán. Según informaron, el duque golpeó la mesa con su puño y Batres le pegó o lo empujó a él, lo que añadió color al escándalo que sería narrado minuciosamente en la cobertura que *The New York Times* hizo de la reunión. Allí también se informaba que el duque —quien era el vicepresidente honorario del congreso— le dijo a Batres que se

---

[11]   Como podrá advertirse, ha cambiado el nombre de la institución gubernamental encargada de la educación: de "Secretaría de Justicia e Instrucción Pública" a "Secretaría de Instrucción Pública y Bellas Artes". Ello se debe a que en 1907 se separó la impartición de justicia de la educación pública en dos secretarías independientes (n. de los trads.).

[12]   Leopoldo Batres, citado en Graham, *Alfred Maudslay and the Maya*, 217. [La cita original está en el AGN, IPBA, primera serie, c. 169, exp. 8, f. 10. Cinco de los seis dinteles de Yaxchilán robados por Maudslay siguen a la fecha expuestos en el Museo Británico (n. de los trads.)].

[13]   Alfred Maudslay, citado en Kelly, *Waking the Gods*, 97.

había "comportado durante el congreso de manera vergonzosa injustificable y completamente fuera de lugar".[14] Batres, quien fue llamado de regreso a México, contraatacó afirmando que el incidente había desacreditado al gobierno mexicano.[15]

Inmediatamente después del congreso, Alfred Maudslay, Marshall Saville y Zelia Nuttall intentaron que el inspector fuera despedido, pero fue en vano. Batres se ganó además el desprecio de Adela Breton, quien había quedado indignada por sus intentos de restaurar monumentos antiguos utilizando materiales inapropiados y su escasa rigurosidad académica. "Sólo puedo decir que la copa de iniquidades de Batres está ya desbordada", escribió Breton a Alfred Tozzer, denunciando el "vergonzoso" trabajo realizado en la "'restauración' del pobre Xochicalco", sitio en el que se llevaban a cabo excavaciones, con el fin de preparar las ruinas para una visita programada durante el Decimoséptimo Congreso Internacional de Americanistas, que tendría lugar en la Ciudad de México.[16] Incluso a Edward Thompson, quien se esforzaba por mantener una buena relación con Batres, se le negó el permiso de enviar algunos materiales al Museo Peabody de Arqueología y Etnología de la Universidad de Harvard. Muchos años después, la hija de Zelia, Nadine, recordó al inspector como "una persona ruda e imponente y con escasa cultura social".[17] Desconfiaba de los extranjeros, y éstos lo despreciaban.

Pero no eran sólo los extranjeros quienes encontraban opresiva la autoridad de Batres. Alfredo Chavero, director del Museo Nacional Mexicano y un académico muy respetado en el estudio del pasado indígena del país, era su enemigo declarado. Sus conflictos incluían inevitablemente disputas burocráticas sobre

[14]   "Mexican Delegate Discharged from Office; the Result of the Controversy about Credit to Señor Batres", *The New York Times*, 26 de octubre de 1902.
[15]   Bueno, *The Pursuit of Ruins*, 126.
[16]   Adela Breton a Alfred Tozzer, 19 de enero de 1911, citado en McVicker, *Adela Breton*, 149.
[17]   Nadine Nuttall Laughton a Ross Parmenter, 8 de marzo de 1964, Colección Parmenter.

si debía prevalecer la autoridad de la Inspección o la del Museo en diversas tareas, pero también implicaban preocupaciones más profundas sobre la respetabilidad científica. Era parte de las responsabilidades de Batres estudiar y documentar todos los artefactos que llegaban al museo, trabajo que le daba una influencia considerable en la atribución y clasificación de los objetos, y que a menudo lo enfrentaba con el director. En Nueva York, Chavero salió victorioso, pero el inspector siguió prevaleciendo en las batallas burocráticas de vuelta en México.

Manuel Gamio también peleó con Batres. Como estudiante en el Museo Nacional Mexicano, el joven antropólogo realizó su primera excavación sin haber obtenido la autorización directa de Batres. El inspector se dio cuenta cuando su trabajo en Chalchihuites, Zacatecas, fue mencionado en un artículo periodístico, y decidió pararlo. Por cierto que el reporte de Gamio sobre este trabajo fue lo que llamó por primera vez la atención de Zelia en el joven investigador. En los años que siguieron, el desarrollo que hizo Gamio de nuevos métodos para fechar culturas, así como su interés, inspirado por Franz Boas, en la vida indígena contemporánea lo hicieron acreedor de reconocimiento internacional, pero en 1908 Batres tenía el poder de determinar lo que se podía hacer en la arqueología mexicana y lo que no.

Como se ve, la controversia rodeaba a Batres. Ciertamente, los arqueólogos extranjeros actuaban algunas veces sin consideración por las leyes mexicanas y Batres fue enérgico al condenar su presencia en México. Con todo, se decía que el inspector era corrupto, pues, por ejemplo, concedía permisos a quienes le ponían dinero en la mano y vendía antigüedades a cualquier postor, sin importar si vivían en México o en el extranjero.[18] Se dice que

---

[18]   Valiant, *Ornamental Nationalism*, 228-242, discute las acusaciones contra Batres. Para una discusión reflexiva de las acciones de Batres, véase también Bueno, *The Pursuit of Ruins*, especialmente el capítulo 8.

una vieja aldeana de Teotihuacan bromeó diciendo: "Es muy curioso que el señor Batres ha estado trabajando en las pirámides y ha sacado de ellas dos automóviles".[19]

Batres era lo suficientemente cercano a Porfirio Díaz para sobrevivir en su puesto por años, a pesar de los numerosos esfuerzos por removerlo de allí.[20] Profundamente leal al dictador, era un experto en la política clandestina, facciosa y burocrática del porfiriato. Estas habilidades le resultaron muy útiles en su intento de construir la nueva institución a su cargo.

*

Batres tenía una energía extraordinaria como administrador. En sus manos, la Inspección de Monumentos creció hasta convertirse en un importante y, a menudo, temido organismo oficial encargado de proteger la riqueza y diversidad del pasado indígena de México. Su presupuesto aumentó de forma considerable, superando de manera significativa al del Museo Nacional Mexicano dirigido por Chavero. Sin embargo, incluso su jefe, el secretario de Instrucción Pública, Justo Sierra, lo calificó como un "facineroso", aunque continuó respaldándolo.[21]

A finales del siglo XIX, se crearon nuevas leyes que ampliaron la capacidad de Batres para promover la causa de la propiedad

[19]   Baerlein, *Mexico*, 106.
[20]   En su autobiografía, Batres afirmó haber ayudado a Díaz en la guerra contra los franceses a mediados de la década de 1860, cuando tenía alrededor de catorce años; Bueno, *The Pursuit of Ruins*, 77. Tras su destitución en 1911, Batres escribió que "el recuerdo del señor general don Porfirio Díaz surge cada día más resplandeciente a través del tiempo, cual astro luminoso en el crepúsculo matutino, dejando sentir su apacible luz impregnada de purísimos perfumes, elaborados en la gloria y en la inmortalidad."; citado en Kelly, "Waking the Gods", 237. [El texto de Kelly ofrece su traducción al inglés, pero acompañada del original en español, que aquí reproducimos (n. de los trads.)].
[21]   Justo Sierra, citado en Bueno, *The Pursuit of Ruins*, 194 [La cita original está en el tomo XIV (*Epistolario y papeles privados*), de las *Obras completas,* de Sierra, México, Universidad Nacional Autónoma de México, 1949, pp. 289-290].

nacional del patrimonio precolombino de México. En 1896, una ley estableció las condiciones para llevar a cabo trabajos arqueológicos, garantizando el derecho del gobierno a autorizar (o no) cualquier empresa de ese tipo. La Ley de Monumentos de 1897 le otorgó también la facultad de conservar o controlar la dispersión de cualquier artefacto, sin importar en qué parte del territorio nacional se hubiera descubierto. Esta legislación dejó claro el amplio poder del gobierno mexicano para regular cualquier esfuerzo de exploración arqueológica y para procesar a quienes violaran sus disposiciones.

La prohibición de exportar antigüedades fue fundamental para fortalecer la autoridad de la Inspección. Algunas personas en México cuestionaban la sensatez de esta norma: alegaban que limitaría el avance de la ciencia al restringir las oportunidades de que organizaciones extranjeras prestigiosas estudiaran los objetos y contribuyeran a su comprensión. Alfredo Chavero, desde su puesto en el Museo, compartía esa opinión. Pero Batres triunfó en la disputa, y además logró reservar para la Inspección un espacio privilegiado de discrecionalidad: si los artefactos eran duplicados de piezas que ya se encontraban en manos del gobierno, se podían enviar al extranjero; era el inspector quien decidía en tales casos. Batres aprovechó este poder discrecional en su beneficio.

Se le criticó mucho, pero lo cierto es que nadie habría podido realizar ese trabajo sin irritar a mucha gente. El mosaico de las civilizaciones del pasado mexicano era complejo, tenía muchos niveles y cubría un territorio inmenso. Aunque las ruinas de Chichén Itzá, Cholula, Mitla, Monte Albán, Palenque, Teotihuacan, Tula y una docena de otros lugares eran bien conocidas por los interesados en las civilizaciones mesoamericanas, existían miles de sitios más, conocidos sólo de manera local, o de plano completamente ocultos. Los españoles, quienes habían hecho todo lo posible por destruir los antiguos lugares de culto pagano, construyeron iglesias sobre ellos y, en algunos casos, incluso reutilizaron sus piedras para levantar templos dedicados a su propio dios. En ocasiones, los campesinos habitaban entre las ruinas y usaban las piedras y ladrillos antiguos para construir sus casas. Algunos cultivaban maíz y frijol sobre y alrededor de ellas. En otros casos, la selva, la lluvia, el viento, los terremotos y el abandono se habían apoderado de los sitios.

En términos prácticos, expandir el control nacional sobre las antigüedades implicaba disputar la posesión de esos bienes con muchos otros, incluidos quienes vivían cerca de las ruinas o entre ellas. Los restos del pasado —ya fueran objetos, tradiciones o rituales— eran parte entrañable y cercana de la vida de las personas locales y estaban integrados en sus celebraciones. La *patria chica* —ese localismo que tanto molestaba al nacionalismo porfiriano— sentía que tenía derechos legítimos sobre ellos, al igual que los científicos del museo y los burócratas del Palacio Nacional. Sin embargo, bajo la autoridad de Batres, muchas estatuas y otras antigüedades fueron enviadas a la Ciudad de México, provocando gritos de indignación por parte de los habitantes de otros estados, quienes consideraban lo anterior como un despojo.

Así, cuando el inspector intentó remover de Teotihuacan una enorme estatua de Chalchiuhtlicue, la diosa del agua, para exhibirla en el Museo Nacional Mexicano, él y sus trabajadores se enfrentaron a la ira y los insultos de los habitantes del lugar. Los pobladores protestaron con vehemencia y les gritaban a los trabajadores y supervisores: "¡No pueden llevarse a nuestra diosa!". Sus esfuerzos fueron en vano. Cuando el carro que debía transportar la estatua de dieciséis toneladas a la capital se averió, los locales se rieron y lanzaron más insultos. Al final, fue necesario construir una vía de tren para trasladar el monolito, así que el traslado tardó en total cinco meses.[22] Batres, quien era un centralista convencido de la superioridad de la cultura modernizadora del porfiriato, temía que los restos de las nobles culturas indígenas del pasado desaparecieran a causa de "la mano de los salvajes"

22   Bueno, *The Pursuit of Ruins*, 165.

que ahora vivían entre tales reliquias sagradas.[23] Como muchos otros de su tiempo, creía que los pueblos indígenas contemporáneos eran una versión degenerada de la grandeza precolombina.

Las autoridades locales también reclamaban la propiedad de las ruinas, a la vez que buscaban construir lealtades mediante las pruebas materiales de la grandeza del pasado. En una ocasión en que chocaron dos reclamaciones encontradas, Batres allanó un museo local en Tepoztlán —población que fue uno de los muchos presuntos hogares de Quetzalcóatl—, y se llevó cuarenta y seis reliquias al Museo Nacional Mexicano. Ese suceso desencadenó una batalla legal y burocrática entre el interés nacional y el local. El Museo salió victorioso. En otro momento, una icónica estatua de Chac mool, cuya figura reclinada escruta fríamente a sus observadores, fue trasladada de su hogar en la selva a un nuevo museo en Mérida, a fin de que un mayor número de habitantes de la península de Yucatán pudieran contemplarla. Muy pronto, sin embargo, el gobernador de Yucatán tomó la decisión, a su ver políticamente prudente, de mandar la estatua a la Ciudad de México como un homenaje al presidente Díaz.[24]

La autoridad nacional generalmente se imponía sobre el poder local y regional, pero la gente del pequeño pueblo de Tetlama logró vencer a los voraces nacionalistas. Cuando la Inspección intentó remover la estatua de La India —la diosa del matrimonio reverenciada por los lugareños—, ésta simplemente desapareció antes de que las autoridades pudieran proceder de forma oficial con respecto a su traslado. Quién sabe cómo, el monolito —con un peso de unos 910 kilos— fue secuestrado de su lugar tradicional y escondido en la iglesia del pueblo. Nadie de Tetlama admitió saber nada acerca de la desaparición de la diosa.[25]

[23] Leopoldo Batres, citado en Bueno, *The Pursuit of Ruins*, 179. [AGN, IPBA, primera serie, c. 167, exp. 31, f. 3]. Sobre el punto de vista de Batres a propósito de la raza, véase Valiant, *Ornamental Nationalism*, 144-154.
[24] Bueno, *The Pursuit of Ruins*, 172-173, 179-182.
[25] *Ibidem*, 182-184.

Centralizar la autoridad conllevaba otros retos. Algunos antropólogos tenían contratos con el gobierno, anteriores a la creación de la Inspección, los cuales les daban derecho a explorar y excavar. ¿Qué debía hacerse con tales reclamaciones? Algunos coleccionistas privados también habían acumulado miles de objetos en los tiempos previos a la Inspección, y no era para nada inusual encontrar piezas del pasado en casas privadas. O lo que era más pernicioso aún: ante la facilidad con que muchos artefactos se descubrían en los sitios arqueológicos, había quienes los recolectaban de manera clandestina, para luego venderlos en tiendas para turistas en la Ciudad de México. Asimismo, había terratenientes que consideraban cualquier vestigio que se hallara en su propiedad como parte de sus bienes privados. John Hatton, quien abastecía de antigüedades a comerciantes extranjeros, enviaba agentes por todo México "a comprar el botín sacado de sitios arqueológicos, muchos de ellos conocidos sólo por los indígenas locales".[26] Además de las excavaciones realizadas por un número cada vez más grande de antropólogos, muchos artefactos fueron descubiertos durante los ingentes proyectos de infraestructura llevados a cabo durante el porfiriato.

Las ruinas y los objetos eran casi demasiado numerosos para poder contarlos, monitorearlos y regularlos. Eran objeto de disputas, resistencia y batallas legales. ¿A quién pertenecían legítimamente? Para Batres, la respuesta era clara: al gobierno federal, lo que significaba que el Museo Nacional Mexicano debía ser por derecho el depositario de los tesoros más importantes y valiosos del pasado. Aunque el trabajo fue lento y estuvo lleno de obstáculos, Batres cumplió bien con el proyecto nacionalista, asegurándose de que el gobierno central se impusiera en la reclamación por la propiedad de la gran cantidad de antigüedades precolombinas del país.

Poco después de asumir su cargo, Batres nombró a varias docenas de funcionarios para vigilar las ruinas y garantizar que

[26] Schell, *Integral Outsiders*, 23.

todo trabajo llevado a cabo en los sitios arqueológicos estuviera regulado por el Estado. Al principio, se trataba de voluntarios locales; más adelante, fueron trabajadores remunerados con responsabilidades administrativas y, con el tiempo, ataviados con uniformes que les daban estatus. A algunos incluso se les proporcionaron armas. Dada la extraordinaria cantidad de sitios y el limitado personal disponible, Batres descubrió que la efectividad —e incluso la presencia— de los guardianes no siempre podía garantizarse. A menudo entraba en conflicto con sus propios representantes locales, pero también supo usarlos como chivos expiatorios cuando, inevitablemente, ocurrían errores.

A medida que la Inspección crecía, Batres nombró inspectores regionales adjuntos y les asignó territorios para su administración. Su hijo Salvador se convirtió en su asistente a nivel nacional. Pero, aun así, el territorio era enorme y la capacidad de la nueva organización para cumplir su misión seguía siendo limitada. Como ha escrito Christina Bueno, ser el primer inspector en la historia del país era asumir una tarea propia de Sísifo:

> Como inspector, Batres estaba al frente de una agencia plagada de problemas [...]. El despliegue de un puñado de trabajadores dispersos por un inmenso territorio lleno de ruinas resultó ser un frágil mecanismo para resguardar el pasado —especialmente cuando algunos de esos hombres de hecho facilitaban la pérdida y destrucción de los objetos que debían proteger—. El control del gobierno mexicano sobre el paisaje arqueológico seguía siendo irregular e inconsistente [...]. [Sin embargo,] a pesar de todos sus defectos, la agencia representó un esfuerzo más sistemático por controlar las ruinas que cualquiera de los intentos anteriores.[27]

Batres trabajó mucho por empujar su piedra a la cima de la montaña, aun cuando seguía rodando hacia abajo. Una de sus

---

[27] Bueno, *The Pursuit of Ruins*, 112.

primeras acciones como inspector fue la creación de un mapa del país que incluyera todos los sitios arqueológicos conocidos. Como idea, era una noble tarea, que tenía un significado local —"Aquí es donde vivieron tus ancestros", parecía decir el mapa— y, al mismo tiempo, cumplía con un objetivo nacional —"Esto es lo que reclamamos como nuestra herencia colectiva"—. Desafortunadamente, su esfuerzo cartográfico resultó ser profundamente defectuoso. Listaba alrededor de cuatro docenas de sitios, una pequeña porción de los diez mil que se conocen hoy, y estaba lleno de errores. Los críticos extranjeros y nacionales del inspector señalaron que no estaba a la altura del trabajo.

Batres pasó mucho de su tiempo fuera de la Ciudad de México, viajando por todos lados para visitar sitios, disciplinar trabajadores, negociar con las autoridades locales y publicar reportes sobre diversos sitios en el Estado de México, así como en Oaxaca, Veracruz y Zacatecas. En la Ciudad de México, descubrió artefactos —tales como estatuas, altares y piezas de jade y oro—, de gran importancia para el estudio de la historia de los aztecas. Estuvo a pocos metros de descubrir el Templo Mayor de Tenochtitlan (el cual permaneció enterrado hasta 1979). No obstante, de nuevo recibió críticas, esta vez por el secretismo con el que se llevaron a cabo las excavaciones, por su insistencia en usar a la prensa para anunciar sus logros y por sus métodos desordenados y desastrosos.

Su trabajo más grande e importante fue en Teotihuacan, cuarenta kilómetros al noreste de la Ciudad de México. El sitio era bien conocido, pero buen parte de él, incluidas las pirámides del Sol y de la Luna, estaba escondido por muchos siglos de suelo y vegetación. En 1905, en anticipación a las celebraciones por el centenario de la Independencia mexicana, Batres comenzó a excavar y restaurar el lugar. La celebración de 1910 sería una gran fiesta internacional y nacional. Se esperaba que atrajera a miles de turistas y fuera un himno a los éxitos del presidente. Además incluiría la celebración del Congreso

Internacional de Americanistas, y ya que asistirían antropólogos de todo el mundo a ver y discutir las antigüedades precolombinas del país, el plan era que Teotihuacan estuviera listo para su visita. Mientras un congreso similar en 1895 había provocado críticas internacionales por el fracaso de México en la protección de su legado, Batres quería que el de 1910 fuera una muestra de que el gobierno tenía las cosas bajo control y de cuánto se enorgullecía de estar celebrando los cimientos indígenas del país. El tren que se construyó especialmente para viajar de la Ciudad de México a Teotihuacan recibió el nombre de *Quetzalcóatl*, y el presidente Díaz presidió la inauguración del sitio restaurado.

La excavación y restauración de Teotihuacan fueron una empresa enorme, que requirió remover toneladas de tierra y desplazar a los campesinos que ocupaban el sitio para sus cultivos. Hubo que compensarlos, aunque con la menor cantidad posible de dinero.[28] Excavar un sitio como la Pirámide del Sol —tarea para la que se requirieron trescientos trabajadores— significaba desenterrar múltiples capas de construcción. "La obra es gigantesca", informó Batres, "pero cuando el hombre se propone y tiene la fuerza de voluntad para acometerla y llevarla hasta el fin por escabroso que sea, vence las dificultades y la lleva a cabo".[29] Debía de verse a sí mismo como ese hombre.

Desafortunadamente, el trabajo supervisado por Batres estuvo lleno de errores de interpretación e ingeniería, lo que le provocó un creciente rechazo tanto a nivel nacional como internacional. El uso de cemento en la restauración de la Pirámide del Sol puso todavía más en riesgo la de por sí frágil condición del edificio. También corría el rumor de que el inspector había utilizado dinamita para facilitar las excavaciones —una acusación que nunca

---

28 Para 1910, se estimaba que setecientas mil toneladas de tierra se habían removido del sitio.
29 Leopoldo Batres, citado en Bueno, *The Pursuit of Ruins*, 192 [ALB, f. 215].

se comprobó ni se desmintió—.[30] Adela Breton le escribió a W. H. Holmes, director del Departamento Estadounidense de Etnología de la Institución Smithsoniana, que "el Sr. Batres continúa despejando Teotihuacan sin ningún respeto por los métodos científicos, lo cual disminuye en gran medida el valor de su trabajo […]. Hubo edificios que se añadieron, otros que se alteraron o se rellenaron, otros más a los que les construyeron encima".[31]

Batres actuó con bases más sólidas en su denuncia contra la venta de antigüedades falsas por parte de empresarios locales, y fue elogiado por construir una cerca alrededor del sitio para limitar las visitas no reguladas ni supervisadas. Pero pocos dejaron de notar la desmesurada ambición con la que Batres desempeñaba sus múltiples actividades. Los antropólogos de las generaciones posteriores, por ejemplo, se escandalizarían ante la extensa inscripción que mandó a hacer en Mitla, la cual proclamaba sus derechos para supervisar cualquier excavación en el sitio, pero a costa de desfigurar uno de los edificios de la zona arqueológica. Cuando intervino en la reorganización del Museo Nacional Mexicano, se aseguró de que su nombre apareciera en todas las fichas que describían los objetos.

Amparado por el amplio alcance de las nuevas leyes, Batres podía otorgar licencias para visitar, explorar, dibujar, fotografiar o excavar sitios en todo el país, así como decidir qué artefactos podían exportarse y cuáles debían permanecer como propiedad del país. Usaba esta autoridad de manera caprichosa —a veces con el interés nacional en mente y a veces no—. Su trabajo fue a menudo defectuoso, y no le ayudaba su personalidad, pero, a fin de cuentas, su postura fue siempre clara: defendía la autoridad nacional frente a las reclamaciones locales, regionales o extranjeras.

[30] Bueno, *The Pursuit of Ruins*, 197. [Según Eduardo Matos Moctezuma, en un artículo de divulgación de 2014 ("¿Usó dinamita don Leopoldo Batres en Teotihuacan?", *Arqueología Mexicana*, núm. 127, pp. 86-87), no hay ningún indicio creíble que confirme el uso de dinamita en las excavaciones de Teotihuacan (n. de los trads.)].
[31] Adela Breton a William H. Holmes, 31 de agosto de 1907, citado en Valiant, *Ornamental Nationalism*, 224.

Zelia Nuttall aceptó su autoridad oficial y la del gobierno mexicano para regular la exploración y el destino de las antigüedades. No así la manera en que el inspector usaba su poder. Aunque no es del todo cierto, a menudo se le atribuye el crédito de su caída.

*

La precisión y la minuciosidad caracterizaban todo el trabajo de Zelia. Esas cualidades no la abandonaron cuando se enfrentó con Batres por los derechos para realizar excavaciones en la Isla de Sacrificios. Ella siempre había sido una persona difícil, que cuidaba celosamente la originalidad y exactitud de su trabajo. Había tenido problemas con otras personas antes de Batres —y continuaría teniéndolos más adelante en su vida—. Aun así, su confrontación con el inspector general y conservador de monumentos arqueológicos fue un momento estridente que haría destacar dos perspectivas muy diferentes sobre a quién le pertenecía el pasado.

El descubrimiento de Zelia de ruinas ancestrales en la Isla de Sacrificios fue fortuito. Todo empezó en diciembre de 1909, cuando su viaje a Tampico para pasar las fiestas navideñas se retrasó, debido a que el clima le impidió a su barco llegar a Veracruz en la fecha prevista. Visitar la isla le pareció entonces una forma gozosa de disfrutar del día durante ese interludio inesperado. Sabía de Sacrificios por su reputación y estaba ansiosa por ver la isla en persona. Documentos del siglo XVI sobre la conquista española y sobre viajes marinos posteriores mencionaban su puerto tranquilo y aludían a sus habitantes y construcciones. Zelia conocía bien esas historias, y había estudiado las colecciones de cerámica que otros habían encontrado en la isla y que ahora estaban resguardadas en el Museo Británico y en el Museo Nacional de Arqueología, Historia y Etnografía de México.[32]

---

[32] El Museo Nacional Mexicano, fundado en 1825, estaba formado por colecciones de diversa índole: de historia, antropología, etnología, arqueología e historia

Ésta era su oportunidad de explorar el lugar de origen de esas piezas.

Pero Zelia tenía también otros motivos para visitar Sacrificios. Con su mudanza a la Casa Alvarado desarrolló el interés por realizar excavaciones por cuenta propia. Durante los ocho años anteriores, había visitado muchos sitios donde se planeaba llevar a cabo excavaciones o donde estaban ya en curso. Había cavado alrededor de su propio jardín y en campos cercanos, recolectando fragmentos de cerámica y pequeños artefactos. También solicitó, aunque sin éxito, una beca del Departamento Estadounidense de Etnología para hacer trabajo de campo cerca de su casa en Coyoacán.

En Veracruz, le pidió al director de los faros de la región que le permitiera usar una lancha del gobierno para llegar a Sacrificios. Con un pequeño grupo de amigos y el subdirector de faros a bordo, partió rumbo a la isla el 27 de diciembre de 1909. Los tripulantes desembarcaron en el extremo sur, caminaron curiosos por la playa arenosa e inspeccionaron un fuerte construido en 1827 por el gobierno mexicano, unos cuantos años después de la Independencia. Caminaron hacia el centro de la isla y descansaron en una pequeña estructura en ruinas que había sido utilizada como hospital de aislamiento para enfermedades contagiosas. A la sombra de su deteriorado pórtico cubierto de enredaderas, los amigos conversaron sobre lo que se sabía de las ruinas de la isla; al regresar a la orilla, buscaron fragmentos de cerámica. Caminando lentamente por la playa, Zelia encontró algunas muestras que llamaron su atención.

natural. En 1865 se le asignó un recinto propio en la calle de Moneda. Para 1909 (y es por ello que en este punto de la historia aquí narrada hemos cambiado la denominación del museo), las colecciones "de anatomía comparada, botánica, geología, mineralogía, paleontología, teratología y zoología" se trasladaron a un nuevo Museo Nacional de Historia Natural, y el recinto de Moneda pasó a llamarse Museo Nacional de Arqueología, Historia y Etnografía. Este último sufrió una nueva partición en 1940, cuando se crearon el Museo Nacional de Historia —desde entonces en el Castillo de Chapultepec— y el Museo Nacional de Antropología. Toda la información fue obtenida del apartado "Historia del museo" en la página del Museo Nacional de Antropología (n. de los trads.).

Dos días después, volvió a la isla con dos ingenieros del gobierno y dos obreros, "armados con palas y picos". A lo largo de la costa noreste, bajo un saliente de coral, encontró "el extremo de un muro macizo que corría de oeste a este". Puso a los hombres a trabajar, despejando tierra, vegetación, rocas y raíces enmarañadas. Pronto vio "unas líneas pintadas con ocre rojo" en un lado del muro cubierto de yeso. Imaginen su fascinación cuando, después de limpiar cuidadosamente la superficie con sus propias manos, Zelia descubrió que "las líneas rojas formaban una representación convencional y fragmentaria de la serpiente emplumada, Quetzalcóatl".[33]

Después de fotografiar lo que había descubierto, reunió fragmentos sueltos del muro con la esperanza de poder ensamblarlos para formar una imagen completa de Quetzalcóatl. Midió las ruinas circundantes, y encontró más evidencias de serpientes pintadas en rojo y azul. "No cabía ninguna duda de que el muro y el piso que descubrí pertenecían a un templo dedicado a Quetzalcóatl", reportaría más tarde. Este hallazgo la convenció de un hecho importante: de que el "culto a Quetzalcóatl había estado arraigado de forma permanente en la isla". Una leyenda indígena predecía que el dios emplumado regresaría del este como un "extraño y misterioso líder". Quizá, reflexionó, los habitantes locales habían creído que el capitán Juan de Grijalva, un conquistador, era Quetzalcóatl que regresaba.[34] Asimismo, Zelia conjeturó que la Isla de Sacrificios podría ser el "Aztlán" del mítico relato del origen azteca.

Desafortunadamente, todo el sitio estaba en peligro de ser destruido por la invasión del mar. Esta situación alarmó a Zelia, quien sintió el llamado urgente de investigar, excavar, interpretar y preservar ese lugar. De regreso a tierra firme, no perdió el tiempo: volvió rápidamente a la Ciudad de México y solicitó permiso para llevar a cabo una excavación, ofreciendo su tiempo y

[33] Nuttall, "The Island of Sacrificios", 273.
[34] *Ibidem*, 276, 292.

trabajo de forma gratuita, y prometiendo que todo lo que encontrara le pertenecería a México.

Visitó al inspector y al director del Museo Nacional de Arqueología, Historia y Etnografía, y les entregó los fragmentos del muro y de las piezas de cerámica que se había llevado. Luego visitó al secretario de Instrucción Pública y Bellas Artes, siguiendo al pie de la letra los procedimientos marcados por la Inspección, e informó a los funcionarios sobre su plan de presentar un trabajo sobre la historia de la isla en el próximo Congreso Internacional de Americanistas. Solicitó al gobierno 250 dólares para equipar una excavación. Tenía la certeza de que se entusiasmarían con su descubrimiento y sus planes, ya que prometían nueva información importante a un bajísimo costo.

Sacrificios ocupaba los pensamientos de Zelia en las primeras semanas de 1910, mientras hacía planes para acampar en la isla. La responsabilidad era enorme, explicó en un artículo publicado en *American Anthropologist* en junio de ese año, y a la vez sentía que tenía el deber de documentar y proteger el sitio, a pesar del considerable malestar que ello implicaría:

> Aunque era evidente lo incómoda que sería una estancia en dos habitaciones vacías del lazareto [u hospital de aislamiento], sentí que era mi mejor opción y que todos los problemas que necesitaban resolverse me absorberían de tal manera que harían soportable la situación, así que estaba dispuesta a pasar algunas semanas de engorroso aislamiento en la isla arenosa. Además, me parecía que era mi deber científico regresar allí tan pronto como fuera posible, a fin de tomar medidas inmediatas para proteger el fresco con una cubierta de vidrio y toda la excavación con una valla que impidiera el paso de los visitantes, así como un dique —si bien de poca altura— para evitar que las olas lo alcanzaran durante el tiempo tormentoso.[35]

[35] *Ibidem*, 277.

En febrero visitó de nuevo la isla brevemente para evaluar las condiciones de las ruinas. En los meses siguientes, las detalladas preparaciones de la excavación, que incluían planes para que ella y los trabajadores pudieran alimentarse, llenaban sus pensamientos al despertar. Le aseguró a su madre, Magdalena, que llevaría "muchas gallinas y pollos para proveernos de huevos y comida [...], y los marineros pescarían". Había tortugas en uno de los extremos de la isla y se aseguraría de que ella y su equipo tuvieran siempre "provisiones para una semana" en caso de que mareas salvajes los separaran de tierra firme. Llevaría dos cámaras y sus acuarelas para documentar todo su trabajo. Y, lo más importante, tendría "autoridad ilimitada" para dirigir la excavación como le pareciera mejor.[36]

Detrás de esa emoción estaban tres décadas de estudio minucioso sobre lo que habían encontrado los conquistadores —o lo que se creía que habían encontrado— en el Nuevo Mundo. Como explicó en *American Anthropologist*, la isla tenía "una historia extraña e interesante". Todo lo que había que hacer era escuchar el reporte de Juan Díaz, el capellán que había acompañado a la flota de cuatro barcos enviados por Diego Velázquez, gobernador de Cuba, y liderados por Juan de Grijalva en 1518. Díaz fue el primer europeo en descubrir la isla, a sus habitantes y sus prácticas religiosas:

Y llegados cerca de los montes, nos encontramos en el principio o cabo de una isleta [...]; surgimos y saltamos todos en tierra en esta isleta, que llamamos *Isla de los Sacrificios*: es isla pequeña y tendrá unas seis millas de bojeo; hallamos algunos edificios de cal y arena, muy grandes [...], y otro edificio de hechura de torre, redondo, de quince pasos de ancho, y encima un mármol como los de Castilla, sobre el cual estaba un animal a manera de león [...], y cerca de él estaba un vaso de piedra con sangre [...]; y al

---

[36]   Zelia Nuttall a Magdalena Nuttall, 28 de junio de 1910, Colección Parmenter.

352 A LA SOMBRA DE QUETZALCÓATL

otro lado estaba un ídolo con una pluma en la cabeza [...]; [y] cerca del ídolo estaban muertos dos indios de poca edad, envueltos en una manta pintada; y tras de las ropas estaban otros dos indios muertos [...]. Cerca de estos indios muertos y del ídolo había muchas cabezas y huesos de muerto.

Un informante indígena que viajaba con los españoles le dijo a Juan de Grijalva, capitán de la expedición, que "degollaban [a las víctimas] en aquella piedra ancha y echaban la sangre en la pila, y les sacaban el corazón por el pecho, y lo quemaban y ofrecían a aquel ídolo; les cortaban los molledos de los brazos y de las piernas y se los comían; y esto hacían con sus enemigos con quienes tenían guerra".[37] El hecho de que Díaz describiera algunos de los edificios como ruinas le sugirió a Zelia que la isla había tenido mayor importancia en el pasado de la que poseía en el momento de su llegada, aunque los cuerpos que encontraron hubieran sido sacrificados recientemente.

Para determinar si el relato de Díaz era fiable, Zelia recurrió a una carta temprana dirigida al rey de España por Gonzalo Fernández de Oviedo, quien fuera nombrado cronista de Indias en 1532, basada en el informe del capitán Grijalva al gobernador de Cuba y publicada como parte de la *Historia general de las Indias*, obra del propio Oviedo, en 1535. La comparación confirmó que ambos testimonios coincidían en lo fundamental.

Luego acudió a la obra de Bernal Díaz del Castillo, quien también había estado en la Isla de Sacrificios y había escrito extensamente sobre sus experiencias. Él también corroboró los otros relatos, y aun cuando se trata de expediciones distintas, puede verse que de nuevo se mencionan sacrificios recientes: "Hallamos dos casas hechas de cal y canto y bien labradas, y cada casa con

---

[37] Juan Díaz, citado en Nuttall, "The Island of Sacrificios", 257-258, según su propia traducción al inglés. [Cita original en *Itinerario de la armada…*, Juan Pablos, 1972, pp. 67-68]. Según Díaz, cuando el indígena fue llevado al sitio, se desmayó con la certeza de que estaba por ser sacrificado.

unas gradas por donde subían a unos como altares, y en aquellos altares tenían unos ídolos de malas figuras, que eran sus dioses, y allí estaban sacrificados de aquella noche cinco indios, y estaban abiertos por los pechos y cortados los brazos y los muslos, y las paredes llenas de sangre. De todo lo cual nos admiramos".[38]

Zelia, al continuar su relato en *American Anthropologist*, se permitió también un poco de especulación romántica sobre lo que pudo haber sucedido en la isla tras la Conquista:

> Durante los dos siglos siguientes, la isla sin duda desempeñó un papel importante en numerosas aventuras piratas y expediciones de bucaneros; fue pisada por viajeros de muchas tierras, ofreció el refugio hospitalario de su abrigo a montones de embarcaciones que apenas habían escapado de los peligros de los temibles arrecifes, y fue escenario de historias y más historias no contadas de romance y tragedia.

Zelia pensaba en la isla con tristeza. "Es extraño cómo, a lo largo de los siglos, la historia de la isla parece siempre haber sido trágica y haber estado asociada con alguna forma de sufrimiento humano y de muerte", observó.[39] Comparó las descripciones de sus altares y edificaciones con las que se conocían en Yucatán, y citó a visitantes de cuatro siglos atrás, dejando entrever que una excavación podría revelar un verdadero tesoro de conocimiento.

*

En su artículo de la *American Anthropologist*, Zelia expuso todo lo que le parecía importante para fundamentar su reclamo de dirigir la excavación en Sacrificios. Había estado allí, había

[38] Bernal Díaz del Castillo, citado en Nuttall, "The Island of Sacrificios", 261, según su propia traducción al inglés. [Cita original en *Historia verdadera...*, Instituto "Gonzalo Fernández de Oviedo", 1982, cap. XIII, pp. 25-26].

[39] Nuttall, "The Island of Sacrificios", 264, 267.

encontrado pistas arqueológicas importantes, conocía su historia y estaba preocupada por preservar para los demás lo que, según suponía, encontraría mediante una exploración más profunda. Nombró a los testigos que la habían acompañado a sus dos viajes a la isla, compartió fotografías, detalló la evidencia recolectada, explicó cómo había informado debidamente a las autoridades sobre sus hallazgos y luego mostró su extenso conocimiento sobre el significado histórico de las ruinas. La exploración de Sacrificios —Zelia intentaba dejarlo bien claro—, debía ser tarea *suya*.

Presentó la evidencia como un fiscal expondría los hechos de un caso —pues en efecto estaba montando un caso: todo ello era el prólogo de su ataque contra Batres—, y después no escatimó en detalles al describir los malos tratos que sufrió a manos tanto del inspector como de otros agentes de la institución a su cargo. También informó que, al cabo de tres semanas de espera, recibió una carta donde se le proporcionaba una subvención de apenas 100 dólares, seguida de otro documento que indicaba que podría explorar sólo una parte de la isla. El tercer comunicado la irritó particularmente: decía que la excavación sería supervisada por Salvador Batres, el hijo del inspector, quien se aseguraría de que su trabajo se llevara a cabo respetando las leyes y regulaciones pertinentes.

Ésta, escribió Zelia con ironía, era "la condición bajo la cual la Secretaría de Instrucción Pública en México acepta, con gentileza y cortesía, el trabajo científico voluntario".[40] Zelia consideraba que su oferta había sido en el interés de la ciencia, y que, según le confió a George Pepper —un colega de Frederic Putnam y Marshall Saville, quien por esas fechas se encontraba en el Museo de Antropología y Arqueología de la Universidad de Pensilvania—, estaba "trabajando no sólo para mí, sino para todos mis colegas [...]. ¿Cómo puedo colaborar con Sierra, Batres

---

[40]   *Ibidem*, 278.

y Chavero, quienes me han tratado con tal impostura y mezquindad? ¿Y qué garantía les puedo dar a mis colegas extranjeros de que serán tratados con un mínimo de cortesía, cuando yo no he recibido un trato así?".[41]

En el artículo, Zelia insistía en que el inspector —quien le había dirigido aquellas cartas— debía rendir cuentas sobre la equidad y la transparencia de su juicio. Exigía conocer las normas que habían guiado su decisión y hacía hincapié en que éstas debían entonces aplicarse a todos los "trabajadores científicos" en México. A la vez, sabía bien que las demandas de justicia podían fortalecerse con influencia política: por ello, según su propia narración en el artículo, apeló a Porfirio Díaz y a su hijo para que intervinieran en su favor. No obstante, sus acciones habían sido "hábilmente burladas" por el inspector.[42]

Además, el artículo señalaba a Batres por varias violaciones graves a la ética antropológica. Según Zelia, luego de que el inspector visitara Sacrificios por su cuenta, *El Imparcial*, un periódico oficial del gobierno, informó cómo él había descubierto ruinas en el lugar. Esto fue la gota que colmó el vaso de Zelia, quien envió una carta al *Mexican Herald* —un periódico en inglés de la Ciudad de México—, en la que cuestionaba el derecho del inspector a reclamar *su* descubrimiento. La carta fue la base de una breve nota publicada en ese periódico el 11 de mayo, en la cual se da cuenta de que Zelia había estado allí primero, que había testigos que podían dar fe de ello, y que por tanto merecía el crédito por el hallazgo de las ruinas.[43] La nota fue incluida por Zelia en el artículo de la *American Anthropologist*, donde también cita un artículo de *El Tiempo*, fechado el 2 de junio, sobre los

---

[41] Zelia Nuttall a George Hubbard Pepper, 13 de marzo de 1910, Archivo Pepper. Además del secretario de Instrucción Pública y Bellas Artes, Justo Sierra y Batres, es probable que se estuviera refiriendo a Ezequiel Chávez, otro alto funcionario de la secretaría.

[42] Nuttall, "The Island of Sacrificios", 279.

[43] *Mexican Herald*, 11 de mayo de 1910, citado en Nuttall, "The Island of Sacrificios", 279-280.

trabajos de Batres en Mitla, a fin de dar cuenta tanto de la pésima opinión que sus propios connacionales tenían del inspector como de lo improvisados y peligrosos que podían llegar a ser sus métodos. Qué satisfecha debió de sentirse al informar que aquel "periódico católico, respetable, conservador y patriótico de México" también había atacado al inspector por "su ignorancia y su audacia de sabio improvisado".[44]

Zelia también da cuenta en su artículo de que su indignación ante el comportamiento del inspector la llevó a renunciar a su puesto como miembro honorario del comité organizador del Congreso Internacional de Americanistas y a su cargo como profesora honoraria en el Museo Nacional de Arqueología, Historia y Etnografía de México. Lo hizo no sólo por el maltrato que había recibido del gobierno, sino también en nombre de "todos los arqueólogos estadounidenses" cuyo progreso había sido obstaculizado por Batres. Consideraba que se había equivocado al intentar trabajar de acuerdo con las reglas del gobierno, y extendió su acusación a Justo Sierra, secretario de Instrucción Pública y Bellas Artes:

Sabiendo de las difíciles experiencias que otros arqueólogos, tanto extranjeros como mexicanos, habían sufrido, debí de abstenerme, igual de rigurosamente como lo había hecho hasta entonces, de tener cualquier trato con la coalición Batres-Sierra, que con tanto éxito ha desalentado toda investigación arqueológica científica en México [...]. Debí, sobre todo, haber escuchado las advertencias que recibí de quienes predijeron exactamente lo que ocurrió, a saber, que el inspector Batres, como en otros casos,

[44] La descripción del periódico *El Tiempo* como "católico, respetable, etc." aparece en Nuttall, "The Island of Sacrificios", pp. 280-281, nota 1. Allí mismo, Nuttall presenta la traducción al inglés de la nota publicada en *El Tiempo* el 2 de junio de 1910. El periódico está disponible en la Hemeroteca Nacional Digital de México, donde pudimos consultar la cita original en español, misma que aquí ofrecemos (n. de los trads.).

"arreglaría las cosas" de modo que me impediría realizar la exploración, y que, tarde o temprano, él mismo la llevaría a cabo y reclamaría el crédito del descubrimiento [...]. Se me permitirá expresar la esperanza final de que no esté lejos el día en que el gobierno mexicano reorganice por completo su Departamento de Arqueología y, en lugar de su "sistema de un solo hombre", que ha conducido a abusos inauditos, nombre un equipo de ingenieros y arquitectos competentes y honorables, cuya labor sea preservar las muchas ruinas importantes y extensas de México y Yucatán, y que supervise las excavaciones realizadas por arqueólogos acreditados.[45]

El artículo continúa ofreciendo más pruebas de perfidia, como el desastre que Batres había provocado al reclasificar los artefactos en el Museo Nacional, deshaciendo el meticuloso trabajo que Isabel Ramírez y Eduard Seler habían realizado. Poco importaba que Seler y Zelia hubieran tenido enfrentamientos en el pasado; en una confrontación con Batres, Seler estaría de su lado. En su propia visita al museo, Zelia había encontrado innumerables piezas mal clasificadas y atribuidas a culturas a las que no pertenecían. Citó los errores con todo detalle. Según ella, el Museo Nacional de Arqueología, Historia y Etnografía no podía ser usado para un estudio serio del pasado debido a todo el daño que las intervenciones de Batres habían causado; los estudiantes serios de la historia de México que desearan estudiar los vestigios de la Isla de Sacrificios harían mejor en visitar el Museo Británico.

Zelia también menciona que Batres había sido acusado en varias ocasiones de aceptar sobornos y vender al extranjero artefactos de valor incalculable. "Durante años, este funcionario

---

[45]   Nuttall, "The Island of Sacrificios", 280. Justo Sierra fue el secretario de Justicia e Instrucción Pública de 1905 a 1907, y pasó a serlo de Instrucción Pública y Bellas Artes con el reajuste de los ministerios del gobierno. Ocupó el cargo hasta 1911.

del gobierno, como muchos turistas y científicos están dispuestos a testificar, ha comerciado abiertamente con antigüedades provenientes tanto de Teotihuacan como de otras muchas partes de México, y ha recibido pagos por 'facilitar' la salida de tales compras del país, a pesar de que las leyes nacionales prohíben su exportación".[46] "No se equivoquen", parecía decir la autora del artículo: "es un canalla".

Para cerrar, Zelia deseaba lanzar una maldición simbólica sobre el inspector y todo lo que él representaba. Sacrificios, con tantos enigmas por resolver, había caído en "manos negligentes e ignorantes", y ahora estaba a merced del mar que avanzaba, en lugar de haber sido debidamente preservada e investigada.[47] Sus misterios morirían con ella. Zelia había terminado con Sacrificios, pero, al renunciar a su reclamación sobre el sitio, esperaba asestar un golpe fatal a Batres y a su gestión del cuerpo de inspectores.

*

El caso de la defensa apareció en noviembre de 1910.[48] Mientras Zelia había publicado su ataque en inglés para los lectores internacionales del *American Anthropologist*, la refutación de Batres se imprimió en español y en un panfleto, de forma que apelaba a la audiencia nacional. En él dirigía una dura bofetada a su némesis, la señora Zelia Nuttall de Pinard. La intención de añadir el "de Pinard" a su nombre era evidentemente maliciosa, pues Zelia se había esforzado mucho, durante más de veinte años, por evitar que se mencionara su matrimonio con Alphonse Pinard. En 1910, poca gente sabía que era una mujer divorciada, pero en el

---

46 *Ibidem*, 282 nota 1.
47 *Ibidem*, 295.
48 El panfleto de Batres está fechado el 17 de noviembre de 1910, pero varios investigadores contemporáneos afirman que fue publicado justo antes de que se celebrara en México el Congreso Internacional de Americanistas en septiembre de ese año.

curso del documento de ocho páginas, sin contar el largo título del panfleto, Batres encontró la forma de recordarles a sus lectores su nombre de casada diecisiete veces, y refiriéndose a ella como la señora Nuttall en sólo cinco ocasiones.

Más allá de eso, y de acuerdo con la ideología de su tiempo, algo fundamental de la defensa de Batres era insistir en que el ataque de Zelia no era más que una evidencia de la histeria femenina en una persona que había "manifestado una marcada mala voluntad" contra él, acaso porque ella había comprendido que "nunca la he tomado en serio en ningún sentido, pues la conozco desde hace muchos años, desde que vivía en París con su esposo Mr. Pinard". En su feroz ataque contra Batres, su Inspección y su museo, Zelia estaba causando un "irreparable daño a la ciencia".[49] Además, decía, el hecho de que Zelia hubiera renunciado a su posición demostraba que actuaba guiada por el sentimentalismo y la emoción más que por la racionalidad.

La señora Nuttall de Pinard —continúa el texto de Batres— había ido a Sacrificios como una simple turista, y los funcionarios mexicanos le habían mostrado un poco del muro que había sido descubierto por las olas del mar "en la última temporada de nortes. Como se advirtiera que el muro tenía pintada una serie de líneas rojas […], levantó los brazos al cielo […] y gritó ¡¡Eureka!! Aquí hay un gran descubrimiento". Cuando no recibió la cantidad de dinero que había solicitado para llevar a cabo sus planes, recurrió a él "con las lágrimas en los ojos [y] la boca presa de una convulsión histérica". Según Batres, había intentado reconfortarla en ese "estado nervioso", y le dio ánimos para que enviara la solicitud otra vez.[50] Que el dinero no llegara no era su culpa, sino la de ella, que debía haberlo pedido de nueva cuenta.

Batres reprendía también a Zelia por criticar la catalogación y atribución de artefactos en el Museo Nacional. "¿Quién es la

[49] Batres, *La Isla de Sacrificios*, 4.
[50] *Ibidem*, 8, 9.

señora Nuttall de Pinard?". Preguntó asombrado por su temeridad. "¿Qué autoridad tiene? ¿Qué, acaso una simple aficionada sin educación científica ni artística puede juzgar de asuntos científicos de alta jerarquía?". Sólo porque un artefacto se encuentre en cierto lugar —dice el texto—, no significa que haya sido creado por la cultura que habitaba ese territorio; podría, con facilidad, haber sido intercambiado o traído de otra manera a ese lugar en el pasado: "Constantemente vemos los que practicamos la arqueología, que una pieza maya se encuentra en Teotihuacan, en Oaxaca o en Cholula, y que una de Cholula se encuentra en Yucatán".[51] Finalmente, una carta del director del Museo Nacional que reemplazó a Chavero tras su muerte en 1906, dirigida al secretario de Instrucción Pública, se presentaba completa como evidencia de cuán altamente valorado era Batres en México. Y para terminar con un toque nacionalista, el panfleto afirma que Zelia ni siquiera se dignó a escribir su libelo calumnioso en español: había aparecido en inglés, pues estaba dirigido sólo a los extranjeros.

*

El conflicto continuó durante el curso de la segunda parte del Decimoséptimo Congreso Internacional de Americanistas, que tuvo lugar en la Ciudad de México entre el 7 y el 14 de septiembre, nueve meses después de las visitas de Zelia a Sacrificios.[52] Como la representante oficial de la Universidad de California, Zelia alentó a otros delegados a firmar una carta para protestar contra la exclusión de ciertos mexicanos prominentes de algunos de los actos ceremoniales coordinados por Batres.[53] Muchos de los amigos de Zelia participaron en el congreso, incluidos Boas,

---

[51]   *Ibidem*, 4, 6.
[52]   Véase Valiant, *Ornamental Nationalism*, 220-228. [La primera parte, como se ha dicho antes, tuvo lugar en Buenos Aires (n. de los trads.)].
[53]   No se sabe qué pasó con esa petición.

Franz Boas, Alfred Tozzer y Zelia Nuttall (sentados de izquierda a derecha) en Xochimilco, 1910.

Gamio, Putnam, Saville, Thompson y Tozzer. Eduard Seler fungió como presidente de la reunión académica, y Franz Boas como vicepresidente. Zelia los invitó a su casa en Coyoacán, donde organizó recepciones para ellos y otros asistentes durante la semana, los guio por sus exuberantes jardines y les presentó su colección de antigüedades mexicanas. Batres, de manera deliberada, no fue invitado.

Como parte del congreso, doscientos delegados de todo el mundo, incluidos funcionarios diplomáticos de diversos países, abordaron el *Quetzalcóatl* en la Ciudad de México y viajaron a Teotihuacan, donde el inspector general de monumentos, Leopoldo Batres, vestido con un elegante sombrero de copa y con un fino bastón en la mano, ofreció una visita guiada y luego los convidó a un lujoso almuerzo en la hermosa cueva conocida como la Gruta Porfirio Díaz. Ansioso por demostrar su sofisticación, Batres se dirigió a sus invitados en francés. El secretario

Zelia Nuttall (arriba a la derecha, con sombrero) en el Congreso Internacional de Americanistas de 1910 en la Ciudad de México.

Los delegados del Congreso Internacional de Americanistas de 1910 en la Ciudad de México, haciendo un recorrido por Teotihuacan.

de Relaciones Exteriores de México brindó por sus logros, y Boas y Seler lo felicitaron por su trabajo.[54] Los delegados también visitaron el Museo Nacional de Arqueología, Historia y Etnografía, recién renovado y ampliado, pocos días después de que don Porfirio se tomara una famosa fotografía parado junto al icónico Calendario Azteca. Zelia estuvo presente, pero se mantuvo al margen.

Zelia estaba entusiasmada de formar parte de las discusiones durante el congreso en torno a la creación de la Escuela Internacional de Arqueología y Etnología Americanas en la Ciudad de México. Esta nueva escuela contaría con el respaldo del gobierno, tendría su sede en el Museo Nacional de Arqueología, Historia y Etnografía, y recibiría financiamiento adicional del gobierno de Prusia y de las universidades de Columbia, Harvard y Pensilvania. El proyecto de la escuela contaba con el impulso y la asesoría de Boas, y su misión era la de formar un grupo de expertos que pudieran explorar, excavar, interpretar y preservar de la manera más adecuada el valioso patrimonio del país.[55] Manuel Gamio participó en las discusiones, al igual que representantes del gobierno francés. La escuela fue fundada en 1911; su primer director fue Eduard Seler. Sobrevivió hasta 1914, cuando su entonces director, Alfred Tozzer, de Harvard, tuvo que huir debido a la violencia de la Revolución mexicana.

Zelia había armado cuidadosamente su expediente contra Batres, y había sabido usarlo para apelar a sus pares y poner de su lado a un grupo de profesionales de México y Estados Unidos. Ganó el juicio, pero Batres no renunció sino hasta agosto de 1911, varios meses después del Congreso Internacional de Americanistas, luego de que el presidente Porfirio Díaz había

---

[54] Bueno, *The Pursuit of Ruins*, 207.
[55] Véase Godoy, "Franz Boas and His Plans". Boas tenía un especial interés en fundar una escuela de este tipo como contrapeso a la Escuela Americana de Arqueología, fundada en Santa Fe en 1907 y dirigida en ese entonces por Edgar Lee Hewett, a quien Boas consideraba incompetente.

huido ya al exilio tras el estallido de la Revolución en noviembre de 1910. Batres fue reemplazado por Francisco Rodríguez, uno de sus acérrimos enemigos.[56] Desde Barcelona, ciudad en la que ahora residía, Batres le escribió a Miguel Díaz Lombardo, el nuevo secretario de Instrucción Pública y Bellas Artes, con la esperanza de limpiar su nombre. Argumentaba que había desempeñado un papel crucial en la salvación del pasado de México y que había evitado la influencia pérfida de sus enemigos —especialmente de los extranjeros—. Afirmaba que había sido culpa de las "mediocridades" revolucionarias el hecho de que ya no ocupara su cargo, organizadas contra él bajo la consigna de "abajo el mérito" cuando exigieron su renuncia. "Como el tigre agazapado en la maleza acecha el momento oportuno para lanzarse sobre su víctima, han esperado también el instante más propicio para caer sobre mí".[57] Sin embargo, el caso de Zelia, escrito con lógica y fundamentado en evidencias, fue ampliamente difundido y creído por muchas personas. Batres había hecho suficientes enemigos a lo largo de su carrera como para que antropólogos de todas partes sintieran gran placer al leer sobre sus pecados.

Con la salida de Batres del poder, Zelia estaba en camino hacia Inglaterra. Encantada con lo que la Revolución mexicana había logrado en sus primeros meses, le comunicó la feliz noticia a su madre:

Batres ha sido forzado a presentar su renuncia y el nuevo encargado de su puesto es un buen amigo mío, quien también ha sido terriblemente maltratado por Batres [...]. En lo que a mí respecta personalmente, el nuevo régimen de México me está resultando

---

[56] Un par de años después, Manuel Gamio se volvió el director del nuevo Departamento de Inspección y Conservación de Monumentos Históricos.

[57] Leopoldo Batres a Miguel Díaz Lombardo, 1911, citado en Kelly, "Waking the Gods", 235. [El texto de Kelly ofrece su traducción al inglés, pero acompañada del original en español, que aquí reproducimos (n. de los trads.)].

más favorable, y sé que cuando regrese podré hacer cualquier cosa que desee […]. ¡Qué lujo! Se ha descubierto que bajo el ministerio del secretario Sierra, quien apoyó a ese sinvergüenza de Batres, sólo existía la mitad de los maestros de escuelas públicas del Distrito Federal: es decir que se embolsaba el salario de la mitad de los nombres que estaban registrados en papel.[58]

Juicios más recientes admiten los diversos defectos que tenían la personalidad de Batres y sus prácticas, pero le han dado a él y a su Inspección un mayor crédito por haber realizado un trabajo francamente complejo.[59]

Zelia abandonó su sueño de excavar en Sacrificios. En lugar de ello, eligió dedicarse de lleno a su siguiente gran proyecto, que estaba cobrando forma a partir de la información que había descubierto en 1908 sobre Sir Francis Drake. Cuando su barco atracó en Inglaterra en 1911, asumió que pronto estaría de vuelta en la Casa Alvarado, y tenía la expectativa de encontrase con una atmósfera más benigna para su trabajo ahora que Batres se había ido. Ciertamente, no alcanzó a dilucidar por completo cuánta violencia estaba por venir, ni imaginó que pasarían más de seis años antes de que pudiera regresar a su amado hogar.

*

La Revolución mexicana fue una revuelta desgarradora contra la dictadura, la desigualdad económica y la injusticia social. Para 1910, Porfirio Díaz había gobernado México durante tanto tiempo que algunos habían empezado a llamarlo Don Perpetuo. Muchos de sus asesores y ministros tenían ya una edad avanzada, y el Senado mexicano, según uno de los propios Científicos del presidente, era "una colección de momias sin pensamiento y

58 Zelia Nuttall a Magdalena Nuttall, 30 de julio de 1911, Colección Parmenter.
59 Véase Pruneda, "Leopoldo Batres y su leyenda negra".

en permanente estado comatoso".[60] El descontento latente entre obreros, campesinos y profesionales de clase media estalló cuando el dictador, ya octogenario, después de haber prometido que no buscaría la reelección, se postuló a la presidencia por octava vez. Las elecciones se convocaron para junio de 1910, y Díaz ganó —lo cual no fue ninguna sorpresa— justo antes de las celebraciones del centenario. Bajo el lema común de "sufragio efectivo, no reelección", los mexicanos indignados exigieron elecciones democráticas y un gobierno constitucional.

En los meses posteriores a la elección, grupos rebeldes compuestos por campesinos sin tierras, mineros, ganaderos, trabajadores de plantaciones, comerciantes e intelectuales de clase media se organizaron en ejércitos de estructura laxa con la finalidad de derrocar a la dictadura. Sus objetivos eran tan diversos como sus uniformes: desde agravios personales hasta las reivindicaciones contradictorias entre sí del socialismo, el anarquismo, el sindicalismo, el nacionalismo e incluso la ambición pura. Algunos simplemente querían recuperar las tierras ancestrales que los hacendados les habían arrebatado durante el porfiriato. Otros, inspirados por las ideas socialistas de la época, consideraban que los trabajadores debían controlar las fábricas y las minas. Otros más, sólo querían alimentar a sus familias. Todos buscaban alivio tras más de tres décadas de represión orquestadas bajo el lema de "Orden y Progreso", y todos estaban dispuestos a luchar para ponerle fin. Fue una suerte para Zelia estar lejos durante los tiempos turbulentos que estaban por venir.

---

[60] [Francisco Bulnes, citado en] Henderson, *The Worm in the Wheat*, 17. [La cita original en español que aquí transcribimos aparece en *El verdadero Díaz y la revolución* (México, Editorial Hispano-mexicana, 1920, p. 360) (n. de los trads.)].

10. ENTRE MARINEROS
Y REVOLUCIONARIOS

Porfirio Díaz renunció a la presidencia de México el 25 mayo de 1911, luego de que su régimen autoritario fuera derrocado por los violentos inicios de la Revolución mexicana de 1910, y huyó a España. Zelia Nuttall se fue a Inglaterra un mes después, aunque, a diferencia de don Porfirio, no estaba huyendo por su vida. De hecho, no se imaginaba los alcances del movimiento que se había puesto en marcha a raíz de los acontecimientos que dieron fin a la larga era porfiriana. Dejó su muy amada Casa Alvarado para seguir su propia estrella; estaba determinada a resolver un rompecabezas, cuyas piezas estaban esparcidas por México, Inglaterra, Italia y España.

La nueva misión de Zelia había tenido un origen fortuito. En 1908 había estado persiguiendo, en México, algunas de las primeras crónicas españolas en el Archivo General y Público de la Nación. Revisó también registros de juicios inquisitoriales, con la esperanza de encontrar información acerca de las creencias y prácticas de las religiones precolombinas. Los conquistadores y sus sucesores, celosos evangelizadores de la fe católica, habían recibido de manera oficial al Santo Oficio de la Inquisición en 1571, medio siglo después de que Hernán Cortés marchara contra Tenochtitlan. Sin embargo, los poderes inquisitoriales habían sido ya conferidos a los obispos de México en la década de

1530 y, desde esos primeros años, los industriosos escribanos tenían la obligación de consignar lo sucedido en los juicios llevados a cabo por los inquisidores. ¿Habían cometido alguna herejía los colonos europeos o los indígenas bautizados? ¿Habían blasfemado? ¿Habían quebrantado el ayuno de la Cuaresma? ¿Habían hecho tratos con el diablo? ¿Habían practicado brujería? Los novohispanos —meticulosos burócratas— dejaron tras de sí, en aquellos detallados registros, los testimonios de los acusados y los minuciosos interrogatorios a los testigos. La tortura era comúnmente utilizada para obtener confesiones, y esos procedimientos también quedaron plasmados en los juicios que, junto a otros documentos y cartas, fueron almacenados en archivos de México y España.

Con el paso de los años, muchos de esos volúmenes se perdieron, bien porque se fueron deteriorando, bien porque fueron intencionalmente destruidos. Según diría la propia Zelia, "los registros conservados en el Archivo General y Público de la Nación consisten en algunos documentos que escaparon a la destrucción y fueron confiscados por el gobierno luego de que, en 1865, fueran expropiadas las propiedades de la Iglesia y saqueado el monasterio de Santo Domingo, y se quemara o dispersara buena parte de su biblioteca y archivos".[1] Aun así, los registros que sobrevivieron contenían información inmensamente valiosa.

Con su gran habilidad para la investigación, Zelia logró localizar relatos sobre indígenas llevados a juicio por ofensas contra la Iglesia católica. Los fiscales los interrogaban implacablemente, ansiosos por encontrar pruebas de que habían vuelto a adorar a sus antiguos dioses e ídolos. La esperanza de Zelia, especialmente cuando los acusados pertenecían a la generación

---

[1]   Nuttall, *New Light on Drake*, xiii. [El monasterio de Santo Domingo albergó los tribunales del Santo Oficio: de ahí que Nuttall lo mencione en la cita anterior (n. de los trads.)].

que había presenciado la conquista española, era hallar descripciones de prácticas tradicionales, a fin de tener nuevas perspectivas sobre su significado. Su intuición resultó certera: pronto se encontró siguiendo la intrigante pista del caso de un tal Martín, un nahua bautizado que afirmaba tener poderes sobrenaturales, y de don Carlos Ometochtzin, el señor nahua de Texcoco, llevado ante la Inquisición por rendir culto a los dioses aztecas a pesar de haber sido bautizado.[2]

En lo más profundo de los archivos, Zelia se cruzó con un volumen, "que el azar literalmente arrojó en mi camino [...]. Estaba tirado en el suelo, en un rincón oscuro y polvoriento, desde el cual lo alcé hacia la luz".[3] Se emocionó cuando, al desplegar sus páginas ajadas por el tiempo, descubrió el testimonio de un capitán portugués que había sido capturado por los ingleses. Rápidamente examinó el manuscrito, que comenzaba con un documento titulado "Declaración de Nuño da Silva sobre cómo fue hecho prisionero por piratas ingleses en su viaje de Oporto a Brasil, 23 de mayo de 1579". Silva estuvo en juicio por herejía: por eso se conservaban allí esos materiales.

Después de avanzar varios párrafos, Zelia notó una referencia a un tal "Francisco Drac" y comenzó a leer con más detenimiento. Resultó que Nuño da Silva había viajado con Francis Drake mientras éste se dedicaba a piratear alrededor del mundo entre 1577 y 1580. "Abandoné a don Carlos, el cacique de Texcoco —cuyo juicio que recién había descubierto estaba copiando—", continúa el relato de Zelia, "y me dediqué de lleno a transcribir esa descripción de uno de los héroes de mi niñez, Sir Francis Drake".[4] Se había adentrado en un camino nuevo. Martín y don Carlos tendrían que esperar.

---

[2] Los nombres hispanos eran usualmente adoptados por los indígenas luego de recibir el bautismo católico.

[3] Nuttall, *New Light on Drake*, xiii-xiv.

[4] *Ibidem*, xiv. Don Carlos Ometochtzin fue declarado culpable y quemado en la hoguera en 1539. El destino de Martín se desconoce.

Poco después de que se tropezara con ese volumen en 1908, Zelia viajó a Inglaterra y Alemania para visitar a su familia. Sus viajes a lo largo de los años le habían permitido ver a los Nuttall con cierta regularidad, pero ahora estaban más desperdigados por el mundo que en aquellos días en que compartieron los quehaceres de su casa en Dresde. Su hermano George, ahora doctor en Zoología por la Universidad de Gotinga, se casó en 1895 con Paula Carola Minka von Oertzen-Kittendorf, cuya familia aristocrática era propietaria de la mansión Kittendorf al norte de Berlín. Ellos y sus tres hijos vivían ahora en Cambridge, Inglaterra, en cuya universidad él se había convertido en un distinguido profesor de bacteriología.[5] Luego de que Roberta, la hermana de Zelia, se casó con el barón Franz von Rigal en 1900 y la pareja se mudó a Godesberg, Alemania, su madre, Magdalena, dejó Dresde y se fue a Tunbridge Wells, Inglaterra.[6] En el tiempo en que, durante este viaje, se quedó con su madre, Zelia pasó horas en las bibliotecas británicas y en sus archivos a la caza de más información sobre Drake. Continuó con su investigación cuando regresó a México, pero pronto la distrajeron su deseo de realizar excavaciones en la Isla de Sacrificios y la subsecuente pelea con Batres. No fue sino hasta las celebraciones del centenario de 1910 que regresó al Archivo General y Público de la Nación, en busca de más información sobre Nuño da Silva y Sir Francis Drake.

Drake, el famoso navegante, pirata, político y héroe de guerra, se había hecho a la mar por primera vez en la década de 1560, aunque entonces era apenas un humilde marinero dedicado al comercio y a la piratería ocasional. Durante esos primeros años, participó en ataques contra barcos portugueses que llevaban esclavos, a fin de robarles su carga humana para vendérsela a los españoles en el Nuevo Mundo. Cuando obtuvo el

[5] George Falkiner Nuttall hizo avances en la inmunología referentes a las maneras en que los parásitos e insectos transmiten enfermedades.
[6] El matrimonio no fue feliz, debido a que el esposo de Roberta tenía problemas de salud mental; se mudaron a Inglaterra en 1914.

mando de su propia embarcación, en la década de 1570, se dedicó a asaltar barcos y puertos en el Nuevo Mundo, con el propósito de apoderarse de una cantidad significativa de la riqueza que España extraía de sus colonias. En 1577, por orden de la reina Isabel I, Drake zarpó hacia la costa del Pacífico para hostigar aún más a los españoles. El viaje se prolongó, y acabó por llevarlo alrededor del mundo. En 1581 fue nombrado caballero por la reina y se convirtió en miembro del Parlamento. En 1588, como vicealmirante de la flota británica, fue un héroe en la batalla naval que derrotó a la Armada Invencible de España.

El trabajo de Zelia era estimulante, pero también agotador. Podía costarle horas descifrar incluso pequeños fragmentos de textos del siglo XVI, con su ortografía irregular, sintaxis arcaica, caligrafía desconocida y referencias oscuras. "Sin ayuda y frecuentemente desalentada" por la dificultad de la tarea, descubrió, sin embargo, que "el carácter intimidante de la mayoría de los […] documentos y el trabajo que suponía descifrarlos […] hacían que cualquier esfuerzo posterior pareciera fácil".[7] Se desplazaba en tranvía entre su casa en Coyoacán y el Palacio Nacional, entonces sede del archivo, y usaba su cámara para fotografiar el material que planeaba utilizar como evidencia cuando publicara su trabajo sobre Drake. Después de imponerse a sí misma la disciplina de dedicar al menos una hora de trabajo en cada visita, Zelia llegó a un punto en el que pensó que ya no quedaban más registros por encontrar en el archivo mexicano. Tendría que continuar su búsqueda en otro lugar.

Fue por esta razón que partió hacia Europa. Al pasar por Estados Unidos, Zelia se detuvo en Washington D. C., donde asistió a una fiesta en los jardines de la Casa Blanca organizada por el presidente Howard Taft y su esposa, Helen, y luego viajó a Nueva York para visitar sus bibliotecas. En la Sociedad Hispánica de América encontró una copia de "un mapa extremadamente

7   Nuttall, *New Light on Drake*, xiv-xv.

raro 'revisado y corregido' por Sir Francis Drake".[8] Después, al llegar a Inglaterra, se dirigió al Museo Británico para buscar registros adicionales sobre las actividades de Drake. Zelia consultó al suegro de su hija Nadine, Sir John Knox Laughton, un historiador naval versado en las historias de los marineros británicos de los siglos XVI y XVII. Mientras reunía notas y transcripciones, Zelia pospuso su regreso a México, con la esperanza de encontrar otras fuentes inéditas. La búsqueda la llevó más lejos: primero a España y luego a Florencia, Roma, Venecia y París.

Zelia pasó tres semanas en Simancas, buscando información en "el lúgubre castillo al que Felipe II había guardado los archivos de la Corona española", antes de dirigirse a Madrid en busca de más documentos mohosos. En Sevilla le dieron un recorrido por el Archivo de Indias, donde encontró "miles de paquetes azules y etiquetados que contenían documentos exclusivamente relacionados con el dominio español en América". "Una excepcional buena fortuna parecía favorecerme", dijo a propósito de un viaje de investigación a Italia en mayo de 1912. En él, "por casualidad, entre viejos grabados ofrecidos a la venta por un anticuario florentino, vi por primera vez (y compré) una copia de un retrato extremadamente raro de Drake, realizado en vida por el pintor francés [Daniel] Rabel y grabado por [Thomas] de Leu".[9] Zelia pudo haber tenido suerte, pero también era muy buena en su trabajo.

Con todo ese material sobre Drake en su poder, Zelia estaba deseosa de regresar a la Casa Alvarado para, en sus tranquilas y acogedoras habitaciones, encajar las piezas del rompecabezas. Pero las noticias que llegaban de México eran desalentadoras. Con la caída de Porfirio Díaz, reformistas y revolucionarios se habían coaligado en torno a diversos líderes en distintas partes del país. Se enfrentaban en batallas y guerrillas, y a veces

---

8   *Ibidem*, xv.
9   *Ibidem*, xv-xviii.

establecían frágiles gobiernos que no duraban mucho tiempo. A medida que las noticias sobre la violencia se volvían más inquietantes, Zelia decidió quedarse en Inglaterra para escribir sobre sus descubrimientos sobre la figura de Drake y sus aventuras en el Nuevo Mundo. La historia que tejió proporcionó nuevas perspectivas sobre el mundo marítimo del siglo XVI y las fuerzas que acabaron con el Imperio azteca.

*

Nuño da Silva era marinero. Zelia se enteró, gracias a los documentos de la Inquisición, de que, desde que tenía dieciocho años, cuando su tío se lo llevó por primera vez a bordo de un barco, Silva había navegado muchas veces a Brasil. Conocía bien las rutas, los vientos, las estrellas y las corrientes. En una de esas aventuras, en noviembre de 1577, salió de Oporto con un cargamento de vino y otras mercancías rumbo a Río de Janeiro. Cuando su barco llegó a Cabo Verde, fue capturado por "un inglés cosario con seis naos de su compañía".[10] La tripulación portuguesa fue llevada a la costa, pero el barco, su cargamento y su experto piloto —es decir, el propio Silva— fueron requisados por los piratas, que siguieron avanzando hacia Brasil y el Río de la Plata.

El capitán a cargo de este robo pirata fue Francis Drake, quien tenía entonces treinta y ocho años, y, según la declaración de Silva, era un hombre agradable. "[Es] bajo de cuerpo, muy membrudo, doblado, de buen rostro, barbirrubio, bermejazo" —es decir, pelirrojo—, reportó. Notó también que el capitán era un buen pintor, un marinero hábil y un caballero de buenas

---

[10] "Deposition of Nuño da Silva", transcrito en Nuttall, *New Light on Drake*, 297. [Encontramos la cita original en español en el mismo documento que consultó Nuttall, titulado, con una caligrafía sin duda mucho más moderna, "Declaración de Nuño de Silva, piloto, en su viaje de Oporto a Brasil, habiendo caído prisionero de piratas ingleses" (AGN, Fondo Inquisición, vol. 85, exp. 13, ff. 84-96). Esta primera cita se encuentra en el f. 85. En las próximas citas de este mismo documento, sólo ofrecemos el número de folio (n. de los trads.)].

costumbres. "Tiene una señal de flecha en el carrillo derecho que no se le parece si no se le mira con cuidado", añadió, "y en una pierna una pelota de un arcabuzazo que le dieron en las Indias".[11]

Silva ofreció una detallada descripción de su viaje con Drake a través del estrecho de Magallanes, y de allí hacia el norte por la costa de Chile, hasta llegar a Lima. Hubo aventuras y peligros a lo largo del camino, los cuales fueron narrados por Silva a sus interrogadores. En algún momento, el barco de Drake, el *Golden Hind*, fue separado del resto de su flotilla por una tormenta de treinta y seis horas, luego de la cual desaparecieron dos barcos de los cinco que acompañaban al de Drake, y "nunca más los vieron". Silva habló con lujo de detalle sobre las numerosas incursiones costeras y describió los barcos que capturaron a lo largo de la costa del Pacífico. En África, Drake abordó dos barcos españoles, robó su cargamento y luego les prendió fuego. De Perú, el *Golden Hind* navegó hacia el norte hasta Nicaragua y siguió hacia la costa de México. Allí Drake atracó en Huatulco, ciudad de Oaxaca, donde "echó en tierra cuarenta o cincuenta hombres que robaron la tierra, la campana de la iglesia, y llevaron a la nao dinero, ropa, bizcocho, gallinas, tocino, la vestimenta de la iglesia, frontales, dosel, dos cálices y una custodia de plata y lámpara de plata […], y prendió al clérigo vicario de allí y otros dos hombres legos, y habiendo tomado agua, los dejó ir".[12] Después siguió navegando, pero esta vez dejó en tierra al piloto portugués, quien fue entonces capturado e interrogado.

Silva les dijo a sus inquisidores todo lo que sabía sobre Drake —el número de barcos, el carácter de la tripulación, las prácticas religiosas de los ingleses, sus herramientas de navegación, qué bienes habían robado de los barcos y los puertos, las tierras, los pueblos por los que habían navegado, y lo que el capitán le había

[11]   *Ibidem*, 301 [f. 86].
[12]   *Ibidem*, 298, 308 [ff. 85v, 88].

revelado acerca del encargo de la reina Isabel I, "su Señora"—.[13] Testificó, así, que la reina herética y protestante de Inglaterra había mandado a Drake en un viaje alrededor del mundo, lo cual contradice la opinión de que sólo le había ordenado ir a la costa del Pacífico de la Nueva España para hostigar sus puertos y tomar sus tesoros.[14]

Algunos testigos en el juicio posterior dieron también testimonio de la afabilidad de Drake, una percepción inesperada sobre el carácter del hombre. En otra declaración cuidadosamente registrada, los funcionarios virreinales en Huatulco, al recibir la seguridad de que Drake "era hombre a quien se podía hablar sin miedo",[15] subieron a su barco para pedirle que cesara la destrucción de su pueblo. Anticipando que serían invitados a cenar con el capitán, los funcionarios se aseguraron de comer en tierra antes del encuentro: era Cuaresma y sabían que el "archihereje" inglés comería carne, lo que contravenía las prácticas católicas, y no querían ofenderlo al rechazar una comida.[16] Sólo más tarde descubrieron que, en tales ocasiones, Drake, caballeroso como era, ordenaba servir pescado para sus invitados católicos. Se sintieron animados al saber que el capitán hablaba español con fluidez. Sin embargo, obtuvieron poco alivio para Huatulco.

Los inquisidores querían saber cómo se había comportado Nuño da Silva entre los ingleses y si había presenciado o escuchado cualquier cosa "contra nuestra santa fe católica que predica y enseña la santísima iglesia de Roma, así de los mesmos

[13] *Ibidem*, 317 [f. 93]. El piloto reportó que los ingleses eran "luteranos y así profesaban su secta por mar y por tierra" (320 [f. 92v]). Los españoles nombraban frecuentemente "luteranos" a los protestantes.
[14] Si Isabel I realmente encargó a Drake esta misión y autorizó sus aventuras como pirata es un tema de debate entre los estudiosos. Una versión alternativa sostiene que lo envió a hostigar pueblos y asentamientos españoles en la costa del Pacífico. Véase Kelsey, *Sir Francis Drake*.
[15] Bernardino Lóez, gobernador de Huatulco, citado en Nuttall, *New Light on Drake*, 344; allí mismo Nuttall consigna la cita original en español (n. de los trads.).
[16] Nuttall, *New Light on Drake*, xxii.

ingleses luteranos como de otros a quien prendiesen en el camino o truxesen consigo".[17] Detrás de esta acusación estaba la
preocupación de que Silva pudiera haber sido desembarcado en
Oaxaca para actuar como espía. Por un lado, se había observado
que tenía un trato amistoso con su captor. A medida que se acu-
mulaban las declaraciones de los testigos, las cartas enviadas a
Lima, Madrid y Oaxaca provocaron más demoras. Silva declaró,
bajo tortura, que, si había cometido herejía, fue sólo porque lo
habían obligado. No le creyeron. Finalmente, se determinó que
había participado en rezos con los ingleses y que había comido
carne durante la Cuaresma.

En 1582, Nuño da Silva fue hallado culpable de "haber asistido a [las] preses [u oraciones] y sermones" de los luteranos a
bordo del barco del inglés, "haciendo sus mismas inclinaciones
y humillaciones, *sin haber para ello fuerza ni miedo*".[18] Fue condenado al destierro de la Nueva España y pronto partió hacia Madrid. Registros adicionales indican que en algún momento fue
absuelto de sus pecados, incorporado al servicio de la corte de
Felipe II y autorizado a visitar a su familia en Portugal. A partir
de allí, su rastro se pierde, y no se sabe con certeza nada más sobre la vida del prisionero de Drake, aunque Zelia encontró una
referencia en un documento que la llevó a pensar que pudo haber terminado sus días en Inglaterra.[19] ¿Es posible que de hecho
sí fuera un espía?

---

[17] "Commission Sent to Friar Andres de Aguirre by Order of the Chief Inquisitor,
February 9, 1580" ("Encargo a fray Andrés de Aguirre, por órdenes del Inquisi-
dor"), transcrito en Nuttall, *New Light on Drake*, 321-322. [También en este caso
localizamos el mismo documento que consultó Nuttall (AGN, Fondo Inquisición,
vol. 125, exp. 8, f. 70). El título es de ella: el original es una carta que carece de frase
titular (n. de los trads.)].
[18] Nuttall, *New Light on Drake*, 393. Nuttall añadió el énfasis. [Encontramos la cita
original en español en *Historia del tribunal del Santo Oficio de la Inquisición en
México*, de José Toribio Medina, ampliada por Julio Jiménez Rueda, Ciudad de
México, Ediciones Fuente Cultural, 1905, p. 84 (n. de los trads.)].
[19] "Documents Related to Nuño da Silva after His Release", transcrito en Nuttall,
New Light on Drake, 396.

Para los inquisidores, era de sumo interés la información que Silva podía ofrecerles. Los españoles transportaban regularmente barcos llenos de oro y plata a través del Atlántico. Los ingleses, deseosos de afirmar su poder en el mar, se alegraban de arrebatarles todas las riquezas posibles. Cómo navegaban los barcos del corsario, cómo encontraba a sus víctimas, cómo maniobraba para abordar embarcaciones, cómo se comportaba con los oficiales y tripulaciones al confiscar sus bienes, adónde navegaba: todo esto era de interés para las autoridades españolas y sus funcionarios en el Nuevo Mundo.

Los historiadores ingleses de principios del siglo XX también estaban ansiosos por saber más sobre el carácter y los logros de Drake, así como sobre su papel en ciertos hechos históricos y en la respuesta británica ante el auge del poder y la riqueza de la España católica. La investigación de Zelia tenía, por tanto, gran relevancia. Los documentos que descubrió en el Archivo General y Público de la Nación en México, y los muchos otros que encontró en Inglaterra, Italia y España, proporcionaron nueva información sobre cómo y por dónde había navegado Drake en su viaje alrededor del mundo entre 1577 y 1580. Arrojaba, en efecto, una "nueva luz sobre Drake", tal y como llamó a su estudio (*New Light on Drake*).

Entre los documentos que Zelia encontró y antologó en aquel libro, estaba un diario llevado por Silva desde el 19 de enero de 1577 hasta el 13 de noviembre de 1578. Tal documento resultó ser "la única bitácora existente de aquel viaje de Drake, el cual había permanecido en la oscuridad durante 333 años".[20] Este hallazgo realmente significativo proporcionaba ubicaciones y fechas del viaje de la flotilla. Los barcos hicieron escala en Salvador de Bahía y Río de Janeiro, en Brasil, antes de navegar hacia el sur hasta San Julián, donde, en 1520, Fernando de Magallanes había sofocado un motín. Las entradas del diario eran breves y directas, e incluían una anotación del 2 de julio que decía simplemente:

[20] Nuttall, *New Light on Drake*, xviii.

"Le cortaron la cabeza": se refiere, aun de forma tan lacónica, a la ejecución de uno de los capitanes, Thomas Doughty, hallado culpable de brujería y sedición, y cuya muerte provocó en Inglaterra cierta controversia sobre la reputación de Drake.[21]

Zelia estaba feliz de que la Hakluyt Society —una famosa editorial británica especializada en registros navales, exploración y geografía— aceptara imprimir mil ejemplares de su libro de quinientas páginas, además de pagarle cien libras por sus derechos. El volumen se publicó en 1914. Al poco tiempo le escribió a Frederic Putnam que los documentos que había descubierto "despertaron un interés muy entusiasta en Inglaterra".[22] El *London Times* destacó la importancia del volumen. Un crítico señaló, en una reseña publicada en el *Geographical Journal*, cómo el trabajo de Zelia exoneraba a Drake, de quien "popularmente se creía que era un marinero rudo, sin buenos modales y con poco conocimiento sobre navegación, y cuyo viaje había sido una aventura pirata sin misericordia; que ejecutó injustamente a Doughty, y que era culpable de latrocinio y de haber sido muy cruel con los españoles que capturó".[23] Aunque otra reseña criticó a Zelia por algunas de sus traducciones e interpretaciones, Markham, el autor de la reseña del *Geographical Journal*, estaba fascinado de que el libro de Zelia hubiera "no sólo acabado con una pila de calumnias y malos entendidos", sino también "posicionado a Sir Francis Drake en un nicho mucho más alto en el templo de la fama del que estaba antes".[24] Muchas personas en

---

[21] Doughty había sido capitán de uno de los barcos de la flota de Drake; no se llevaban bien. La sentencia de muerte fue importante porque sentó un precedente en Inglaterra: a partir de entonces, el capitán de un barco tenía poder de vida o muerte sobre su tripulación, sin importar su rango.

[22] Zelia Nuttall a Frederic Ward Putnam, 6 de julio de 1912, Archivo Nuttall, Museo Peabody.

[23] Markham, "Review".

[24] En 1928, la *Hispanic American Historical Review* publicó la correspondencia entre Zelia y el historiador de Drake, Henry Wagner, en la que discutían sobre la traducción y algunas de las interpretaciones de Zelia; véase Wagner y Nuttall, "Communications".

Inglaterra estaban contentas, pues pensaban que este nuevo retrato de su legendario pirata y navegante ayudaba a pulir la imagen histórica de su país.

El libro de Zelia incluía sesenta y cinco documentos hasta entonces inéditos, así como otros muchos que ahora, bajo esa "nueva luz", podían ser reinterpretados. Incluía también notas sobre el significado e importancia de los primeros manuscritos y hacía referencia a otros documentos que podrían resultarles de interés a los académicos que investigaran a Drake. El esfuerzo que conllevaba rastrear, transcribir, traducir y ordenar ese material era monumental, pero Zelia, meticulosa como siempre, disfrutó el trabajo. Comparó los testimonios de diferentes testigos, a fin de cotejar las fechas y los acontecimientos. Asimismo, revisó trabajos previamente publicados sobre Drake, con la intención de asegurarse de que los documentos fueran claros y certeros. En algunas notas al pie, explicaba ciertos aspectos de sus traducciones, en parte para asegurarse de que sus lectores supieran que había hecho su trabajo cuidadosamente. Abordó varias controversias existentes entre los entusiastas de Drake y demostró haber resuelto de forma "definitiva" algunas preguntas que hasta entonces habían permanecido sin respuesta. Cerró su introducción de cincuenta y seis páginas con una nota sobre su natal San Francisco: "En una colina, desde la cual pueden verse el Golden Gate y la bahía de San Francisco", escribió, "hay una cruz de piedra que conmemora cuando Sir Francis Drake, su capellán y su compañía celebraron el primer servicio protestante leído en inglés en la costa del Pacífico, en la región que descubrió y nombró Nova Albion".[25]

Mientras trabajaba en su libro sobre Drake, Zelia anunció que también había descubierto otro texto raro: la *Crónica de la Nueva España*, escrita 337 años antes por Francisco Cervantes de Salazar, un erudito español que en 1567 se convirtió en rector

[25] Nuttall, *New Light on Drake*, lvi.

de la Real y Pontificia Universidad de México. Presentó una breve ponencia sobre su hallazgo en el Decimoctavo Congreso Internacional de Americanistas, celebrado en Londres en 1912, aunque anunciando que un trabajo más profundo y su publicación definitiva tendrían que esperar hasta que estuviera de regreso en México. "Todas las notas, pruebas y demás materiales necesarios para mi comentario están allá, guardadas bajo llave en una caja fuerte", escribió a Putnam, "a la que nadie más que yo tiene acceso".[26] Putnam, como siempre impresionado, escribió a Alfred Kroeber en la Universidad de California: "No cabe duda: vaya que es buena para hacer hallazgos la Sra. N.".[27]

Todo iba bien, salvo por el hecho de que uno de los historiadores más respetados de México, Francisco del Paso y Troncoso —quien había pasado años escarbando en archivos y bibliotecas de Europa—, insistió de inmediato en que *él* había encontrado el manuscrito de Cervantes de Salazar. A lo largo de 1912, él y Zelia se enfrascaron en una disputa por adjudicarse el descubrimiento. Zelia parecía haber ganado en el momento en que presentó su ponencia, pero cuando del Paso y Troncoso publicó más tarde el manuscrito, citó con todo detalle cómo lo había encontrado en 1908, lo cual convenció a la mayoría de que él era, en efecto, quien debía llevarse el crédito. Ello afectó la reputación de Zelia entre los historiadores mexicanos, pues algunos consideraron que su premura por proclamarse como la descubridora fue impropio e incluso deshonesto.[28] A diferencia de otras disputas en las que estuvo involucrada, esta vez no refutó las afirmaciones de su contrincante. Lo anterior sugiere que Zelia misma sabía que había ido demasiado lejos y deseaba retirarse silenciosamente del campo de batalla.

[26]   Zelia Nuttall a Putnam, 6 de julio de 1912.
[27]   Frederic Ward Putnam a Alfred Kroeber, 14 de agosto de 1912, Colección Parmenter.
[28]   Parmenter, "Zelia Nuttall and the Recovery of Mexico's Past", 909-910.

*

Zelia anhelaba regresar a la Casa Alvarado, pero México estaba sumido en el caos, envuelto en una guerra violenta por el alma de la nación. Con la caída de Porfirio Díaz, el país que había estado unido bajo su liderazgo autoritario se fragmentó en ejércitos rivales, grupos armados y fuerzas guerrilleras. Con el tiempo, aun dentro de la diversidad de ideales, objetivos y reivindicaciones, comenzó a formarse cierta estructura dentro del movimiento revolucionario, aunque el faccionalismo, el antagonismo y la falta de coordinación entorpecieron el caótico y conflictivo esfuerzo de todos los bandos por construir un México más justo.

Desde el norte, las fuerzas lideradas por Francisco I. Madero —vástago de una acaudalada familia terrateniente— exigían nuevas instituciones democráticas. Gracias al Plan de San Luis, Madero logró que otros líderes y facciones se alzaran en armas, y derrocar así al gobierno de Díaz. Madero entonces asumió la presidencia de la República. Sin embargo, en el sur del país, un movimiento agrario, organizado en torno a los pueblos y sus líderes locales y que se había consolidado en un ejército campesino bajo el liderazgo de Emiliano Zapata, se levantó contra Madero. Aunque los zapatistas primero habían apoyado el Plan de San Luis, muy pronto desconocieron la autoridad del líder que lo había proclamado. Las demandas de Zapata pueden resumirse en la consigna de "Tierra y libertad".[29] Pascual Orozco también organizó su propia fuerza, primero para apoyar a Madero y después para oponerse a sus lentas reformas liberales. Y no hay que olvidarse de Pancho Villa, quien estaba al frente de un poderoso ejército guerrillero compuesto por rancheros, mineros, peones de hacienda y pastores. Villa no se alzó contra

---

[29] Para un estudio detallado sobre las raíces agrarias de la revolución en México, véase Womack, *Zapata and the Mexican Revolution*. [Hay edición en español: *Zapata y la Revolución mexicana*, en traducción de Francisco González Aramburo (Ciudad de México, Siglo XXI Editores, 1969)].

Madero, pero sí se debilitó su alianza cuando el presidente nombró a Victoriano Huerta como comandante de las fuerzas armadas que combatirían la rebelión de Orozco. Huerta terminaría por traicionar y asesinar a Madero, provocando el unánime alzamiento en su contra de las otras fuerzas ya mencionadas, a las que se sumarían los constitucionalistas liderados por Carranza, quien contaba entonces con el apoyo de Obregón, otro importante caudillo revolucionario. Sin embargo, ninguno de estos líderes logró responder plenamente a las reprimidas exigencias de libertad y justicia social.

Muchas de las batallas ocurrieron en áreas rurales y en pequeños pueblos y ciudades. Las rutas ferroviarias nacionales estaban constantemente bajo asedio, y eran destruidas y vueltas a construir, sólo para ser dañadas de nuevo. Las granjas estaban en constante barbecho, por lo que la comida era escasa y cara, y las minas y las fábricas tuvieron que cerrar por falta de trabajadores y suministros. Las escuelas y universidades también cerraron cuando la amenaza de la violencia se cernió sobre sus barrios. Se libraron más y más batallas, se forjaron alianzas que luego se deshicieron, se publicaron ideales grandiosos que luego fueron ignorados, y buena parte de los líderes fueron asesinados. Se reclutaron soldados, pero muchos desertaban, y las mujeres se unieron a la lucha como soldaderas y compañeras. Fueron muy pocos los habitantes de México que no se vieron afectados por la violencia y la confusión. Los estados y los ejércitos emitieron su propia moneda, lo cual provocó el colapso de la economía. Por todo el país, los combatientes llenaban los pueblos de terror y, sin importar a cuál facción representaban, solían saquear y desatar incendios, dejando a su paso muerte y hambre.

La Revolución pronto se volvió una experiencia personal para Zelia. En 1912, poco después de su llegada a Inglaterra, recibió una carta del consulado estadounidense, en la cual la instaban a presentar "por triplicado un inventario de todas sus pertenencias" en la Casa Alvarado "para que, en caso de que los problemas políticos del país causaran cualquier daño o pérdida de las mismas, fuera más fácil sustentar una reclamación".[30] Además, le sugerían resguardar también una copia de la llave de su casa en el consulado. El consejo del vicecónsul era pues que, si bien era poco probable que hubiera daños en Coyoacán, lo mejor era que Zelia estuviera preparada. Otros expatriados recibieron la misma advertencia. Desde sus casas en otro pueblos y ciudades o desde sus haciendas repartidas por todo el país, los extranjeros huyeron hacia la Ciudad de México, donde, según las instrucciones del *Mexican Herald*, un periódico capitalino publicado en inglés, debían tener siempre a la mano provisiones de comida, velas y otros artículos de primera necesidad. Los tiempos eran peligrosos y el futuro incierto.

El conflicto se volvió aún más personal para Zelia al año siguiente, cuando se convirtió en una amenaza para su hija Nadine Laughton y su familia. La Ciudad de México había estado en crisis, pero mayormente a salvo de enfrentamientos bélicos, hasta principios de 1913. Francisco I. Madero, quien fue elegido presidente poco después de que Porfirio Díaz huyó del país, ocupaba en ese momento el Palacio Nacional, pero estaba siendo desafiado desde diversos frentes, y los combates se extendieron a la ciudad. Vendría entonces el golpe militar que sumiría a la Ciudad de México en una ola de caos y violencia durante diez días —del 9 al 19 de febrero de ese año— conocidos como la Decena Trágica.[31] La capital quedó convertida en un campo de batalla, y la pérdida de vidas y bienes fue, en efecto, trágica.

El conflicto comenzó cuando las tropas bajo el mando de Manuel Mondragón salieron de sus cuarteles en la ciudad, para exigir que el presidente Madero renunciara. El presidente confió su defensa a Victoriano Huerta, quien rápidamente traicionó

---

30 Vicecónsul C. E. Guyant [?] a cargo, Consulado General de Estados Unidos, México, a Zelia Nuttall, 15 de abril de 1912, Colección Parmenter.
31 *Decena trágica* está, aquí y más adelante, en español en el original (n. de los trads.).

384 A LA SOMBRA DE QUETZALCÓATL

a su comandante en jefe. En el centro de la ciudad se montaron barricadas y trincheras, y se desataron combates callejeros que se fueron esparciendo a muchos otros barrios; ni siquiera las arboladas calles donde vivían los ricos se salvaron. El fuego y los saqueos se propagaron, y las calles quedaron cubiertas de personas y caballos muertos. Cañones y armas de fuego apuntaban en todas direcciones. Los habitantes, ricos y pobres, corrían de refugio en refugio y, al hallar uno, sólo salían para buscar comida o a seres queridos cuyo paradero desconocían. Cuando los morteros destruyeron parte de una prisión, muchos reclusos huyeron, pero otros decidieron que lo más seguro era permanecer en el edificio.[32]

"Estamos viviendo un momento realmente terrible". Con esta preocupante frase, Nadine comenzó una carta a su madre fechada el 13 de febrero, a cinco días desde el inicio de la Decena Trágica. "Sólo espero que las noticias que recibas no lo hagan parecer aún peor de lo que es. Estamos completamente incomunicados: no pueden salir ni llegar cartas ni telegramas". Nadine, que vivía cerca de la Ciudad de México, era entonces madre de tres hijos: Isabella, de ocho años, John, de cuatro, y Christine, una bebé de apenas siete meses. Su esposo, Arthur, estaba fuera de casa, trabajando como ingeniero cerca de Guadalajara. Nadine estaba desesperada por comunicarse con él, para que la ayudara a decidir qué hacer y a dónde ir. Había escuchado rumores de que las fuerzas de Zapata habían tomado la capital y, aunque esto resultó ser falso, las noticias sobre una revuelta militar contra Madero sí eran ciertas. Estaba profundamente aterrorizada:

Desde el domingo los combates no han cesado —los federales están disparando descontroladamente con su poderoso armamento, sin ningún tipo de objetivo—. No hay parte de la ciudad a salvo. Se suponía que la embajada era neutral, pero Madero colocó algunas de sus grandes ametralladoras muy cerca de allí. [El

---

[32] Meyer y Sherman, *The Course of Mexican History*, 519.

embajador estadounidense Henry Lane] Wilson protestó y, aunque tras cierta demora, las retiraron. El fuego principal iba desde el Palacio Nacional, y atravesaba la ciudad, hasta la Ciudadela y Arcos de Belén. Aun así, había balas volando cerca de la embajada […]. La situación en la ciudad es desgarradora. Miles de soldados muertos y muchos más heridos. También han muerto civiles. Es terrible la destrucción de propiedades. Escuchamos el estruendo de los cañonazos día y noche […]. Todo el comercio se detuvo y las oficinas permanecen cerradas, pues nadie puede acercarse al centro de la ciudad […]. Cada casa por aquí está llena de refugiados.

Pronto llegaron noticias aún más alarmantes: Zapata y sus fuerzas avanzaban rápidamente hacia la ciudad, sus amplios sombreros de paja y su vestimenta blanca eran visibles entre las nubes de polvo levantadas por sus caballos. Para muchos, y sin duda para la conservadora comunidad de expatriados, este ejército de campesinos provocaba el más profundo terror. Nadine estaba frenética: "Unos cincuenta soldados pasaron por aquí y nos dijeron que nos fuéramos de inmediato, que los zapatistas venían. No sé si puedes entender el pavor que inspira ese nombre. Zapata y sus seguidores han cometido atrocidades tan viles contra mujeres y niños, y saquean, incendian y hacen cosas aún peores por donde quiera que pasan". Nadine juntó a los niños y corrió hacia la Casa Alvarado, donde ya se encontraban varios amigos estadounidenses expatriados, escondiéndose de los combates. Correr hacia la casa de su madre fue aterrador: "Ha sido lo peor que he hecho en mi vida".[33]

Al regresar a su propia casa, Nadine tuvo que aplacar su terror. "Tengo, ahora, listo nuestro equipaje por si tenemos que salir corriendo de nuevo […]. La gente de la ciudad está sufriendo", escribió, y también que había "cientos de estadounidenses buscando resguardo dentro y alrededor de la embajada […]. Todo es

[33] Nadine Nuttall Laughton a Zelia Nuttall, 13 de febrero de 1913, Colección Parmenter. De hecho, las fuerzas de Zapata no eran más turbulentas que las de otras regiones. Véase Womack, *Zapata and the Mexican Revolution*.

espantoso". Sus hijos estaban atemorizados, conscientes de que "algo está mal y de que hay batallas, pero intento mantener todo tan silencioso y normal como [de costumbre] [...]. Arthur debe de estar al borde de un ataque nervioso, pues no ha sabido nada de nosotros".[34] El 18 de febrero, circularon noticias de que el presidente Madero y su gabinete habían sido tomados prisioneros y las perspectivas para el futuro eran aún más inciertas. Al día siguiente, el presidente fue fusilado. Los expatriados abarrotaron las estaciones de tren en la Ciudad de México, luchando por llegar a los puertos o a ciudades fronterizas, con la esperanza de huir hacia un lugar seguro.

Después de diez días de tiroteo e incertidumbre, Nadine y sus niños pudieron abordar un tren con destino a Veracruz. El tren iba protegido por soldados, ya que la animosidad hacia los estadounidenses era cada vez mayor y las noticias de que su gobierno había a veces conspirado con Madero, y a veces contra él, enfurecían a muchos nacionalistas mexicanos. El viaje rumbo a la costa fue terrible, así como la espera de un barco que pudiera transportarlos fuera del país. Finalmente, Nadine y sus hijos lograron abordar un barco hacia Inglaterra. Cuando llegaron, la familia se refugió primero con Zelia, y después se asentaron en Cambridge, cerca de la casa familiar de George.[35]

Alfred Tozzer visitó a Nadine y a sus tres hijos en Europa cinco meses después de su llegada, y le escribió a Frederic Ward Putnam cómo la hija de Zelia lucía "muy desgastada y vieja. Pasó tiempos difíciles en México, con su esposo lejos de ella todo el tiempo".[36] Arthur se quedó en México, y su familia vivía angustiada por su seguridad.

[34] Nadine Nuttall Laughton a Zelia Nuttall, 13 de febrero de 1913.
[35] Se desconoce si Zelia estaba entonces viviendo con su madre en Tunbridge Wells o en Oxford, en donde estaba realizando sus investigaciones. La mayor parte de la correspondencia de y para Zelia, entre 1913 y 1916, se perdió o fue destruida.
[36] Alfred Tozzer a Frederic Ward Putnam, 13 de agosto de 1913, Colección Parmenter.

Coyoacán se libró de la mayor parte de las batallas, a pesar de que los zapatistas lo reclamaron como su territorio durante cierto periodo en 1915, momento en el que se enfrentaron de vez en vez con las fuerzas que apoyaban a Venustiano Carranza. Una amenaza aún mayor eran la devastación de la economía, la escasez de alimentos y la constante incertidumbre. Por azares del destino, la Casa Alvarado no fue abandonada. Algunos amigos de Zelia continuaron encontrando refugio allí, mientras que la fiel doña Teresita y el anciano jardinero, don Antonio, patrullaban las azoteas, armados con un viejo rifle, atentos a merodeadores, soldados y aldeanos hambrientos. Teresita vestía un viejo abrigo militar por las noches, mientras vigilaba las empedradas calles que rodeaban la mansión. Durante el día, administraba la casa, atendía a sus huéspedes refugiados, conseguía la escasa comida para alimentarlos y procuraba que la vida fuera lo más normal posible en esos tiempos profundamente anormales. Mantuvo su vigilancia hasta el regreso de Zelia en 1917.

En medio del caos y el tumulto, grupos armados marchaban por el campo, aprovechando el desorden para saquear y causar aún más estragos entre los habitantes locales y los viajeros. Atacaban a absolutamente todos, incluyendo a los extranjeros, con absoluta impunidad. El 23 de agosto de 1913, Arthur Laughton y otro expatriado, Erich von Thaden, iban a caballo por un sendero polvoriento en la zona rural de Michoacán; llevaban una nómina de 1 500 dólares para pagarles a los trabajadores de Eduardo Iturbide, un rico terrateniente. Un grupo de bandidos cayó sobre ellos, y los dos hombres fueron obligados a entregar el dinero y sus caballos. Después les dispararon y sus cuerpos fueron abandonados en el camino, a disposición de las aves carroñeras. Muy pronto, Nadine recibió la noticia sobre la muerte de su esposo. Zelia se enteró en Italia, donde estaba persiguiendo relatos sobre los viajes de Drake por el mundo. En la Ciudad de México, Iturbide, un senador que era una reliquia viva del porfiriato, juró llevar a los asesinos ante la justicia y le pidió al

388 A LA SOMBRA DE QUETZALCÓATL

presidente una escolta militar para buscar a los malhechores y matarlos. "Salgo mañana al frente de las tropas, para castigar personalmente a los asesinos [...] y vengar la muerte de mis amigos", anunció, pero no hay ninguna evidencia de que los bandidos hayan sido de hecho capturados.[37]

La muerte de Arthur Laughton dejó a Nadine no sólo desconsolada, sino pobre; por lo tanto, a partir de ese momento, Zelia tuvo que ayudar a mantenerla a ella y a la familia. Apeló a parientes en San Francisco, y a su cuñada, Hilda Nuttall, quien comenzó a mandarle a Nadine 150 dólares al mes. Zelia buscó formas para aumentar esa suma. Los Laughton se asentaron en Cambridge y se quedaron en Inglaterra por el resto de sus vidas.[38]

Bajo tales circunstancias, era imposible para Zelia regresar a México. Al mismo tiempo, cuando el Reino Unido le declaró la guerra a Alemania en agosto de 1914, Zelia no tenía muchas ganas de quedarse en Europa. Sentía que su mejor opción era viajar a San Francisco, donde su familia y amigos podrían protegerla de un mundo cada vez más caótico, así que en diciembre de 1914 partió hacia California, sin saber con certeza cuánto tiempo se quedaría allí. "Como permaneceré en California hasta que México esté en paz, ¡puede que me quede muchos meses!", le confió a Phoebe Apperson Hearst, con quien continuaba intercambiando cartas para mantenerse al tanto de sus hijos, nietos, amistades en común y actividades.[39] Zelia permaneció en San Francisco durante casi tres años.

---

[37] "Two Slain by Peons", *The New York Times*, 26 de agosto de 1913.
[38] John Laughton, quien había sido un niño pequeño durante la Revolución mexicana, regresaría a México por primera vez en 1933 para liquidar los bienes de su abuela Zelia.
[39] Zelia Nuttall a Phoebe Apperson Hearst, 10 de enero de 1915, Archivo Hearst.

11. EL IMPERIO Y LOS JARDINES
DEL PASADO

Diez años después de su anterior visita a San Francisco en 1904, Zelia Nuttall se encontró con una ciudad transformada por el Gran Terremoto de 1906, los incendios que le siguieron y el posterior auge inmobiliario. Llegó cuando las preparaciones para la Exposición Universal de San Francisco, cuya apertura sería en febrero de 1915, estaban en plena marcha.[1] Habían pasado más de veinte años de que la Exposición Mundial Colombina de 1893 en Chicago haya celebrado, entre otros, los logros de la antropología, un campo de estudio aún en formación. Si entonces Estados Unidos estaba determinado a presentarse como un país en hirviente desarrollo, ahora sus ambiciones eran aún más grandes, pues estaba ansioso por proclamar su superioridad sobre otros países. La exposición de San Francisco resonó con el nuevo espíritu del imperialismo.

La feria celebraba la finalización del Canal de Panamá, de ochenta y dos kilómetros de longitud, inaugurado oficialmente

---

[1]   En inglés, el nombre oficial de la feria era "Panama-Pacific International Exposition", pues, como dirá la autora en el párrafo siguiente, se concibió como una celebración al recién terminado Canal de Panamá, obra que permitiría una mayor integración del océano Pacífico y sus costas americanas con el resto de Occidente. En español, sin embargo, la feria se ha llamado históricamente por la ciudad californiana donde fue celebrada (n. de los trads.).

el 15 de agosto de 1914. Un nuevo triunfalismo marcaba todos los aspectos de la exposición, cuyos edificios, estatuas, fuentes y recuerdos destacaban esa gran hazaña de la ingeniería, que transmitía en sí misma el mensaje de un nuevo imperio estadounidense.[2] El canal, cuya construcción fue comenzada por Francia en 1881 y luego asumida por Estados Unidos en 1904, atravesaba densas selvas y sofocantes pantanos infestados de mosquitos. Para quienes celebraban su éxito, representaba una victoria de la voluntad humana sobre la naturaleza, y era, además, evidencia de la audacia del ingenio y un testimonio de la determinación estadounidenses. El canal era, pues, un símbolo de la osadía del expansionismo de Estados Unidos, país determinado a llevar su conocimiento técnico a naciones menos afortunadas —estuvieran o no interesadas en recibirlo—, bajo el supuesto de que ello debía ser así "por el bien de todo el mundo civilizado", para decirlo con palabras del presidente Theodore Roosevelt.[3]

Desde sus primeros años como nación independiente, Estados Unidos había observado con cautela los acontecimientos en el Caribe y América Latina. Sin embargo, cuando en 1898 comenzó la Guerra Hispano-Estadounidense, el país norteamericano proclamó una nueva era de intervención directa en los asuntos de otros países del continente. Esta "pequeña y espléndida guerra", como la llamó en su momento el secretario de Estado John Hay, duró menos de cuatro meses y fue motivo de entusiasmo para muchos estadounidenses, al igual que las historias sobre las hazañas de Theodore Roosevelt y sus Rough Riders, cuya popularidad fue avivada por el imperio periodístico sensacionalista de William Randolph Hearst.[4] Con su rápida victoria sobre los españoles, Estados Unidos se convertiría

---

[2]   Para una discusión sobre el simbolismo de la arquitectura, el arte y la publicidad de la Exposición Universal de San Francisco, véase Moore, *Empire on Display*.

[3]   Theodore Roosevelt, 7 de diciembre de 1903, citado en Schoultz, *Beneath the United States*, 170.

[4]   John Hay, 27 de julio de 1898, citado en Schoultz, *Beneath the United States*, 140.

en una potencia colonial, pues tras ella obtendría soberanía sobre Filipinas, se adjudicaría Guam y Puerto Rico, e iniciaría una ocupación militar de Cuba.

La Guerra Hispano-Estadounidense fue seguida por dos décadas de acciones cuyo fin era "domar" a América Central y ponerla bajo la tutela de Estados Unidos, por ejemplo cuando éste intervino a favor de los rebeldes panameños en su lucha por independizarse de Colombia en 1903. O cuando, en 1907, tomó control total de las aduanas dominicanas, a fin de presionar al país caribeño a pagar su deuda externa. Además, la República Dominicana pronto fue ocupada por los marines estadounidenses, al igual que Cuba, Honduras Nicaragua y Haití. Los marines desembarcaron en esta última nación isleña en julio de 1915, justo al tiempo que se llevaba a cabo la Exposición Universal de San Francisco. Según le escribió el secretario de Estado Robert Lansing al presidente Woodrow Wilson, era "lo único que podíamos hacer si queríamos eliminar la anarquía y el desorden que prevalecen en esa República".[5] Pero el motivo real de ese despliegue militar en el Caribe y Centroamérica era garantizar que el nuevo paso entre océanos no tuviera ningún obstáculo. El canal redujo drásticamente los tiempos y costos de navegación, y consolidó la hegemonía estadounidense en la región. Los estadounidenses se convirtieron, así, en los nuevos conquistadores, y estaban listos para reclamar su nuevo imperio y deseosos de que el mundo reconociera su poderío.

Al igual que la Feria Mundial de Chicago, la exposición de 1915 fue un canto a los logros tecnológicos, industriales, creativos y coloniales de Estados Unidos. La Columna del Progreso, el Patio de las Edades, el Patio del Universo, la Fuente de la Tierra y la Fuente de la Energía adornaban el terreno de la feria, y se construyeron un palacio tras otro para exhibir los avances en

---

[5] Robert Lansing a Woodrow Wilson, 13 de agosto de 1915, citado en Schoultz, *Beneath the United States*, 232.

la industria, la ciencia, la agricultura, el arte, la música, la educación y la tecnología, tales como automóviles, teléfonos, máquinas de escribir, trenes y aviones. La Zona, un parque de atracciones cuyo nombre hacía referencia a la propiedad de Estados Unidos sobre la zona del Canal, estaba inspirada en el Midway Plaisance de Chicago, el paseo de más de un kilómetro de longitud donde habían sido montadas algunas atracciones de la feria de 1893. Los souvenirs, las postales y los folletos de la nueva exposición californiana, visitada por diecinueve millones de personas, enfatizaban el dominio estadounidense en el hemisferio occidental. Algunas de las imágenes que se habían creado para promocionar la exposición mostraban a Hércules, un ejemplo de fuerza y poder, abriendo la tierra para crear un canal. En la Fuente de la Energía se erguía el *Señor del Camino Ístmico*, una estatua de cinco metros y medio de alto, obra de A. Stirling Caldwell, la cual representaba a un hombre espléndidamente musculoso montado en un magnífico caballo sobre un globo, sostenido por mujeres míticas en una fuente adornada con criaturas marinas; sobre sus hombros se encontraban la Fama y la Gloria.

Para los habitantes de San Francisco, la feria fue también un homenaje a la reconstrucción de su ciudad, devastada por el terremoto e incendios de 1906. Celebraban, pues, su transformación urbana, encantados de haberse librado del aura del Lejano Oeste que la ciudad arrastraba desde la fiebre del oro. Con más de 240 hectáreas a lo largo del litoral, la Ciudad de los Sueños, como se le conocía entonces, resplandecía bajo el sol, y muchos de sus nuevos recintos exhibían los avances locales en economía y cultura. "Imbatible", proclamaba una postal que mostraba a un oso grizzly californiano surgiendo de las cenizas. "California da la bienvenida al mundo", declaraban carteles adornados con hombres fuertes de mirada decidida y mujeres gráciles envueltas en túnicas como diosas romanas.

En el centro de la feria estaba la Torre de las Joyas, una edificación de más de ciento veinte metros de altura en la que cientos de miles de trozos de cristal cortado brillaban a la luz del sol o del alumbrado nocturno. En Nueva York, la gente fue invitada a otro de los atractivos de la feria: la primera conversación telefónica transcontinental, gracias a la cual los habitantes de la Costa Este pudieron escuchar el océano Pacífico. El mundo debía observar que, nueve años después del terremoto, San Francisco estaba floreciente. Se puso especial cuidado en demostrar que las calles de la ciudad y los espacios públicos no eran sólo hermosos, sino también seguros. "El Canal le ha dado a San Francisco una nueva posición en el planeta", escribió Frank Morten Todd, autor de la historia oficial de la feria.[6] La ciudad esperaba cosechar los beneficios del comercio entre el Atlántico y el Pacífico, que, a partir de entonces, sería más rápido, barato y seguro.[7]

Las mujeres californianas, quienes habían conseguido el derecho al voto en 1911, se sentían orgullosas de recibir a sus hermanas de otros estados aún en lucha por obtener tal derecho. Las sufragistas hicieron manifestaciones, desfiles y celebraron una Convención de Mujeres Votantes para incentivar su causa. Las mujeres de San Francisco —incluyendo a Phoebe Hearst, entonces de setenta y un años, y aún una impulsora decidida de la reforma educativa, los derechos de las mujeres y la renovación urbana— habían presionado fuertemente para que la ciudad fuera elegida como anfitriona de la feria.[8] Una Junta de Mujeres, que incluía a las más influyentes y adineradas de la ciudad, insistía en la importancia de la presencia femenina en la feria y se reunía con frecuencia para asegurarse de que los logros de las

---

6   Frank Morten Todd, citado en Moore, *Empire on Display*, 4.
7   Simultáneamente con la exposición de San Francisco, San Diego organizó la Exposición Panamá-California, una celebración de un año para conmemorar la apertura del Canal de Panamá. Allí, las exhibiciones etnológicas fueron dirigidas por Edgar Lee Hewett, quien pronto se haría amigo de Zelia, e incluyeron arte y arquitectura de pueblos indígenas norteamericanos, así como artefactos mayas, en una muestra titulada *The Story of Man through the Ages* ("La historia del ser humano a través de las edades").
8   Para una extensa discusión sobre las actividades de Hearst relacionadas con la feria, véase Nickliss, *Phoebe Apperson Hearst*, 303-365.

394 A LA SOMBRA DE QUETZALCÓATL

mujeres fueran reconocidos. Asimismo, se erigió un monumento dedicado a las madres pioneras de California.

Durante la feria, los logros de diferentes disciplinas serían galardonados con medallas, y la Junta de Mujeres decidió otorgarles también ese honor a algunas mujeres eminentes, a fin de reconocer las actividades de las líderes y reformistas. Durante los meses previos a la exposición, se publicaron anuncios en los periódicos de todo el país sobre cómo poder enviar nominaciones. Fue así que, según la crónica de un reportero, "los nombres de prácticamente cada mujer notable en el mundo" llegaron a manos del comité encargado de elegir a las homenajeadas, abrumado ante el número de las propuestas.[9] El estallido de la Primera Guerra Mundial provocó que el comité redujera de seis a tres el número de las mujeres que recibirían una medalla, además de que decidió premiar sólo a aquellas que estuvieran en Estados Unidos y pudieran recibir la medalla en persona. Esa nueva lista resultó ser un poco más manejable.

Phoebe Hearst era una de las veintiséis integrantes del comité que decidiría quiénes iban a recibir los honores. En el comité también estaban Hilda Nuttall, cuñada de Zelia, y Ethel Sperry Crocker, quien, como contribuidora del fondo Crocker-Reid, había financiado la investigación de Zelia en México. Hearst y Crocker eran admiradoras del trabajo de Zelia, e Hilda era parte de su familia política, de manera que no resulta para nada sorprendente que Zelia fuera elegida como una de las tres "Mujeres notables de Estados Unidos" homenajeadas durante la feria.

Elogiada por haber realizado un "trabajo arqueológico de relevancia mundial", asistió a un almuerzo de celebración y fue huésped del comité organizador de la feria durante una semana.[10] También dio una plática sobre su investigación acerca de

9   Simpson, *Problems Women Solved*, 129.
10 "Interesting Westerners: Mrs. Zelia Nuttall", *Sunset*, diciembre de 1915, 544, describe brevemente el honor que se le dio a Zelia. Simpson (*Problems Women Solved*,

Sir Francis Drake y participó en otros eventos organizados para destacar sus logros y los de las otras dos mujeres homenajeadas, cuyas carreras eran igualmente impresionantes: Jane Addams, la reformadora social de Chicago y líder del movimiento Settlement en Estados Unidos, y Katherine Bement Davis, promotora de la reforma penitenciaria en la ciudad de Nueva York.

Phoebe Hearst y Ethel Crocker quedaron, sin duda, decepcionadas de que la exposición no hiciera más por mostrar los avances de la antropología. Esta disciplina comenzaba a ganar una mayor aceptación en el ámbito académico y, aunque la feria de 1915 sí le rindió cierto homenaje, su presencia fue muy reducida en comparación con la que tuvo en la feria de Chicago en 1893. Esta vez, por ejemplo, no hubo Edificio de Antropología, aunque sí una exhibición etnológica, montada por la Institución Smithsoniana y enfocada en las tribus nativas americanas. Había en ella una sección donde se instalaron modelos de aldeas indígenas, pero en general llamaron poco la atención, salvo cuando incluían danzas exóticas o mujeres con poca ropa. Entre ellos había un modelo de *pueblo* —es decir, de un tipo específico de aldea a la usanza de la cultura indígena anasazi— y recuerdos hechos a mano a la venta, pero la información sobre las civilizaciones antiguas del Nuevo Mundo era más bien escasa.

Entre las obras exhibidas en la Exposición Universal de San Francisco estaba una impactante escultura que se volvió muy popular: *The End of the Trial*, de James Earle Fraser, que representa a un noble guerrero nativo americano, doblado sobre sí mismo en señal de derrota, sobre un caballo exhausto al borde de un acantilado. Con ella, el autor quería denunciar el destino de los asentamientos indígenas en todo el Oeste, desplazados por la expansión de migrantes ávidos de tierras, y la destrucción de sus culturas. Para muchos estadounidenses blancos, el legado de los

130) hace un reporte sobre el almuerzo que se hizo en honor a Zelia y el discurso que dio ante la Junta de Mujeres.

pueblos originarios —sus cestas, tótems, bordados, tallas y otros
objetos— se había convertido en algo para coleccionar y exhibir
en museos, mientras que las vidas de los indígenas contemporáneos a ellos eran ignoradas, denigradas o explotadas con fines turísticos. El futuro no les pertenecía, como lo muestra otra
escultura, ésta concebida por A. Stirling Calder y Karl Bitter,
Mother of Tomorrow, en la que aparece una mujer guiando una
carreta de pioneros flanqueada por un vaquero, un trampero y
un conquistador.[11]

*

A pesar de la grata experiencia de haber sido reconocida como una
de las tres mujeres notables de Estados Unidos, los años que Zelia
pasó en San Francisco fueron difíciles. No siempre era sencillo estar con su familia. Al principio se hospedó con su cuñada Hilda,
quien, como se recordará, no la apoyó cuando le pidió que comprara sus joyas, pero sí le brindó algo de ayuda financiera a Nadine Nuttall Laughton y a sus hijos tras haber sido desplazados de
su hogar en México por la Revolución. Hilda era ahora viuda —el
hermano de Zelia, Robert Nuttall, había fallecido en 1908—, y
Zelia hizo todo lo posible por ignorar agravios pasados. "Aprecio
mucho lo que Hilda ha hecho por Nadine, y todas sus admirables
cualidades, así que no vale la pena prestarle mucha atención a su
actitud hacia mi trabajo y mi carrera", le dijo a Hearst en una carta.[12] Sin embargo, Zelia pronto se mudó a un hotel.

A pesar de los reconocimientos recibidos, su visión del mundo
era sombría. Además, tenía problemas de espalda que le hacían
doloroso caminar. Una vez más recurrió a Phoebe Hearst en
busca de su cariño y apoyo. Tras una visita a finales de 1915, le

[11]   Moore, *Empire on Display*, 110-112.
[12]   Zelia Nuttall a Phoebe Apperson Hearst, 4 de febrero de 1918, Colección Parmenter.

expresó a su mecenas lo mucho que dependía de ella: "No puedo poner en palabras cuánto bien me ha hecho visitarte, todo lo que tu simpatía y amistad me animaron y consolaron, y cuánto placer me han dado tus hermosos obsequios, escogidos con tanto cuidado".[13] Veía en Hearst una figura protectora, indispensable en medio de tantas preocupaciones relacionadas con la política, la salud y las finanzas. Su amistad era un regalo en ese momento, cuando "el rostro del mundo entero ha cambiado y una desgracia tras otra han caído sobre mí".[14]

La situación financiera de Zelia se había vuelto cada vez más complicada. Desde 1912 le había resultado imposible alquilar la Casa Alvarado, su mansión en México, debido a la violencia que azotaba al país. Su abuelastra, Abby Parrott, falleció en 1917, dejando una fortuna que debía repartirse entre su numerosa familia, pero el proceso de legalización del testamento tomaría tiempo, y Zelia necesitaba hallar alivio inmediato. Vendió algunas propiedades que tenía en San Francisco y solicitó una beca al Instituto Carnegie para llevar a cabo investigaciones adicionales. Aunque sus amistades le aseguraban que tenía buenas posibilidades de obtenerla, no la recibió. Contaba poco con el apoyo de su familia, pues seguían sin aprobar que Zelia viviera en México, lejos de ellos. Por ese entonces, en lugar de salir a su rescate, la alentaban a escribir sus memorias —pensando en que, si se volvían populares, las regalías podrían ayudarla a cubrir sus gastos—. Estaban convencidos de que, puesto que Zelia había tomado su propio camino, ahora debía afrontarlo, a menos que aceptara hacer cambios sustanciosos en su vida.

Zelia no estaba lista para rendirse ante su familia, de forma que recurrió a sus amistades para pedirles que le compraran sus antigüedades y libros. Decidió desprenderse de su colección de

[13] Zelia Nuttall a Phoebe Apperson Hearst, 12 de diciembre de 1915, Archivo Hearst.
[14] Zelia Nuttall a Phoebe Apperson Hearst, 6 de marzo de 1916, Archivo Hearst.

malacates aztecas; es decir, discos decorados con símbolos ancestrales que eran utilizados para hilar el algodón. Zelia estaba orgullosa de su colección: "No hay otra así de representativa y bien clasificada", le explicó a Edward Gifford, quien más tarde se convertiría en el director del Museo de Antropología de la Universidad de California. "Me tomó años formarla con las piezas que encontré y seleccioné entre los miles de malacates que diferentes vendedores, indígenas y coleccionistas me han ofrecido. A veces, tenía frente a mí cientos de malacates, pero elegía sólo uno o dos del suficiente valor para ser parte de la colección, la cual pretende además tener especímenes de diversas técnicas y decorados".[15] Al final, Hearst accedió a comprar la colección, para donarla al museo de la universidad en Berkeley. Zelia le escribió a su amiga para agradecerle: "[tu] solidaridad y amistad me animan y consuelan […]. Además, el hecho de que compraras mi colección representa la mayor ayuda posible para mí en este momento, pues me permitirá atender mi salud y hacer muchas otras cosas, incluso por los demás".[16] Hearst también le prestó 300 dólares.

Phoebe Hearst era una amiga generosa: no conforme con lo anterior, hizo arreglos para que su amiga hiciera un viaje a Alaska. Quería levantarle el ánimo. Zelia fue muy al norte, hasta Fort Yukón. Era pleno verano, y "la vista espléndida del sol de medianoche" la emocionó.[17] Muchos meses después, de nuevo con ayuda de Hearst, Zelia navegó hacia Hawái con un grupo de amigos, siguiendo el rastro del capitán James Cook, cuyo viaje a finales de la década de 1770 había alterado de manera tan fundamental la historia del archipiélago. Tenía planes para pasar "cuatro días cerca del lugar donde el capitán Cook fue primero venerado como si se tratara de un dios, y luego asesinado por los

[15]   Zelia Nuttall a Edward Gifford, 20 de noviembre de 1918, Colección Parmenter.
[16]   Zelia Nuttall a Hearst, 12 de diciembre de 1915.
[17]   Zelia Nuttall a Phoebe Apperson Hearst, 26 de junio de 1916, Archivo Hearst.

nativos. Quiero fotografiar el templo y el lugar donde murió, para escribir sobre eso y sobre su monumento", le escribió a su patrocinadora.[18]

Zelia esperaba poder ir a Japón para "ver los cerezos en flor y las glicinas", y solicitó un préstamo adicional para cubrir sus gastos. Pensaba que sería una lástima no aprovechar el hecho de estar tan cerca del país asiático. De hecho, pensaba que ésa sería quizá su "última y única oportunidad" de ver Japón.[19] Estaba profundamente agradecida con Hearst por permitirle continuar con su vida errante, tal y como lo muestra una carta, enviada "no sólo con mi amoroso agradecimiento por todo lo que has hecho para animarme y ayudarme, sino también con mis fervientes deseos de que toda la felicidad que esparces a tu alrededor se refleje de vuelta sobre ti con mayor luz y calidez, y llene de alegría tu corazón".[20]

El dinero, la familia y la salud no eran sus únicas preocupaciones en aquellos años: Zelia vivía en un estado permanente de ansiedad por lo que ocurría en México y de preocupación por la Casa Alvarado, por sus empleados, don Antonio y doña Teresita, y por sus amistades mexicanas. Zelia deseaba ayudar de alguna manera a proteger a las víctimas más desamparadas de la Revolución. Le dijo a Phoebe que había escrito una carta a otra amiga, con la intención de que se la hiciera llegar al presidente Wilson. En ella planteaba "mi sugerencia de que se enviara ayuda a las mujeres y niños de México como un regalo de parte de las mujeres y niños de Estados Unidos. Ella tiene mucho deseo de hacer lo que pueda para llevarla a cabo, pero debe esperar la decisión del presidente (que probablemente se mantendrá indeciso)".[21] Y en efecto, la idea no llegó a concretarse. A la vez, la Primera Guerra Mundial estaba destrozando los países europeos en los

[18] Zelia Nuttall a Phoebe Apperson Hearst, 20 de enero de 1917, Archivo Hearst.
[19] Zelia Nuttall a Hearst, 20 de enero de 1917.
[20] Zelia Nuttall a Phoebe Apperson Hearst, 24 [?] de diciembre de 1916, Archivo Hearst.
[21] Zelia Nuttall a Phoebe Apperson Hearst, 16 de mayo de 1916, Archivo Hearst.

que había vivido durante muchos años —Alemania, el Reino Unido e Italia—, y vivía preocupada por Nadine y sus nietos, quienes estaban ahora en Inglaterra con George, el hermano de Zelia, y su familia. Recientemente, se les había unido su hermana Roberta, quien había salido de Alemania al comenzar la guerra.

Por si fuera poco, el mentor que había impulsado la carrera de Zelia y la había apoyado en las buenas y en las malas durante treinta años, ese que siempre estuvo dispuesto a brindarle consejos, apoyo y orientación, murió en agosto de 1916. Desde la invitación para leer su primer trabajo en una reunión profesional hasta el patrocinio de sus publicaciones, el impulso de su liderazgo en la Universidad de California y la celebración de sus descubrimientos, Frederic Ward Putnam había sido un amigo y defensor constante. Además, tuvo siempre un oído comprensivo para los retos y sinsabores personales de Zelia, incluso en sus momentos más imperiosos o de mayor procrastinación. Él mismo un ícono de una época —ahora en declive— en la que era posible ser un académico independiente, le hizo más suave a su discípula el camino en una profesión dominada por hombres, impulsó la carrera de muchas personas y animó a muchas mujeres a perseguir su interés por la antropología.

La muerte de Frederic Putnam fue un golpe terrible para Zelia, quien le envió un telegrama a Frances Mead, del Museo Peabody de Arqueología y Etnología de la Universidad de Harvard, para decirle que estaba "en duelo profundo" por esa "pérdida irreparable".[22]

*

Entristecida por la desintegración del mundo a su alrededor, Zelia ansiaba con desesperación regresar a México. Pensaba que

22   Zelia Nuttall a Frances Mead, 16 de agosto de 1915, Colección Parmenter.

en su mansión de Coyoacán se sentiría en casa y estaría más tranquila. El costo de la vida sería menor allí, tendría sus libros y sus notas cerca de ella, y Teresita atendería sus necesidades. A mediados de 1917, durante una pausa en la violencia y el caos que se habían apoderado de su país adoptivo, salió sola de San Francisco. Requirió mucho valor para hacerlo.

Los vínculos entre México y Estados Unidos se habían deteriorado significativamente desde que Zelia se fue en 1911 dejando atrás su nueva vida mexicana. La respuesta estadounidense ante la Revolución había sido intrusiva y caprichosa, al menos a ojos de los mexicanos: la intervención del país del norte, siempre mediada por sus propios intereses comerciales, se mantuvo constante durante el conflicto armado, mientras iba reconociendo o negando la legitimidad de los sucesivos gobiernos emanados de la Revolución. La intromisión en los asuntos de México fue particularmente intensa bajo el gobierno del presidente Wilson, quien combinaba una altiva moralización con una profunda fe en la virtud de la propiedad privada.[23] Sus embajadores adoptaron con entusiasmo las aún vigentes doctrinas de la "diplomacia del dólar", promovidas por administraciones anteriores.

El 9 de abril de 1914, marinos estadounidenses fueron detenidos por el ejército mexicano. El 21 de abril, el presidente Wilson usó el incidente como pretexto para ordenar el bombardeo de Veracruz y el desembarco de marines en la ciudad portuaria. En los días siguientes, varios cientos de soldados y civiles mexicanos fueron asesinados.[24] Circularon rumores de que el ejército estadounidense marcharía sobre la Ciudad de México, como lo había hecho en 1847, pero resultaron falsos. Sin embargo, la marina de Estados Unidos sí ocupó Veracruz hasta noviembre de 1914. La pérdida de ingresos aduaneros resultante del embargo

[23] Hart, *Empire and Revolution*, capítulo 3. [Hay edición en español: *Imperio y Revolución. Estadounidenses en México desde la Guerra Civil hasta finales del siglo XX*, Enrique Mercado, trad., Ciudad de México, Océano, 2010].

[24] Hart, *Empire and Revolution*, 305-312.

de ese puerto tan importante fue un factor decisivo en la caída del presidente Victoriano Huerta. Un poco más tarde, en 1916, cuando el ejército estadounidense envió a territorio mexicano una expedición comandada por el general John J. Pershing en persecución de Pancho Villa, ambos países estuvieron al borde de una declaración de guerra. Y ello bien podría haber ocurrido, de no ser porque Estados Unidos entró en la Primera Guerra Mundial a inicios de 1917.

Según la esposa de un diplomático, una oleada de sentimiento antiestadounidense recorría México. "¡Muerte a los gringos!", se gritaba en las calles y se pintaba en los muros.[25] En Estados Unidos, los temores de que México decidiera nacionalizar sus recursos —sobre todo el petróleo— avivaron el miedo al comunismo. Las empresas estadounidenses con inversiones en el país vecino instaron a su gobierno a mantenerse firme contra las fuerzas radicales. La preocupación aumentó aún más cuando el gobierno estadounidense se enteró de un telegrama del ministro alemán de Asuntos Exteriores, Arthur Zimmermann, quien buscaba que México se aliara con ellos en su guerra contra los Aliados.[26] A cambio de su apoyo, los alemanes le ofrecieron a México la restitución de las tierras en Arizona, Nuevo México y Texas que se habían perdido durante la guerra mexicano-estadounidense.

Zelia tuvo la suerte de llegar sana y salva a la Casa Alvarado el 1 de junio de 1917. Estaba cansada pero ilesa, y se encontró con un país muy distinto del que había dejado. En febrero de ese año, el Congreso Constituyente, reunido en Querétaro, había aprobado ya la nueva carta magna que reescribía de manera fundamental el contrato social entre el Estado mexicano y sus ciudadanos. Limitaba el poder de la Iglesia, prometía educación gratuita y laica para todos, revocaba la política vigente hasta entonces sobre la

[25] O'Shaughnessy, *A Diplomat's Wife in Mexico*, 305.
[26] Para el relato completo de este episodio de la Primera Guerra Mundial, véase Tuchman, *The Zimmermann Telegram*.

tenencia de la tierra y daba inicio a una profunda reforma agraria. Además, le abría la puerta a la expropiación de bienes extranjeros y otorgaba nuevos derechos a los trabajadores, incluido el de sindicalizarse. Una nueva realidad comenzaba a tomar forma, cohesionada en torno a una ideología nacionalista profundamente desconfiada del capital extranjero —especialmente del estadounidense— y hostil hacia las élites. La "mexicanidad" fue redefinida en términos de lo que significaba ser ciudadano de una nación renacida, un enfoque muy distinto del mosaico elitista de cultura francesa y mitología azteca que había caracterizado al gobierno del presidente Porfirio Díaz. México estaba experimentando una verdadera revolución social, si bien la violencia persistiría hasta 1920, derribando líderes sucesivos y debilitando las promesas constitucionales. Dos millones de personas perdieron la vida durante los diez años que duró la Revolución, y la infraestructura del país quedó prácticamente en ruinas. E incluso después del fin de la violencia general, la agitación estallaría esporádicamente hasta finales de los años veinte.

Era una época inestable, pero Zelia fue recibida amorosamente por don Antonio y doña Teresita. Se sentía bien volver a casa y estar rodeada por sus libros y sus flores. "Fue tan extraño, tras una ausencia de seis años y medio, abrir los cajones de mi escritorio y encontrar los manuscritos exactamente como los había dejado, clamando por ser retomados. Siento que es mi *deber* terminarlos y trataré de hacerlo, pase lo que pase", le dijo a Phoebe Hearst. Estaba profundamente agradecida con Teresita. "No sé qué haría sin su devoción e inteligencia para ayudarme a mantener este lugar", agregó Zelia. La Casa Alvarado era un refugio: no estaba segura de si "alguna vez tendría el valor de dejarla de nuevo para salir al frío mundo".[27]

No obstante, y a pesar de sus propósitos, comenzó a costarle mucho trabajo retomar su riguroso horario de investigación.

[27]   Zelia Nuttall a Hearst, 4 de febrero de 1918.

Intentaba concentrarse en su artículo sobre Francisco Cervantes de Salazar, pero se le hacía muy pesado, y seguía sin lograr ningún avance del tan esperado segundo volumen del Códice Magliabechiano. Su demora terminó por agotar la paciencia de Alfred Kroeber, así que la Universidad de California ya no se comprometía a publicar la obra. Zelia le dijo a Phoebe Hearst que estaba tratando de preparar "una publicación breve de carácter oportuno y popular", la cual estaba casi lista, "pero no tengo el corazón puesto en ello y me parece sumamente dudoso que tenga éxito, incluso si logro conseguir un editor".[28] Puede advertirse lo disminuida que estaba Zelia por ese entonces.

Su bajo estado de ánimo era comprensible. Mientras la Primera Guerra Mundial entraba en su tercer año, el mundo era un lugar oscuro. "Las condiciones han sido tan inestables que todo aquí parece en pausa", le escribió Zelia a su amiga Alice Eastwood. "Estamos viviendo en un país en erupción inminente, y quién sabe lo que pueda pasar en cualquier momento. Sin embargo, hasta ahora he vivido en paz y tranquilidad dentro de mis muros".[29]

Los nuevos impuestos hicieron que Zelia se cuestionara si debía cancelar el servicio telefónico y la luz eléctrica para ahorrar dinero. Al final decidió que no, pues "no sería seguro hacerlo en estos tiempos tan inestables".[30] Phoebe Hearst le envió dinero para ayudarla a pagar las cuentas, pero la vida seguía siendo difícil.[31] Zelia no podía evitar sentir nostalgia por los tiempos pasados. Después del armisticio de Compiègne, a principios de noviembre de 1918, le escribió a Phoebe:

[28]   Zelia Nuttall a Hearst, 4 de febrero de 1918. Es probable que Zelia estuviera describiendo su esfuerzo por escribir, como le había sugerido su familia durante su tiempo en San Francisco, un relato popular sobre sus aventuras, para ganar dinero con su publicación.

[29]   Zelia Nuttall a Alice Eastwood, 22 de mayo de 1919, Colección Parmenter.

[30]   Zelia Nuttall a Hearst, 4 de febrero de 1918.

[31]   Zelia Nuttall a Phoebe Apperson Hearst, 1 [?] de abril de 1918, Archivo Hearst.

Las condiciones aquí están peor que nunca, pero, después de todo, mejor de lo que están ahora mismo en buena parte del mundo [...]. Lo único que nos queda es hacernos a la idea de todos los cambios asombrosos que están ocurriendo, aunque el futuro se vea tan oscuro que no se pueda celebrar ninguna victoria con el entusiasmo con que lo haríamos si no tuviéramos delante tantos problemas y de tal magnitud. ¿No es una bendición que la mayor parte de nuestras vidas haya transcurrido en tiempos en los que el mundo era un lugar agradable para vivir? Es bueno que tengamos tantos recuerdos hermosos a donde volver la vista.[32]

Le iba ser difícil escapar a la depresión que se había cernido sobre ella desde San Francisco. El mundo que había conocido ya no existía, y la violencia e inseguridad de la Revolución mexicana continuaban acechando tras su puerta.

Zelia sabía lo privilegiada que era de poder vivir "en absoluta comodidad con un gasto mínimo"; sin embargo, según le confesó a su hermano George y a su cuñada Paula, era cada vez más difícil "llegar a fin de mes, pues se han duplicado mis impuestos y todo cuesta mucho más que antes".[33] Zelia tenía la esperanza de que la venta de su propiedad en San Francisco le permitiera no sólo dejar atrás esas preocupaciones, sino también ayudar más a Nadine. En la Casa Alvarado, don Antonio cultivaba frijoles, maíz y otros alimentos para el consumo doméstico, mientras Zelia seguía esperando a que se resolvieran los asuntos relacionados con la herencia de su abuelastra, un proceso que se alargaba sin fin. Finalmente, recibió 33 000 dólares del patrimonio, cantidad que, si bien fue un respiro, tampoco la liberó de sus preocupaciones económicas —tanto así que estaba intentando vender el huerto contiguo al jardín de la Casa Alvarado—. El

[32] Zelia Nuttall a Phoebe Apperson Hearst, 3 de diciembre de 1918, Archivo Hearst.
[33] Zelia Nuttall a George y Paula Nuttall, 18 de noviembre de 1919, Colección Parmenter.

futuro no parecía prometedor, y la rodeaban señales ominosas. "El viejo Popo ha estado lanzando fumarolas y comportándose de manera un tanto extraña. Van dos temblores en una semana", le informó a George.[34]

En resumen, Zelia se encontraba francamente desanimada. Putnam, su gran mentor, había fallecido, y aunque seguía teniendo una relación formal con la Universidad de Harvard y mantenía correspondencia con Alfred Tozzer, ya no era lo mismo.[35] El mundo que ella había amado había desaparecido y, a pesar de la fama que le había traído la Exposición Universal de San Francisco de 1915, su casa en Coyoacán era ahora el refugio de una mujer arruinada, enferma y aterrorizada ante el nuevo estado del mundo.

*

Durante esta época oscura, el jardín de Zelia le dio nuevas energías para investigar y escribir. "Mi jardín es una fuente constante de placer, y además de mi trabajo histórico y arqueológico, he estado haciendo algunas investigaciones sobre botánica", le escribió a Alice Eastwood, quien estaba armando, para su estudio, una colección de plantas en la Academia de Ciencias de California.[36] Zelia decía que su jardín —donde plantó salvia, tomillo, menta, albahaca, romero, hinojo, lavanda y otras plantas aromáticas y medicinales— parecía sacado de la época isabelina. "Para recuperarme de la pesadilla de la guerra y las espantosas condiciones actuales, los estudios sobre la naturaleza están siendo un remedio increíble", le dijo en una carta a Barton Evermann, de la Academia de Ciencias de California, en agosto de

---

[34] Zelia Nuttall a George Nuttall, 24 de abril de 1920, Colección Parmenter.
[35] Zelia siguió teniendo su título de asistente especial de arqueología mexicana de Harvard hasta su muerte en 1933. Su estatus en la Universidad de California, en cambio, se volvió más bien ambiguo en la década de 1910.
[36] Zelia Nuttall a Eastwood, 22 de mayo de 1919.

1919. "Mi jardín, mis flores y mis experimentos en horticultura —sin mencionar el glorioso paisaje y el cielo de este valle— han sido un gran consuelo durante los dos años que han pasado desde que regresé a mi casa, uno de los rincones más seguros y tranquilos de esta república turbulenta".[37]

El jardín de Zelia se convirtió, así, en el laboratorio de su investigación. Desde su juventud, cuando dibujaba y prensaba flores e intercambiaba variedades de plantas con su padre, había mostrado un gran interés en observar y clasificar el mundo natural. Ahora, en su temprana vejez y con la ayuda de su jardinero, don Antonio, se dedicó a recuperar semillas de cultivos mesoamericanos anteriores a la llegada de Colón, las sembró y cosechó, e identificó sus propiedades decorativas, culinarias y medicinales. Animaba a doña Teresita a cocinar con productos del huerto y estudiaba lo que los aztecas sabían sobre horticultura.

Ese interés por su jardín fue lo que finalmente animó a Zelia a salir de los seguros confines de la Casa Alvarado. Con cautela, comenzó a explorar los mercados de la ciudad en busca de alimentos tradicionales mexicanos. Como si fuera una continuación de su trabajo como antropóloga, estudiaba ahora los "artefactos" de la comida tradicional. En 1918, luego de una de sus excursiones culinarias, le escribió al científico agrícola William Edwin Safford: "Esta mañana estuve en el mercado de Xochimilco y compré buenos manojos de huauhtli en botón, que se come como verdura. Las espigas se lavan y se sumergen en una mezcla de huevo, harina y queso rallado, y luego se fríen en manteca. Para comerlas, la costumbre es tomar varias espigas por el tallo y pasarlas por los dientes, para desprender así los sabrosos brotes verdes [...] que forman gruesos racimos [...] llamados huauzontles".[38] Le gustaba mucho el sabor de esa planta que combinaba "las propiedades de un cereal y una verdura, y

---

[37]   Zelia Nuttall a Barton Evermann, 8 de agosto de 1919, Colección Parmenter.
[38]   Zelia Nuttall, citado en Safford, *Chenopodium nuttalliae*, 525.

proporciona una comida sustanciosa", consumida por los mexicanos desde los días de gloria del Imperio azteca. Además de
describir la planta con detalle, envió a Safford muestras y fotografías. Él quedó encantado y pronto anunció que una "distinguida arqueóloga, autoridad en historia y etnología mexicanas",
había identificado una nueva especie de planta.[39] La nombró
Chenopodium nuttalliae en su honor. Zelia había investigado en
incontables bibliotecas y museos; ahora encontraba una alegría
similar en los puestos del mercado.

El jardín amurallado de la Casa Alvarado le permitió a Zelia
hacer incursiones en otro aspecto de la vida azteca. Puso manos
a la obra, y en febrero de 1920, la revista de una sociedad científica mexicana publicó su detallada descripción de los jardines del
México prehispánico. Al igual que sus publicaciones anteriores,
este artículo mostraba un profundo conocimiento de las fuentes
ancestrales, y era notablemente claro y preciso. La escritura de
Zelia les dio vida a los paisajes, las fragancias, los sonidos y la
creatividad del pasado, conforme recuperaba las voces de quienes habían paseado entre las flores, los árboles, las fuentes y los
estanques que adornaban los vastos jardines de recreo de los reyes aztecas. El artículo dejaba ver lo mucho que Zelia admiraba
a los aztecas y sus logros culturales.

En náhuatl existe una gran variedad de términos para los diversos tipos de jardines: de flores, amurallados, para pasear, flotantes, elevados, para cazar, para meditar, para sembrar cultivos,
etcétera, cada uno con su propio nombre, y con una ubicación y
un propósito específicos. Los aztecas conocían a fondo sus plantas, y, según el artículo de Zelia, ni los persas, ni los romanos, ni
otros amantes de los jardines del mundo antiguo podrían supe-
rarlos en eso.

En una carta de 1520 dirigida al emperador Carlos V, Hernán Cortés describió el mundo cultivado que había encontrado.

[39] Safford, *"Chenopodium nuttalliae"*, 523.

En lo que Zelia reconoció como "la descripción más detallada de un jardín nativo", Cortés ofreció una imagen verbal de los jardines de Iztapalapa, que habían proporcionado placer a los gobernantes de esa ciudad: "Tiene el señor de Iztapalapa jardines muy frescos de muchos árboles y flores olorosas; asimismo albercas de agua dulce, muy bien labradas con escaleras hasta lo fondo".[40] Cortés escribió que había, en esos jardines y sus inmediaciones, corredores, miradores, muros de piedra finamente labrados, peces y aves acuáticas en abundancia. Algunos de los senderos empedrados que serpenteaban entre esa belleza eran lo bastante anchos como para que caminaran cuatro personas.

En 1522 Cortés le escribió nuevamente al emperador informando sobre Oaxtepec ("Huaxtepec"), donde encontró una huerta, "la mayor y más hermosa y fresca que nunca se vio".[41] Medía dos leguas de circunferencia y se detuvo en numerosos lugares para admirar árboles cargados de distintas frutas, muchas de ellas desconocidas. Era, según escribió Bernal Díaz del Castillo, un jardín digno de un "gran Príncipe".[42] En esos y otros documentos, Zelia halló registros de otros jardines en lugares con nombres igualmente musicales: Chapultepec, Cholula, Coyoacán, Texcoco y Tlatelolco. Zelia escudriñó los relatos y crónicas en busca de evidencia sobre cómo eran esos antiguos parques de recreo, bosques y campos, y qué se cultivaba en ellos. A veces,

[40] Hernán Cortés, citado en Nuttall, *Los jardines del antiguo México*, 194 [La cita original de Cortés es un poco diferente: está describiendo las casas que el señor de Iztapalapa ha mandado recientemente construir, y son ellas, las casas —al menos gramaticalmente—, las que "tienen muchos cuartos altos y bajos, jardines muy frescos", etcétera. Nuttall conserva, en su transcripción, la ortografía de "fondo" (es decir, 'hondo', antes de la desaparición gráfica de esa "f" inicial que estaba en proceso de convertirse en una aspirada, y luego en muda), pero no de "fasta" ('hasta'), también usada por Cortés. Consultamos la edición de las *Cartas de relación* preparada por Ángel Delgado para Castalia (Madrid, 1993). La cita, perteneciente a la "Segunda relación", está en la página 206 (n. de los trads.)].

[41] Hernán Cortés, citado en Nuttall, *Los jardines del antiguo México*, 199 [p. 353 de la edición española, en donde se lee "fermosa" (n. de los trads.)].

[42] Bernal Díaz del Castillo, citado en Nuttall, *Los jardines del antiguo México*, 199.

junto con las descripciones de los jardines, aparecían referencias a peces, aves y otros animales.

Como se ha visto ya, Zelia recurrió, entre otros, al testimonio de Bernal Díaz del Castillo. Según su *Historia verdadera...*, los jardines de Iztapalapa eran de una belleza casi imposible de asimilar, con su "diversidad de árboles y los olores que cada uno tenía, y andenes llenos de rosas y flores, y muchos frutales, y rosales de la tierra, y un estanque de agua dulce; y otra cosa de ver, que podrían entrar en el vergel grandes canoas desde la laguna por una abertura que tenía hecha".[43] Había, allí y en otras ciudades, grandes jardines pensados para pasear, y otros llenos de plantas y hierbas medicinales. Por ejemplo, la huerta de Oaxtepec, cuyas vistas y fragancias eran de tal magnificencia "que Cortés y el tesorero Alderete, desque entonces la vieron y pasearon algo en ella, se admiraron y dixeron que mejor cosa de huerta no habían visto en Castilla", como dijo el propio Bernal.[44] El cronista español escribió también sobre canales donde grandes canoas navegaban entre flores y piedras pintadas, y sobre las muchas aves hermosas que se podían encontrar por cualquier lugar.

Décadas después, Francisco Cervantes de Salazar, el "erudito" novohispano "que obtuvo su información de las fuentes más dignas de crédito" para la redacción de su *Crónica de la Nueva España*,[45] hablaría también sobre los jardines señoriales aztecas. Allí, dice el historiador, los aromas celestiales llenaban el aire, especialmente por la mañana y al atardecer. También documentó el cultivo de plantas medicinales y hierbas que se usaban como remedio para muchas dolencias. Moctezuma, explicó, fomentaba en sus médicos la experimentación con diversas

---

[43]   Bernal Díaz del Castillo, citado en Nuttall, *Los jardines del antiguo México*, 194. [*Historia verdadera...*, Instituto "Gonzalo Fernández de Oviedo", 1982, cap. LXXXVII, p. 176].

[44]   Bernal Díaz del Castillo, citado en Nuttall, *Los jardines del antiguo México*, 199. [*Historia verdadera...*, Instituto "Gonzalo Fernández de Oviedo", 1982, cap. CXLIV, p. 349].

[45]   Nuttall, *Los jardines del antiguo México*, 195.

plantas y les mandaba que curaran a los "caballeros de su corte" con aquellas que conocieran mejor.[46] Incluso mientras los españoles lo tenían cautivo, este gobernante azteca tenía permitido pasear entre jardines y bosques, con sus arroyos, estanques, fuentes, lagos y observatorios, a menudo acompañado de altos funcionarios del ya condenado reino. Los "jardines de placer" de Moctezuma, con mil variedades de flores, estaban reservados exclusivamente para el ocio (los campos destinados a la producción de alimentos se ubicaban en otros lugares). Algunos de esos jardines eran cultivados en las altas montañas, alrededor de las casas de campo del emperador, desde las cuales salía de cacería —de peces, venados, liebres, zorros, coyotes y lobos—. Asimismo, durante el tiempo que pasaba allí, Moctezuma tenía la obligación —como sacerdote, además de emperador— de levantarse a medianoche para estudiar el cielo. "Sin duda, desde sus altas montañas cubiertas de jardines, los antiguos astrónomos, sacerdotes y gobernantes de México contemplaban el firmamento", observando los planetas, especialmente Venus, al que honraban con un "solemne festival".[47]

Algunos historiadores indígenas dejaron testimonio sobre cómo el antiguo rey de Texcoco, Nezahualcóyotl —legislador, guerrero, poeta, filósofo, gran jardinero y conservacionista—, impuso límites a la cantidad y variedades de árboles que podían cortarse de los bosques.[48] En sus jardines, mandó construir enormes estanques, medidos con precisión matemática, terrazas con vistas panorámicas de Tenochtitlan y las montañas

---

[46] Francisco Cervantes de Salazar, citado en Nuttall, *Los jardines del antiguo México*, 195. [*Crónica de la Nueva España*, libro IV, capítulo 12, p. 294 de la edición clásica española publicada por la Hispanic Society of America en Madrid, 1914].

[47] Nuttall, *Los jardines del antiguo México*, 195.

[48] Nuttall, *Los jardines del antiguo México* data la vida de Nezahualcóyotl entre 1403-1474; otras fuentes proponen 1402-1472. Para mayor información sobre este celebrado rey precolombino, Zelia recomendaba a sus lectores consultar las obras de Prescott (*Historia de la conquista de México*) y Bancroft (*The Works of Hubert Howe Bancroft*).

circundantes, y cascadas extraordinarias que replicaban la sensación de la lluvia. Los historiadores nativos hablaban de conciertos musicales al aire libre en los que se invitaba a los huéspedes reales a deleitar todos sus sentidos. Medio siglo más tarde, artistas españoles trabajaban en su legendario jardín, dibujando plantas medicinales desconocidas en otras partes.

Zelia cita en su artículo a sacerdotes españoles y conquistadores tempranos, así como a escritores más recientes —un diplomático estadounidense, antropólogos ingleses, historiadores, viajeros— que describieron una vasta plantación de ahuehuetes en Texcoco y otras maravillas. Brantz Mayer, abogado estadounidense que trabajaba como diplomático en México, describió una "doble fila de ahuehuetes gigantes", quizás quinientos, dispuestos de manera que señalaban hacia el norte, el este, el sur y el oeste.[49] En otros lugares, se habían hecho plantaciones similares, aunque siguiendo un trazado cuadrado o circular.

Zelia claramente dominaba el tema. Gracias a la consulta de mapas del siglo XVI, ubicó los jardines y visitó ruinas arqueológicas para corroborar las descripciones de los textos antiguos. El artículo abunda, así, en detalles sobre la ingeniosa construcción de muros, acueductos, fuentes y estanques que parecían desafiar la gravedad en un terreno montañoso. Luego de su visita más reciente al cerro de Texcotzingo, el hallazgo de una pieza decorada le recordó, nos cuenta, a "las gentiles mujeres texcocanas que compartieron la vida del poeta y que con él gozaron de este paraíso terrestre, con sus hermosos paisajes, con los susurros de sus aguas, con los cánticos de los pájaros y con todos los encantos de los colores y de los perfumes de flores tropicales".[50] Los jardines habían sido prueba del poder y la importancia del rey de Texcoco, y fuentes documentales antiguas hablan de rituales sagrados llevados a cabo en ellos, en los que se honraba a los dioses de la tierra y se

[49] Brantz Mayer, citado en Nuttall, *Los jardines del antiguo México*, 203.
[50] Nuttall, *Los jardines del antiguo México*, 207.

rociaba la tierra con la sangre de animales ofrecidos en sacrificio.

Las fuentes antiguas también describen campos más prosaicos utilizados para cultivar frutas, cereales y hortalizas. En su artículo, Zelia cita a Cervantes de Salazar para respaldar la afirmación de que los campos de cultivo se mantenían, por órdenes de Moctezuma, alejados de los jardines de placer, puesto que el emperador pensaba que las huertas eran para el trabajo de "esclavos o mercaderes".[51] Zelia también identifica plantas y árboles medicinales, algunos de los cuales aún se utilizan en México, como la flor del corazón (magnolia mexicana), un remedio popular para problemas cardiacos que aún se encuentra en muchos mercados locales. Así, para que no quedaran dudas sobre la abundancia que tanto impresionó a los europeos, el artículo enumera muchas plantas que sólo se encontraban en el Nuevo Mundo, incluyendo sus nombres botánicos. Además, Zelia demostró a lo largo de sus páginas que en los jardines del centro de México había plantas de toda Mesoamérica, incluidas las tierras bajas tropicales. "En estos tiempos", escribió, cuando era ya difícil encontrar muchas de esas plantas endémicas en jardines públicos o privados, "es provechoso acordarse de los resultados maravillosos que los antiguos aficionados a la horticultura obtuvieron cuando se dedicaron exclusivamente a la propagación y cultivo de los árboles y plantas más notables de diversas regiones del país".[52]

Zelia pasa entonces a describir los métodos prehispánicos para construir jardines flotantes y chinampas. Sobre todo en ellas es que los antiguos mexicanos cultivaban "maíz, huautli, frijol, calabaza [...] y jitomate" —plantas que aún hoy se siembran y cosechan en Xochimilco—.[53] Según Zelia, el origen de las chinampas se remonta a la llegada misma de los nahuas al valle de Anáhuac: cuando estos pueblos migrantes decidieron

[51] Cervantes de Salazar, citado en Nuttall, *Los jardines del antiguo México*, 195. [*Crónica de la Nueva España*, libro IV, capítulo 12, p. 294].
[52] Nuttall, *Los jardines del antiguo México*, 207.
[53] *Ibidem*, 208.

asentarse en ese territorio demasiado salino para cultivar alimentos, trajeron tierra de lejos y construyeron las chinampas. Según los historiadores indígenas, fueron los sacerdotes, voceros de los dioses antiguos, quienes dieron las instrucciones sobre cómo construir, irrigar y cosechar los bancales. Tal fue la técnica agrícola que permitió a Tenochtitlan sostener una población numerosa y próspera. En esta publicación, como en sus trabajos anteriores, Zelia quiso enmendar ciertos registros históricos, al señalar los errores cometidos por otros autores, a quienes les reprochaba su falta de comprensión. De tal suerte, se aseguró de que sus lectores entendieran que las chinampas eran bancales elevados firmemente enraizados en el suelo e irrigados mediante canales, y no —como otros habían dicho— jardines flotantes. Estos últimos, nos dice, llegaron a construirse sobre pequeñas embarcaciones o canoas, pero no era una práctica común.

"Los jardines del antiguo México", publicado en México en 1920 —y luego también por la Institución Smithsoniana en 1922—, es un ejemplo prototípico del estilo de Zelia Nuttall. Profundamente informado, el texto retrocede hasta las historias de dioses y reyes anteriores a la Conquista, se adentra en las observaciones de los primeros europeos que presenciaron el Nuevo Mundo, y luego pasa a las evidencias dejadas en mapas y ruinas. Los comentarios de viajeros y estudiosos más recientes complementan sus propias observaciones y respaldan su conocimiento de las plantas, mientras exhibe su erudición y meticulosa labor académica. Zelia anhelaba el México más estable y elegante que tuvo la fortuna de disfrutar. Ahora, con esa misma nostalgia, describía también el exuberante estilo de vida de las élites en el México antiguo.

*

El jardín de Zelia le ofrecía consuelo y le servía de laboratorio para sus nuevos intereses, pero no pudo protegerla de un nuevo y duro golpe. Phoebe Apperson Hearst murió en la Hacienda del Pozo de Verona, en California, el 13 de abril de 1919, por complicaciones derivadas de la gran epidemia de influenza que siguió a la Primera Guerra Mundial. Su muerte, a los setenta y seis años, dejó a Zelia aún más devastada y sola. La llamada "gripe española" golpeó con fuerza en Estados Unidos, dejando tras de sí "ciudades de muertos", como escribió una de sus amigas.[54]

Zelia estaba tan triste y desorientada como no lo había estado desde su divorcio. Había logrado destacar en su trabajo, porque cumplía con su deber, viajaba incansablemente y sabía establecer relaciones con sus colegas que lideraban el campo de la antropología. Hasta la década de 1910, rara vez había tenido que adaptarse a los cambios del mundo, y a menudo se había beneficiado del espíritu de su tiempo. Pero eso había quedado atrás. Comenzaba una nueva era, y no estaba claro si Zelia estaba lista para recibirla. Le alarmó la fundación del Partido Comunista de México en 1919, pues pensaba que podría representar una doble amenaza —a su estilo de vida y a sus propiedades—. Cuando su hermano George le envió su fotografía, Zelia tomó conciencia del paso del tiempo, y de su propia edad: tenía ya sesenta y tres años.[55]

A Barton Evermann le confió su deseo de permanecer segura y resguardada en la Casa Alvarado: "A menudo pienso que nunca tendré el valor de dejarla ni de aventurarme nuevamente en el mundo".[56] Sin embargo, al final de una década marcada por la guerra y la pérdida, se vio obligada a enfrentar una nueva realidad —una que exigiría cambios en su vida y su trabajo, si es que quería seguir siendo relevante—. ¿Estaría a la altura del desafío?

---

[54] Rosalie Evans, citada en Henderson, *The Worm in the Wheat*, 67.
[55] Zelia Nuttall a George Nuttall, 29 de junio de 1920, Colección Parmenter.
[56] Zelia Nuttall a Evermann, 8 de agosto de 1919.

12. TÉ CON LAWRENCE

D. H. Lawrence tenía treinta y ocho años cuando conoció a Zelia Nuttall en el otoño de 1923; ella tenía sesenta y seis. Estaba vieja y era un tanto extraña, o al menos eso sugería su retrato como la señora Norris en *La serpiente emplumada*, la novela de Lawrence publicada en 1926: "La señora Norris era una anciana, bastante parecida a un conquistador con su vestido de seda negra, su pequeño chal negro de fina cachemira, con un corto fleco de seda, y sus adornos de esmalte negro".[1] Era, pues, una mujer imperial y sorprendentemente fea, parecida a un soldado español de antaño, pero con "ojos aztecas", como se dice más adelante en el libro.[2] Fue ella quien había invitado a la protagonista de la historia y a su primo a tomar el té en su casa, ubicada en el suburbio ficticio de Tacolula, en la Ciudad de México. Según la novela, en esa casa ("una casa maciza y muerta de los conquistadores"),

---

[1] Lawrence, *The Plumed Serpent*, 26. En la escena de la fiesta de té, se menciona repetidamente el "pequeño chal negro". [Como hemos hecho en otros casos similares, preferimos citar la obra de Lawrence según alguna traducción ya publicada en español. En este caso, *La serpiente emplumada*, Pilar Giralt, trad., Madrid, Bruguera, 1980, pp. 33-34; a partir de aquí ofrecemos entre corchetes y sin otra indicación la paginación de la edición española (n. de los trads.)].

[2] *Ibidem*, 34 [43]. Parmenter (*Lawrence in Oaxaca*, 285) sugiere que Lawrence tomó ese nombre para Coyoacán de un pequeño pueblo al sureste de la ciudad de Oaxaca.

"parecía reinar una fuerza o belleza pesada y muerta, incapaz de desvanecerse, incapaz deliberarse y descomponerse [...]. Y un silencio muerto, como la roca de lava negra, porosa y absorbente".[3]

La señora Norris —continúa el narrador— "tenía la cara ligeramente gris y la nariz afilada y morena, y su voz tenía un sonido casi metálico, con una música propia, lenta, clara y peculiar. Era arqueóloga y había estudiado las ruinas aztecas durante tanto tiempo que en su rostro se había grabado algo de la roca de lava gris negruzca y algunas de las experiencias de los ídolos aztecas, de nariz afilada, ojos algo prominentes y una expresión de fúnebre burla".

Para recibir a los recién llegados, había cruzado la terraza del patio superior, al final de "la escalera de piedra", en cuya parte más alta había "ídolos negros y polvorientas canastas nativas, escudos, flechas y [una] *tapa*, como [en] un museo".[4] Luego de la llegada de un par de invitados más, la señora Norris le propone a la comitiva tomar el té y, ajustándose el chal, los invita a seguirla a través de otra terraza, ésta llena de flores —rosas blancas, bugambilias y campanillas aterciopeladas del color inquietante de la sangre seca—, y luego por una veranda, donde el pequeño parapeto de un muro de piedra sostenía "objetos aztecas, cuchillos de obsidiana, ídolos en cuclillas hechos con lava negra, y un extraño bastón de piedra, bastante grueso".[5]

En el salón, "la mesa de té era redonda y el servicio, de plata brillante; la tetera recibía el calor de una pequeña llama, y había un adorno de adelfas rosas y blancas. El joven y pulcro criado repartía las tazas de té con guantes de algodón blanco. La señora Norris servía el té y cortaba grandes trozos de tarta".[6] Poco

---

[3] *Ibidem*, 26 [33].
[4] *Ibidem*, 26 [34]. Con "tapa" se refiere a telas hechas a base de corteza, usualmente decoradas, que colgaban de las paredes o se usaban de tapete.
[5] *Ibidem*, 33 [41].
[6] *Ibidem*, 35 [43]. Muchos invitados de Zelia recordarían después a sus empleados con guantes blancos, lo que les parecía incongruente con el entorno. Véase Jean Charlot a Ross Parmenter, 9 de marzo de 1974, Colección Parmenter.

después, la anfitriona —quien usaba quevedos y se los ajustaba con frecuencia— invita a sus invitados a probar los pastelillos con ajonjolí que preparaba su cocinera, quien estaba orgullosa de su receta mexicana. A pesar de haber "curioseado toda su vida en torno a las duras piedras de los restos arqueológicos", tenía "un fuerte sentido de humanidad y una visión algo humorística y fantástica de sus semejantes". La protagonista de la novela, Kate, cansada de "la masa de gente", apreciaba que la señora Norris fuera una de los "pocos individuos" en el mundo.[7] Era una anfitriona experimentada y sabía mover, con toda cortesía, las conversaciones ríspidas a terrenos más seguros.

Sin embargo, el té y la tertulia de los domingos no eran para los cobardes: "La señora Norris ponía siempre nerviosos a sus invitados, como si fueran cautivos y ella la capitana que los había capturado. Gozaba de la situación, y presidía la mesa autoritaria y arqueológicamente". La conversación iba de un tema a otro. En algún momento, ella misma narra cómo se había caído en la calle, sin que nadie acudiera en su ayuda: éste era el nuevo México. Cuánto añoraba el antiguo: "¡Ah, si lo hubiera conocido antes! ¡México antes de la revolución!".[8] ¿Y qué del nuevo presidente? Esperaba que le dieran la oportunidad de gobernar, pero lo dudaba; el país necesitaba mano firme y él no la tenía. Además, según uno de los invitados, no podía contar con el respaldo del ejército.

No quedaba duda: la señora Norris tenía pocas expectativas para el presente y el futuro: "Ya se han ido casi todas las personas que tenían otro lugar adonde ir [...]. Los que tenemos nuestras propiedades aquí, y también nuestra vida, y conocemos el país, nos quedamos por una especie de tenacidad. Pero sabemos que no hay solución. Cuanto más cambia, más

7   *Ibidem*, 27 [34]. Parmenter ("Zelia Nuttall and the Recovery of Mexico's Past", 1164) sugiere que Kate está inspirada tanto en D. H. Lawrence como en su esposa, Frieda.
8   *Ibidem*, 35, 28 [43, 35].

empeora".[9] Las tinieblas, la oscuridad y la penumbra parecían reinar a su alrededor.

Después del té, era momento para dar un *tour* por el jardín, parte obligatoria de la visita a su "vieja y pretenciosa casa":

> Caía la tarde. El jardín se hallaba algo elevado, bajo los enormes y sombríos árboles y la casa rojiza y amarilla. Era como estar en un perfumado jardín del fondo de los Infiernos. Las flores del hibisco, escarlatas, sacaban sus lenguas amarillas y rugosas. Algunas rosas esparcían pétalos a la luz del crepúsculo, y claveles de aspecto solitario pendían de débiles tallos. De un denso y enorme arbusto colgaban las misteriosas campanillas blancas de la datura, grandes y mudas, como los mismos fantasmas del sonido. Y la fragancia de la datura se extendía, fuerte y silenciosa, en torno al arbusto y hacia las pequeñas avenidas.[10]

En el retrato de Lawrence, la señora Norris, su casa y su jardín estaban impregnados de muerte, oscuridad y pasado, con su piedra volcánica, su chal, su recuerdo de tiempos más felices, sus dioses sombríos, su densidad de flores, sus opresivos abalorios, su vestido negro, sus quevedos. La dueña de la casa era cortés, pero de manera áspera. Exigía atención y estaba enraizada en una historia sombría. Ella y su mundo evocaban rituales antiguos y secretos oscuros de otro mundo, y se contraponían al cielo brillante de los días despejados en la Ciudad de México.

La señora Norris es un personaje menor en *La serpiente emplumada*. Su función es marcar un oscuro ritmo azteca y reunir a personas que quizá de otra forma no se hubieran conocido. Kate se siente atraída por otro de los invitados, don Ramón Carrasco —una versión ficcionalizada de Manuel Gamio, el protegido de Zelia, quien había emergido como líder del renovado entusiasmo

9   *Ibidem*, 32 [40].
10   *Ibidem*, 24, 38-39 [30, 48].

por las culturas indígenas—, y ambos se embarcan en una relación que terminará en un culto frenético a Quetzalcóatl. Mientras que Gamio se convertiría en un héroe de la izquierda, a don Ramón los seguidores de su religión inventada lo saludan con el brazo extendido. En el libro de Lawrence, la reunión en casa de la señora Norris resulta una inquietante introducción al drama de sombras y mitos que les aguarda a sus personajes.

*

Zelia se indignó cuando, en 1926, se publicó *La serpiente emplumada*. Según se cuenta, lanzó el libro al otro lado de la habitación y lo desterró de la Casa Alvarado: quedaba prohibido hablar de él. La descripción de la señora Norris, a su ver cruel y maliciosa, la hizo sentirse humillada. Ser retratada como indígena —incluso si se suponía que en su mirada se había impregnado algo de los antiguos aztecas, a quienes había dedicado tantas horas de estudio— le resultaba aborrecible. Sin embargo, años más tarde, su hija Nadine no pudo negar que Lawrence sí había captado algo de su madre en su prosa. "Su descripción de mi madre, si bien cruel, es muy ingeniosa y vívida, es casi una caricatura brillante".[11]

Un nutrido coro de quienes habían tomado el té, almorzado o cenado en la Casa Alvarado en los años veinte estaban de acuerdo. En los años sesenta y setenta, Ross Parmenter, quien entonces investigaba para su biografía de Zelia, les escribió a muchas de las personas que habían sido invitadas en la Casa Alvarado, para pedirles que le compartieran algún recuerdo de su anfitriona, quien entonces, a principios de la década del veinte, estaba ya en la "tercera edad". En la memoria de todos ellos, la mansión de Coyoacán estaba impresionantemente llena de cosas: muebles pesados —e incluso opresivos— de estilo colonial, y una vasta colección

---

[11] Nadine Nuttall Laughton a Ross Parmenter, 27 de febrero de 1961, Colección Parmenter.

Zelia Nutall, *ca.* 1932.

de artefactos de diversa procedencia. Aunque también abundaban las flores, y todos describían el jardín como un sitio de maravilla y deleite. Allí, mientras los adultos conversaban y tomaban el té, los niños tenían permitido jugar bajo la luz moteada.

Quienes alguna vez fueron invitados a la Casa Alvarado recordaban que Zelia era formidable. Era corpulenta, de mediana estatura, y usaba siempre botas de cordones, incluso con ropa formal. Imponente y a veces intimidante, parecía "un viejo ídolo sentado y erguido, como Gertrude Stein en el famoso retrato de Picasso".[12] Una fotografía de sus últimos años da esa impresión: una mujer robusta, de gafas y nariz prominente, juzgándote,

---

[12]   Elizabeth Lewis, citada en Parmenter, "Zelia Nuttall and the Recovery of Mexico's Past", 1057.

preguntándose qué podrías decir que le resulte interesante, respondiéndote a todo con brusquedad.

Zelia vestía mucho de negro en esa época, y más de una persona habló sobre la abundancia de encajes y collares. La afición por el encaje quizá fuera un gusto heredado. Magdalena Nuttall, su madre, coleccionaba encajes antiguos. Acabaría reuniendo mil sesenta y ocho piezas de diversas épocas: desde del siglo XVI hasta principios del XX, aunque la mayoría eran del XVIII y el XIX. Donó su colección al Museo Metropolitano de Arte en Nueva York, que presentó una exposición en 1908. Zelia asistió y le escribió a su madre, emocionada por ver la frase "La colección Nuttall" escrita en letras doradas sobre las puertas de las galerías.[13]

En los años veinte, el cabello de Zelia ya era gris plomo, y lo peinaba al estilo de antes de la guerra. Usaba vestidos con cuellos altos de corte eduardiano o gargantillas: se rehusaba a seguir la moda del momento. A menudo llevaba sombrilla y chal. Según una vecina, era "majestuosa, corpulenta, con muchos collares, cuellos altos, cabello encrespado y gruesas gafas".[14] Ignacio Bernal, quien tenía once años cuando visitó la Casa Alvarado, recordaba a "una viejecita, bajita y ancha […] vestida toda de negro, y con adornos colgantes por todas partes".[15] Isabella, su nieta, la recordaba vestida con ropa voluminosa, "más bien envolvente", y con "sus cuellos altos y sus gargantillas. No nos parecía muy hermosa que digamos".[16] Su nieto John se acordaba de su voz grave, como la descrita por Lawrence. "¡Definitivamente, no era lo que esperábamos de una abuela!", diría otra de sus nietas.[17]

Algunos de los testimonios revelan mucho también de las personas que le escribían a Parmenter. "Siempre pensé que la

[13]   Zelia Nuttall a Magdalena Nuttall, 25 de diciembre de 1908.
[14]   Peggy O'Gorman, citada en Parmenter, "Zelia Nuttall and the Recovery of Mexico's Past", 1165. O'Gorman, vecina de Zelia en Coyoacán, era hermana de Juan y Edmundo, los célebres pintor e historiador mexicanos.
[15]   Ignacio Bernal, citado en Parmenter, *ibidem*, 1128.
[16]   Christine Laughton, citada en Parmenter, *ibidem*, 1130.
[17]   Catherine Tilley, citada Parmenter, *ibidem*, 1131.

señora N. era parcialmente indígena, y su piel tan oscura era completamente mexicana. Para mí, era una mujer fea, sin distinción, mal vestida y sin sentido del humor", recordó una visitante frecuente de las tertulias dominicales de Zelia.[18] Su complexión era por lo general descrita como oscura, cetrina o sombría. Aquella visitante dijo también, de forma cruel, que tenía "cara de perro de cantina, unos pies enormes y planos, y un busto que sobresalía como el toldo de una tienda".[19]

La vejez rara vez es amable. En una fotografía tomada en sus cincuenta, Zelia resulta más atractiva: ya están allí el copete, el busto imponente, los collares de perlas o de cuentas oscuras colgando bajos, los quevedos. Pero también se deja ver allí la mujer inteligente y fascinante que fue. Pero incluso quienes la consideraban fea o desgarbada en su vejez se rendían ante su inteligencia y su porte majestuoso. "La señora Nuttall tenía una personalidad poderosa —era una persona muy fuerte—", recordaba un visitante, joven en aquellos tiempos. "Era el dragón de Coyoacán y teníamos que andar con mucho cuidado".[20] Tenía una "personalidad autoritaria", pero en parte por ello inspiraba en los demás comportamientos virtuosos: "Una se comportaba con sus mejores modales en su presencia".[21] Isabelle recordaba que cuando su abuela "entraba en una tienda, la gente corría a atenderla".[22] Tenía poca paciencia con quienes no eran lectores. Nadine sabía que era una decepción para su madre ("la osita de poco cerebro", le decía) porque no era intelectual.[23]

Zelia era una de esas extraordinarias y persistentes mujeres que suelen asociarse con la época victoriana. Una mujer apuntó que "era un personaje, no atemorizante, pero abrumador en

[18] Alice-Leone Moats, citada en Parmenter, *ibidem*, 1056.
[19] Alice-Leone Moats, citada en Parmenter, *ibidem*, 1056-1057.
[20] Dean Peacock, citado en Parmenter, *ibidem*, 1283.
[21] Marguerite von Rigal [sobrina de Zelia Nuttall], citada en Parmenter, *ibidem*, 1297.
[22] Isabelle Laughton, citada en Parmenter, *ibidem*, 1136.
[23] Nadine Nuttall Laughton, citada en Parmenter, *ibidem*, 1290-1291.

su majestuosidad".[24] "Recuerdo claramente lo mucho que me impresionó el hecho de que ella fuera una intelectual", escribió aquella amiga a quien le parecía espantoso su aspecto.[25] No obstante, algunos de sus invitados veían belleza en su inteligencia. "La Sra. Nuttall tenía una forma especial de entender a las personas, y recuerdo haberme sorprendido por su vivo y dedicado interés en los detalles de un libro sobre el cual discutió con uno de sus invitados mexicanos. Era una *grande dame* con mucha presencia, pero también con cierto encanto".[26] Otro la recordó "tan opulenta, como interesante y grácil [...]. Su presencia se mantiene vívida en mi recuerdo: cálida, vivaz y comunicativa. Le tenía aprecio".[27]

Los tés del domingo eran una clase de cómo dirigir un salón. "Recibía treinta o cuarenta personas, e iba cambiando los grupos que invitaba. A veces todos los invitados se conocían. Otras veces reunía a personas que quería presentar entre sí. No eran como las fiestas mexicanas al estilo antiguo, con las mujeres de un lado y los hombres de otro, sino que hombres y mujeres siempre estaban mezclados".[28]

Los invitados a menudo llevaban a otras personas a esas reuniones "en casa", para presentarles a Zelia. "Tomábamos el té en una sala alta y de luz tenue, llena de tesoros, mientras llegaban y llegaban invitados; algunos se sentaban a conversar en voz baja en otra habitación, donde una gran alfombra de oso polar blanco estaba tendida sobre el piso brillante", recordaba la escritora y periodista Marian Storm, quien por aquellos días vagaba por México en busca de un hogar.[29] Entre los invitados estaban también aquellos interesados en ver la colección de artefactos aztecas y documentos coloniales de la anfitriona. Frans Blom, el arqueólogo

[24]   Martha Whittlesey, citada en Parmenter, *ibidem*, 1457.
[25]   Alice-Leone Moats, citada en Parmenter, *ibidem*, 1056-1057.
[26]   Frederick Leighton, citado en Parmenter, *ibidem*, 1164.
[27]   Witter Bynner, citado en Parmenter, *ibidem*, 1164.
[28]   George Dashiel Camp, citado en Parmenter, *ibidem*, 1187.
[29]   Storm, *Prologue to Mexico*, 65.

danés, pidió ver las antigüedades del jardín. "Era la amabilidad en persona", recordaría años más tarde.

> No podría haber recibido mayor hospitalidad ni atención más amistosa que la que recibí de doña Zelia durante mis primeros y vacilantes días en México [...]. Todos los domingos por la tarde hacía reuniones a lo grande [...]. En aquellos tiempos, aún continuaba la Revolución, y parecía obligatorio que todos los diplomáticos extranjeros visitaran la Casa Alvarado. Eran reuniones formidables, que doña Zelia presidía con enorme dignidad. Era toda una reina.[30]

Fue después de esa visita que Blom estudiaría antropología en la Universidad de Harvard, y acabaría convirtiéndose en un experto de la cultura maya. Fue profesor en la Universidad de Tulane durante gran parte de su vida. Zelia y su jardín habían dejado huella.

Ya se ha dicho cómo en *La serpiente emplumada* aparece Manuel Gamio convertido en el personaje de don Ramón, quien participa en aquella tertulia dominical. Don Ramón, académico y arqueólogo, era "un hombre alto, robusto y guapo que daba la impresión de corpulencia. De edad mediana, llevaba unos grandes bigotes negros y tenía ojos altivos bajo cejas horizontales".[31] Los demás parecían pequeños a su lado. En la vida real, Gamio era alto y delgado, de modales elegantes y muy apuesto. Tenía un gran bigote, cuidadosamente arreglado. Entre sus muchos logros estaba el haber descubierto ciertos frisos de Quetzalcóatl, la serpiente emplumada, en Teotihuacan, así como haber aportado nueva información, y muy detallada, sobre los pueblos y pobladores que habían vivido cerca de sus pirámides.

---

[30] Frans Blom, citado en Parmenter, *ibidem*, 1083. Blom —que aquí escribe "doña Zelia" en español— le decía también "Tía Zelia".

[31] Lawrence, *The Plumed Serpent*, 32 [*La serpiente emplumada*, 40]. Lawrence intentó conocer a Gamio en repetidas ocasiones, pero nunca lo logró (véase Parmenter, *Lawrence in Oaxaca*, 279-280).

A veces, Gamio llevaba a su hija en sus visitas a la Casa Alvarado. Ella recordaría vívidamente esas ocasiones:

La Sra. Nuttall le mostraba [a mi padre] las novedades de su colección y él llevaba también piezas para mostrarle a ella. Estaban muy interesados el uno en el otro, y recuerdo que él siempre fue muy afectuoso con ella [...]. Mi padre era encantador y se ganaba a todos por su sinceridad, y creo que la Sra. Nuttall estaba enamorada de él. Buscaba siempre su mano [...]. Él la llamaba "Sra. Nuttall". Ella, en cambio, le decía "Manuel", y a veces "Manuelito". Al término de la reunión, él era siempre el último en llegar a la puerta. La Sra. Nuttall lo tomaba la mano, y le decía: "Vuelve pronto, Manuel, que te extraño".[32]

En ocasiones, Zelia y Gamio discutían sobre antropología o sobre México. Margarita Gamio recuerda que una vez, cuando "la discusión se acaloró", Zelia se volvió hacia él y le dijo: "Manuel, pero por qué estamos discutiendo. Si tú y yo sabemos que nadie sabe nada de esto de todos modos".[33]

Anne Morrow —quien conoció a su futuro esposo, Charles Lindbergh, mientras sus padres vivían en México— también fue invitada a tomar el té:

Recuerdo la Casa Alvarado como una mansión sombría y elegante de estilo español. Su atmósfera era un tanto húmeda y cada rincón estaba lleno de objetos precolombinos [...]. Erguida y digna, [la señora Nuttall] nos dio un erudito recorrido por su casa, deteniéndose en cada pieza para contar su historia [...]. Su profundo interés y su indiscutible autoridad eran evidentes para cuantos la escuchaban, quienes solían quedar —como yo— impresionados y cautivados.[34]

[32] Margarita Gamio, citada en Parmenter, "Zelia Nuttall and the Recovery of Mexico's Past", 1187.
[33] George Dashiel Camp, citado en Parmenter, *ibidem*, 1188-1189.
[34] Anne Morrow Lindbergh, citada en Parmenter, *ibidem*, 1343.

Sin embargo, Zelia podía también incomodar a las personas —en especial a quienes no compartían sus puntos de vista políticos—. "Nunca abandonó, políticamente, a don Porfirio, y pensaba que el gobierno emanado de la Revolución era absolutamente despreciable. Los viejos buenos tiempos habían llegado a su fin en 1910, y México estaba en la ruina desde entonces", recordó Lesley Byrd Simpson, quien más tarde se convertiría en una escritora muy admirada por su obra literaria e histórica sobre Hispanoamérica.[35] Carleton Beals, un periodista de izquierda que escribía para *The Nation* y que cubría las constantes convulsiones políticas en México —alguien no precisamente fácil de intimidar—, se sintió tanto repelido como fascinado por Zelia:

> Era absolutamente encantadora y correcta, pero un tanto imponente [...]. Me provocaba tanto una sensación de inferioridad como un leve desprecio por su mundo más bien pulcro: un mundo contra el que yo me había rebelado hacía mucho tiempo, pero que en su caso también me inspiraba respeto, aun cuando ciertamente coartaba la libertad de mi naturaleza, mi conducta y mis ideas. Todo lo que sé es que, cada vez que estaba con ella, me adaptaba a sus normas, en lugar de seguir las mías [...]. Era una pura sangre, muy civilizada, si bien de un refinamiento más bien irritante y un apego sentimental a las cosas antiguas; con todo, nunca tuve la sensación de que se tratara de una falsa sensiblería.[36]

Era cierto que Zelia vivía aferrada al pasado, pero también se mantenía al tanto de quién era nuevo en la ciudad y de quiénes eran las figuras destacadas en los círculos políticos e intelectuales. Así fue como Dorothy Brett, D. H. Lawrence y Frieda Lawrence fueron invitados a tomar el té, luego de que Zelia los conociera en un almuerzo en un hotel. Él —alto, delgado, de

---

[35] Lesley Byrd Simpson, citada en Parmenter, *ibidem*, 1494.
[36] Carleton Beals, citado en Parmenter, *ibidem*, 1161.

barba rojiza y carácter irascible— era ya un autor famoso, sobre
todo por *Hijos y amantes* y *Mujeres enamoradas* (aún no escribía
El amante de Lady Chatterley, su obra más conocida, y polémica).
En México, buscaba visitar, siempre que fuera posible, los mercados, y llevaba un sombrero panamá blanco. Su esposa, Frieda,
quien solía buscar refugio de los arrebatos de mal humor de su
marido, caminaba con firmeza detrás de él, fuerte como una
matrona, pero con su propio mundo interior. Dorothy Brett, una
artista que los acompañaba en sus visitas a México, también se
unió a la tertulia en casa de Zelia, y años más tarde ofrecería un
testimonio pormenorizado de cada palabra y gesto del autor, tan
fácilmente irritable.

Después de aquella visita, Frieda Lawrence pensó que Zelia
era una mujer "culta", pero perteneciente "al tipo antiguo".[37]
Brett encontró a su anfitriona "digna, poderosa, y para mí, total-
mente estremecedora [...]. Una mujer grande, de cabello oscuro,
tez amarilla y pobladas cejas negras que parecían una gárgola.
Era sumamente inteligente e ingeniosa, pero nada atractiva".[38]
Brett recordaba que de hecho *sí* parecía una azteca, en consonancia con lo que D. H. Lawrence pensó desde esa primera vez
en la Casa Alvarado.

Fueron invitados nuevamente cuando los Lawrence regresaron a México en 1924. Zelia les sugirió entonces alquilar el
departamento del primer piso de la Casa Alvarado; era espa-
cioso, tranquilo y tenía entrada independiente. El alquiler habría sido un alivio para sus preocupaciones económicas, pero los
Lawrence rechazaron la oferta y optaron por irse a Oaxaca. Allí,
en el mercado, encontraron "flores, montones y montones de
flores, brillantes vegetales y frutas; sarapes espléndidos; telas,
canastas [...]. ¡Color, color por todas partes!".[39]

[37]   Frieda Lawrence a Adele Seltzer, 8 de abril de 1923, Colección Parmenter.
[38]   Dorothy Brett a Ross Parmenter, 28 de octubre de 1962, Colección Parmenter.
[39]   Brett, *Lawrence and Brett*, 170-171.

La conversación durante el té, sin embargo, en esa segunda tertulia, estuvo lejos de ser alegre. Según Brett, buena parte giró en torno a Rosalie Evans, amiga de Zelia, quien había resistido los intentos del gobierno mexicano de expropiar su hacienda en Puebla como parte de la reforma agraria, la cual buscaba redistribuir los latifundios entre comunidades que habían sido víctimas del porfiriato. El 2 de agosto de 1924, Evans fue emboscada por agraristas armados, simpatizantes de la reforma, y asesinada a tiros en el camino.[40] El caso fue ampliamente comentado en la prensa extranjera y debatido entre diplomáticos y empresarios, pues ofrecía pistas sobre la postura del gobierno posrevolucionario respecto a la propiedad privada y la inversión extranjera. Para muchos en el círculo de Zelia, Rosalie Evans fue una mártir que representaba la ley y el orden frente a las exigencias de cambio de la Revolución. Tras su muerte, Zelia heredó a Blanca, uno de los perros de su amiga.[41]

Luego llegó una tercera invitación a los Lawrence y su acompañante, pero esta vez para almorzar. Las cosas no salieron bien. Mientras los invitados —entre ellos W. Somerset Maugham— se sentaban alrededor de la pesada mesa estilo español del comedor, después de un recorrido por el jardín, la conversación se fue apagando. Años después, Dorothy Brett recordaría así esa incómoda reunión:

Lawrence estaba decidido a no hablar con Maugham. Se había sentido ofendido porque le había enviado una amable nota para sugerirle que, como dos escritores en tierra ajena, debían conocerse, y Somerset Maugham respondió a través de su secretario, lo cual no fue muy cortés que digamos. Desde el punto de vista de un inglés, se trataba, sin más, de una ofensa [...]. Pobre señora Nuttall... Ese día tuvo que lidiar con dos leones amargados.

40 Para una discusión sobre Evans y la reforma agraria, véase Henderson, *The Worm in the Wheat*. [La palabra "agraristas" está en español en el original (n. de los trads.)].
41 Marian Storm a Ross Parmenter, 22 de febrero de 1969, Colección Parmenter.

Lawrence instalado en uno de sus raros estados pétreos, y Maugham tartamudeando cada vez más, hasta que su tartamudeo se convirtió en silencio.[42]

Zelia, según el testimonio de Brett, hizo un enorme esfuerzo por animar la mesa, pero estaba condenada al fracaso.

Es del todo comprensible que Zelia se sintiera disgustada con *La serpiente emplumada* cuando se publicó dos años después. Qué ingrato resultó Lawrence, a pesar de sus notas de agradecimiento y de los poemas que le había enviado como obsequio. No sólo lo había recibido en varias ocasiones a pesar de su temperamento difícil, sino que además le había enseñado buena parte de lo que sabía sobre los aztecas.[43] Lo guio a través de su libro *The Fundamental Principles of Old and New World Civilizations*, en el cual describía, con su estilo denso, dioses y estrellas, ciclos y rituales, y le regaló un ejemplar. Por ello, al leer *La serpiente emplumada*, Zelia se indignó por cuánto distorsionaba la verdad sobre los aztecas; deliberadamente o no, Lawrence lo había entendido todo mal y había inventado cosas, y para Zelia eso era inaceptable.

No lo perdonaría por el resto de su vida. Si hubiera vivido lo suficiente, Zelia habría encontrado algo de consuelo en la pobre reputación de *La serpiente emplumada* y en las preguntas que suscitó sobre su autor. La representación en la novela de un culto místico a Quetzalcóatl le atrajeron incluso acusaciones de ser fascista. Hasta los críticos bien dispuestos encontraron el libro tedioso, con personajes poco verosímiles y no muy agradables.

*

Los visitantes de la Casa Alvarado en los años posteriores a la Revolución mexicana coincidían en que Zelia pertenecía a una

---

[42]   Dorothy Brett a Ross Parmenter, 8 de octubre de 1962, Colección Parmenter.
[43]   Véase Parmenter, *Lawrence in Oaxaca*, y Schneider, "Lawrence's Debt to Zelia Nuttall".

época ya pasada: era una criatura del porfiriato. Sus vestidos, chales, encajes, botas y sombrilla eran vestigios de un tiempo muy distinto. Sus tés, servidos por la servidumbre con guantes blancos, ofendían a muchos por sus pretensiones. Pero eso no era todo lo que recordaban. También era imponente, autoritaria e impresionante: una mujer, pues, no disminuida por la edad. "Estoy aquí", parecía decirles a sus invitados. "Exijo que se comporten y me respeten; puedo enfrentarlos intelectualmente; sigo siendo relevante, a pesar de mi edad y mis encajes". Y se ajustaba los quevedos para ver mejor.

Estaba llena de energía, muy lejos de la mujer que había regresado a México en 1917 en busca de refugio frente a un mundo demasiado caótico para ella. En ese entonces, los muros de la Casa Alvarado la resguardaban de una realidad poco acogedora y decepcionante. Fuera de ellos estaban las temibles consecuencias de la Revolución, el tumulto, el cambio y la penuria. No le gustaba ese nuevo mundo, así que permanecía dentro, y encontraba consuelo en la sombra y las flores de su jardín.

Pero a inicios de la década de 1920, Zelia ya no se escondía del mundo. Sí, su mansión era antigua y su desmesurada colección de objetos, digna de una pulsión más bien victoriana. Y sí: se sentaba pesadamente, como un ídolo viejo. Pero ahora era capaz de invocar quién era y quién quería ser. Ya no deseaba estar sola en su jardín: quería recibir a personas interesantes, organizar reuniones donde participaran mexicanos y extranjeros, ser una guía entre los jóvenes, viajar e insistir en la importancia de la cortesía y el refinamiento. Estaba viva, al tanto de su tiempo, y decidida a ser tomada en serio.

Para ser relevante en el mundo que emergía después de la Revolución, Zelia tenía que comprometerse, ser resiliente y estar abierta a las nuevas ideas e interpretaciones sobre sus temas de estudio. En los años veinte se estaba construyendo un nuevo relato sobre México, un país cuya grandeza no se anclaba sólo en un pasado remoto, como sostenían los porfiristas, sino en un ideal nacionalista que celebraba una vibrante realidad contemporánea. Tales ideas fueron recibidas con entusiasmo en un nuevo modelo escolar que recurría al imaginario de la cultura popular. De hecho, incluso desde los primeros destellos de la Revolución en el país, un pequeño grupo que se hacía llamar el Ateneo de la Juventud ya estaba buscando nuevas formas de definir lo que significaba ser mexicano. Inauguraron una "universidad popular", acercándose a obreros y comerciantes para empezar a derribar el muro que separaba a la élite educada del grueso del pueblo mexicano. Las ideas que difundieron prendieron fuego en los jóvenes intelectuales bohemios y quedaron grabadas en la conciencia de esa nueva década. Los años veinte fueron, así, testigos de un renacimiento cultural lleno de vida y de un nuevo marco para la identidad mexicana.

Estos jóvenes idealistas rechazaban la creencia de que los descendientes de aztecas, mayas y otras civilizaciones hubieran llegado a la pobreza y el abandono por su propia decadencia; argumentaban, en cambio, que su situación actual era producto de siglos de opresión —a manos de los conquistadores, la Iglesia católica, los caciques y caudillos, los imperialistas estadounidenses y los rurales de Porfirio Díaz— y del despojo de sus tierras. El futuro del país, sostenían estos nuevos nacionalistas, podía asegurarse rescatando a los indígenas y mestizos de la miseria y la impotencia en que se encontraban. La sociedad, la política, la historia y el poder los habían oprimido; la sociedad, la política, la historia y el poder serían utilizados en el nuevo México para reivindicarlos como el cimiento de la nación.

Esta nueva corriente nacionalista creía que México —un país profundamente dividido por su historia, raza, cultura, lengua, geografía y circunstancias económicas— debía encontrar aquello que lo hacía único tanto en su pasado como en su presente, y construir una identidad nacional que desafiara tales divisiones. Para Manuel Gamio, un firme exponente del nuevo nacionalismo, no existían diferencias innatas entre las personas, sino circunstancias históricas que habían provocado desarrollos dispares. Era una historia que se podía superar si se adoptaba una nueva visión del pasado y se creaban políticas públicas que repararan los daños causados. En *Forjando patria*, publicado en 1916, expresó su aprecio por las culturas indígenas contemporáneas de México, y se unió a otros en la promoción del *indigenismo*,[44] argumentando que la diversidad y creatividad de las culturas indígenas debían ser un pilar fundamental de la identidad mexicana. De tal suerte, sostenía Gamio, un nuevo nacionalismo inclusivo debía surgir de una comprensión más profunda y consciente del valor de las comunidades indígenas contemporáneas. Llegó a convencerse de que la antropología podía guiar el camino hacia una sociedad más justa, al estudiar no sólo el pasado, sino también las condiciones actuales de las culturas locales.

En su extraordinario estudio de cinco volúmenes sobre Teotihuacan —el cual fue su tesis de doctorado—, Gamio se preocupó tanto por describir las condiciones y las actividades de los pueblos que estaban alrededor de las pirámides, como por estudiar las pirámides mismas.[45] Como impulsor y primer director del nuevo Departamento de Inspección y Conservación de Monumentos Históricos, fundado en 1917, Gamio supervisó un enorme proyecto —de cinco años— para excavar en las ruinas de Teotihuacan, al tiempo que un equipo de investigadores estudiaba y documentaba las vidas cotidianas y las tradiciones de quienes vivían cerca y entre sus pirámides, avenidas y plazas. Gamio partía de la convicción fundamental de que la configuración de las culturas indígenas contemporáneas debía ser vista como surgida de la adaptación rica y creativa ante un ambiente hostil y opresivo. Con base en ella, el proyecto produjo un nutrido catálogo de sus creencias religiosas, plantas, animales, comida, alojamiento y estructuras sociales.[46]

---

[44]   En español en el original (n. de los trads.).

[45]   Véase Gamio, *Introducción…*

[46]   Gamio también destacó la contribución de los cronistas y sacerdotes españoles, quienes describieron cuanto pudieron entender de la vida en el tiempo de los

En esto, Manuel Gamio demostró la influencia de su profesor, Franz Boas, quien instaba a sus estudiantes a explorar las diversas culturas del presente sin prejuicios raciales ni desarrollistas. Gamio creía que documentar las condiciones y la vida diaria de los pueblos indígenas dejaría claras las necesidades de esas comunidades, y, cuando se les extendiera esa información a los políticos, ese conocimiento se convertiría en la base de buenas políticas de empleo, educación y salud pública en un país que de esa manera podría volverse más cohesionado e inclusivo. Tales ideas abrieron un mundo de oportunidades para quienes creían, como Gamio, en la posibilidad de un cambio y en hacer el *indigenismo* y la *mexicanidad* parte de una nueva ideología nacional.[47] Esta forma de entender las cosas honraba las raíces de México en las civilizaciones ancestrales, pero también reconocía la creatividad vital de los pueblos indígenas en el presente, y las formas en las que habían moldeado el país. Alentó a México, en fin, a aceptar sus múltiples culturas —indígenas y mestizas— como auténticas y populares, como verdaderos reflejos de su alma y de su historia, y a fundir esa diversidad en un único sentido de identidad.

Para los artistas, escritores y músicos, esta nueva misión era urgente: definir mediante su obra la identidad de México, una forjada a partir del espíritu de los pueblos indígenas, sus tradiciones, sus colores y sus rituales. En lugar de ser despreciadas como patéticos vestigios de lo que alguna vez fue augusto y monumental, las personas ordinarias debían ser valoradas como auténticas, creativas y profundamente influyentes en la formación del México moderno. Ellas y sus tradiciones, colores, rituales y artesanías debían ser honrados por haber contribuido a formar una admirable civilización.

Este movimiento entre artistas e intelectuales celebró —y romantizó— los fuertes lazos de las comunidades campesinas a

conquistadores.

[47] "*Indigenismo*" y "*mexicanidad*" en español en el original (n. de los trads.).

pesar de su opresión; elevó los cantos, danzas y comidas locales a un sentido ritual, y aplaudió la fuerza y el esfuerzo del trabajo. Los escritores de la época buscaron capturar la terrible experiencia vivida por la gente común que luchaba por la tierra y la libertad. La música inspirada en las tradiciones regionales de México ganó popularidad. Los artistas exaltaron las vidas y objetos cotidianos como una fuerza extraordinaria en favor de la justicia. El movimiento se reflejaba en imágenes orgullosas de campesinos zapatistas y rancheros villistas, de las fieras *soldaderas* que tomaban fusiles y bandoleras por su causa, de quienes celebraban la *patria chica* de los pueblos.[48]

Entre las diversas encarnaciones de ese movimiento artístico, el muralismo mexicano fue el que alentó y representó esta nueva cultura popular con mayor énfasis. Diego Rivera pintó vastas historias de México y su gente en los muros, escaleras y patios de la Secretaría de Educación Pública, la Escuela Nacional de Agricultura de Chapingo y el Palacio Nacional; sus obras estaban en espacios públicos, accesibles para todos, en lugar de estar escondidas en museos. La historia que contaban era nueva: los mexicanos eran un pueblo reducido a la pobreza y la sumisión por los conquistadores españoles, por una Iglesia rapaz, por el capitalismo extranjero, el ejército y los políticos crueles, pero se alzarían mediante la organización popular, la redistribución de los medios de producción y las leyes más justas de un gobierno popular. José Clemente Orozco capturó, en sus murales, la rabia provocada por el costo que el pasado había impuesto sobre los ciudadanos honestos del país. Su obra está llena de personas encadenadas ante la Iglesia y los plutócratas, de ágiles obreros entre sus máquinas, de campesinos marchando con sus machetes, de la sangre y el fuego de la Revolución que conducían a un renacimiento. Por su parte, la obra de David Alfaro Siqueiros propuso, una y otra vez, que el progreso llegaría cuando el pueblo se

---

48   *"Soldaderas"* y *"patria chica"*, en español en el original (n. de los trads.)

uniera frente al poder. En toda esta corriente artística, la comida del pueblo, el maíz, era una deidad que debía ser venerada: dadora de vida y enraizada en la tierra.

La literatura siguió el paso y denunció el costo que la opresión había impuesto sobre los pobres del país, presentando el mundo tal como lo conocían *Los de abajo*, según reza el título de la novela de Mariano Azuela, uno de los primeros ejemplos de la novela de la Revolución. Carlos Chávez compuso música inspirada en melodías y ritmos indígenas. En el campo de la antropología, se instauró el *indigenismo*, que combinaba la excavación del pasado con el enfoque en las comunidades del presente. Se creó un ballet nacional a partir de temas aztecas; en 1930 Quetzalcóatl reemplazó a Santa Claus en el montaje navideño del Estadio Nacional; en 1921, el Bosque de Chapultepec albergó la Noche Mexicana para celebrar el centenario de la consumación de la Independencia: se trata de sucesos que simbolizaron la revolución cultural de la izquierda, muy lejos de la nostalgia porfiriana por un pasado azteca al servicio de una élite europeizada.

A Zelia no le gustó para nada la Revolución, ni aprobó lo que vino después. Su mundo se volvió incómodamente al revés. No celebraba a las masas; creía en la jerarquía y en un orden natural de clases y razas. Resulta difícil imaginar a Frida Kahlo, Diego Rivera o David Siqueiros —sin importar cuán interesantes fueran— visitando la Casa Alvarado para tomar el té. Sin embargo, Zelia sí recibía a muchas personas involucradas en la creación del nuevo México: políticos, periodistas, escritores y científicos sociales, entre otros.

Recibía, asimismo, a la multitud de jóvenes estadounidenses que llegaban para atestiguar las posibilidades del cambio tras una revolución popular. México se convirtió en un destino predilecto para quienes, comprometidos con la política de izquierda de la época, eran lo que la historiadora Helen Delpar llamó "peregrinos políticos": intelectuales, escritores, artistas y periodistas que a veces se llamaban entre sí "camaradas", que solían beber en exceso, dormir y divertirse en alojamientos baratos, y que buscaban con frecuencia la nobleza de la gente común.[49]

Entre quienes esperaban ver la política y cultura radical en acción estaban John Dos Passos, quien vino como enviado de la revista *New Masses*; Ernest Gruening, quien escribía para *The Nation*, y *Collier's*; Alma Reed, quien colaboraba con *The New York Times* y ayudó a promover el arte mexicano en Estados Unidos, y Edward Weston, quien encontró en México un lugar afín para su fotografía, igual que Tina Modotti, quien se mudó al país desde Estados Unidos en 1922 y utilizó sus imágenes para promover tanto el muralismo y sus artistas como causas políticas radicales. Jean Charlot, quien vino a México desde Francia para unirse a otros intelectuales de izquierda, fue invitado a uno de los tés de Zelia y quedó horrorizado por los sirvientes mexicanos con guantes blancos.[50] Katherine Anne Porter quería conocer el muralismo y el arte popular de México, y Frank Tannenbaum reunir documentación impresa para su estudio sobre la Revolución. A menudo evitaban con esmero la "colonia" estadounidense en México y formaban amistades con la bohemia de izquierda. No todos asistieron a tomar té, pero algunos sí, y fueron bien recibidos por Zelia.

Por su parte, los que eran menos radicales acudían con frecuencia a la Casa Alvarado. Dwight Morrow —cuyo nombramiento como embajador de Estados Unidos en México en 1927 dejó ver las intenciones estadounidenses de suavizar la relación con el país vecino, después de las amenazas y la aspereza de la década de 1910— visitó a Zelia en compañía de su esposa, Elizabeth, y su hija, Anne. Inusualmente, al menos en la comunidad de diplomáticos estadounidenses, los Morrow apreciaban la historia y la cultura de México. Mientras el embajador

49 Delpar, *The Enormous Vogue of Things Mexican*, capítulo 1.
50 Jean Charlot, 9 de marzo de 1974, citado en Parmenter, "Zelia Nuttall and the Recovery of Mexico's Past", 1248.

trabajaba en reparar la relación entre ambos países, Elizabeth coleccionaba arte folclórico mexicano y pinturas contemporáneas. La pareja contrató a Diego Rivera para que pintara un mural en el Palacio de Cortés en Cuernavaca. Rivera y Frida Kahlo se quedaron en la casa vacacional de los Morrow mientras el pintor hacía el trabajo; Elizabeth lo recordaba como un "hombre interesante, gordo, bondadoso, sencillo y simpático".[51] Zelia debe de haber escuchado mucho sobre él y la vanguardia artística de México gracias a ellos.

Como se ha dicho páginas atrás, Anne Morrow conoció a su futuro esposo, Charles Lindbergh, mientras la familia estaba en México. En 1927, Lindbergh se había convertido en el primer piloto en realizar un vuelo de Nueva York a París, sin escalas y en solitario, y era un famoso y apuesto héroe cuando visitó México ese año. Ella recordaba ese tiempo con estremecimiento por la falta de privacidad, pues los periodistas y fotógrafos los perseguían en Cuernavaca y en la Ciudad de México. "Disfrazados, nos escapamos por la puerta trasera a casa de unos amigos, donde cambiamos de coche para poder huir hacia el salvaje campo mexicano, que era entonces considerado peligroso a causa de los bandidos. Nos fuimos volando. Ahora, al menos, nadie nos seguía […], y aterrizamos en las llanuras para hacer un picnic, al fin solos".[52] A ella le encantaba comprar cerámica poblana.

Lindbergh y los Morrow no estaban solos. La tienda de Frederick Davis en la Ciudad de México atraía, con sus antigüedades y piezas excepcionales de arte folclórico, a aquellos interesados en la cultura. Varios de los pintores famosos de la época se reunían allí para platicar y estudiar artefactos precolombinos en busca de inspiración, y algunos de ellos —Orozco, Rivera y Rufino Tamayo, por ejemplo— exhibieron su trabajo en la tienda de Davis, una parada favorita de los turistas, fascinados por la

---

[51]   Elizabeth Morrow, citada en Delpar, *The Enormous Vogue of Things Mexican*, 65.
[52]   Lindbergh, *Hour of Gold, Hour of Lead*, 3.

creatividad y los colores vibrantes del pasado y el presente mexicanos. Zelia conocía bien sus colecciones, y solía venderle algunas de sus propias antigüedades cuando necesitaba dinero. La joyería de plata vendida por Davis fue buscada después por una nueva generación de la élite, cuyo gusto demostraba afinidad política y cultural con el *indigenismo* y la *mexicanidad*. "El país provoca emociones intensas", escribió Marian Storm en 1931, "lo odias o lo amas, pero no deja a nadie indiferente".[53]

Esta nueva valoración de la riqueza cultural de México no tomó a Zelia por sorpresa. Aunque seguía desdeñando la vida cotidiana y las condiciones en que vivía la vasta población pobre e indígena del país, conocía bien sus festividades y rituales, y era, desde hacía tiempo, una turista entusiasta de las celebraciones de los pueblos. Anne Morrow recordaba cómo se reunió con otros invitados en la Casa Alvarado una fría mañana antes del amanecer. El grupo se dirigió a Xochimilco para dar un paseo en una trajinera adornada con flores durante el día de Santa Anita: "Íbamos a ras del agua y mirábamos hacia ambas orillas, repletas de multitudes coloridas: mujeres con coronas de flores en la cabeza, niños con collares también de flores que golpeaban sus pies descalzos y morenos al ritmo de un tambor lejano".[54]

Ése era el México que Zelia apreciaba. Sabía identificar los motivos antiguos en la alfarería, el bordado y el tallado, y estaba familiarizada con la diversidad y belleza de las artesanías que se producían en las distintas regiones del país. Durante años había enviado con regularidad artesanías mexicanas a sus amistades en el extranjero, sobre todo a Phoebe Apperson Hearst. El arte folclórico mexicano no era algo nuevo, insistía Zelia ante quienes creían haberlo descubierto después de la Revolución: había quienes, como ella, habían sabido apreciarlo desde mucho antes.

[53]   Storm, *Prologue to Mexico*, 5.
[54]   Anne Morrow a Charles Lindbergh, 25 de marzo de 1929, en Lindbergh, *Hour of Gold, Hour of Lead*, 29.

También entendía la necesidad de que existiera arte público. De hecho, el arte prehispánico que tan bien conocía era eminentemente público: vastas pirámides de poder y ritual, largos frisos de cabezas de serpiente, guerreros y calaveras; templos resplandecientes para la veneración comunitaria; murales que proclamaban linajes nobles y hazañas de supervivencia. Era arte creado para asombrar e inspirar, para contar historias y evocar leyendas. Había dedicado su vida a descifrar los códices y *lienzos* —es decir, manuscritos hechos sobre tela—,[55] cuyo propósito era preservar el legado de los pueblos. De tal suerte, aunque muchos de los jóvenes discípulos de la nueva era pudieran considerarla una reliquia, Zelia era capaz de entablar conversaciones sustanciosas con los mejores de ellos sobre los símbolos, imágenes y colores, y su significado. Asimismo, es probable que no le gustara el estilo de las nuevas corrientes artísticas, pero sabía leerlo y criticarlo como una experta.

Zelia estaba determinada a ser relevante y, en su esfuerzo por reunir a personas interesantes y fomentar la conversación, tuvo un éxito inesperado. No obstante, no se rendía ante las costumbres de la nueva era. Aunque comprendía la importancia del arte público y de las artesanías, se identificaba más bien con una élite que se consideraba superior a las personas morenas, pobres y sin educación, por más bello que fuera su trabajo manual. Invitaba a muchas personas inusuales a sus tés y almuerzos, pero todas compartían buenos modales, hablaban inglés o español con elegancia y sabían entablar amenas e informadas conversaciones. En los años veinte, Zelia tenía dos caras: una que miraba con nostalgia a una época más cómoda para ella, y otra profundamente involucrada en discusiones sobre el significado del pasado. Fue esta segunda cara, siempre al tanto de lo que ocurría entre los estudiosos, la que evitó que se volviera del todo irrelevante en la nueva era.

[55] *"Lienzos"* en español en el original (n. de los trads.).

*

En la década de 1920, la Casa Alvarado era un claro testimonio de que Zelia no estaba dispuesta a renunciar a su estilo de vida —sus salones, sus viajes, sus pasiones e investigaciones—, aun cuando no tenía el dinero para sostenerlo. En los años posteriores a la Revolución mexicana enfrentó una gran cantidad de preocupaciones financieras. Pero no respondió "reduciendo sus gastos", como exhortaba Lady Russell a Sir Walter Elliot en *Persuasión* de Jane Austen. Para Zelia, como para el vanidoso baronet de Austen, los estándares debían mantenerse, "sin rebajar su dignidad ni prescindir de comodidades sin las cuales no podían pasar".[56]

Así, cuando D. H. Lawrence y su esposa fueron a cenar, él anotó que hubo "absenta, ginebra, pouilly, chablis, Beaune, oporto y whisky desde el principio hasta el final de la velada".[57] Zelia empleaba a un personal considerable: estaban Teresita, por supuesto, y don Antonio, pero también un joven mayordomo, una cocinera, una doncella, alguien que venía una vez por semana a lavar la ropa y una modista ocasional. Seguramente había más; la casa era grande y don Antonio tenía ayudantes jóvenes en el jardín.

Zelia tampoco estaba dispuesta a limitar sus viajes —a California y Nueva York, a Europa, y a distintos lugares de México—. En 1921 pasó ocho meses en Europa, y llevó a su hija Nadine y a sus nietos a Lausana durante el verano; cuando Zelia regresó a México, Nadine y los niños permanecieron en Suiza y luego pasaron un invierno en Florencia. A mediados de la década, Zelia viajó a California, Oxford, Roma, Florencia, Bad Godesberg, en Alemania, Creta y Grecia. Finalmente logró visitar Egipto, un viaje que había soñado hacer con Sara Stevenson

---

[56]   *Persuasión*, M. Ortega y Gasset, trad., Madrid, Austral (Planeta), 2022, p. 16. La traducción se publicó por primera vez en 1919 (n. de los trads.).
[57]   D. H. Lawrence a Witter Bynner, 29 de octubre de 1924, Colección Parmenter.

en la década de 1890. Y en 1929 viajó a París, Berlín y Londres. "Era insoportable ir con ella a un museo", le contaría después su nieto John Laughton a Ross Parmenter. "Podía dejar a cualquiera molido de tanto caminar".[58] Viajar, quedaba claro, no podía sacrificarse por razones económicas.

Los problemas económicos no eran para nada novedad en la vida de Zelia. Ni siquiera comenzaron cuando Pinart, su exmarido, dilapidó su dote matrimonial y parte de su herencia: ya antes, en 1878, en plena Gran Depresión, había visto cómo sus padres tuvieron que llegar a un arreglo con John Parrot, su abuelo, sobre la herencia de su madre, para poder solventar su vida cotidiana. Además, como consecuencia del pánico de 1893, primero, y del Gran Terremoto de 1906 en San Francisco y los incendios subsecuentes, después, perdió también otras fuentes de ingreso, propias o familiares, ya por malas inversiones, ya por los desastres naturales. Con todo, y aun sin ser novedad, las preocupaciones eran cada vez más apremiantes, luego de que Zelia invirtiera una cantidad significativa de su propio capital en la Casa Alvarado y su restauración, en parte gracias al respaldo de los préstamos que recibió de Phoebe Hearst y otras personas. En los años siguientes, agotó los fondos que recibió del patrimonio de Abby Parrott y el pequeño monto que heredó de su madre, quien murió en 1911. Ya no contaba tampoco con el apoyo del fondo Crocker-Reid de la Universidad de California. Para la década de 1920, Hearst había muerto, y Zelia ya no podía recurrir a su "hada madrina" cuando sentía el peso de sus gastos.

Ahora, después de que una serie de temblores sacudieran y dejaran flojas las tejas, el techo de la Casa Alvarado necesitaba reparaciones. Había grietas en las paredes, y las fuertes lluvias habían causado daños que debían ser atendidos. Los ingresos de

<hr>

[58] John Laughton, citado en Parmenter, "Zelia Nuttall and the Recovery of Mexico's Past", 1405. Este viaje europeo fue posible gracias al legado de 500 dólares de un pariente muerto.

Zelia sencillamente no eran suficientes, como le escribió a William Gates —un académico conocido suyo que investigaba la cultura maya—, "para sostenerme a mí, a mi hija y mis tres nietos, cuyas necesidades incrementan año con año".[59] Recibía alrededor de 150 dólares al mes por la renta de su propiedad en San Francisco, así como los ingresos de las inversiones que conservaba. Normalmente, le alcanzaba para cubrir el sueldo del personal de servicio de su casa, pero batallaba para pagar sus cuentas, las reparaciones, o cualquier gasto imprevisto. Tanto en sus viajes como en su estilo de vida, Zelia era poco previsora. De vez en cuando, recibía pequeños legados de parientes de la gran familia Parrott-Nuttall, y en lugar de usar esos fondos inesperados para pagar sus deudas, con frecuencia los empleaba para viajar.

A veces, la penuria la hacía tener mal temperamento. Pero, como la persona que salió de la depresión y la reclusión determinada a ser tomada en serio en la nueva era, afrontó sus problemas económicos con vigor, si bien no siempre con sabiduría. Pidió préstamos —en 1923, consiguió uno de 6 000 dólares y, al año siguiente, otro de 3 000, ambos de mano de Edwin J. Marshall, un promotor inmobiliario de Los Ángeles—. La buena disposición de Marshall para prestarle ese dinero se debía, quizá, a que había sido parte —si bien por poco tiempo— de la comunidad estadounidense en la Ciudad de México, y, como tal, había sido una de las personas que visitaron a Zelia en la Casa Alvarado. Tristemente, ella no pudo pagar los préstamos y, al final, Marshall amenazó con tomar medidas legales contra ella.

Zelia no era buena candidata para recibir dinero a crédito, por lo que se volvió creativa —y probablemente poco realista— para pensar en estrategias que la ayudaran a mantenerse y también a su hogar. Consideró obtener un terreno adicional junto a la Casa Alvarado, y después vender su huerto por una cantidad significativamente mayor; pensaba que su plan merecía recibir un

59 Zelia Nuttall a William Gates, 7 de diciembre de 1924, Colección Parmenter.

préstamo de 3 000 dólares de William Gates: "Si no tuviera la expectativa razonable de poder vender mi huerto, el cual constituye uno de los mejores terrenos edificables del valle de México, nunca consideraría comprar el terreno [adyacente]".[60] Según ella, el huerto valía 25 000 dólares. Zelia ofreció su biblioteca, o sus muebles y colecciones como garantía, consciente de que Gates deseaba formar una valiosa colección de manuscritos y artefactos mayas, y que su oferta podría tentarlo.

Zelia esperaba mantener su casa libre de hipotecas, pero eventualmente tuvo que recurrir a la Casa Alvarado, cuyo valor estimaba en 100 000 dólares, para conseguir nuevos medios de subsistencia. Robert Weeks DeForest, un adinerado amigo suyo de Nueva York y uno de los principales benefactores del Museo Metropolitano de Arte, le prestó 2 000 dólares. En 1929, Zelia contrajo otra hipoteca, ésta por 17 000 dólares, a ser pagada en tres años con un interés de 8%. Consideró solicitar préstamos a bancos mexicanos, poniendo la Casa Alvarado como garantía, pero decidió que sus tasas de interés eran propias de usureros. Además, su historial crediticio no era especialmente atractivo para las instituciones mexicanas, pues había dejado sin pagar uno de los préstamos que había recibido, porque necesitaba todo el dinero a su disposición para cubrir sus cuentas más apremiantes.

Zelia apeló a sus amistades. A los Morrow les pidió 2 500 dólares; se desconoce su respuesta. Sin duda estaba desesperada cuando escribió a Edgar Lee Hewett, de la Universidad de Nuevo México, para pedirle un préstamo de 100 dólares:

Me tomo la libertad, basada en nuestra vieja amistad, de escribirle y contarle sobre mis apuros financieros temporales, pues siento que puedo contar con su solidaridad cuando sepa que me encuentro rodeada de posesiones valiosas, pero sin efectivo

60 Zelia Nuttall a Gates, 7 de diciembre de 1924; Zelia Nuttall a William Gates, 30 de diciembre de 1924, Colección Parmenter.

disponible para afrontar gastos urgentes [...]. Me veo obligada a preguntarle si sería posible que me adelantara cien dólares [...]. Prometo devolverle el dinero mediante un cheque desde Nueva York tan pronto como reciba el pago [de mi alquiler] en agosto. Si puede hacerme este gran favor, sería realmente un alivio, porque mi mente está tan preocupada por estos problemas que no puedo ni concentrarme en mi trabajo.[61]

Hewett le prestó el dinero, pero al final Zelia no pudo cumplir con el plazo del reembolso y tuvo que rogarle paciencia.

Asimismo, encontró otras formas de recaudar fondos. A veces, ponía a la venta una o dos piezas de su colección de antigüedades, esperando que pudieran parecerles interesantes a los turistas o anticuarios. Fue así que su colección de cabezas de terracota poco a poco se fue agotando. Una amiga recordaba cómo "siempre que íbamos al [centro de la Ciudad de México], llevaba consigo algún pequeño objeto de valor, para ver [si podía venderlo] en Sanborns", en el departamento de arte folclórico y antiguo de la tienda.[62] También le ofrecía a Davis piezas para su tienda de arte. Es poco probable que todas estas posesiones fueran legalmente suyas o estuvieran autorizadas para su exportación, pero tales eran las prácticas de la época.

En 1931, Zelia escribió a sus contactos en Harvard y en la Universidad de Nuevo México para explicar su situación y preguntar por la posibilidad de vender parte de su biblioteca. Desde Harvard, Alfred Tozzer le preguntó a Frans Blom, en Tulane, si le interesaba comprarla; el recién graduado antropólogo mostró interés, aunque sólo en una pequeña parte. "Me gustaría comprar algunos de sus libros", escribió Blom. "Sus folletos y cartas podrían ser interesantes. Espero poder comprar, al menos,

---

61 Zelia Nuttall a Edgar Lee Hewett, 17 de julio de 1931, Colección Parmenter.
62 Bertha Dobie a Ross Parmenter, 25 de octubre de 1974, Colección Parmenter.

446 A LA SOMBRA DE QUETZALCÓATL

su copia del Códice Dresde".[63] Al final, en 1927, la vendió a la
Universidad de Tulane por 250 dólares, junto con otros materiales; el Museo Peabody de Arqueología y Etnología de Harvard
también adquirió algunos de sus libros. Otros fueron vendidos al
Museo Nacional de Arqueología, Historia y Etnografía de México y a otras instituciones locales. Nadie se interesó por su colección de pinturas.

Zelia no se daba por vencida. Empezó a recibir inquilinos.
Cuando la Casa Alvarado fue renovada en 1902, añadió una
extensión en la planta baja, a fin de crear un apartamento con
dormitorio, sala, comedor y patio propios. Aunque los Lawrence
prefirieron quedarse en Oaxaca, otras personas llegaron a hospedarse. Los inquilinos podían contar con comida de la cocina
de Zelia, servida por Teresita. Ella era muy sensible respecto a su
papel como casera, y fingía que quienes se alojaban con ella eran
simplemente invitados, al menos según el testimonio de un inquilino:

> La Sra. Nuttall hablaba de mi estancia en la Casa Alvarado
> diciendo que me había recibido porque se sentía sola, pero yo
> pagaba setenta y cinco buenos dólares estadounidenses al mes.
> Nunca me habló de su situación financiera, pero llegué a sa-
> ber algo al respecto. Como una semana antes del día del primer
> pago, me preguntó que si podía pagarle entonces, ya que no tenía
> cambio para pagar a sus sirvientes. El mes siguiente fue igual.[64]

Otro inquilino, George Camp, quien había sido el administrador de la hacienda de Rosalie Evans, se hospedó en 1924, mientras Zelia visitaba a su familia en California y él buscaba refugio
del conflicto agrario en Puebla. Otro de los administradores de
Evans se hospedó con él. Durante su estancia, Camp recibió una

---

[63] Frans Blom a Alfred Tozzer, 1927, Colección Parmenter.
[64] Bertha Dobie a Ross Parmenter, 25 de octubre de 1974, Colección Parmenter.

fuerte reprimenda cuando provocó un incremento en los gastos domésticos de Zelia:

> Teresa escribe que parece "contento" y espero que todo marche a su entera satisfacción. Me cuenta que la hermana de Adrián tiene que quedarse a trabajar, ya que usted recibe visitas los domingos y se necesita su ayuda, pues Adrián no puede entonces hacer todo el trabajo. Yo la había despedido porque no puedo permitirme mantener más sirvientes que los estrictamente necesarios, y aun éstos representan una severa carga para mí, sumada a los impuestos, la electricidad y el teléfono. Sugiero que si Adrián no puede hacer todo el trabajo y necesita la ayuda de su hermana, le dé él parte de su salario de 36 pesos mensuales, y le estoy escribiendo a Teresa para que le comunique a Adrián esto de mi parte. Le cuento todo esto para que sepa exactamente cómo están las cosas.[65]

Zelia buscaba siempre cómo ingeniárselas para que sus salones no perdieran nunca el estilo que a ella le gustaba. Sus amigos ricos —como Sally Marshall, la esposa de su acreedor— le pedían que hiciera fiestas y recepciones en la Casa Alvarado para aprovechar el ambiente histórico y los vastos vínculos sociales de Zelia. De forma similar, las esposas de los diplomáticos le pagaban por hacer reuniones de té o almuerzos con sus contrapartes de México y de otros países. Zelia fungía como la anfitriona, pero las reuniones eran pagadas por otras personas, lo que resultaba de gran ayuda para cubrir algunos gastos del hogar.

Por otro lado, Zelia pensaba que en la jardinería podía encontrar cierto potencial para aumentar sus ingresos. Su jardín proporcionaba, por supuesto, verduras y frutas para la mesa. También, pensaba Zelia, podía lograr una nueva publicación, cuya venta se sumaría a su fuente de ingresos. Por un lado, intentó vender la versión en inglés de "Los jardines del México

---

[65] Zelia Nuttall a George Camp, 19 de febrero de 1924, Colección Parmenter.

antiguo" a un editor afín a los temas de jardinería, y para ello
acudió a Norman Taylor, un botánico del Jardín Botánico de
Brooklyn, en Nueva York, con la esperanza de que pudiera ayu-
darle a encontrar editor. Marian Storm —una periodista que
pensaba que Zelia era "sin lugar a dudas la más erudita de toda
la fraternidad jardinera cuando se trata de indagar en el antiguo saber de la jardinería primitiva en América"— "le rogó a un
millonario por algo de dinero" para poder pagar al menos una
parte del trabajo.[66] Fue entonces que Zelia trató de convencer,
sin éxito, a Storm de escribir una biografía sobre ella, convencida
de que su publicación generaría aún más ingresos.

Hubo también otras iniciativas. Zelia solicitó apoyo para su
trabajo a la Fundación Guggenheim y a la Institución Smithsoniana, así como al Instituto Carnegie. "El resultado culmi-
nante de la labor de toda mi vida", escribió como parte de su
solicitud a la Guggenheim, "ha sido el descubrimiento de que
el culto al Sol en el cenit por parte de los antiguos habitantes
de la América intertropical constituía la base de su religión y su
calendario, y que la Estrella Polar y las constelaciones circumpolares influían en la religión de los habitantes del hemisferio
norte". Quería financiación para dedicarse "exclusivamente a la
preparación de un libro que contenga los resultados finales del
trabajo de mi vida".[67] Con esto, Zelia se refería a investigaciones
adicionales sobre cosmología relacionadas con su obra *The Fundamental Principles of Old and New World Civilizations*. Su solicitud fue rechazada. Entonces le ofreció tanto a Harvard como
a la Universidad de Nuevo México venderles la Casa Alvarado
como centro de estudios de antropología mexicana, junto con
su biblioteca.

[66] Marian Storm a Norman Taylor, 17 de julio de 1923, Colección Parmenter.
[67] Zelia Nuttall, aplicación a la Fundación Guggenheim, 30 de octubre de 1929,
Colección Parmenter.

No obstante, a pesar de todo su ingenio, había sombras oscureciendo el fututo de Zelia. Tenía problemas del corazón y sobrepeso, se cayó y se rompió una costilla, sufría dolores artríticos en sus brazos y piernas, y se quejaba mucho. Algunas veces pensaba en darse por vencida, pero estaba lejos de ser una vieja mujer indefensa y siempre lograba encontrar formas de mantenerse a flote. Las características que más recordaban sus visitantes —cómo era de imponente, intimidante y poderosa— la mantenían decidida a continuar con la vida que sentía que le correspondía. Lo mismo se podría decir de sus esfuerzos tenaces por seguir siendo una figura central de la antropología, el auténtico amor de su vida. Aunque los demás estaban listos para relegar a Zelia al pasado, ella no estaba preparada para aceptar ese destino.

13. PERSISTENCIA

Cuando, en septiembre de 1922, Zelia Nuttall cumplió sesenta y cinco años, tenía muchas razones para volver la vista atrás y sentirse satisfecha. Como parte de un pequeño grupo de pioneros en el campo de la antropología, había contribuido significativamente a la compresión del pasado prehispánico de México. Durante años fue reconocida y admirada —como lo demuestran los diversos honores y distinciones que recibió a lo largo de su vida—, y rara vez se perdió una reunión científica de importancia. Su notable capacidad para descubrir manuscritos que habían sido soslayados por mucho tiempo la hizo sobresalir, tanto como su trabajo con ellos: los transcribía, los traducía y establecía relaciones entre su contenido y distintos objetos, ritos y lugares. Tenía buen ojo para los artefactos y, gracias a su conocimiento de fuentes escritas y pictográficas, lograba a veces revelar su propósito y significado. A lo largo de su vida, tan llena de aventuras, había tenido que afrontar considerables retos personales y profesionales, pero Zelia siempre supo sobreponerse a ellos y logró construir una formidable reputación como académica en una disciplina dominada por hombres. Durante cuarenta años había seguido su propia estrella en cada paso que daba y casi nunca se arrepintió de sus decisiones.

Es verdad que tuvo ventajas que la ayudaron a forjar esa vida productiva. Se había beneficiado de una niñez privilegiada, y contó por años con seguras y suficientes fuentes de ingresos, indispensables para poder perseguir sus intereses. Sus conexiones le habían abierto las puertas de la élite social, y fue recibida, querida y apoyada por anfitrionas de la alta sociedad, presidentes, directores de museos y mecenas. Más importante, quizá, fue que su trabajo había estado por años en sintonía con los avances en la forma de investigar y entender las sociedades ancestrales.

Esta exitosa trayectoria fue, sin embargo, desafiada en los años veinte. ¿Sería suficiente su imponente inteligencia para seguir gozando del respeto de sus colegas, aun si ahora su disciplina se desarrollaba sobre todo mediante el trabajo de campo, y no en museos y bibliotecas, y empleaba técnicas y teorías que eran desconcertantes para ella?

*

El fervor por comprender los orígenes de las civilizaciones humanas, que había avivado con tanta intensidad en la Exposición Mundial Colombina de 1893, continuó provocando nuevos descubrimientos y alimentado el interés popular por la antropología a principios del siglo xx. De hecho, el campo atrajo cada vez más la atención del público gracias a los impresionantes hallazgos logrados por la exploración arqueológica, entre ellos el descubrimiento de templos colosales en México y de las ruinas incas de Machu Picchu, en Perú.

La excavación en 1922 de la tumba del faraón Tutankamón en el Valle de los Reyes, en Egipto, dejó atónito al mundo y desató, en Europa y Estados Unidos, una ola de egiptomanía y una fascinación pública por "la maldición de la momia". En los años siguientes, se escribieron libros y libros sobre temas egipcios, y los diversos artefactos de color dorado, turquesa, verde salvia, azul luminiscente y rojo intenso hallados en el sitio influyeron en el diseño de joyas, muebles y ropa. También inspiraron las réplicas empleadas en las varias películas que se estrenaron por ese entonces con esa temática, ya desde antes recurrente: tan sólo entre 1908 y 1935, Hollywood produjo siete películas protagonizadas por Cleopatra. Howard Carter, quien descubrió la tumba y había trabajado un tiempo como inspector de monumentos del Alto Egipto, se convirtió en una celebridad internacional.[1] Los turistas y periodistas acudieron en masa al Valle de los Reyes, cerca de Luxor, al punto de interferir con las excavaciones y agravar las tensiones sobre su control. Los museos internacionales competían por la oportunidad de exhibir algunos de los artefactos, y la gente hacía largas filas para ver películas con historias románticas o escalofriantes sobre faraones egipcios y doncellas en apuros atrapadas por cultos antiguos.

Los titulares también hablaban con frecuencia de la excavación que Charles Leonard Woolley llevó a cabo en 1922 en Ur, Mesopotamia, cuyas tumbas reales, además de estar llenas de joyas, mosaicos, armaduras y cerámicas, ofrecían evidencia de sacrificios humanos. El Museo Británico y el Museo de Arqueología y Antropología de la Universidad de Pensilvania colaboraron en esa esmerada excavación que duró más de una década. De haber vivido para presenciarlo, William Pepper y Sara Stevenson se habrían regocijado con los objetos que encontraron un hogar en su museo. Los periódicos explotaron la fama bíblica del sitio, promocionándolo como la posible tierra natal de Abraham. Ur de los caldeos, en la creciente fértil, se convirtió, así, en una enorme atracción turística. Entre sus visitantes más destacados estuvo Agatha Christie, cuya vida y viajes eran seguidos con avidez por la prensa popular británica. Fue en Ur, en 1928, donde Christie conoció a su segundo esposo, Max Mallowan,

---

[1]   Carter trabajó como inspector de monumentos para el Alto Egipto y Nubia bajo las órdenes del Servicio de Antigüedades de Egipto desde 1899 y hasta 1905. Su jefe, Gaston Maspero, director general de excavaciones y antigüedades de Egipto, ocupaba un cargo equivalente al de Leopoldo Batres en México. Las funciones oficiales de Carter y Maspero eran garantizar la protección de las antigüedades y supervisar el trabajo arqueológico en la región.

uno de los asistentes de Woolley. Es imposible no preguntarse cómo surgió en la mente creativa y homicida de la escritora la trama de *Asesinato en Mesopotamia*.

La prensa popular seguía de cerca las carreras de los arqueólogos y publicaba fotografías de ellos frente a sus tiendas de campaña y sus hamacas, mostrando para la cámara los tesoros que habían descubierto. Algunos de estos aventureros —hombres y mujeres por igual—, vestidos con pantalones de equitación color caqui, camisas de lino, botas resistentes y sombreros de ala ancha, lucían decididamente atrevidos. "Todo lo antiguo despertaba el interés del público", reflexionaba Margaret Mead en 1926. "La gente hablaba sobre los constructores de montículos prehistóricos de Estados Unidos, las excavaciones británicas en Atenas, la animada disputa en torno a la tumba de Tutankamón en Egipto, y el tremendamente emocionante hallazgo de [Gabriel] Turville-Petre en Palestina: el primer esqueleto neandertal descubierto fuera de Europa".[2] Según ella, tampoco era raro que en las conversaciones cotidianas se mencionaran los huevos de dinosaurio encontrados en el desierto de Gobi.

Cuando, en 1929, Charles Lindbergh pasó cuatro días volando sobre Guatemala y la península de Yucatán en busca de ruinas mayas que aún no hubieran sido descubiertas, el interés estadounidense por el pasado ancestral de México se sumó a la adoración heroica del apuesto piloto. Ese mismo año, el Madison Square Garden de Nueva York atrajo a miles de personas a una exposición titulada *Oro azteca*, que incluía canciones, danzas, arte y artefactos del México antiguo, así como reinterpretaciones artísticas modernas. Los descubrimientos del arqueólogo mexicano Alfonso Caso de tesoros de jade, oro, plata, perlas y piedras preciosas en Monte Albán fueron uno de los principales atractivos para los visitantes de la Exposición Universal de Chicago, organizada en 1933 para conmemorar el centenario de la fundación de la ciudad.

[2]   Margaret Mead, citada en Howard, *Margaret Mead*, 66.

En Yucatán, el deseo de ver los monumentos mayas incrementó el turismo a tal grado que se construyeron caminos y hoteles para brindar cierto nivel de comodidad a los visitantes. Trepar con dificultad sobre los montículos parcialmente excavados de Chichén Itzá era cosa del pasado, ya que, estructura tras estructura, la ciudad fue liberada de tierra y vegetación, y ahora sus edificaciones podían apreciarse desde grandes explanadas. El arqueólogo Gregory Mason escribió en la revista *Century*, en 1929, que los habitantes del continente americano debíamos sentirnos orgullosos de tener "nuestro propio Egipto".[3] Ese mismo año, proclamó en el *Saturday Evening Post* que "los mayas eran los griegos de Occidente". Elogió la modernidad de sus rutas comerciales y celebró sus conocimientos arquitectónicos. Para estos entusiastas, eran pocos los logros que no podían atribuirse a esa vasta civilización selvática: "Sus grandes caminos de piedra eran más fuertes que los caminos romanos —y por lo mismo se han conservado mejor—. Su pintura y escultura eran superiores al arte de los egipcios. Sin embargo, su maravilloso sistema de escritura, su conocimiento de las matemáticas y su destreza en astronomía son lo que debería hacernos sentir especialmente orgullosos de ellos".[4] Alma Reed pidió a los lectores de *The New York Times* que imaginaran el misterio, el encanto y la historia de Yucatán, y en parte para hacerlo citó a Herbert Spinden, quien comparaba las "expresiones de belleza" mayas con la arquitectura griega, y situaba sus logros por encima de egipcios.[5] Ese mismo periódico siguió la exploración de 1926 realizada por Mason y

[3]   Véase Mason, "The Riddles of Our Own Egypt", 43.
[4]   Mason, "Rediscovering America", 121. En otro texto sobre la fascinación por la cultura maya, Mason advertía que ésta era como la mordedura de un "bicho maya", la cual provocaba una fiebre que no se podía controlar, ni siquiera con peligrosos viajes en canoas o a lomo de mula en busca de ciudades ocultas. Decía que sus víctimas quedaban heridas de por vida. Mason, "America's Buried Past", 38.
[5]   Reed, "The Waiting Ghosts of the Maya", 3. Spinden estudió con Putnam y Tozzer en Harvard, trabajó en el Peabody, y pasó la mayor parte de su carrera en el Museo de Brooklyn.

Spinden, y publicó relatos sobre las dificultades que enfrentaron y la emoción que provocaban las leyendas mayas.[6]

Las excavaciones en la Calzada de los Muertos y en las Pirámides del Sol y la Luna en Teotihuacan continuaron revelando la riqueza y la belleza de esa civilización anterior a la azteca. El trabajo de Manuel Gamio en ese sitio, entre 1917 y 1922, sorprendió tanto a los investigadores académicos como a los arqueólogos de escritorio. Él y su equipo restauraron el Antiguo Templo de Quetzalcóatl, una pirámide de belleza casi intacta, con serpientes emplumadas esculpidas, como si estuvieran escalando su fachada, y que hasta entonces se hallaba enterrada bajo otra estructura. El tren que iba de la Ciudad de México a Teotihuacan, el *Quetzalcóatl*, construido a principios de 1900 bajo la instrucción de Leopoldo Batres mientras ocupaba el cargo de inspector general de monumentos arqueológicos, solía estar repleto de turistas ansiosos por visitar el sitio de casi trece kilómetros cuadrados, y observar a los arqueólogos mientras realizaban su trabajo. Ningún viaje a México estaba completo sin una excursión a las pirámides, después de la cual los visitantes podían irse a Chichén Itzá, Cholula, Mitla, Monte Alban, Tulum, Uxmal, y otros sitios arqueológicos populares repartidos por todo el país. Estaba de moda saber distinguir artefactos de diferentes culturas, como la azteca, la maya, la olmeca, la tolteca o la zapoteca, y coleccionar ejemplares para exhibir en las salas de las casas.

Pero ¿a quién le pertenecían estos artefactos, desenterrados en la selva y debajo de la arena? Los gobiernos nacionalistas en Egipto y México insistían, con un esmero renovado, que cualquier objeto encontrado en su territorio era suyo para venderlo o conservarlo. En 1926, Theodore Willard publicó *The City of the Sacred Well* (La ciudad del pozo sagrado), un exuberante relato sobre las actividades de Edward Thompson en Chichén Itzá

---

6   Véase, por ejemplo, Mason, "Explore a Tunnel from a Mayan Tomb".

(recuérdese que el hacendado estadounidense había por décadas dragado el cenote de la ciudad maya en busca de tesoros). Poco después, el gobierno mexicano, usando para ello el libro de Willard como evidencia, embargó la hacienda de Thompson y lo acusó de haber enviado miles de objetos fuera del país, con un valor de más de un millón de pesos. El litigio contra el "codicioso cazador de tesoros venido de Yanquilandia" —según le llamó el enfadado Teobert Maler en un periódico yucateco— se prolongó hasta 1944, nueve años después de la muerte de Thompson, cuando la Suprema Corte de Justicia de México dictaminó que sus herederos podían conservar la propiedad, pero que los tesoros del cenote sagrado pertenecían al gobierno y debían ser devueltos.[7] El Museo Peabody de Arqueología y Etnología de la Universidad de Harvard, que no estaba muy entusiasmado por cumplir la orden judicial, repatrió algunos de esos objetos, pero lo hizo hasta la década de 1970, e hizo lo mismo con algunos objetos más en las décadas siguientes.

La antropología también estaba siendo cuestionada por las posturas nacionalistas de algunos de sus practicantes. En una carta publicada en *The Nation* en 1919, Franz Boas condenaba las acciones de aquellos colegas que durante la Primera Guerra Mundial habían enviado información al gobierno estadounidense desde el Caribe, Centroamérica y México.[8] La indignada postura de Boas, para quien los antropólogos serios debían concentrarse en su trabajo científico y no en hacer espionaje, le valió una reprimenda oficial por parte de la Asociación Estadounidense de Antropología. Boas, en su denuncia, alude a varios colegas, pero no menciona a ninguno por su nombre. Hoy sabemos que entre ellos estaban George Mason, Sylvanus Morley y Herbert Spinden. La discusión en torno a

[7]   Para una discusión sobre la demanda legal, véase Delpar, *The Enormous Vogue of Things Mexican*, 105-106; véase también Albright, *The Man Who Owned a Wonder of the World*, 406.
[8]   Boas, "Scientists as Spies".

la conveniencia de tales actividades continuó dividiendo a la disciplina.[9]

A pesar de la creciente preocupación por la posesión de sitios y reliquias, y por la conducta de los antropólogos, continuó la colaboración internacional. En 1923, la Institución Carnegie de Washington firmó un acuerdo con el gobierno mexicano para llevar a cabo una extensa excavación y restauración en Chichén Itzá. Sylvanus Morley, egresado del Departamento de Antropología de Harvard —quien, por cierto, luego sería considerado el prototipo del personaje ficticio Indiana Jones—, encabezó el proyecto. Se trataba de "un programa de diez años de investigación y excavación arqueológicas [...], del cual, se espera, emergerán ruinas históricas de una magnitud igual o incluso mayor que las de Egipto".[10] Manuel Gamio, defensor desde hacía tiempo de la colaboración entre antropólogos de distintos países bajo el compromiso común con la ciencia, desempeñó un papel crucial para convencer al gobierno mexicano de aceptar el proyecto.[11]

Pero no todos estaban compartían su entusiasmo. Leopoldo Batres, aún resentido por su caída en desgracia en 1911, pasó el resto de su vida —hasta su muerte en 1926— defendiendo su nombre en cartas y memorias, y haciendo amargas listas de sus enemigos. Llamó a los arqueólogos de Carnegie "vampiros yanquis" y pensaba que el acuerdo no era más que un "filibusterismo, llamado científico, que tantos males ha acarreado

---

[9]   Los antropólogos también fueron reclutados para colaborar con labores de inteligencia durante la Segunda Guerra Mundial y la Guerra de Corea. En la reunión de la Asociación Estadounidense de Antropología de 1971, un informe presentado por Margaret Mead provocó un intenso debate dentro de la disciplina y condujo a esfuerzos posteriores para aprobar un código de ética que condenara la recopilación de información de inteligencia para los gobiernos.

[10] "Maya Ruins Research to Extend Ten Years: Carnegie Institute Gets Mexican Grant for Period in Central American Excavation", *The New York Times*, 14 de agosto de 1923.

[11] Delpar, *The Enormous Vogue of Things Mexican*, 99-105.

a nuestra riqueza monumental, saqueándola y devastándola sin piedad alguna".[12]

Con todo, el proyecto de Carnegie avanzó, aun en un ambiente tenso a causa de las lealtades nacionales encontradas, con la promesa de entregar al gobierno mexicano todos los artefactos encontrados durante las excavaciones. Además de arqueólogos, el equipo incluía geólogos, meteorólogos, climatólogos y etnólogos que buscaban explorar los logros de los mayas y comprender la desaparición de su gran civilización. La hacienda deteriorada de Edward Thompson sirvió como sede del proyecto. Años antes, Morley había trasladado artefactos desde la hacienda al Museo Peabody; ahora, él y su equipo seguían las técnicas más actualizadas para excavar ruinas, basadas en una cuidadosa medición de los espacios, en detallados dibujos y notas de campo, y en la clasificación consistente de los objetos hallados, sin perder nunca de vista el respeto por las reivindicaciones de México sobre su pasado. Era una nueva era para la antropología.

Manuel Gamio desempeñó un papel importante en tales avances. Había regresado a México en 1910, tras estudiar con Franz Boas en la Universidad de Columbia, y se volvió alumno de la recién fundada Escuela Internacional de Arqueología y Etnología Americanas, una institución creada durante el Congreso Internacional de Americanistas de 1910 con el objetivo de formar antropólogos mexicanos con las habilidades que Boas consideraba esenciales en la educación de su disciplina. Entre 1913 y 1916, su ascenso profesional de seguro enorgulleció a Zelia Nuttall: fue nombrado director del nuevo Departamento de Inspección y Conservación de Monumentos Históricos, dependencia de la Secretaría de Instrucción Pública y Bellas Artes, lo cual

---

[12] Leopoldo Batres, citado en Bueno, *The Pursuit of Ruins*, 211. [La mención de los "vampiros yanquis" se encuentra en una carta dirigida a Álvaro Obregón, por ese entonces presidente de la República, conservada en el ALB, f. 307. Bueno consigna esa misma referencia para el resto de la cita, pero ello no es correcto: la acusación de "filibusterismo" está en otro documento, ff. 308-309 (n. de los trads.)].

ayudaría a erradicar la sombra de las políticas y estilo controvertidos de Batres.[13] Incluso durante los agitados tiempos de la Revolución mexicana, Gamio estuvo involucrado en excavaciones incansables y meticulosas en Copilco, Cuicuilco y otros sitios. Sus ideas tuvieron un gran impacto en los círculos políticos e intelectuales revolucionarios, especialmente su propuesta del *indigenismo* como nueva base de la identidad mexicana, tal como lo expuso en su libro de 1916 *Forjando patria*. En 1917 se convirtió en el primer director de la recién creada Dirección de Estudios Arqueológicos y Etnográficos, subdivisión de la Secretaría de Agricultura y Fomento, hecho que indicaba una mayor vinculación con las comunidades rurales.

Gamio había sido uno de los primeros antropólogos en usar la estratigrafía —es decir, el examen minucioso de las capas de suelo y escombros para identificar y fechar ruinas y artefactos—, metodología que a finales de la década de 1920 ya era ampliamente aceptada y valorada en la arqueología.[14] Gracias a ella, Gamio determinó que los antecesores de quienes construyeron Teotihuacan habían ocupado la región desde el año 2000 a.e.c. Además, insistió en la importancia del estudio cuidadoso de las comunidades indígenas contemporáneas para comprender sus culturas y elaborar políticas gubernamentales adecuadas para su bienestar.

Entre 1924 y 1925, Gamio fungió como subsecretario de Educación Pública, pero fue abruptamente destituido cuando criticó la corrupción en el gobierno de Plutarco Elías Calles y tuvo que salir del país. Desde Washington D. C., Gamio realizó

---

[13] La Inspección y Conservación de Monumentos Arqueológicos, institución dirigida por Batres durante décadas, se convirtió, en 1913, en el Departamento de Inspección y Conservación de Monumentos Históricos, con Gamio como su director. Un año más tarde, con la promulgación de una nueva ley, pasó a ser la Inspección General de Monumentos Históricos y Artísticos y de Bellezas Naturales. (n. de los trads.).

[14] Véase Gamio, "The Sequence of Cultures in Mexico". Para más sobre Gamio, véase González Gamio, *Manuel Gamio*.

estudios sobre las comunidades inmigrantes mexicanas en Estados Unidos para el recientemente fundado Consejo de Investigación de Ciencias Sociales (SSRC, por sus siglas en inglés). También en esa época llevó a cabo una serie de excavaciones en Guatemala. Al regresar a México en 1930, pasaría treinta años dirigiendo excavaciones arqueológicas y enseñándoles a los practicantes el uso de las técnicas más avanzadas de la arqueología. Habían quedado atrás los días en que Leopoldo Batres y Edward Thompson podían desenterrar estructuras sin orden alguno y restaurarlas de manera improvisada con dragas y cemento. Como fundador y director del Instituto Indigenista Interamericano desde 1942 hasta su muerte en 1960, Gamio trabajó para asegurar una mayor integración de los pueblos indígenas a la vida social, política y económica de México, y continuó supervisando excavaciones arqueológicas.

Zelia Nuttall estaba fascinada con los muchos descubrimientos arqueológicos que salieron a la luz tras la Revolución mexicana. Viajó a los sitios y mantuvo contacto con quienes supervisaban las excavaciones, aunque su esfuerzo por llevar a cabo una excavación propia, en la Isla de Sacrificios, había sido en vano. Su labor de examinar archivos para encontrar pistas sobre eventos, símbolos, pictografías, armaduras, estrellas y mitos fue importante en la consolidación del campo, pero no fue suficiente para continuar siendo una figura destacada en una disciplina que empezaba a centrarse en los triunfos intelectuales logrados en los sitios arqueológicos, allí donde los antropólogos construían ahora sus carreras, ni podía adjudicarse el mérito de los nuevos y emocionantes hallazgos que ocupaban los titulares de los periódicos.

*

Al tiempo que se fueron desarrollando aquellas técnicas arqueológicas, en ese entonces de vanguardia, y una metodología más rigurosa comenzó a guiar las excavaciones, una nueva escuela de antropología cultural empezó también a dejar su huella. Aunque no era tan reconocida públicamente como los descubrimientos arqueológicos, la labor de los antropólogos culturales tuvo un impacto profundo en el campo. Se trataba de una revolución intelectual que respondía a dos preguntas fundamentales: ¿de dónde provienen las culturas y cómo éstas pueden ser comparadas entre sí? En su respuesta, Franz Boas, conocido como "papá Franz" por sus estudiantes, inspiró a toda una generación de antropólogos a explorar las culturas contemporáneas desde una nueva perspectiva —la cual, sin duda, resultaba problemática para Zelia, formada en otros tiempos—.

Como muchos de su generación, Boas había aceptado, al principio de su carrera, la idea de que las sociedades humanas podían clasificarse con base en características biológicas, y que la raza y la cultura podían ser identificadas mediante la comparación de los rasgos físicos de personas pertenecientes a distintas sociedades. También asumía que las culturas evolucionaban linealmente, desde lo primitivo hasta lo civilizado, de las tribus selváticas a las creencias y conductas de Occidente. En sus primeros trabajos, se dedicó a recopilar datos sobre pueblos indígenas del paso del noroeste y de las costas del Pacífico de Canadá y Estados Unidos, y había logrado reunir una gran cantidad de información sobre los esqueletos, la longitud de los huesos y el tamaño y la forma de los cráneos con el propósito de demostrar que esas poblaciones diferían entre sí al compararlas.

Sin embargo, no le tomó mucho tiempo comenzar a dudar de que los datos antropométricos en efecto ofrecieran un indicador claro o significativo de las diferencias entre sociedades. Cuando se analizaban con cuidado, sus mediciones, como las de otros, demostraban que no era posible establecer claramente la raza y la cultura basándose en el tamaño o la forma del cráneo, ni en otras mediciones biológicas. Los datos, comprendió Boas, contradecían cualquier idea de una progresión biológica lineal. Fue así que, cada vez con más fuerza, se opuso a la entonces extendida idea de una "historia evolutiva uniforme y sistemática de la cultura", así como de las diferencias entre "tipos" humanos basados en la raza.[15] Una aventura vivida en carne propia —la de pasar un oscuro y gélido invierno con los inuit en la isla de Baffin, Canadá— lo impresionó por las avanzadas habilidades de supervivencia y organización social de una cultura que entonces se consideraba "primitiva". Todo el trabajo científico que había hecho y todo el conocimiento que había acumulado en Alemania y Estados Unidos resultaron irrelevantes cuando se enfrentó a las temperaturas bajo cero y a las vastas extensiones de hielo y nieve. Los pueblos locales eran sabios en las artes de la supervivencia y la innovación cultural.

Las observaciones de Boas lo llevaron finalmente a adoptar una teoría profundamente radical sobre las culturas y civilizaciones, cuyas conclusiones eran que el comportamiento y las creencias humanas estaban determinados principalmente por factores sociales.[16] Sostenía que las sociedades desarrollaban normas y reglas a lo largo del tiempo en respuesta a las condiciones ambientales, al aprendizaje que obtenían de otras sociedades y a la toma de decisiones sobre ciertos temas centrales que enfrentaban todas las comunidades humanas: cómo sobrevivir en un entorno determinado, cómo alimentarse y resguardarse, cómo criar a los hijos, cómo construir normas que aseguraran la estabilidad social y cómo comprender el sentido espiritual de la vida y la muerte. Así, cada cultura era una adaptación a largo plazo de una sociedad humana en específico, de una acumulación de actos sociales creativos —y no de un desarrollo biológico—, en respuesta a los múltiples desafíos que implica sobrevivir y vivir juntos. Y ello era tan cierto para las culturas del pasado como para las contemporáneas.

Esta nueva teoría sobre el origen de las culturas y el porqué de que existan tantas diferencias entre ellas provocó cambios

---

[15] Franz Boas, citado en King, *Gods of the Upper Air*, 77.
[16] Boas defendió persuasivamente esta posición en su libro de 1911, *The Mind of Primitive Man*. King, *Gods of the Upper Air*, presenta una historia minuciosa sobre el pensamiento de Boas y su influencia en sus estudiantes.

profundos en la disciplina antropológica. Para estudiar una cultura desde esta perspectiva, un investigador necesitaba tener una combinación de habilidades que le permitieran observar con claridad la manera en que la interacción social moldea los comportamientos y las creencias. Según Boas, para ello se requería una formación en antropología biológica, arqueología, etnología y lingüística, ya que cada una de estas ciencias podía ayudar a explicar cómo y por qué las culturas eran de la forma en la que eran. Las variaciones en la biología humana podían arrojar luz sobre las adaptaciones, las migraciones y la evolución a lo largo del tiempo; los cambios en el habla podían iluminar cómo el lenguaje les da forma a las relaciones sociales y determina la percepción del mundo; un estudio cuidadoso del mundo material develado por la arqueología podía proporcionar un registro histórico, aun en sociedades de las que no se conservaran documentos escritos, así como demostrar distintas estrategias de adaptación, y la etnología podía proponer explicaciones sobre las similitudes y diferencias entre las culturas a través del espacio y el tiempo.

Boas creía que si los antropólogos querían verdaderamente estudiar otras sociedades, era esencial que hicieran su mejor esfuerzo por escapar de los prejuicios y las suposiciones de su propia cultura. Su papel era observar las normas y actividades culturales, no juzgarlas. Sólo si lograban dar el extremadamente complicado paso de sumergirse por completo en otra cultura sin sesgos ni juicios de valor, podían esperar apreciar su propia lógica interna. Tenían el deber de recolectar información y registrar sus observaciones y los acontecimientos. En consecuencia, la acumulación de información de múltiples sociedades les permitiría a los practicantes disciplinados entender por qué existe una diversidad cultural tan grande en el mundo y cómo ha ocurrido de distintas maneras la innovación social.[17]

---

[17]   Véase especialmente King, *Euphoria*, una novela sobre Margaret Mead y el desarrollo de sus conocimientos acerca de los atributos fundamentales de distintas culturas.

Boas sostenía que las culturas podían cambiar con el tiempo, pero no necesariamente en una dirección progresiva ni lineal. Por lo tanto, los antropólogos debían renunciar a todas las ideas sobre la existencia de una progresión cultural que iba de lo primitivo a lo civilizado. Tampoco podían identificarse comportamientos y creencias específicos como superiores o inferiores en comparación con los de otras culturas. El hecho de que las sociedades les asignaran ciertos roles a las mujeres y otros a los hombres, promovieran ciertas formas de criar a sus hijos y vincularan ciertas características con la belleza y la riqueza, no significaba que se pudiera decir que eran más o menos refinadas ni se les podía colocar en determinado peldaño de la escalera de la evolución.

Para la década de 1920, los estudiantes de Boas ya se estaban sumergiendo activamente en diferentes culturas, estudiándolas y escribiendo sobre por qué sus comportamientos sociales, valores y creencias estaban configurados tal y como lo estaban. Entre ellos había pioneros como Ruth Benedict, Gilberto Freyre, Manuel Gamio, Zora Neale Hurston, Alfred Kroeber, Margaret Mead y Edward Sapir.[18] Sus hallazgos fueron sorprendentes; impactantes, incluso. Mead, por ejemplo, investigó si las dificultades de la adolescencia —antes consideradas una clara evidencia de una etapa biológica del desarrollo humano— eran comunes en todas las culturas. Este caso sin duda pondría a prueba los principios de la antropología cultural. En *Coming of Age in Samoa*, Mead presentó sus observaciones sobre las actitudes y prácticas sexuales de los adolescentes en el país oceánico, donde se

---

[18] Véase especialmente King, *Gods of the Upper Air*. La antropología cultural contribuyó a extensos estudios sobre distintas comunidades mexicanas, siguiendo una vez más el ejemplo de Manuel Gamio. Robert Redfield, de la Universidad de Chicago, realizó estudios pioneros en Tepoztlán, en el estado de Morelos, y en Chan Kom, en Yucatán, inspirado por un viaje a México y por sus conversaciones con Manuel Gamio en 1923. Después de Redfield, vinieron Ricardo Pozas y Evon Voght —quienes realizaron trabajos importantes entre los mayas de Chiapas en las décadas de 1950 y 1960—, Oscar Lewis —quien desarrolló la noción de una "cultura de la pobreza" en México a finales de los años cincuenta— y Alfonso Villa Rojas, quien comenzó sus investigaciones sobre los mayas en Yucatán en la década de 1970.

animaba a los jóvenes a explorar abiertamente su sexualidad a medida que maduraban, una conducta que no estaba cargada de vergüenza ni de estrés. Su punto era claro: las actividades sexuales de los adolescentes en Samoa tenían todo el sentido si uno era samoano; no lo tenían si uno era adolescente en la sociedad estadounidense.

Esta nueva comprensión sobre las raíces de la cultura dejó a Zelia Nuttall bastante al margen de la antropología tal como se estaba desarrollando en los años veinte. Aunque sus investigaciones no solían basarse en teorías sobre jerarquías de culturas y razas —la visión que Boas y sus estudiantes rechazaban—, ella nunca había cuestionado seriamente los supuestos de su generación. Adoptar los principios de la antropología cultural era un paso muy grande para Zelia, y es posible que haya rechazado que las nuevas teorías fueran en lo absoluto relevantes para sus propios intereses de investigación. Tampoco se sentía inspirada por el enfoque de la antropología cultural en torno a las creencias y prácticas de las comunidades indígenas contemporáneas. Lo que capturaba su atención era la historia y la cosmología de quienes habían habitado el centro de México cientos o miles de años atrás. Zelia estaba interesada en la etnología y conocía los rituales y las tradiciones que se celebraban en los pueblos de todo México, pero no tenía ningún deseo de instalarse durante meses en una comunidad remota para observar sus actividades cotidianas e indagar sobre creencias relacionadas con la familia, el tiempo, la comida, la riqueza o la religión.

*

Los dos grandes avances en el campo de la antropología hasta aquí descritos —el desarrollo de la ciencia de la arqueología y la invención de la antropología cultural— llegaron de la mano con la institucionalización de la disciplina, un tercer paso al frente que dejó a Zelia al margen. Las normas y prácticas antropológicas solían ser ahora determinadas por los departamentos universitarios, que pronto tomaron control sobre las decisiones por determinar quiénes estaban calificados para llevar a cabo trabajos profesionales en la disciplina. Los museos universitarios —donde los antropólogos de antes se habían reunido regularmente para compartir y debatir sus descubrimientos— se convirtieron en una extensión secundaria de la formación y acreditación académicas, y el modelo de aprendizaje por medio de tutorías, como el que practicaba Frederic Putnam, fue reemplazado por la instrucción formal en el aula. Nuevamente, Boas fue un líder en todos estos cambios. Como profesor de antropología en Columbia, pudo concretar una de sus aspiraciones más tempranas, surgida cuando asesoró a la Universidad de California en 1901. Para que la antropología progresara como ciencia, afirmaba, debía formar un cuerpo de expertos que forjara su reputación mediante extensos trabajos de campo.

La institucionalización de la antropología cambió las expectativas sobre sus practicantes: no sólo necesitaban contar con acreditaciones institucionales, sino dominar determinadas habilidades, obtenidas gracias a una esmerada formación académica. Así, quienes contaban con títulos avanzados en antropología eran considerados especialmente calificados para investigar el pasado y el presente de las civilizaciones humanas, y por lo mismo pasaban a ocupar puestos en departamentos universitarios, consolidando aún más el control de la academia sobre el campo. Las asociaciones de entusiastas —aquellas que fueron el foro originario en el que los antropólogos independientes se reunían para compartir ideas— se transformaron gradualmente en organizaciones académicas responsables de organizar y albergar discusiones para profesionales formados en la disciplina.

Harvard estableció el primer Departamento de Antropología en 1890, y la Universidad de California hizo lo propio en 1901; Putnam fue una figura central en ambas iniciativas, y Boas y Zelia colaboraron en la creación del departamento en

California. En 1902, Columbia estableció el suyo, que se convirtió en la plataforma desde la cual Boas desarrolló el campo de la antropología cultural. En 1913, la Universidad de Pensilvania trasladó su Departamento de Antropología de su museo al campus, y en 1915, la Universidad de Arizona formalizó su trabajo sobre las sociedades nativo-americanas del suroeste mediante la creación de su propio departamento de antropología. Le siguieron la Universidad Estatal de San Diego en 1917, la Universidad de Tulane en 1924, la Universidad de Nuevo México en 1928 y la Universidad de Chicago en 1929.

De tal suerte, como parte de los cambios en la disciplina, pronto comenzó a esperarse que quienes realizaran trabajo de campo tuvieran un doctorado o estuvieran en proceso de obtenerlo. Además, cada vez más, las becas para apoyar la investigación en antropología también eran canalizadas por medio de universidades, y muchas veces sólo estaban disponibles, justamente, para sus posgraduados. Para 1930, ya no era razonable esperar que una carrera como investigadora independiente fuera siquiera posible. El campo se había convertido en una disciplina cuyo hogar estaba ahora dentro de los muros de la universidad.

Zelia no tenía título alguno. Nunca había escrito una tesis y nunca había enseñado en un salón de clases. Era una académica independiente —autodidacta e impulsada por sus propias motivaciones (y muchas veces por sus propios recursos)—. Sus mentores, quienes habían hecho tanto para que su carrera avanzara, ya no estaban a cargo de las decisiones acerca de quién estaba calificado como antropólogo. Tampoco dominaban ya las redes entre investigadores influyentes que pudieran promover o moldear una carrera, ni tenían acceso privilegiado a las becas otorgadas para realizar trabajo de campo. Zelia estaba, entonces, cada vez más al margen de los consejos que determinaban el futuro de la disciplina. Sus contribuciones eran respetadas, pero ella era vista como una persona de otra era, menos diestra en el manejo de las normas de la ciencia y la investigación modernas.

Debe de haber sido un golpe duro para alguien que se consideró una científica a lo largo de toda su vida. Aunque Zelia se pensaba a sí misma como una antropóloga profesional, ya no era parte del club que establecía las normas para sus miembros.

*

El viraje hacia la arqueología, los avances técnicos, el desarrollo de la antropología cultural y la institucionalización de la antropología dentro de los departamentos universitarios obligaron a Zelia a luchar por seguir siendo relevante, tal y como había luchado frente a los cambios en la sociedad mexicana. Peleó con valentía por ser recordada y por ser tomada en serio en ese nuevo mundo académico, no necesariamente uniéndose a él, pero sí insistiendo en que su conocimiento era relevante para un amplio rango de las preocupaciones antropológicas vigentes en ese entonces. De alguna forma, en sus últimos años, Zelia encontró la energía para decirle a la nueva generación de antropólogos: "No se atrevan a olvidarse de mí ni de mi trabajo. Soy importante".

Acaso por ello, Zelia siguió publicando, y a un ritmo acelerado. Entre 1920 y su muerte, en abril de 1933, publicó más de treinta artículos en revistas y periódicos ingleses, franceses, alemanes y españoles. Sus temas abarcaban, por ejemplo, el cultivo del maíz antiguo, el culto azteca al Sol, la cultura maya, los árboles de frutas, el urbanismo, Sir Francis Drake, Hernán Cortés, la Inquisición y el uso de armas de fuego. En esas publicaciones, insistía, fiel a su estilo, en ser vista como una experta, y en que sus conocimientos habían sido perfeccionados mediante un estudio minucioso y nutridos por saberes profundos.

También se mantuvo en contacto con diversos antropólogos que estaban haciendo descubrimientos importantes en México. Entre ellos estaba, principalmente, Manuel Gamio —un querido amigo y visitante recurrente de su casa en México, la Casa Alvarado, como se mencionó en el capítulo anterior—, pero también mantuvo su correspondencia con Franz Boas, Alfred Kroeber y Alfred Tozzer, todos líderes en la disciplina y viejos amigos suyos. Apoyó los esfuerzos de Edgar Lee Hewett, de la Universidad de Nuevo México, para crear una escuela de verano para arqueólogos en la Ciudad de México, e incluso ofreció abrir su colección de libros e invaluables manuscritos a sus estudiantes, hasta que se desanimó al ver que no aceptaban su oferta.[19] Sylvanus Morley, jefe del proyecto de la Institución Carnegie en Chichén Itzá, la visitaba con regularidad, y fue una de las primeras personas a las que llamó por teléfono cuando el gobierno mexicano finalmente aprobó el contrato con Carnegie en 1926. Su papel en la promoción del proyecto fue reconocido cuando visitó el sitio: durante las comidas se le asignó el lugar de honor, a la derecha de Morley.[20]

Zelia se negó, pues, a ser ignorada por los antropólogos más jóvenes formados en la universidad —como Alfonso Caso, Manuel Gamio, Alfred Kroeber, Gregory Mason, Alfred Tozzer y George Vaillant—. Pensaba que tenía la obligación de guiarlos, y asumió el papel de mentora de varios de ellos. Seguía atesorando su nombramiento como asesora especial del museo de Harvard, el cual hacía que los jóvenes antropólogos de la universidad la conocieran, y no sólo eso: muchos de ellos acudían a ella con frecuencia en busca de consejo o de un refugio donde poder descansar del polvo, la humedad y los mosquitos de sus excavaciones.

George Vaillant, curador asistente en el Museo Americano de Historia Natural, se refería a ella como su "tía adoptiva", al igual que Tozzer. "Tuve el privilegio de pasar el invierno de 1925-1926 en un departamento de la Casa Alvarado", escribió Philip Means, de Harvard, "el cual alquilé a la señora Nuttall con el fin de estudiar a su lado y aprender de ella".[21] Se deleitó con

19 Zelia Nuttall a Edgar Lee Hewett, 11 de febrero de 1931, Colección Parmenter.
20 F. O. Kilmartin a Ross Parmenter, 1 de enero de 1974, Colección Parmenter.
21 Means, "Zelia Nuttall", 487.

su hermoso jardín y más tarde mantuvo correspondencia regular con ella. Frans Blom reflexionó sobre lo importante que había sido Zelia para su carrera cuando recibió una oferta para enseñar en el Instituto de Investigación de Mesoamérica de la Universidad de Tulane: "Me parece que tendré que pasar la vida en deuda constante con los amigos que me han ayudado en el camino", escribió Blom. "La señora Nuttall fue la primera en animarme a estudiar arqueología mesoamericana y el señor Gamio el primero en confiar en mí para la realización de un trabajo de importancia. Luego vinieron la ayuda de Morley, la orientación del profesor [Alfred] Tozzer y el apoyo del profesor [Marshall] Saville".[22]

Zelia era cálida, acogedora y se interesaba por sus jóvenes colegas, pero también vigilaba con vista de águila su trabajo profesional y exigía que se reconociera, en los artículos o libros que publicaban, cuando ella había hecho aportaciones. En los años oscuros tras su regreso a la Casa Alvarado, Herbert Spinden y Alfred Tozzer publicaron artículos sobre lo que se conocería como el "periodo Arcaico", anterior a la fundación de Teotihuacan. Ninguno de los dos mencionó cuánto le debía a Zelia el desarrollo de ese concepto. Ella afrontó la ofensa en silencio y se la guardó para sí. Pero cuando recuperó el ánimo en la década de 1920, ya no estaba dispuesta a dejar que tales deslices pasaran inadvertidos.

Encontró una omisión similar en un artículo de Alfred Tozzer de 1921, y otra más en un trabajo de Alfred Kroeber de 1925, por lo que consideró que era hora de dejar claro quién había sido responsable de descubrir una cultura anterior en el centro de México. En "The Aztecs and their Predecessors in the Valley of Mexico" (Los aztecas y sus predecesores en el Valle de México), escrito para la Sociedad Filosófica Estadounidense y publicado en 1926, Zelia expuso cómo ella había ya llamado la atención con

---

[22] Franz Boas a William Gates, s.f., citado en Parmenter, "Zelia Nuttall and the Recovery of Mexico's Past", 1129.

anterioridad sobre la existencia de ese periodo histórico, cuando aún no había sido reconocido por otros antropólogos e historiadores. Incluso puso el ejemplo sobre cómo reconocer y honrar la historia de los descubrimientos antropológicos, al atribuirle al abate Charles Étienne Brasseur de Bourbourg la primera mención sobre una civilización pre-teotihuacana en 1861 y al hacer referencia a una exposición de antigüedades en París en 1881 en la cual se había puesto de manifiesto esa misma hipótesis.

En su artículo, Zelia aseguraba que fue en 1902 cuando ella sugirió por primera vez el origen temprano de varios artefactos. Las once densas páginas de su trabajo contienen, así, tal como había hecho en su artículo sobre la Isla de Sacrificios, la historia de sus descubrimientos, incluidos los lugares y las fechas en que identificó la profunda antigüedad de ciertas figurillas y fragmentos de cerámica.[23] Cuenta, por ejemplo, que en 1902, mientras caminaba por su recién adquirida propiedad en Coyoacán, se cruzó con un grupo de niños que jugaban con unas figurillas de barro, pronto reconocidas por ella como pertenecientes a un periodo aún por estudiarse. Con esa hipótesis en mente, se las mostró a los antropólogos europeos y estadounidenses asistentes al Decimoséptimo Congreso Internacional de Americanistas en la Ciudad de México en 1910... Y así continúa, detallando con precisión sus propios descubrimientos y los de otros, mientras explica cómo las inundaciones, las erupciones volcánicas y otras catástrofes obligaron a aquellos pueblos antiguos a migrar, esparciendo su civilización por todo el Valle de México y hasta Guatemala. Todo esto era evidente, afirmaba, en las capas de suelo que había observado cerca de su casa. Además, "diversos mitos y tradiciones ancestrales hacen referencia a una sucesión de terribles cataclismos que cayeron sobre los antepasados de la raza nativa".[24]

---

[23] Véase Nuttall, "The Aztecs and Their Predecessors in the Valley of Mexico". Véase también Deuel, *Testaments of Time*, 545-546.

[24] Nuttall, "The Aztecs and Their Predecessors in the Valley of Mexico", 249. Con "raza nativa" se refiere a los aztecas.

La lección que Zelia había aprendido desde temprano en su carrera —la importancia de reclamar la autoría de sus propios descubrimientos— parecía ahora más relevante que nunca. Philip Means, por su parte, valoraba su empeño en demostrar que tenía razón: "Cuando estuve con ella en 1925-1926, la 'Tía Zelia' —como tuve el privilegio de llamarla— estaba librando una batalla feroz con alguien, no recuerdo sobre qué asunto. Un día salió al jardín, donde yo estaba sentado, y blandiendo triunfalmente una carta, exclamó: 'Bueno, pues ya acabé con él. ¡Admite que estaba equivocado!'".[25]

George Vaillant aprendió a la mala cuán celosa podía ser Zelia al proteger sus descubrimientos. En una carta, luego de elogiar sus excavaciones en Zacatenco como un "modelo de investigación científica verdadera", Zelia le reclamó con severidad por no haber reconocido adecuadamente su papel en el descubrimiento de una cultura anterior a la fundación de Teotihuacan.[26] Reconocía, sí, que su "sobrino adoptado" había escrito sobre el descubrimiento que había hecho Zelia de algunas figurillas de cerámica de ese periodo, pero después había referido a Manuel Gamio como la autoridad sobre su significado y antigüedad. ¿No habría sido más profesional y adecuado, inquiría Zelia, citar *su* publicación, en vez de la de Gamio, e indicar que había sido *ella* quien sacó a la luz esos materiales por primera en 1902? "Algunos de nuestros colegas, me temo, van a ver, en tu referencia a la mención que hizo Gamio de las figurillas en 1907, un indicio de que ninguno de los dos acepta mi propia declaración de que fue en 1902 cuando yo las noté por vez primera", escribió Zelia.[27] Sin embargo, su carta concluye, con indulgencia, que

---

[25]   Means, "Zelia Nuttall", 488-489.
[26]   Zelia Nuttall a George Vaillant, 26 de agosto de 1930, Colección Parmenter.
[27]   Zelia Nuttall a George Vaillant, 28 de agosto de 1930, Colección Parmenter. Alice Cunningham Fletcher le había escrito a W. H. Holmes sobre el reconocimiento que hizo Zelia del periodo Arcaico (Alice Cunningham Fletcher a W. H. Holmes, 2 de febrero de 1907, Colección Parmenter).

de seguro todo se había debido a un "desliz de la memoria". Sea como fuere, el regaño fue suficiente para que Vaillant le enviara una humillada disculpa, con la promesa de no volver a cometer una ofensa así.[28]

Zelia también se involucró en los trabajos que se realizaban en Chichén Itzá. Cuando se excavó una estructura conocida como el Caracol, Zelia hizo hincapié en que había formado parte del culto solar maya y que originalmente estaba coronada por una torre cónica. Sylvanus Morley, quien estaba a cargo de la excavación, en cambio, estaba decidido a que se reconstruyera con un techo plano. Cuando Zelia asistió a una reunión de la Sociedad Antropológica de Washington en 1927, denunció públicamente lo que ella consideraba un error en ese intento de restauración. La acusación fue tomada lo suficientemente en serio como para que el embajador mexicano en Washington se preocupara de que la Institución Carnegie pudiera estar tergiversando la historia, por lo cual llamó a su director para pedirle explicaciones. Más tarde, cuando solicitó una beca de la Institución Carnegie, Zelia estaba convencida de que no la obtendría, "ya que mi reciente descubrimiento no está en armonía con el de Morley [...], [dada mi insistencia] en que los mayas construyeron el Caracol para observar los equinoccios y los solsticios".[29] Investigaciones posteriores demostraron que ella tenía razón.

Cuando Phoebe Apperson Hearst compró la colección de malacates de Zelia y la donó a la Universidad de California, la institución los describió erróneamente como fragmentos de cerámica. Zelia le envió inmediatamente una carta a Alfred Kroeber, aconsejándole que le pidiera rendir cuentas a quien hubiera

---

[28] George Vaillant a Zelia Nuttall, s.f., Colección Parmenter.
[29] Zelia Nuttall a Alfred Tozzer, 18 de enero de 1927, Colección Parmenter. Ésta fue una de sus afirmaciones que demostraron una mayor vigencia científica; véase Aveni, Gibbs y Hartung, "The Caracol Tower at Chichén Itzá".

cometido ese error.[30] De forma más confrontativa, le escribió al rector de la universidad, William Wallace Campbell, para reclamarle que el museo había fallado al reconocer el valor de una canasta que ella le había regalado a Phoebe Hearst y que ahora formaba parte de la colección de la universidad, lo cual desató un pequeño conflicto entre administradores universitarios. "Sin duda es la canasta californiana más interesante que he encontrado jamás, y por eso consideré que era digna de ser obsequiada a la querida señora Hearst", escribió Zelia con tono desafiante.[31] Insistía en que dos canastas que ahora estaban en el museo universitario eran "acaso los ejemplares más importantes e interesantes de cestería nativa californiana que existen, y ciertamente tienen más de cien años [...]; es muy probable que fueran tejidas en 1822".[32] Zelia estaba escandalizada de que la universidad tratara con tanta indiferencia los tesoros que poseía.

Henry Wagner, presidente de la Sociedad Histórica de California, cuestionó parte de la interpretación de Zelia sobre el material que había encontrado en torno a Sir Francis Drake. La respuesta de Zelia no se hizo esperar: fue publicada en la *Hispanic American Historical Review*. En sus cinco páginas, negó haber incurrido en alguna "mala traducción" o "tergiversación" o "traducción falsa y engañosa", como Wagner había afirmado, y lo acusó de haber atentado gravemente contra "mi reputación como investigadora, mi fiabilidad como traductora y mi integridad". Según Zelia, era Wagner quien no había hecho bien su trabajo. En su réplica, Wagner escribió que dejaría que un

---

[30]   Zelia Nuttall a Alfred Kroeber, 11 de agosto de 1923, Archivo Nuttall, Museo Peabody.

[31]   Había sido un regalo de cumpleaños para la señora Hearst (Zelia Nuttall a Alfred Kroeber, 19 de septiembre de 1920, Colección Parmenter).

[32]   Zelia Nuttall, nota, 10 de octubre de 1920, en los archivos de adhesión del Museo de Antropología Phoebe A. Hearst, Universidad de California-Berkeley (el tejido contenía la inscripción "Fue confeccionado por Ana Maria, neófita de la Misión del Seráfico Doctor San Buenaventura"); Nuttall, "Two Remarkable California Baskets" (la cesta fue tejida con el escudo de armas de la Corona española como obsequio para un dignatario visitante).

"especialista en el tema" determinara la verdad; no creía que pudiera lograrse mucho respondiéndole en detalle a ella.[33] Zelia no dejó pasar su arrogancia y respondió de nuevo con firmeza. La revista declaró entonces que no quería participar en más controversias entre ellos.

Zelia reaccionaba con rapidez, aunque es cierto que no siempre tenía razón. Reprendió a Alfonso Caso, discípulo de Manuel Gamio y respetado arqueólogo mexicano, quien se convertiría en el primer director del Instituto Nacional de Antropología e Historia luego de su creación en 1939. Caso había descubierto joyas notables en Monte Albán y las identificó como artefactos de la cultura mixteca. Zelia no estuvo de acuerdo: según ella, eran aztecas. Lesley Byrd Simpson tuvo que escuchar su opinión durante una taza de té en la Casa Alvarado: "Cuando Alfonso Caso y su equipo descubrieron la Tumba 7 en Monte Albán, ella intervino de inmediato y la identificó como la tumba de Cuauhtémoc. Publicó un artículo al respecto en uno de los periódicos [...] pero fue ignorada, para su gran disgusto [...]. Los mexicanos querían desacreditarla, de eso no hay duda, y ella estaba furiosa y dispuesta a pelear".[34] Años después, Caso pudo demostrar que tenía razón, pero Zelia murió completamente convencida de su propia hipótesis. "Estaba siempre dispuesta a subir a su tribuna", diría el arqueólogo británico Eric Thompson tres décadas después de la muerte de Zelia, "cuando estaba en juego una de sus queridas teorías. Daba pelea".[35] Sin embargo, si tomamos en consideración lo ansiosos que estaban muchos jóvenes universitarios por minimizar sus contribuciones, ¿quién puede culpar a Zelia por querer corregir la historia?

[33] Wagner y Nuttall, "Communications", 253, 258.
[34] Lesley Byrd Simpson a Ross Parmenter, s.f., citado en Parmenter, "Zelia Nuttall and the Recovery of Mexico's Past", 1494.
[35] Eric Thompson a Ross Parmenter, 1962, citado en Parmenter, "Zelia Nuttall and the Recovery of Mexico's Past", 1517.

Por el contrario, se deleitaba cuando su trabajo sí era reconocido. Edgar Lee Hewett, de la Universidad de Nuevo México, tuvo la idea de publicar un libro para uso de los estudiantes de antropología que incluiría artículos importantes de Zelia, al igual que algunos escritos por Marshall Saville y Alfred Tozzer, entre otros. Ella estaba fascinada y propuso incrementar su presencia en el volumen escribiendo la introducción y contribuyendo con fotografías.[36] Hewett era apodado a sus espaldas "El Toro", por sus constantes peleas con muchos colegas antropólogos importantes en Columbia, Harvard y la Institución Smithsoniana; sin embargo, cuando se interesó por las relaciones entre las comunidades indígenas en México y en Estados Unidos, él y Zelia se hicieron rápidamente amigos.

Zelia siguió asistiendo a las reuniones científicas, asegurándose de ser vista y escuchada. En 1921 leyó un artículo en el Real Instituto Antropológico de Gran Bretaña e Irlanda; en 1926 estuvo en el Congreso Internacional de Americanistas celebrado en Roma. Allí atestiguó, sentada en la primera fila, cómo Benito Mussolini recibía a los delegados. Ese mismo año, escuchó a su hermano George dar un discurso en la Asociación Estadounidense para el Avance de la Ciencia en Filadelfia. En 1927 estuvo presente en la reunión de la Sociedad Antropológica de Washington y, al año siguiente, en el Congreso Internacional de Americanistas en Nueva York. En 1929 estuvo en París, en una reunión y exhibición relacionadas con el culto solar, y fue de nuevo al Real Instituto Antropológico. En 1930 preparó un artículo para que se leyera en el Congreso Internacional de Americanistas en Hamburgo.

Estaba vieja, enferma la mayor parte del tiempo, y casi siempre sin dinero, pero Zelia Nuttall estaba decidida a no ser olvidada.

---

[36]   Zelia Nuttall a Edgar Lee Hewett, 11 de febrero de 1932, Colección Parmenter.

14. LEGADO

Zelia Nuttall murió el 12 de abril de 1933. Tenía setenta y seis años, y hasta el final fue un personaje fascinante, que vivió tanto dentro como fuera de las limitaciones de su tiempo. Cuando murió, fue honrada como "una figura sobresaliente de la arqueología y la historia estadounidenses, durante medio siglo completo", con una "obra inmensa y muy importante".[1] "Todo su trabajo", escribió otro admirador, "estaba impregnado de profunda erudición".[2] Su amigo de toda la vida, Alfred Tozzer, recordó "su presencia majestuosa, su agudeza, y su conocimiento".[3] *The New York Times* lamentó la muerte de una "notable anticuaria".[4] Leo Deuel la describió como una "mujer extraordinaria de gran ímpetu e ingenio", y señaló, en reconocimiento al trabajo de Zelia con las fuentes documentales aztecas y españolas, cómo había ayudado a desarrollar la antropología de las Américas "al nivel de la del antiguo Oriente Próximo".[5]

1 Means, "Zelia Nuttall", 487.
2 Vosy-Bourbon, "Zelia Nuttall", 370.
3 Tozzer, "Zelia Nuttall", 480.
4 "Mrs. Nuttall Dies; Noted Antiquary; Devoted Last Forty Years to Archaeological Research in Mexican Republic; Honored by Expositions; Won Gold Medals at Madrid, Chicago and Buffalo —Was a Native of San Francisco", *The New York Times*, 13 de abril de 1933.
5 Deuel, *Testaments of Time*, 543, 544.

Sin embargo, después de la publicación de numerosos obituarios, tanto en revistas académicas como en periódicos locales y nacionales, Zelia Nuttall fue en buena medida olvidada. En las décadas siguientes, su nombre se mencionaba de vez en cuando como una pionera de la antropología, y su personalidad llamativa era evocada e idealizada, pero la historia sobre los orígenes de la antropología se enfocaba en otros nombres y describía otros descubrimientos, no los suyos. Las publicaciones de Zelia se encuentran a veces en estantes empolvados de grandes bibliotecas universitarias. Algunas pueden encargarse a libreros especializados en obras recónditas, y unas pocas aparecen —si bien casi nunca consultadas— en archivos en línea.

Una parte de la historia de Zelia regresó a la superficie a mediados de los años sesenta, cuando Ross Parmenter escribió sobre ella para un libro colectivo sobre los precursores de la antropología.[6] Veinte años después, en un volumen similar, pero dedicado a mujeres antropólogas, Beverly Chiñas reseñó la carrera de Zelia y la caracterizó como "fuerte, independiente, asertiva, de mente afilada, y determinada con la carrera que eligió, en una época en que tales cualidades no eran valoradas en una mujer".[7] Cuando Parmenter murió en 1999, dejó tras de sí una labor investigativa de tres décadas, pero su manuscrito, tentativamente titulado "Zelia Nuttall and the Recovery of Mexico's Past" (Zelia Nuttall y la recuperación del pasado de México), nunca fue publicado. En 2010, cuando Amanda Adams publicó un libro sobre las mujeres pioneras de la antropología, incluyó un capítulo dedicado a Zelia, titulado "Mexico's Archaeological Queen" (La reina de la arqueología de México), en el cual se elogia su erudición, tan amplia que abarcaba "desde el universalismo de la esvástica hasta la cultura arcaica y los antiguos calendarios

---

[6]   Parmenter, "Glimpses of a Friendship".
[7]   Chiñas, "Zelia Maria Magdalena Nuttall", 273.

lunares".[8] Existe una Sociedad Zelia Nuttall en Facebook, y en Wikipedia está publicada una breve biografía suya. Sin embargo, todo lo anterior representa una huella pequeña para una vida tan llena de aventuras.[9]

*

La antropología surgió como disciplina durante la vida de Zelia. Entre su generación de pioneros, muchos estaban fascinados por la larga historia de las civilizaciones humanas en América y deseaban conocer más sobre la vida y las creencias de los pueblos indígenas. Centroamérica, México y Perú se convirtieron en sitios importantes para quienes buscaban comprender los imperios azteca, maya e inca, sin mencionar a aquellos que buscaban los rastros de la ciudad perdida de la Atlántida o las tribus errantes de Israel. En la península de Yucatán, Chichén Itzá atrajo a una multitud de exploradores. En las primeras décadas del nuevo siglo, Hiram Bingham, de la Universidad de Yale, ubicó la capital inca de Machu Picchu, y las pirámides de Teotihuacan fueron liberadas de la tierra y los escombros que las habían camuflado. Mientras tanto, los etnólogos comenzaron a registrar lenguas y culturas en desaparición en el oeste estadounidense, la costa del Pacífico y Oceanía.

Zelia se unió a ese movimiento cuando apenas iba ganando impulso, y se hizo famosa gracias a él. Para la década de 1920, el arco de los descubrimientos la había sobrepasado y ya no era consideraba como una figura destacada en el campo. Fue sobre todo la institucionalización de su disciplina lo que la volvió una reliquia. A los académicos independientes les resultaba difícil competir en un entorno cada vez más condicionado por

---

8   Adams, *Ladies of the Field*, 84. Zelia también apareció en una tesis de doctorado escrita por Carmen Ruiz en 2003: "Insiders and Outsiders in Mexican Archaeology".

9   "Zelia Nuttall Society", Facebook, https://www.facebook.com/ZeliaNuttallSociety. La página se creó en 2012, y para 2022 tenía 118 seguidores.

la formación y los títulos, y en el cual el financiamiento para la investigación comenzó a depender de la afiliación a un departamento universitario.

Zelia resintió profundamente cómo se fue estrechando el reconocimiento hacia su obra y trayectoria. Escribía cartas a revistas cuando no se mencionaba su nombre en relación con trabajos académicos que ella había ayudado a concebir. Reprendió a uno de sus "sobrinos adoptivos" por no citar su trabajo en sus publicaciones. Ya en sus últimos años, se acercó a un amigo para que escribiera su biografía, pero nadie estaba dispuesto a financiar el proyecto. Se indignó cuando un periodista del *Herald Tribune* la entrevistó y al final no escribió su historia.[10] Su influencia había disminuido.

Pero incluso durante su caída en desgracia, Zelia seguía insistiendo en que era relevante. Deseaba con desesperación dejar un legado para quienes valoraban el México antiguo. Esperaba convertir la Casa Alvarado en una escuela de investigación antropológica, conservando el derecho a vivir allí y disfrutar del jardín hasta su muerte. "Durante muchos años", le escribió a Edgar Lee Hewett, de la Universidad de Nuevo México, "ha sido mi deseo asegurar la preservación de mi casa como centro de estudio e investigación".[11] Su biblioteca sería el recurso central de ese nuevo instituto, y estaba segura de que quien fuera su director estaría complacido de heredar su gran escritorio, sus libreros y su vitrina, todos construidos en lo que ella describía como "estilo azteca".

Alfred Tozzer sondeó posibles patrocinadores para la compra de la Casa Alvarado para la Universidad de Harvard, pero no logró encontrar inversionistas dispuestos antes de que la Gran Depresión convirtiera esa compra en un sueño imposible para su universidad o cualquier otra. En la Universidad de Nuevo México, Hewett también se mostró interesado en la idea, pero no

---

[10]   Marian Storm a Ross Parmenter, 16 de marzo de 1974, Colección Parmenter.
[11]   Zelia Nuttall a Edgar Lee Hewett, 26 de octubre de 1931, Colección Parmenter.

pudo reunir los fondos necesarios. "De verdad, ya no sé a quién recurrir", le confesó Zelia con tristeza a Hewett. "Todos los que antes eran ricos, ahora se sienten desesperadamente pobres".[12]

Zelia esperaba crear un día festivo nacional en México que llamara la atención sobre la herencia precolombina del país. Puso su corazón en una celebración anual del "sol cenital", el momento en que la luz sol cae en línea vertical, de modo que, por un breve instante, no proyecta sombras.[13] En la mente de Zelia, la fiesta sería un reconocimiento moderno de la centralidad del Sol en el calendario azteca. Imaginaba, de hecho, una ceremonia anual en toda América Latina —y no sólo en México—, durante la cual las personas se reunirían para observar este momento fugaz e "intercambiarían regalos"; éstos, sin embargo, sólo podrían ser "flores o productos naturales (curiosidades del reino vegetal, animal y mineral), para que en las mentes jóvenes se fomente el amor por la naturaleza, la observación y la investigación".[14]

Zelia presionó con insistencia a la Secretaría de Educación Pública de México y a su Escuela Nacional de Maestros para que aprobaran e implementaran esta festividad. Lo logró. Entusiasmada, le escribió a Marian Storm —una amiga que compartía su pasión por las plantas nativas— para anunciarle cómo el 18 de mayo de 1928 se observaría públicamente "en la Ciudad de México, por primera vez desde 1519, el paso del Sol por el cenit en varias escuelas. Miles de niños en la escuela cantarán y bailarán (sin proyectar sombra) y observarán el misterioso fenómeno".[15] En la Escuela Nacional de Maestros, cinco mil niños se reunieron para la celebración y Zelia dio un discurso. Asistieron

---

[12] Zelia Nuttall a Edgar Lee Hewett, 15 de octubre de 1931, Colección Parmenter.
[13] El fenómeno, propio de las regiones intertropicales, sucede en realidad dos veces al año, y cambia según la ubicación geográfica. En la Ciudad de México el primero de los dos —y el que proponía celebrar Nuttall, según quien esa fecha tenía una importancia central en el calendario mexica— sucede entre los días 16 y 18 de mayo [n. de los trads.].
[14] Zelia Nuttall a Marian Storm, 25 de abril de 1927, Colección Parmenter.
[15] Zelia Nuttall a Storm, 25 de abril de 1927.

importantes funcionarios y diplomáticos extranjeros, entre ellos
el embajador estadounidense, Dwight Morrow.

En los años subsecuentes, Zelia invitó a figuras importantes
a la Casa Alvarado para pasar juntos ese momento sin sombras
—entre ellos, la esposa del presidente, los directores de asociaciones científicas, el jefe del observatorio y varios diplomáticos—. "Cree haber logrado que la celebración se vuelva algo
permanente", escribió Frederic Starr, uno de sus invitados en
1929. "Había unas cuarenta personas y su fiesta fue un verdadero éxito".[16] Estaban allí, por ejemplo, Edgar Hewett y quince
alumnos de la escuela de verano de antropología en México
—un programa de la Universidad de Nuevo México—. El año
siguiente, ese día del Sol cenital trajo consigo presagios auspi-
ciosos. Desde la Casa Alvarado, Zelia le escribió a su "sobrino
adoptivo", George Vaillant, que "aunque el cielo estaba un poco
nublado, el Sol brilló intensamente en el momento sin sombras,
y en la tarde cayó el primer aguacero tropical; ha estado llo-
viendo a diario desde entonces; lo cual justifica la antigua creencia de que el sol bajaba trayendo la lluvia".[17]

Cuando el festival se celebró en Coyoacán, el presidente municipal añadió al desfile "una canción azteca, acompañada de
viejos tambores y flautas de madera". Asimismo, poco después
el ministro de Educación en Perú ordenó que se instituyera en
su país esa celebración anual. La iniciativa de Zelia contribuyó a
darle visibilidad entre quienes estudiaban religiones vinculadas
al culto al Sol. Le contó a Marian Storm que estaba "honrada por
el nombramiento como miembro del comité organizador de una
exhibición retrospectiva internacional, que se llevará a cabo en
París a finales de julio y tratará exclusivamente de cultos solares".[18]

16 Frederic Starr a Marian Storm, 17 de mayo de 1929, Colección Parmenter.
17 Zelia Nuttall a George Vaillant, 22 de mayo de 1930, Colección Parmenter.
18 Zelia Nuttall a Marian Storm, 13 de mayo de 1929, Colección Parmenter. [Las
ahora denominadas "demarcaciones territoriales" del entonces Distrito Federal
eran, en aquella época, simplemente "municipios" —aunque pasaron a llamarse

El festival del Sol cenital se pudo haber convertido en un festejo anual alrededor de todo México y en un legado apropiado de Zelia, pero no fue así. Un resurgimiento del sentimiento antiestadounidense, vinculado al ascenso de la legislación contra la inmigración en Estados Unidos, provocó que el gobierno mexicano dejara de lado la celebración. Zelia estaba particularmente molesta con el "nuevo subsecretario de Educación Pública, el señor Trejo Lerdo de Tejada, y con los funcionarios de la Universidad [...]. Es evidente que el Sr. Trejo está empeñado en dejar una estela patriótica detrás de sí, a tal grado que ordenó la escandalosa invasión del Colegio Americano y la confiscación de todos los libros de texto de geografía e historia en pleno curso escolar".[19] Su "actitud beligerante", aclamada como una declaración de patriotismo, fue un anatema para Zelia. Le escribió a Hewett: "¡Todos parecen haberse vuelto locos!".[20] En agosto de 1930, la celebración fue atacada en un artículo de *El Universal*, que además cuestionaba la participación de Zelia en ella. ¿Por qué una extranjera estaba promoviendo un rito azteca? Además, la nota afirmaba erróneamente que el Sol cenital no había sido un acontecimiento tan importante para la cultura azteca.[21] El presidente municipal de Coyoacán no volvió a convocar la celebración.

La última fiesta del Sol cenital fue un acto en homenaje a Zelia, y se realizó en mayo de 1933, cuando sus amigos se reunieron en la Casa Alvarado para recordarla. Don Antonio, su fiel jardinero, puso el gnomon en el patio para marcar el momento exacto. Puede ser que doña Teresita sirviera los pequeños pastelitos que Zelia les ofreció a sus invitados a lo largo de tantos años.

"delegaciones" en 1930—. De allí que hayamos elegido usar "presidente municipal" al principio de este párrafo (n. de los trads.)].

19   Zelia Nuttall a Edgar Lee Hewett, 7 de junio de 1930, Colección Parmenter.
20   Zelia Nuttall a Edgar Lee Hewett, 23 de junio de 1930, Colección Parmenter.
21   *El Universal*, 26 de agosto de 1930.

El momento sin sombras en la Casa Alvarado,
18 de mayo de 1931.

*

Ningún familiar se encontraba en México para organizar el funeral de Zelia, así que el cónsul estadounidense en la Ciudad de
México se encargó del asunto; le escribió a la hija de Zelia, Nadine Nuttall Laughton —quien entonces vivía en Cambridge,
Inglaterra—, que el consulado había organizado "un bonito funeral, de buen gusto, pero manteniendo los costos lo más bajos

posible". El decano Golden-Howes, de la Christ Church —la catedral anglicana en la Ciudad de México—, ofició la ceremonia, y Zelia fue enterrada en el Panteón Americano. "Su madre era muy estimada aquí, como lo demuestran las ofrendas florales y la cantidad de amigos que asistieron al funeral en el cementerio; se calcula que unas cien personas estuvieron presentes", relató el cónsul.[22]

Zelia dejó sus asuntos en desorden. Su nieto de veinticuatro años, John Laughton, fue enviado desde Cambridge a principios de mayo para encargarse de la herencia, una tarea que lo mantuvo ocupado durante dos meses y medio. La última vez que había estado en México fue en 1913, cuando salió del país a los cuatro años, huyendo junto a su madre y sus dos hermanas en un tren rumbo a Veracruz, y de allí al exilio. Su padre se había quedado atrás y sería asesinado antes de que John pudiera volver a verlo. El México de los años treinta no despertó en él ninguna simpatía: le pareció que el país era un "Estado comunista ideal" donde "más de un tercio de la población vive en espantosas chozas diminutas por las que no pagan alquiler ni impuestos [...]. Sin orden, ni nada: sólo un revoltijo de estas casitas, algunas no mejores que pocilgas, esparcidas al azar". Su estado de ánimo mejoró cuando el tren subió por las montañas cerca del Pico de Orizaba, el volcán de más de cinco mil quinientos metros de altura que se alzaba, nevado, bajo el cielo azul. Pero ya en el Valle de México, John Laughton volvió a sus críticas y, decepcionado por el paisaje propio de la estación seca, se quejó de que no hubiera "más que kilómetros y kilómetros de magué (o como se escriba)".[23]

Las noticias que tenía para la familia en Inglaterra, luego de comenzar a revisar las pertenencias de Zelia, no eran buenas. "He logrado reunir bastante información —dentro de lo posible

22 Dudley Dwire a Nadine Nuttall Laughton, 17 de abril de 1933, Colección Parmenter.
23 John Laughton a Nadine Nuttall Laughton, 10 de mayo de 1933, Colección Parmenter.

hasta este punto— sobre el estado de las cosas [...]. Es bastante sombrío".[24] La Casa Alvarado estaba "hipotecada hasta el tope" y se necesitaban más de 50 000 dólares para saldar las deudas de Zelia.[25] Su abuela no tenía cuenta bancaria y parecía haber vivido con 47 dólares al mes provenientes de la herencia de Hilda Nuttall en California. Teresita le dijo que no había recibido pago en tres años. Los sirvientes tenían derecho legal a un aviso con tres meses de anticipación y a "un mes de salario por cada año que hayan trabajado aquí", se lamentó Laughton. "Entre toda la enorme pila de papeles, prácticamente no hay nada relacionado con asuntos de dinero, ni siquiera un recibo; así que simplemente no sabemos qué pasó con el dinero que pudo haber tenido".[26]

Laughton descubrió que el contenido de la casa estaba incluido en las hipotecas, lo que significaba que no podía venderse por separado para saldar las deudas. Esperaba encontrar algunos objetos que no estuvieran inventariados y que pudieran sacarse del país para la familia: "Sólo Teresa se daría cuenta, ya que nadie más conoce lo suficiente la casa como para notar su ausencia".[27] Laughton fue diligente: pasaba seis horas al día revisando los papeles de su abuela, aunque ciertamente no disfrutaba la tarea. "Es horrible. Hay cartas y más cartas que datan, no sé, de 1880, que hablan de cualquier banalidad, y aun así he tenido que leerlas todas por si hubiera algo importante".[28]

Su trabajo se aligeraba de vez en cuando con los homenajes dedicados a su abuela. Se celebró el Sol cenital entre amigos en la Casa Alvarado, y las "Sociedades Geográfica y Científica" de

[24] John Laughton a Nadine Nuttall Laughton, 12 de mayo de 1933, Colección Parmenter.

[25] John Laughton a Nadine Nuttall Laughton, 17 de mayo de 1933, Colección Parmenter.

[26] John Laughton a Nadine Nuttall Laughton, 16 de junio de 1933, Colección Parmenter.

[27] John Laughton a Nadine Nuttall Laughton, 4 de julio de 1933, Colección Parmenter.

[28] John Laughton a Nadine Nuttall Laughton, 17 de mayo de 1933.

México organizaron una reunión en su honor. John asistió a este acto en compañía del embajador de Estados Unidos, y pareció encontrarlo más pintoresco que solemne:

Grandes alharacas, etc. al llegar, y me obligaron a sentarme en la tarima y escuchar tres tributos muy elocuentes y floridos en español, además de un discurso muy 'diplomático' del embajador. Todo esto duró desde las 7:30 hasta las 10:00 p.m. Entonces me llegó la inspiración, y sentí que debía decir algo —en inglés— para agradecer todos sus homenajes. Esto fue realmente algo divertido, y les dio a todas las queridas ancianas esa sensación [ilegible; ¿posiblemente melosa?] [...]. En ningún otro lugar mi abuela habría sido más apreciada y venerada".[29]

No obstante, la huella de Zelia en la Casa Alvarado resultó ser efímera. Tras su muerte, una familia de diplomáticos estadounidenses —los Leavitt— se hizo cargo de la casa. Según Kent Leavitt, la mansión "era un caos, y estaba llena de basura de mediados de la era victoriana [...]. La tomamos por tres años, sin pagar renta, pero bajo el acuerdo de que la arreglaríamos. Estaba hecha un desastre. Había telas en los techos y un espantoso papel tapiz victoriano [...]. Usamos los muebles del comedor y un escritorio raro, pero la mayoría de las demás cosas las guardamos en la bodega".[30]

La devota, vieja y diminuta Teresita, quien no se ganó el cariño de los Leavitt, la pasó mal tras la muerte de Zelia. Kent Leavitt fue poco cortés en la descripción que hizo de ella en sus últimos años: "Era un viejo espectro, una vieja bruja. Sentía que era la dueña del lugar. Era viperina y maledicente con los sirvientes. Simplemente la dejamos estar allí. Hasta que un buen día se murió. Los campesinos locales se la llevaron en hombros.

---

[29]   John Laughton a Nadine Nuttall Laughton, 24 de mayo de 1933, Colección Parmenter.
[30]   Ross Parmenter, notas de una conversación telefónica con Kent Leavitt, 20 de agosto de 1965, Colección Parmenter.

Nunca supe a dónde, ni me importaba. Nuestros hijos, que eran muy jóvenes, no entendían nada sobre la muerte y querían seguir la procesión [...]. Teníamos una cocinera y nuestro propio mozo, y Teresa nos veía como campistas".[31]

En 1938 Thomas Brisco Miller, un estadounidense adinerado que era comerciante automotriz en la Ciudad de México, pudo comprar la Casa Alvarado pagando las deudas de Zelia. Estaba ansioso por deshacerse de su fantasma. Más tarde recordó: "Todas las cosas de la Sra. Nuttall seguían aquí, en el sótano. Recuerdo que todo estaba mezclado: sus corsés, sus anteojos, su porcelana, su plata, sus decoraciones provenientes del extranjero". Hizo una venta que atrajo "a gente de todo San Ángel [...] y las cosas se vendieron por muy poco". Aunque Alfred Tozzer compró una parte de la biblioteca de Zelia para la Universidad de Harvard, Miller tenía poco respeto por lo que restaba:

> ¿Su biblioteca? Al principio dejé que vinieran estudiantes a usarla, pero descubrí a uno de ellos cortando páginas de los libros. Después encontré algunas cosas obscenas escritas en los márgenes. Eso fue el final. Le mandé todo a la editorial Porrúa, por un precio bajísimo. Eran entre treinta y cuarenta mil volúmenes. ¿Sus papeles? Quemé un montón de ellos. Pero algunos siguen aquí en su escritorio que nunca ha sido abierto.[32]

En los años posteriores, el gobierno mexicano adquirió la Casa Alvarado, y fue utilizada por diversas instituciones gubernamentales: fue, por ejemplo, el recinto de una biblioteca de la Secretaría de Hacienda y luego de la Secretaría de Educación Pública (SEP); fue sede de la Enciclopedia de México —proyecto en parte auspiciado por la SEP—, y de la Dirección General de

---

[31]   Parmenter, notas de una conversación telefónica con Leavitt.

[32]   Ross Parmenter, notas de una conversación telefónica con Thomas Brisco Miller, 2 de septiembre de 1961, Colección Parmenter. Que hubiera entre veinte y treinta mil volúmenes parece improbable.

Estadística.[33] También allí vivió el famoso poeta mexicano, crítico social y ganador del premio Nobel, Octavio Paz, de 1996 a 1998, año de su muerte.[34] Hoy en día, luego de haber sido bellamente restaurada, es la sede de la Fonoteca Nacional, un archivo especializado en los sonidos vivos de la música, los discursos y la naturaleza. Así pasó una vida significativa, llena de acontecimientos, a la historia.

*

Zelia Nuttall formó parte de una generación de buscadores de la verdad impulsados por el deseo de entender cómo surgieron y se desarrollaron las civilizaciones humanas. Los pioneros de la antropología tenían muy poca evidencia disponible. Los registros escritos eran escasos y, a menudo, indescifrables, y la mayor parte de la evidencia física de las civilizaciones pasadas yacía bajo capas de tierra y escombros. Abundaban los misterios y las preguntas para quienes se sentían fascinados por el Nuevo Mundo. Gran parte del registro —incluidas bibliotecas enteras de pictogramas aztecas y jeroglíficos mayas— había sido destruido por los conquistadores en su afán por difundir la fe cristiana entre los pueblos conquistados. Los escritos que sobrevivieron en bibliotecas europeas habían sido en gran parte olvidados. Incluso hoy en día, se conservan sólo alrededor de quince códices precolombinos; la mayoría data del primer siglo después de la Conquista, cuando fueron producidos por escribas indígenas para los españoles, autoridades locales o sus propias comunidades.

Estimulados por el deseo de saber más, los curiosos e intrépidos que lograban conseguir mecenas que apoyaran su trabajo

---

[33] La Dirección General de Estadística, fundada en 1882, es el antecedente del Instituto Nacional de Estadística, Geografía e Informática (INEGI) (n. de los trads.).

[34] En 1996, el departamento de la colonia Cuauhtémoc donde vivía Octavio Paz fue destruido en un incendio. El gobierno mexicano le prestó entonces la Casa Alvarado para que viviera en ella (n. de los trads.).

empezaron a hurgar entre el polvo de viejas bibliotecas, museos y archivos para recuperar tales registros. Zelia Nuttall fue una de las mejores detectives de archivos de su generación. En Florencia puso atención sobre el Códice Magliabechiano —olvidado desde hacía mucho tiempo—, un manuscrito del siglo XVI que contenía relatos sobre dioses, rituales y prácticas aztecas, y se aseguró de que se reprodujera fielmente en una edición facsimilar publicada por la Universidad de California bajo el título de *The Book of the Life of the Ancient Mexicans* (El libro de la vida de los antiguos mexicanos). Antes de eso, redescubrió un manuscrito en el Museo Británico, el cual llegaría a conocerse como el Códice Nuttall, y trabajó esmeradamente con el Museo Peabody de Arqueología y Etnología de Harvard para producir un facsímil. En Florencia, Londres, Oxford, Sevilla y en la Ciudad de México, Zelia demostró una envidiable capacidad para reconstruir el periplo de Francis Drake mientras capturaba barcos, arrasaba pueblos y extraía botines por toda América.

Orgullosa de ser científica y con la certeza de que estaba mucho más avanzada en las técnicas antropológicas que quienes la precedieron, Zelia desarrolló una gran habilidad en la lectura de textos antiguos y códices, y se dedicó a explorar su significado con sumo cuidado, traduciéndolos de otros idiomas y sacando así a la luz nuevos conocimientos mediante su arduo trabajo. Estudiaba, comparaba, revisaba y volvía a revisar hasta que creía haber llegado finalmente a la verdad. Y a partir de múltiples verdades, construía ideas fascinantes. ¿Su problema con sus predecesores? Que habían especulado sin contar con suficiente evidencia, saltando de una idea a otra sin orden ni método. Su labor era corregirlos. Y lo hizo una y otra vez.

En su primer trabajo sobre las pequeñas cabezas de terracota, Zelia estableció su estilo y metodología: reunir toda la evidencia posible —incluso si eso implicaba extensos viajes y consultas—, para luego estudiar los artefactos detenidamente, compararlos, categorizarlos, extraer conclusiones, y finalmente declarar sus hallazgos como definitivos. ¿Cuál era el propósito del magnífico artefacto de plumas con esmalte de turquesa y oro, el cual databa de la época de la Conquista y era conservado en un museo de Viena? Zelia fue capaz de encontrar una respuesta convincente, evitando las conjeturas que habían inspirado teorías anteriores: halló en los pictogramas aztecas un jefe guerrero con un penacho muy parecido al que se preservaba en Austria, así como descripciones de ese tipo de indumentaria ceremonial en algunos registros tributarios y en un códice conservado en el Vaticano. Ofrecía, pues, pruebas concluyentes de sus afirmaciones, basadas en un extraordinario conocimiento de las antiguas fuentes documentales.

¿Había testimonios de que los aztecas usaban un dispositivo para arrojar lanzas con mayor fuerza y velocidad en tiempos de la Conquista? Esta arma se muestra en los pictogramas de numerosos códices, y una lectura minuciosa de los textos españoles ofrece evidencia clara de cuándo y cómo se utilizaba.[35] ¿Y qué hay de los escudos ceremoniales antiguos? Otro enigma resuelto mediante la búsqueda, en bibliotecas y museos, de historias y relatos de primera mano sobre la Conquista. ¿Qué cultivaban los nativos en sus jardines y qué usaban como hierbas medicinales? Una vez más, Zelia Nuttall tenía las respuestas, gracias a la evidencia documental sobreviviente. ¿Se quería saber cómo estaba distribuida la población de México en tiempos pasados? Zelia encontró en Upsala, Suecia, un mapa del siglo xvi de la Ciudad de México y sus alrededores, y no descansó hasta conseguir que se publicara el facsímil. También se esforzó por corroborar su autenticidad, buscando los sitios indicados en él. Y lo mismo con muchas otras ideas que llevaron a Zelia a escribir con destreza y precisión sobre la época anterior a la Conquista.

Estos logros pueden no parecer grandes descubrimientos. Sin embargo, dado lo poco que se sabía en ese momento,

---

[35] Nuttall, *The Atlatl or Spear-Thrower of the Ancient Mexicans.*

contribuyeron a ampliar el conocimiento sobre las civilizaciones ancestrales que apenas comenzaban a comprenderse mejor, antes de que las exploraciones arqueológicas revelaran mucho más sobre ellas. Mediante un estudio cuidadoso y gracias a la comparación de las glosas en náhuatl y español, Zelia le enseñó al mundo cómo leer los pictogramas aztecas de los códices pintados con colores brillantes. Estaba reviviendo una herencia perdida.

Pero otros de sus descubrimientos fueron aún más impresionantes. Con su extraordinario conocimiento de los códices que habían sobrevivido, Zelia propuso una nueva "lectura" del Calendario Azteca, el monolito que había desconcertado a muchos antes que ella, y ofreció nuevos conocimientos sobre los ciclos anuales y estacionales de la vida cotidiana en el México antiguo, iluminando la cosmología, la agricultura y las dinámicas comerciales de los aztecas. También rindió homenaje a quienes, en el pasado remoto, intentaron interpretar el cielo nocturno. En un capítulo escrito como en homenaje a Franz Boas y publicado en 1906, Zelia presentó una amplia gama de dibujos tomados de textos antiguos que mostraban a sacerdotes observando las estrellas y a gobernantes honrándolas con incienso, la mayoría de las veces desde las puertas abiertas de templos construidos para el estudio astronómico. Con su característica autoconfianza, resumía así sus poéticas conclusiones:

[Los pictogramas] bastarán para establecer, sin lugar a dudas, el hecho hasta ahora no demostrado de que los antiguos mexicanos no sólo empleaban sus templos y juegos de pelota cuidadosamente orientados como observatorios astronómicos, sino que también inventaron ingeniosos dispositivos para registrar con precisión las apariciones o desapariciones periódicas de importantes cuerpos celestes [...]. En la América precolombina, al igual que en el Viejo Mundo, incontables generaciones de hombres pasaron noches en vela, en silencio y soledad, estudiando pacientemente y con empeño los cielos, y, movidos por un espíritu naciente de investigación científica, recurrieron a observaciones sistemáticas y exactas, así como al registro de los movimientos de los cuerpos celestes.[36]

A lo largo de su vida, Zelia se sintió fascinada por los enigmas, los cuales le daban la energía para concentrarse en sus proyectos —aunque a veces se entregaba tan intensamente a ellos que caía en una especie de titubeo obsesivo que le impedía terminarlos—. Presentó su primer trabajo sobre el Calendario Azteca en España en 1892; Frederic Putnam se mostró entusiasmado con su investigación y aceptó publicarla. Las cartas posteriores de Zelia dejan ver una prolongada danza entre autora y editor: ella quería que su trabajo fuera perfecto; él quería difundir la información. Cuando le enviaron las primeras pruebas de imprenta, las corrigió tanto que resultaban ilegibles. Otra versión del trabajo fue presentada en la Exposición Mundial Colombina de Chicago en 1893; Putnam accedió a publicar esta versión en lugar de la anterior, pero las pruebas de esta publicación también fueron completamente saboteadas por las reescrituras de Zelia. Anunció que el artículo no podía publicarse porque aún estaba trabajando en él. Una versión breve —y aun tentativa— del trabajo apareció por fin en 1894. Sin embargo, cuando desarrolló por completo sus ideas como parte de *The Fundamental Principles of Old and New World Civilizations* (Los principios fundamentales de las civilizaciones del Viejo y el Nuevo Mundo), publicado en 1901, acabó por emplearlas para sostener una comprensión muy particular de las civilizaciones antiguas, una que puso en evidencia las limitaciones de su entendimiento.

*

La generación de Zelia se consideraba superior a la de sus predecesores e insistía en la necesidad de implementar métodos

---

[36]   Nuttall, "The Astronomical Methods of the Ancient Mexicans", 298.

más rigurosos de observación y catalogación de la evidencia. De forma similar, la generación siguiente también encontró defectos en su antecesora. Una nueva ciencia —emergida en las décadas de 1920 y 1930— sostenía que, alrededor del mundo, las sociedades humanas eran capaces de desarrollar culturas y civilizaciones con base en la creatividad y la adaptación, en el uso de la razón para resolver problemas importantes y en la imitación oportunista de lo que les servía de las culturas vecinas. Para los impulsores de este nuevo acercamiento antropológico, la unidad y el progreso no daban una respuesta adecuada a la pregunta de por qué hay tantas culturas en el mundo y por qué son tan diferentes.

La antropología cultural afirmaba, pues, que no había altas y bajas culturas, ni razas desarrolladas y primitivas. Había, en cambio, una multiplicidad de formas de responder preguntas sobre, por ejemplo, cuándo plantar los cultivos, cómo criar a los niños, cómo protegerse en comunidad, cómo intercambiar bienes, cómo urdir la tela y esculpir la cerámica, y cómo recibir la vida y afrontar la muerte. Quienes aprendieron esta nueva ciencia lo hicieron de manera organizada: adquirían los conocimientos de su disciplina tanto en el aula como en el trabajo de campo, siempre bajo la supervisión de sus maestros, y debían superar diversas pruebas y etapas definidas por los expertos en la materia, a fin de obtener un título como prueba de su derecho a realizar este tipo de investigaciones —es decir, algún grado académico superior—. Tales exámenes y certificados les permitían afirmar su superioridad como académicos sobre aquellos que formaron parte de la generación de Zelia.

Esta nueva generación tenía razón, sin duda, en cuestionar las creencias victorianas en el progreso histórico y en las jerarquías raciales y culturales. Con todo, quizá cometieron el error de pasar por alto, o de no comprender, que sus predecesores habían hecho aportaciones valiosas a pesar de sus errores.

En el caso de Zelia, la intensidad de sus observaciones y la meticulosidad con la cual se dedicó al estudio durante toda su vida fueron fundamentales en el desarrollo de sus intuiciones sobre las civilizaciones mesoamericanas. Varias décadas después, Anthony Aveni halló en el trabajo de Zelia el impulso para estudiar la importancia de los equinoccios y solsticios "en el desarrollo de los calendarios mesoamericanos".[37] Aunque hoy lo normal es que los académicos posean un grado especialización mucho más ceñido, Alfred Tozzer, en su nota necrológica publicada en la *American Anthropology*, apuntó que Zelia "era un ejemplo notable de la versatilidad del siglo xix".[38] Philip Means tenía su propia forma de explicar el olvido de semejante pionera, a partir de las cambiantes costumbres de los tiempos: "Buena parte de aquellos contemporáneos suyos que la habían reverenciado como se merecía estaban muertos, y [...] la mayoría de nosotros, los investigadores jóvenes, no reverenciábamos a nadie más que a nosotros mismos, ni siquiera los unos a los otros".[39]

Quizá sea inevitable que cada generación logre aprehender sus propios logros subrayando los errores de sus predecesores. No obstante, algo se gana, pero algo también se pierde con tal insistencia en la innovación. Zelia pudo haber estado equivocada en su teoría general sobre la unidad de las civilizaciones, pero acertó en muchas otras cosas.

*

Las vidas del pasado no pueden ser nunca excavadas por completo, y, con certeza, ése es el caso de la vida de Zelia Nuttall. Casi toda la evidencia que dejó detrás tiene que ver con su trabajo. Su correspondencia con otros académicos, sus artículos y libros, y las notas periodísticas en las que aparece mencionada la han sobrevivido, haciendo posible saber mucho acerca de sus

[37] Anthony Aveni, comunicación personal con la autora, abril de 2022.
[38] Tozzer, "Zelia Nuttall", 480.
[39] Means, "Zelia Nuttall", 489.

descubrimientos y frustraciones, de su multitud de excusas por no terminar este o aquel informe o artículo, y de sus planes para su siguiente gran proyecto. Podemos rastrear lo que hizo bien y mal como investigadora, y podemos seguirla en su tránsito de una obsesión a otra durante su carrera.

Sin embargo, es mucho más difícil conocer a profundidad su vida privada, pues se perdieron muchos de los rastros de su historia. Sabemos algo de su familia, y la correspondencia que mantuvo con su padre durante su infancia nos da cierta información sobre su crianza. Pero sigue habiendo poca información sobre su relación con su madre y hermanos, por ejemplo, y sólo podemos conjeturar las razones por las que su matrimonio terminó tan rápido, o por las que se obsesionó con las civilizaciones antiguas y se volvió tan hábil en interpretarlas. Es difícil entender la relación que tenía con su hija, Nadine, mediante las cartas que han sobrevivido, aunque sí sabemos que Zelia no estuvo siempre presente como madre. A pesar de ello, sus nietos la recordaban con cariño. Entre todos los vestigios suyos que nos quedan, hay poco que revele las reflexiones de una mente privada, las bromas y chismes que compartía con otros, la música de piano que le gustaba tocar y cantar. No podemos saber qué contenían las cajas de papeles almacenadas en el sótano de la Casa Alvarado que fueron quemadas durante la limpieza emprendida por sus nuevos inquilinos. No podemos recuperar los documentos personales y públicos que se perdieron en San Francisco en 1906.

Así, entre la falta de evidencias y su propia reticencia, Zelia Nuttall nos deja con el deseo de poder conocerla mejor. A pesar de ello, lo que sí sabemos es admirable. Tuvo que hacer sacrificios, a menudo muy personales, para avanzar en su carrera. Podemos sentir su vulnerabilidad, incertidumbre, ira y vergüenza en las cartas que escribió, así como su seguridad en sí misma —que a menudo se vuelve más bien presunción—. Aprender tantos idiomas y dominar los antiguos pictogramas requirió, sin duda, una enorme disciplina. Sus viajes casi constantes pusieron en riesgo su salud, aunque al mismo tiempo le permitieron tejer una enorme red de amistades, colegas y patrocinadores. Sus preocupaciones económicas aumentaron después de mudarse a México. Pero siguió trabajando.

Una madre soltera que lucha por desarrollar una carrera profesional en un mundo de hombres, mientras cuida a su familia: hasta cierto punto, Zelia Nuttall fue una mujer muy moderna. Su reputación de haber sido complicada refleja algo de los problemas a los que, aún hoy, se enfrentan las mujeres eminentes. Como Zelia, puede que muchas de ellas estén simplemente buscando la manera de hacerse un lugar dentro de este mundo que con frecuencia dificulta a las mujeres perseguir sus ambiciones y sueños. Zelia María Magdalena Nuttall no puede ser desenterrada por completo, pero sin duda es posible honrar la forma en que vivió, con valentía y dedicación, excavando el pasado y sacándolo a la luz. Gran parte de su trabajo ha resistido la prueba del tiempo, y ayudó a construir los cimientos sobre los que hoy trabajan muchas otras personas.

La vida de Zelia también abre una ventana para entender el peso del pasado en nuestro propio tiempo. Como una pared ancestral en una isla tropical, una vida vivida en un pasado muy distinto puede ser reconstruida sólo parcialmente. Así y todo, eso a veces basta para revelarnos aquello que era notable y original en sus tiempos. Excavar en la vida de Zelia expone también las aspiraciones, los logros y los egoísmos de una época, de un tiempo que llevó a México, a Estados Unidos y a la ciencia a entablar una relación complicada. Podemos imaginar que, aún hoy, el fantasma de Zelia deambula en silencio a través de los arcos y las verandas de la Casa Alvarado, dejando a su paso una estela de dignidad, curiosidad, rigor y originalidad.

BIBLIOGRAFÍA

Obras de Zelia Nuttall

"Algunos datos sobre Hernán Cortés y su primera esposa, Doña Catalina Xuarez", *Boletín de la Sociedad Científica "Antonio Alzate"*, XXXIX (1921), pp. 125-135.

"Ancient Mexican Feather Work at the Columbian Historical Exposition at Madrid", en *Report of the U. S. Commission to the Madrid Exposition, 1892-93, with Special Papers, 329-337,* Washington D. C., GPO, 1895.

"Ancient Mexican Superstitions", *Journal of American Folk-Lore,* X (1897), pp. 265-281.

"Archaeology in Mexico", *Nature,* CIX (1922), p. 59.

"The Astronomical Methods of the Ancient Mexicans", en Berthold Laufer y H. A. Andrews, eds., *Boas Anniversary Volume: Anthropological Papers Written in Honor of Franz Boas, Professor of Anthropology in Columbia University, Presented to Him on the Twenty-Fifth Anniversary of His Doctorate, Ninth of August, Nineteen Hundred and Six*, Nueva York, G. E. Stechert, 1906, pp. 290-298.

"The Atlatl or Spear-Thrower of the Ancient Mexicans", *Archaeological and Ethnological Papers of the Peabody Museum,* Universidad de Harvard, vol. 1, núm. 3, Cambridge, Massachusetts, Museo Peabody de Arqueología y Etnología, 1891.

"The Aztecs and Their Predecessors in the Valley of Mexico", *Proceedings of the American Philosophical Society,* LXV, 65, núm. 4 (1926), pp. 245-255.

(Trad. y ed.), *The Book of the Life of the Ancient Mexicans, Containing an Account of Their Rites and Superstitions: An Anonymous Hispano-Mexican manuscript Preserved at the Biblioteca Nazionale Centrale, Florence Italy,* Primera parte, ed. facsimilar, Berkeley, University of California, 1903.

[Se trata del Códice Magliabechiano; hay edición facsimilar en español: Ferdinand Anders y Maarten Jansen, eds., *Códice Magliabechi*, Ciudad de México, Fondo de Cultura Económica, 2000].

"The Causes of the Physical Degeneracy of Mexican Indians after the Spanish Conquest as Set Forth by Mexican Informants in 1580", *Journal of Hygiene*, XXVII, núm. 1 (1927), pp. 40-43.

"Certain MS, Relating to the History of Mexico and the missing text of the Magliabecchi MS, In the National Library, Madrid", en *International Congress of Americanists: Proceedings of the XVIII Session*, Londres, 1912, Londres, 1913, pp. 449-454.

"Chalchihuitl in Ancient Mexico", *American Anthropologist*, nueva época, III, núm. 2 (1901), pp. 227-238.

(Ed.), *Codex Nuttall: Facsimile of an Ancient Mexican Codex Belonging to Lord Zouche of Harynworth, England*, Cambridge, Massachusetts, Museo Peabody de Arqueología y Etnología, 1902. [Hay edición facsimilar en español: Ferdinand Anders, Maarten Jansen y Gabina Aurora Pérez Jiménez, eds., *Códice Zouche-Nuttall*, Ciudad de México, Fondo de Cultura Económica, 1993].

"Comments on Handbook of Aboriginal American Antiquities (Holmes)", *American Anthropologist*, nueva época, XXII, núm. 3 (1920), pp. 301-303.

"A Contribution to the History of Wild maize in Mexico", *El Palacio*, XXX (1930), pp. 105-110.

"Coyote versus Long-Tailed Bear", en J. D. E. Schmeltz, ed., *Internationales Archiv für Ethnographie*, vol. 6, Leiden, Países Bajos, Verlag von P. W. M. Trap, 1893, pp. 95-97.

"The Cult of the Sun at Its Zenith in Ancient Mexico", *Revista de Turismo*, julio de 1930, s.p.

"A Curious Survival in Mexico of the Use of the Purpura Shell", en Franz Boas, Roland B. Dixon, F. W. Hodge, Alfred L. Kroeber y Harlan I. Smith, eds., *Putnam Anniversary Volume: Anthropological Essays Presented to Fredrick Ward Putnam in Honor of His Seventieth Birthday, April 16, 1909, by His Friends and Associates*, Nueva York, G. E. Stechert, 1909, pp. 368-384.

Das Prachtstück altmexikanischer Federarbeit aus der Zeit Mantezuma's im Wiener Museum, Berlín, Verlag von R. Friedländer und Sohn, 1887.

"Datos históricos relativos a la llamada 'Casa de Cortés'; O casa municipal de Coyoacán", *Boletín de la Sociedad Científica "Antonio Alzate"*, XL (1922), pp. 387-421.

"The Earliest Historical Relations between Mexico and Japan: From Original Documents Preserved in Spain and Japan", *American Archaeology and Ethnology*, IV, núm. 1 (1906), pp. 1-47.

"El año nuevo de los Aztecas", *Mundial, Revista Semanal*, Lima, 26 de octubre de 1928.

"El cultivo de árboles frutales en Coyoacán a fines del siglo XVIII", *México Forestal*, III (1925), pp. 90-92.

"El libro perdido de las pláticas y coloquios de los doce primeros misioneros de México, por Fr. Bernardino de Sahagún (prólogo y notas)", *Revista Mexicana de Estudios Históricos*, L (1927), pp. 4-6.

"Francisco Cervantes de Salazar: Biographical Notes", *Journal de la Société des Américanistes*, XIII, núm. 1 (1921), pp. 59-90.

"Fresh Light on Ancient American Civilization and Calendars: A Summary of a Communication to Section H of the British Association at the Oxford Meeting, August 1926", *Man*, XXVII (1926), pp. 10-12.

The Fundamental Principles of Old and New World Civilizations: A Comparative Research Based on a Study of the Ancient Mexican Religious, Sociological, and Calendrical Systems [1901], Whitefish, Montana, Literary Licensing, 2014.

"The Gardens of Ancient Mexico", en *Annual Report of the Board of Regents of the Smithsonian Institution, Showing the Operations, Expenditures, and Condition of the Institution for the Year Ending June 30*, Washington D. C., GPO, 1922, pp. 453-464

"An Historical Document Relating to the Plague in Spain in 1660-1661", *Journal of Hygiene*, XII, núm. 1 (1912), pp. 46-48.

"The Island of Sacrificios", *American Anthropologist*, nueva época, XII, núm. 2 (1910), pp. 257-295.

"La cerámica descubierta en Coyoacán D.F.", *Ethnos*, segunda época, vol. 3, núm. 1 (1925), 82-86.

"La observación del paso del sol al zenit", Ciudad de México, Secretaría de Educación Pública, 1928.

"L'ancien calendrier mexicain", en *Congrès International des Américanistes: Compte rendu du dixième session, Stockholm 1894*, Estocolmo, Imprimerie Ivar Hæggström, 1897, pp. 58-61.

"Las correcciones periódicas del antiguo calendario mexicano", en *Anales del Museo Nacional de México, segunda época (1903-1908)*, vol. 2, Ciudad de México, Imprenta del Museo Nacional, 1905, pp. 1-15.

"Las Tres Casas en Coyoacán, Atribuidas a Conquistadores", *Boletín de la Sociedad Mexicana de Geografía y Estadística*, LIV, núms. 11-12 (1941), pp. 13-30.

"L'évêque Zummarraga et les idoles principales du grand Temple de Mexico", *Journal de la Société des Américanistes*, 8, núms. 1-2 (1911), pp. 153-171.

Los jardines del antiguo México, Ciudad de México, Sociedad Científica "Antonio Alzate", 1920.

"A marble Vase from the Ulna River, Honduras", *Art and Architecture*, XI (1921), 63-65.

"Mexican Hieroglyphs", *Science*, V, núm. 116 (1897), pp. 479-480.

"Mexican Tale of Roast Meat", *El Palacio*, XXIX (1930), pp. 240-241.

"Mittheilungen über einen altmexikanischen Federschild in Ambras", *Zeitschrift für Ethnologie,* XXIII (1891), pp. 485-486.

"New Light on Ancient American Calendars", *Bulletin of the Pan-American Union,* LXI, núm. 8, (1927), pp. 667-671.

"New Light on Ancient Civilizations and Calendars", *Science,* nueva época, LXVI (1927), pp. 194-195.

New Light on Drake: A Collection of Documents Relating to His Voyage of Circumnavigation 1577-1580, Londres, Hakluyt Society, 1914.

"The New Year of Tropical American Indigenes", *Bulletin of the Pan-American Union,* LII, núm. 1 (1928), pp. 67-73.

Note on the Ancient Mexican Calendar System, Communicated to the Tenth International Congress of Americanists, Stockholm, 1894, Dresde, Bruno Schulze, 1894.

"A Note on Ancient Mexican Folk-Lore", *Journal of American Folk-Lore,* VIII, núm. 29 (1894), pp. 117-129.

"Note on Some of the Jewels Contained in Tomb 7 at Monte Alban", *Bulletin of the Pan American Union,* LXVI, núm. 8 (1932), pp. 896-898.

"Nouvelles lumières sur les civilisations américaines et le système du calendrier", en *Proceedings of the Twenty-Second International Congress of Americanists,* Roma, s.n., 1928, pp. 119-148.

(Trad. y ed.), *Official Reports on the Towns of Tequizistlan, Tepechpan, Acolman and San Juan Teotihuacan Sent by Francisco de Castañeda to His majesty, Philip II, and the Council of the Indies, in 1580,* Peabody Museum Papers II, núm. 2, Cambridge, Massachusetts, Museo Peabody de Arqueología y Etnología, 1926.

"On Ancient Mexican Shields", en J. D. E. Schmeltz, ed., *Internationales Archiv für Ethnographie,* vol. 5, Leiden, Países Bajos, Verlag von P. W. M. Trap, 1892, pp. 34-53.

"Origin of the Maya Calendar", *Science,* nueva época, LXV, suplemento (1927), xii-xiv.

"Ouvrages en plumes du Mexique", en *Congrès International des Américanistes: Compte-rendu de la huitième session, tenue à París en 1890,* París, Leroux, 1892, pp. 460-462.

"A Penitential Rite of the Ancient Mexicans", *Archeological and Ethnological Papers of the Peabody Museum,* I, núm. 7 (1904), pp. 439-462.

"The Periodical Adjustments of the Ancient Mexican Calendar", *American Anthropologist,* nueva época, 6, núm. 4 (1904), pp. 486-500.

"Pläne altamerikanischer Hauptstädte", en *Vortag gehalten auf dem VII internationalen Geographen Kongress in Berlin im jar 1899,* Berlín, s.n., 1900.

"Prehistoric Observatory at Monte Alban", *El Palacio,* XXXIII (1932), pp. 180-181.

"Preliminary Note of an Analysis of the Mexican Codices and Graven Inscriptions", *Science,* VIII, núm. 195, suplemento (1886), pp. 393-395.

"Recent Archaeological Discoveries", *Man,* XXII (1922), pp. 4-6.

"Relics of Ancient Mexican Civilization", en Frederic W. Putnam, ed., *Proceedings of the American Association for the Advancement of Science,* vol. 40, Salem, Massachusetts, Salem Press, 1892.

"Review of Wagner's Drake Voyage around the World, Its Aims and Achievements", *American Historical Review,* XXXIV, núm. 1 (1928), pp. 114-117.

"Review: The Origin of the Graphic Art of the Ancient Cave Dwellers", *American Anthropologist,* nueva época, XXXII, núm. 3 (1930), pp. 571-572.

"Reviving Ancient American Ceremony", *El Palacio,* XXV (1928), p. 303.

"The Round Temples of Mexico and Yucatan", *Art and Architecture,* L (1930), pp. 229-233.

"Royal Ordinances concerning the Laying Out of New Towns", *Hispanic American Historical Review,* IV, núm. 4 (1921), pp. 743-753.

Sobre un monumento en Monte Albán de gran importancia, Ciudad de México, Sociedad Mexicana de Geografía y Estadística, 1932.

"Some Comparison between Etowan, Mexican and Mayan Designs", en Warren King Moorehead, ed., *Etowah Papers,* New Haven, Connecticut, Yale University Press, 1932, pp. 137-144.

"Some Unsolved Problems in Mexican Archaeology", *American Anthropologist,* nueva época, 8, núm. 1 (1906), pp. 133-149.

"Sorcery, Medicine and Surgery", *Johns Hopkins Hospital Bulletin,* XIII, núm. 133 (1902), pp. 86-91.

"Standard or Head-Dress? An Historical Essay on a Relic of Ancient Mexico", *Archaeological and Ethnological Papers of the Peabody Museum,* Universidad de Harvard, vol. 1, núm. 3, Cambridge, Massachusetts, Museo Peabody de Arqueología y Etnología, 1888.

"The Strange Story of an English Sixteenth Century Piece of Ordinance and the Inquisition of Mexico", *Hispanic American Historical Review,* VIII, núm. 2 (1928), pp. 240-242.

"Suggestion to Maya Scholars", *American Anthropologist,* nueva época, V, núm. 4 (1903), pp. 667-678.

"Sur le Quetzal-Apanecaiotl ou coiffure mexicaine plumes", en *Congrès International des Américanistes: Compte-rendu de la huitième session, tenue à Paris en 1890,* París, Leroux, 1892, pp. 453-459.

"The Terracotta Heads of Teotihuacan", *American Journal of Archaeology and of the History of the Fine Arts,* II, núm. 2 (1886), pp. 157-178.

"Two Remarkable California Baskets", *California Historical Society Quarterly,* II, núm. 4 (1924), pp. 341-343.

"Wilder mais in Mexiko", *Zeitschrift für Ethnologie,* LIX (1927), pp. 3-6.

En coautoría:

Zelia Nuttall y Adela Breton, "The Ancient Mexican Picture map in the British Museum", *Man,* XX (1920), pp. 143-145.

Zelia Nuttall y Emma Reh, "Cuauhtemoc's Tomb at Monte Alban", *El Palacio*, XXXII (1932), pp. 235-238.

Archivos

Archivo Alfred M. Tozzer, Biblioteca Tozzer, Universidad de Harvard.

Archivo Alice Cunningham Fletcher y Francis La Flesch, Archivos Nacionales de Antropología, Washington D. C.

Archivo Charles P. Bowditch, Archivos del Museo Peabody, Universidad de Harvard.

Archivo Frederic Ward Putnam, Archivos del Museo Peabody, Universidad de Harvard.

Archivo George Brown Goode, Archivos de la Institución Smithsoniana.

Archivo George y Phoebe Apperson Hearst, Biblioteca Bancroft, Universidad de California-Berkeley.

Archivo George Hubbard Pepper, Museo Nacional de los Indios Americanos, Washington D. C.

Archivo Marian Storm, Archivos del Smith College.

Archivo Ross Parmenter, Biblioteca Latinoamericana, Universidad Tulane.

Archivo Sara Yorke Stevenson, Archivos del Museo Penn, Universidad de Pensilvania.

Archivo Zelia Nuttall, Biblioteca Bancroft, Universidad de California-Berkeley.

Archivo Zelia Nuttall, Archivos del Museo Peabody, Universidad de Harvard.

Archivo Zelia Nuttall, Archivos del Museo Penn, Universidad de Pensilvania.

Otras fuentes

Adams, Amanda, *Ladies of the Field: Early Women Archaeologists and Their Search for Adventure*, Vancouver, Greystone Books, 2010.

Albright, Evan J., *The Man Who Owned a Wonder of the World*, Bourne, Massachusetts, Bohlin Carr, 2015.

Atherton, Gertrude, *California: An Intimate History*, Nueva York, Harper and Brothers, 1914.

Atwood, Roger, *Stealing History: Tomb Raiders, Smugglers, and the Looting of the Ancient World*, Nueva York, St. Martin's, 2004.

Aveni, Anthony, ed., *Native American Astronomy*, Austin, University of Texas Press, 1977.

Aveni, Anthony, *People and the Sky: Our Ancestors and the Cosmos*, Nueva York, Thames and Hudson, 2008.

Aveni, Anthony, Anne S. Dowd y Benjamin Vining, "Maya Calendar Reform? Evidence from Orientations of Specialized Architectural Assemblages", *Latin American Antiquity*, xiv, núm. 2 (2003), pp. 159-178.

Aveni, Anthony, Sharon L. Gibbs y Horst Hartung, "The Caracol Tower at Chichén Itzá: An Ancient Astronomical Observatory?", *Science*, clxxxviii, núm. 4192 (1975), pp. 977-985.

Baerlein, Henry, *Mexico: The Land of Unrest*, Londres, Herbert and Daniel, 1913.

Bancroft, Hubert Howe, *The Works of Hubert Howe Bancroft*, vol. 23, *The History of California, Volume 6: 1848-1859*, San Francisco, History Company, 1888.

Banner, Lois W., *Intertwined Lives: Margaret Mead, Ruth Benedict, and Their Circle*, Nueva York, Alfred A. Knopf, 2003.

Batres, Leopoldo, *La Isla de Sacrificios*, Ciudad de México, Tipografía Económica, 1910.

Beals, Carleton, *Nomads and Empire Builders: Native Peoples and Cultures of South America*, Filadelfia, Chilton, 1961.

"Benjamin Ide Wheeler: President of the University", *Chronicle of the University of California*, núm. 4 (2000), pp. 19-21.

Biblioteca Bancroft, Universidad de California, "Foundations of Anthropology at the University of California", consultado el 5 de febrero de 2023, https://bancroft.berkeley.edu/Exhibits/anthro/.

Black, Barbara J., *On Exhibit: Victorians and Their Museums*, Charlottesville, University of Virginia Press, 2000.

Bland, Richard L., "Alphonse Louis Pinart in Alaska", *Arctic Anthropology*, l, núm. 2 (2013), pp. 74-89.

Boas, Franz, *The Mind of Primitive Man*, Nueva York, Macmillan, 1911.

——, "Scientists as Spies", *Nation*, 20 de diciembre de 1919, p. 27.

——, "Summary of the Work of the International School of American Archaeology and Ethnology in Mexico", *American Anthropologist*, nueva época, xvii, núm. 2 (1915), pp. 384-395.

Bonfils, Winifred Black, *The Life and Personality of Phoebe Apperson Hearst*, San Francisco, John Nash, 1919.

Boone, Elizabeth Hill, *The Codex Magliabechiano and the Lost Prototype of the Magliabechiano Group*, Berkeley, University of California Press, 1983.

Brading, David A., "Manuel Gamio and Official Indigenismo in Mexico", *Bulletin of Latin American Research*, vii, núm. 1 (1988), pp. 75-89.

Brett, Dorothy, *Lawrence and Brett: A Friendship*, Santa Fe, Nuevo México, Sunstone, 2006.

Brew, John Otis, *Early Days of the Peabody Museum at Harvard University*, Cambridge, Massachusetts, Museo Peabody de Arqueología y Etnología, 1966.

Brew, John Otis, ed., *One Hundred Years of Anthropology*, Cambridge, Massachusetts, Harvard University Press, 1968.

Browman, David L., *Cultural Negotiations: The Role of Women in the Founding of Americanist Archaeology*, Lincoln, University of Nebraska Press, 2013.

——, "Frederic Ward Putnam: Contributions to the Development of Archaeological Institutions and Encouragement of Women Practitioners", en David L. Browman y Stephen Williams, eds., *New Perspectives on the Origins of Americanist Archaeology*, Tuscaloosa, University of Alabama Press, 2002, pp. 209-241.

Browman, David L., y Stephen Williams, *Anthropology at Harvard: A Biographical History, 1790-1940*, Cambridge, Massachusetts, Peabody Museum Press, 2013.

Browman, David L., y Stephen Williams, eds., *New Perspectives on the Origins of American Archaeology*, Tuscaloosa, University of Alabama Press, 2002.

Bueno Christina, *The Pursuit of Ruins: Archaeology, History, and the making of Modern Mexico*, Albuquerque, University of New Mexico Press, 2016.

Calderón de la Barca, Fanny, *Life in Mexico: The Letters of Fanny Calderón de la Barca* [1843], Howard T. Fisher y Marion Hall Fisher, eds., Garden City, Nueva York, Anchor Books, 1966. [Hay trad. esp.: *La vida en México*, Felipe Teixidor, trad., Ciudad de México, Porrúa, 1959].

Carlsen, William, *Jungle of Stone: The Extraordinary Journey of John L. Stephens and Frederick Catherwood and the Discovery of the Lost Civilization of the Maya*, Nueva York, William Morrow, 2016. [Hay trad. esp.: *Jungla de piedra*, José Manuel Osorio, trad., Madrid, Crítica, 2022].

Carrasco, David, *The Aztecs: A Very Short Introduction*, Oxford, Oxford University Press, 2012.

——, *Religions of Mesoamerica: Cosmovision and Ceremonial Centers*, Long Grove, Illinois, Waveland, 1990.

Carrasco, David, Lindsay Jones y Scott Sessions, eds., *Mesoamerica's Classic Heritage: From Teotihuacan to the Aztecs*, Boulder, University Press of Colorado, 2000.

Carrasco, David, y Scott Sessions, eds., *Cave, City, and Eagle's Nest: An Interpretive Journey through the Mapa de Cuauhtinchan No. 2*, Albuquerque, University of New Mexico Press, 2007. [Hay trad. esp.: *Cueva, ciudad y nido de águila*, Albuquerque, University of New Mexico Press, 2011].

Carrasco, David, y Scott Sessions, *Daily Life of the Aztecs: People of the Sun and Earth*, Indianápolis, Hackett, 1998.

Casler, Patricia Joanne, "Personalities, Politics and Patrons of the Peabody Museum of American Archaeology and Ethnology, 1866-1896", tesis, Universidad de Harvard, 1976.

Caso, Alfonso, "El mapa de Teozacoalco", *Cuadernos Americanos*, año 8, núm. 5 (1949), pp. 145-181.

Chalmers, Claudine, *Images of America: French San Francisco*, San Francisco, Arcadia, 2007.

Chandler, Arthur, "Empire of Autumn: The French Exposition Universelle of 1867", consultado el 14 de marzo de 2023, https://www.arthurchandler.com/París-1867-exposition/.

Chester, Hilary Lynn, "Frances Eliza Babbitt and the Growth of Professionalism of Women in Archaeology", en L. Browman y Stephen Williams, eds., *New Perspectives on the Origins of Americanist Archaeology*, Tuscaloosa, University of Alabama Press, 2002, pp. 164-184.

Chiñas, Beverly Newbold, "Zelia Maria Magdalena Nuttall", en Ute Gacs, Aisha Khan, Jerrie McIntyre y Ruth Weinberg, eds., *Women Anthropologists: Selected Biographies*, Urbana, University of Illinois Press, 1989, pp. 269-274.

Coe, Michael, *Mexico: From the Olmecs to the Aztecs*, Nueva York, Thames and Hudson, 2002.

Conn, Steven, *Museums and American Intellectual Life, 1876-1926*, Chicago, University of Chicago Press, 1998.

Connolly, Colleen, "How Chicago Beat New York to Get the 1893 World's Fair", *Chicago Tribune*, 13 de mayo de 2018.

Cosío Villegas, Daniel, *Historia moderna de México: el Porfiriato*, Ciudad de México, Hermes, 1957.

Danien, Elin C. y Eleanor M. King, "Unsung Visionary: Sara Yorke Stevenson and the Development of Archaeology in Filadelfia", en Don D. Fowler y David R. Wilcox, eds., *Philadelphia and the Development of Americanist Archaeology*, Tuscaloosa, University of Alabama Press, 2003, pp. 36-47.

Darnell, Regna, "Toward Consensus on the Scope of Anthropology: Daniel Garrison Brinton and the View from Filadelfia", en Don D. Fowler y David R. Wilcox, eds., *Philadelphia and the Development of Americanist Archaeology*, Tuscaloosa, University of Alabama Press, 2003, pp. 21-35.

Darwin, Charles, *The Descent of Man*, Londres, John Murray, 1871. [Una trad. esp. reciente es: *El origen del hombre*, José del Perojo y Enrique Camps, trads., Madrid, Los Libros de la Catarata, 2020].

——, *On the Origin of Species by Means of Natural Selection, or the Preservation of Favoured Races in the Struggle for Life*, Londres, John Murray, 1859. [La trad. esp. clásica es de Antonio Zulueta, en 1921, con varias ediciones].

Delpar, Helen, *The Enormous Vogue of Things Mexican: Cultural Relations between the United States and Mexico, 1920-1935*, Tuscaloosa, University of Alabama Press, 1992.

Deuel, Leo, *Testaments of Time: The Search for Lost manuscripts and Records*, Nueva York, Alfred A. Knopf, 1966.

Dexter, Ralph, "Frederic Ward Putnam and the Development of Museums of Natural History and Anthropology in the United States", *Curator: The Museum Journal*, IX, núm. 2 (1966), pp. 151-155.

——, "The Putnam-Kroeber Relations in the Development of American Anthropology", *Journal of California and Great Basin Anthropology*, II, núm. 1 (1989), pp. 91-96.

——, "The Role of F. W. Putnam in Developing Anthropology at the American Museum of Natural History", *Curator: The Museum Journal*, XIX, núm. 4 (1976), pp. 303-310.

Díaz, Juan, "Itinerario de la armada del rey católica a la isla de Yucatán" [1518], en Joaquín García Icazbalceta, ed., *Colección de documentos para la historia de México* [1858], vol. 1, Nueva York, NABU Press, 2010. [Ed. empleada por los trads.: México, Juan Pablos, 1972].

Díaz del Castillo, Bernal, *The History of the Conquest of New Spain* [1568], David Carrasco, ed., Albuquerque, University of New Mexico Press, 2008. [Ed. empleada por los trads.: *Historia verdadera de la conquista de la Nueva España*, Madrid, Instituto "Gonzalo Fernández de Oviedo" e Instituto de Investigaciones Históricas de la Universidad Nacional Autónoma de México, 1982].

Dixon, James Main, "Drake on the Pacific Coast", *Historical Society of Southern California*, XI, núms. 1-2 (1912-1913), pp. 86-96.

"Document E: Excerpts from the Diary of Frank Hamilton Cushing at the World's Fair, June 16-September 12, 1893", en Curtis M. Hinsley y David R. Wilcox, eds., *Coming of Age in Chicago: The 1893 World's Fair and the Coalescence of American Anthropology*, Lincoln, University of Nebraska Press, 2016, pp. 153-211.

"Document F: Monthly Report of Mr. Frank Hamilton Cushing, September 1893", en Curtis M. Hinsley y David R. Wilcox, eds., *Coming of Age in Chicago: The 1893 World's Fair and the Coalescence of American Anthropology*, Lincoln, University of Nebraska Press, 2016, pp. 212-231.

"Document J: Heir of the Big Fair: Field Columbian Museum Opened", en Curtis M. Hinsley y David R. Wilcox, eds., *Coming of Age in Chicago: The 1893 World's Fair and the Coalescence of American Anthropology*, Lincoln, University of Nebraska Press, 2016, pp. 405-411.

Durán, Diego, *Historia de las Indias de Nueva España y Islas de Tierra Firme* [*ca.* 1851], Ciudad de México, Impr. J. M. Andrade y F. Escalante, 1867-1880. [Ed. empleada por los trads.: Ciudad de México, Porrúa, 1967].

Eggan, Fred, "One Hundred Years of Ethnology and Social Anthropology", en John Otis Brew, ed., *One Hundred Years of Anthropology*, Cambridge, Massachusetts, Harvard University Press, 1968, pp. 119-149.

Fallaize, E. N., "Adela C. Breton", *Man*, XXIII (1923), pp. 125-126.

Fara, Patricia, *Pandora's Breeches: Women, Science, and Power in the Enlightenment*, Londres, Pimlico, 2004.

Fardon, G. R., *San Francisco Album: Photographs of the Most Beautiful Views and Public Buildings of San Francisco*, San Francisco, Herre and Bauer, 1856.

——, *San Francisco in the 1850s: 33 Photographic Views by G. R. Fardon* [1856], Nueva York, Dover, 1977.

Fash, Barbara W., "Watery Places and Urban Foundations Depicted in Maya Art and Architecture", en William L. Fash y Leonardo López Luján, eds., *The Art of Urbanism: How Mesoamerican Kingdoms Represented Themselves in Architecture and Imagery*, Washington D. C., Dumbarton Oaks Research Library and Collection, 2009, pp. 230-259.

Fash, William L., y Barbara W. Fash, "Teotihuacan and the Maya: A Classic Heritage", en David Carrasco, Lindsay Jones y Scott Sessions, eds., *Mesoamerica's Classic Heritage: From Teotihuacan to the Aztecs*, Boulder, University Press of Colorado, 2000, pp. 433-464.

Fash, William L., y Leonardo López Luján, eds., *The Art of Urbanism: How Mesoamerican Kingdoms Represented Themselves in Architecture and Imagery*, Washington D. C., Dumbarton Oaks Research Library and Collection, 2009.

Fash, William L., Alexandre Tokovinine y Barbara Fash, "The House of New Fire at Teotihuacan and Its Legacy in Mesoamerica", en William L. Fash y Leonardo López Luján, eds., *The Art of Urbanism: How Mesoamerican Kingdoms Represented Themselves in Architecture and Imagery*, Washington D. C., Dumbarton Oaks Research Library and Collection, 2009.

Feinstein, Howard M., *Becoming William James*, Ithaca, Nueva York, Cornell University Press, 1984.

Finney, Michael, *1893 Chicago's Columbian Exposition: Arts and Culture on the Doorstep of the 20th Century*, edición del autor, 2019.

Fowler, Don D., y David R, Wilcox, eds., *Philadelphia and the Development of Americanist Archaeology*, Tuscaloosa, University of Alabama Press, 2003.

Gamio, Manuel, *Forjando patria*, Ciudad de México, Editorial Porrúa, 1916.

——, *Introducción, síntesis y conclusiones de la obra de la población del Valle de Teotihuacán*, Ciudad de México, Secretaría de Educación Pública, 1922.

——, "The Sequence of Cultures in Mexico", *American Anthropologist*, nueva época, XXVI, núm. 3 (1924), pp. 306-317.

Garrigan, Shelley, *Collecting Mexico: Museums, Monuments, and the Creation of National Identity*, Minneapolis, University of Minnesota Press, 2012.

Gaster, Moses, "Reviewed Work: The Fundamental Principles of Old and New World Civilizations; A Comparative Research Based on a Study of the Ancient Mexican Religious, Sociological, and Calendrical Systems by Zelia Nuttall", *Folklore*, XV, núm. 1 (1904), pp. 117-119.

Geneanet, "Francois 'Leon' Pinart", consultado el 5 de febrero de 2023, https://gw.geneanet.org/chrismalouine?lang=es&n=pinart&p=francois+leon.

Godoy, Ricardo, "Franz Boas and His Plans for an International School of American Archaeological Ethnology in Mexico", *Journal of the History of the Behavioral Sciences*, XIII (1977), pp. 228-242.

González Gamio, Ángeles, *Manuel Gamio: una lucha sin fin*, Ciudad de México, Universidad Nacional Autónoma de México, 2003.

Graham, Ian, *Alfred Maudslay and the Maya: A Biography*, Norman, University of Oklahoma Press, 2002.

Grann, David, *The Lost City of Z: A Tale of Deadly Obsession in the Amazon*, Nueva York, Vintage, 2010.

Griswold, Robert L., *Family and Divorce in California, 1850-1890: Victorian Illusions and Everyday Realities*, Albany, State University of New York Press, 1982.

Gruber, Jacob W., ed., *The Philadelphia Anthropological Society: Papers Presented on Its Golden Anniversary*, Nueva York, Columbia University Press, 1967.

Hagar, Stansbury, "Reviewed Work: The Fundamental Principals of New and Old World Civilizations by Zelia Nuttall", *Journal of American Folk-Lore*, XIV, núm. 54 (1901), pp. 216-220.

Hart, John M., *Empire and Revolution: The Americans in Mexico since the Civil War*, Berkeley, University of California Press, 2002.

Helm, June, ed., *Pioneers of American Anthropology: The Uses of Biography*, Seattle, University of Washington Press, 1966.

Henderson, Timothy J., *The Worm in the Wheat: Rosalie Evans and Agrarian Struggle in the Puebla-Tlaxcala Valley of Mexico, 1906-1927*, Durham, Carolina del Norte, Duke University Press, 1998.

Hinsley, Curtis M., "Ambiguous Legacy: Daniel Garrison Brinton at the International Congress of Anthropology", en Curtis M. Hinsley y David R. Wilcox, eds., *Coming of Age in Chicago, The 1893 World's Fair and the Coalescence of American Anthropology*, Lincoln, University of Nebraska Press, 2016, pp. 99-110.

——, "Anthropology as Education and Entertainment: Frederick Ward Putnam at the World's Fair", en Curtis M. Hinsley y David R. Wilcox, eds., *Coming of Age in Chicago, The 1893 World's Fair and the Coalescence of American Anthropology*, Lincoln, University of Nebraska Press, 2016, pp. 1-77.

——, "Drab Doves Take Flight: The Dilemmas of Early Americanist Archaeology in Philadelphia, 1889-1900", en Don D. Fowler y David R. Wilcox, eds., *Philadelphia and the Development of Americanist Archaeology*, Tuscaloosa, University of Alabama Press, 2003, pp. 1-20

——, "Frederic Ward Putnam", en Tim Murray, ed., *The Great Archaeologists*, Santa Bárbara, California, ABC-CLIO, 1999, pp. 141-154.

——, "From Shell Heaps to Stelae: Early Anthropology at the Peabody Museum", en George W. Stocking Jr., ed., *Objects and Others: Essays on*

Museums and material Cultures, Madison, University of Wisconsin Press, 1985, pp. 49-74.

Hinsley, Curtis M., *Savages and Scientists: The Smithsonian Institution and the Development of American Anthropology, 1846-1910*, Washington D. C., Institución Smithsoniana, 1981.

Hinsley, Curtis M., y David R. Wilcox, "Introduction: The Chicago Fair and American Anthropology in 1893", en Curtis M. Hinsley y David R. Wilcox, eds., *Coming of Age in Chicago, The 1893 World's Fair and the Coalescence of American Anthropology*, Lincoln, University of Nebraska Press, 2016, pp. xv-xli.

Hittell, John, *A History of the City of San Francisco; and Incidentally of the State of California* [1878], edición facsimilar, San Francisco, BiblioBazaar, 2009.

Holmes, William Henry, "The World's Fair Congress of Anthropology", *American Anthropologist*, VI, núm. 4 (1893), pp. 423-434.

Howard, Jane, *Margaret Mead: A Life*, Nueva York, Simon and Schuster, 1984.

Hulme, Peter, "Monuments and Promise: Maya Ruins and the Death of Felipe Carrillo Puerto", *Transmodernity: Journal of Peripheral Cultural Production of the Luso-Hispanic World*, IX, núm. 7 (2021), pp. 143-171.

Humboldt, Alexander von, *Researches Concerning the Institutions and Monuments of the Ancient Inhabitants of America, with Descriptions and Views of Some of the Most Striking Scenes in the Cordilleras*, Londres, Longmans, 1814. [Hay trad. esp.: *Vistas de las cordilleras y monumentos de los pueblos indígenas de América*, Ciudad de México, Siglo XXI Editores, 1995].

"Interesting Westerners: Mrs. Zelia Nuttall", *Sunset*, septiembre de 1915, p. 544.

Irmscher, Christoph, *Louis Agassiz: Creator of American Science*, Boston, Houghton Mifflin Harcourt, 2013.

Jacknis, Ira, "A Museum Prehistory: Phoebe Hearst and the Founding of the Museum of Anthropology, 1891-1901", *Chronicle of the University of California*, IV (2004), pp. 47-77.

——, *The Storage Box Tradition: Kwakiutl Art, Anthropologists, and Museums, 1881-1981*, Washington D. C., Institución Smithsoniana, 2003.

Johns, Michael, *The City of Mexico in the Age of Díaz*, Austin, University of Texas Press, 1997.

Johnson, Joan Marie, *Funding Feminism: Monied Women, Philanthropy, and the Women's Movement, 1870-1967*, Chapel Hill, University of North Carolina Press, 2017.

Jostes, Barbara Donohoe, *John Parrott, 1811-1884: Selected Papers of a Western Pioneer*, San Francisco, Lawton and Alfred Kennedy, 1972.

Kehoe, Alice B., "The Paradigmatic Vision of Archaeology: Archaeology as a Bourgeois Science", en Jonathan E., Reyman, ed., *Rediscovering*

Our Past: Essays on the History of American Archaeology, Aldershot, Reino Unido, Avebury, 1992, pp. 3-14.

Kelly, Larissa Kennedy, "Waking the Gods: Archaeology and State Power in Porfirian Mexico", tesis, University of California-Berkeley, 2011.

Kelsey, Harry, *Sir Francis Drake: The Queen's Pirate*, New Haven, Connecticut, Yale University Press, 1998.

King, Charles, *Gods of the Upper Air: How a Circle of Renegade Anthropologists Reinvented Race, Sex, and Gender in the Twentieth Century*, Nueva York, Doubleday, 2019.

King, Lily, *Euphoria*, Nueva York, Grove Atlantic, 2014.

Kingsborough, Edward, *Antiquities of Mexico*, 9 vols., Londres, A. Aglio, 1830 (vols. 1-5); Londres, Robert Havell, 1831 (vols. 6-7); Londres, H. G. Bohn (vols. 8-9). [Hay trad. esp. *Antigüedades de México, basadas en la recopilación de lord Kingsborough*, 4 vols., José Corona Núñez, ed., Ciudad de México, Secretaría de Hacienda y Crédito Público, 1964].

Knight, Alan, "Racism, Revolution, and Indigenismo: Mexico 1910-1940", en Richard Graham, ed., *The Idea of Race in Latin America, 1870-1940*, Austin, University of Texas Press, 1990, pp. 71-113.

Kroeber, A. L., "Frederic Ward Putnam", *American Anthropologist*, nueva época, XVII, núm. 4 (1915), 712-718.

Landa, Diego de, *Relación de las cosas de Yucatán* [ca. 1566], manuscrito. [Hay varias ediciones modernas].

Larson, Eric, *The Devil in the White City: Murder, Magic, and Madness at the Fair That Changed America*, Nueva York, Vintage, 2003.

Lawrence, D. H., *The Plumed Serpent* [1926], Londres, Wordsworth Classics, 1995. [Hay trad. esp.: *La serpiente emplumada*, Pilar Giralt, trad., Madrid, Bruguera, 1980].

León y Gama, Antonio de, *Descripción histórica y cronológica de las dos piedras que con ocasión del nuevo empedrado que se está formando en la plaza principal de México, se hallaron en ella el año de 1790*, Ciudad de México, Impr. de don Felipe de Zúñiga y Ontiveros, 1792. [Hay varias ediciones modernas].

León-Portilla, Miguel, *Broken Spears: The Aztec Account of the Conquest of Mexico*, Boston, Beacon Press, 1962. [Es traducción de *La visión de los vencidos*, Ciudad de México, Universidad Nacional Autónoma de México, 1959].

Levitt, Peggy, *Artifacts and Allegiances: How Museums Put the Nation and the World on Display*, Berkeley, University of California Press, 2015.

Lindbergh, Anne Morrow, *Hour of Gold, Hour of Lead: Diaries and Letters of Anne Morrow Lindbergh, 1929-1932*, Nueva York, Harcourt Brace Jovanovich, 1973.

Lomnitz, Claudio, *Deep Mexico, Silent Mexico*, Minneapolis, University of Minnesota Press, 2001.

Losson, Pierre, *The Return of Cultural Heritage to Latin America*, Nueva York, Routledge, 2022.

Lurie, Nancy Oestreich, "Women in Early American Anthropology", en June Helm, ed., *Pioneers of American Anthropology: The Uses of Biography*, Seattle, University of Washington Press, 1966, pp. 29-81.

Manrique Castañeda, Leonardo, "Leopoldo Batres", en Linda Odena Güemes y Carlos García Mora, eds., *La antropología en México: panorama histórico*, vol. 9, Ciudad de México, Instituto Nacional de Antropología e Historia, 1987, pp. 242-257.

Mark, Joan, *A Stranger in Her Native Land: Alice Fletcher and the American Indians*, Lincoln, University of Nebraska Press, 1988.

Markham, Clement Robert, "Review", *Geographical Journal*, XLIV, núm. 6 (1914), pp. 584-586.

Mason, Gregory, "America's Buried Past", *Saturday Evening Post*, 19 de enero de 1929, pp. 37-43.

——, "Explore a Tunnel from a Mayan Tomb", *New York Times*, 31 de marzo de 1926.

——, "Rediscovering America", *Saturday Evening Post*, 5 de octubre de 1929, XXVII, pp. 120-126.

——, "The Riddles of Our Own Egypt", *Century Magazine*, noviembre de 1923, pp. 43-59.

Matos Moctezuma, Eduardo, *Manuel Gamio: la arqueología mexicana*, Ciudad de México, Universidad Nacional Autónoma de México, 1983.

Maudslay, Alfred, *Biologia Centrali-Americana, or, Contributions to the Knowledge of the Fauna and Flora of Mexico and Central America*, 5 vols., Londres, Porter and Dulau, 1889-1902.

McGee, Anita Newcomb, "The Women's Anthropological Society of America", *Science*, XIII, núm. 321 (1889), pp. 240-242.

McVicker, Donald, "Patrons, Popularizers, and Professionals: The Institutional Setting of Late Nineteenth-Century Anthropology in Chicago", en Curtis M. Hinsley y David R. Wilcox, eds., *Coming of Age in Chicago: The 1893 World's Fair and the Coalescence of American Anthropology*, Lincoln, University of Nebraska Press, 2016, pp. 375-404.

McVicker, Mary F., *Adela Breton: A Victorian Artist amid Mexico's Ruins*, Albuquerque, University of New Mexico Press, 2005.

Means, Philip, "Zelia Nuttall: An Appreciation", *Hispanic American Historical Review*, XIII, núm. 4 (1933), pp. 487-489.

Meyer, Karl E., y Shareen Blair Brysac, *The China Collectors: America's Century-Long Hunt for Asian Art Treasures*, Nueva York, Palgrave Macmillan, 2015.

Meyer, Michael C., y William L. Sherman, *The Course of Mexican History*, Nueva York, Oxford University Press, 1979.

Miller, Arthur G., "Introduction to the Dover Edition", en Zelia Nuttall, ed., *The Codex Nuttall: A Picture manuscript from Ancient Mexico* [1902], Nueva York, Dover, 1975, pp. vii-xviii.

Montón-Subías, Sandra, María Cruz Berrocal y Apen Ruiz Martínez, eds., *Archaeologies of Early Modern Spanish Colonialism*, Nueva York, Springer, 2016.

Moore, Sarah J., *Empire on Display: San Francisco's Panama-Pacific International Exposition of 1915*, Norman, University of Oklahoma Press, 2003.

Morgan, Lewis Henry, *Ancient Society*, Nueva York, Henry Holt, 1877.

Morison, Samuel Eliot, *The Development of Harvard University since the Inauguration of President Eliot, 1869-1929*, Cambridge, Massachusetts, Harvard University Press, 1930.

Morison, Samuel Eliot, *Three Centuries of Harvard*, Cambridge, Massachusetts, Belknap Press, 1936.

Myers, Jourdan George, "Tiburcio Parrott: The Man Who Built Miravalle-Falcon Crest", manuscrito, 1987.

Nickliss, Alexandra M., *Phoebe Apperson Hearst: A Life of Power and Politics*, Lincoln, University of Nebraska Press, 2018.

O'Shaughnessy, Edith, *A Diplomat's Wife in Mexico*, Nueva York, Harper and Brothers, 1916. [Hay ed. esp.: *Huerta y la revolución vistos por la esposa de un diplomático en México*, Eugenia Meyer Walerstein, trad., México, Ediciones Diógenes, 1971].

Oviedo, Gonzalo Fernando de, *Historia general de las Indias*, Sevilla, España, Impr. de Juan Cromberger, 1535. [Edición empleada por los trads.: Madrid, Real Academia de Historia, José Amador de los Ríos, ed., 1851].

Parmenter, Ross, *Explorer, Linguist and Ethnologist: A Descriptive Bibliography of the Published Works of Alphonse Louis Pinart, with Notes on His Life*, Los Ángeles, Southwest Museum, 1988.

——, "Glimpses of a Friendship: Zelia Nuttall and Franz Boas, Based on Their Correspondence in the Library of the American Philosophical Society in Filadelfia", en June Helm, ed., *Pioneers of American Anthropology: The Uses of Biography*, Seattle, University of Washington Press, 1966, pp. 83-147.

——, *Lawrence in Oaxaca: A Quest for the Novelist in Mexico*, Salt Lake City, Utah, Peregrine Smith, 1984. [Hay trad. esp.: *Lawrence en Oaxaca: tras las huellas del novelista en México*, Jaime Retif del Moral, trad., Ciudad de México, Fondo de Cultura Económica, 1991].

——, "Zelia Nuttall and the Recovery of Mexico's Past, Parts I-III", manuscrito, s.f., Biblioteca Tozzer, Harvard University.

Petitot, Abbé Émile Fortuné, *Langue Dènè-Dindjié: Dialectes Montagnes ou Chipewayan, Peau de Lièvre et Loucheaux*, vol. 2 de *Bibliothèque de linguistique et d'ethnographie américaines*, Alphonse L. Pinart, ed., París, Ernest Leroux, 1876.

Pickstone, John, V., *Ways of Knowing: A New History of Science, Technology and Medicine*, Manchester, Reino Unido, Manchester University Press, 2000.

Plunkett Nagoada, Patricia, "Los viajes de Catherwood y Stephens: la nostalgia por un pasado olvidado", *Arqueología Mexicana* (edición especial), CVI (2022).

Prescott, William H., *History of the Conquest of Mexico and History of the Conquest of Peru* [1843], Nueva York, Cooper Square, 2000. [Hay trad. esp.: *Historia de la conquista de México*, Madrid Ediciones Mercurio, 1900].

Pruneda, Elvira, "Leopoldo Batres y su leyenda negra", *Arqueología Mexicana*, CLXXVII (2022), pp. 60-65.

Putnam, Frederic Ward, "American Ethnology: An Interesting Suggestion for the Columbian Exposition", *Chicago Tribune*, 30 de mayo de 1890.

——, "Editorial Note", en Zelia Nuttall, "The Atlatl or Spear-Thrower of the Ancient Mexicans", *Archaeological and Ethnological Papers of the Peabody Museum*, Universidad de Harvard, vol. 1, núm. 3, Cambridge, Massachusetts, Museo Peabody de Arqueología y Etnología, 1891, p. 171.

——, "Ethnology, Anthropology, Archaeology", en Trumbull White y William Igleheart, eds., *The World's Columbian Exposition, Chicago, 1893: A Complete History of the Enterprise; a Full Description of the Buildings and Exhibits in All Departments; and a Short Account of Previous Expositions*, Filadelfia, International Publishing Company, 1893, pp. 415-422

——, "A Problem in American Anthropology", *Science*, x, núm. 243 (1899), pp. 225-236.

Ramírez Aznar, Luis, *El saqueo del cenote sagrado de Chichén Itzá*, Ciudad de México, Dante, 1990.

Reed, Alma, "The Waiting Ghosts of the Maya", *The New York Times*, 18 de marzo de 1923.

Reichlen, Henry, Robert F., Heizer y E. N. Anderson, "The Scientific Expedition of Leon de Cessac to California, 1877-1879", en *University of California Archaeological Survey Reports*, Berkeley, University of California Archaeological Research Facility, 1964.

Reyman, Jonathan E., ed., *Rediscovering Our Past: Essays on the History of American Archaeology*, Aldershot, Reino Unido, Avebury, 1992.

Robb, Matthew H., *Teotihuacán: City of Water, City of Fire*, Berkeley, University of California Press, 2017.

Robertson, William, *The History of America*, 2 vols., Leipzig, Schwickert, 1786.

Rohrbough, Malcolm J., *Rush to Gold: The French and the California Gold Rush, 1848-1854*, New Haven, Connecticut, Yale University Press, 2013.

Rosemblatt, Karin A, "Mexican Anthropology and Inter-American Knowledge", *Latin American Research Review*, LIII, núm. 3 (2018), pp. 581-596.

Rosenberg, Chaim M., *America at the Fair: Chicago's 1893 World's Columbian Exposition*, Charleston, Carolina del Sur, Arcadia, 2008.

Rossiter, Margaret W., *Women Scientists in America: Struggles and Strategies to 1940*, Baltimore, Johns Hopkins University Press, 1982.

Royce, Josiah, *California: A Study of American Character, from the Conquest in 1846 to the Second Vigilance Committee in San Francisco* [1886], Berkeley, Heyday Books, 2002.

Ruiz, Carmen, "Insiders and Outsiders in Mexican Archaeology (1890-1930)", tesis, University of Texas-Austin, 2003.

Ruiz, Jason, *Americans in the Treasure House: Travel to Porfirian Mexico and the Cultural Politics of Empire*, Austin, University of Texas Press, 2014.

Ruiz Martínez, Apen, "Zelia Nuttall e Isabel Ramírez: las distintas formas de practicar y escribir sobre arqueología en el México de inicios del siglo XX", *Cademos Pagu*, XXVII (2006), pp. 99-133.

Ruiz Medrano, Ethelia, *Mexico's Indigenous Communities: Their Lands and Histories, 1500-2010*, Boulder, University Press of Colorado, 2010.

Rushing, Erin, "Tracing Anthropologist Zelia Nuttall through Smithsonian Collections", *Unbound* (blog), Smithsonian Libraries and Archives, 26 de octubre de 2021, https://blog.library.si.edu/blog/2021/10/26/tracing-anthropologist-zelia-nuttall-through-smithsonian-collections/.

Rydell, Robert W., *All the World's a Fair: Visions of Empire at American International Expositions, 1896-1916*, Chicago, University of Chicago Press, 1984.

Safford, W. E., "*Chenopodium nuttalliae*: A Food Plant of the Aztecs", *Journal of the Washington Academy of Sciences*, VIII, núm. 15 (1918), 521-527.

Sahagún, Bernardino de, *Historia general de las cosas de Nueva España* [1540-1585], 12 vols., México, Impr. de A. Valdez, 1829. [Edición empleada por los trads.: *Códice Florentino Digital: Una enciclopedia del México indígena del siglo XVI*, Getty Museum, 2023, https://florentinecodex.getty.edu/es].

Schell, William, Jr., *Integral Outsiders: The American Colony in Mexico City, 1876-1911*, Wilmington, Delaware, Scholarly Resources, 2001.

Schneider, Daniel J., "Lawrence's Debt to Zelia Nuttall: Additional Information", *D. H. Lawrence Review*, XX, núm. 1 (1988), pp. 33-38.

Schoultz, Lars, *Beneath the United States: A History of U.S. Policy Toward Latin America*, Cambridge, Massachusetts, Harvard University Press, 1998.

Shaw, Marian, "The World's Fair", *Fargo (ND) Argus*, 26 de agosto de 1893.

——, *World's Fair Notes: A Woman Journalist Views Chicago's 1893 Columbian Exposition*, s.l. [St. Paul, Minnesota], Pogo Press, 1992.

Simpson, Anna Pratt, *Problems Women Solved: Being the Story of the Women's Board of the Panama-Pacific International Exposition; What Vision, Enthusiasm, Work and Co-operation Accomplished*, San Francisco, The Women's Board, 1915.

Smith, Robert Freeman, *The United States and Revolutionary Nationalism in Mexico*, Chicago, University of Chicago Press, 1972.

Sobel, Dava, *The Glass Universe: How the Ladies of the Harvard Observatory Took the Measure of the Stars*, Nueva York, Penguin, 2016.

Soule, Frank, John H. Gihon y James Nisbet, *The Annals of San Francisco*, San Francisco, D. Appleton and Company, 1855.

Starr, Frederic, "Anthropological Work in America", *Popular Science Monthly*, XLI (1892), pp. 289-307.

——, "Anthropological Work in Europe", *Popular Science Monthly*, XLI (1892), pp. 54-72.

Starr, Kevin, *Americans and the California Dream, 1850-1915*, Nueva York, Oxford University Press, 1973.

Stephens, John Lloyd, y Frederick Catherwood, *Incidents of Travel in Central America, Chiapas, and Yucatan*, Nueva York, Harper and Brothers, 1841. [Hay trad. esp.: *Incidentes de viaje en Centroamérica, Chiapas y Yucatán*, Benjamín Mazariego Santizo, trad., Tegucigalpa, Secretaría de Cultura, Artes y Deportes, 2008].

Stephens, John Lloyd, y Frederick Catherwood, *Incidents of Travel in Yucatan* [1843], 2 vols., s.l., Pantianos Classics, s.f. [Hay trad. esp.: *Viaje a Yucatán 1841-1842*, Justo Sierra, trad. [1938], Fondo de Cultura Económica, 2003].

Stevenson, Sara Yorke, *Maximilian in Mexico: A Woman's Reminiscences of the French Intervention, 1862-1867*, Nueva York, Century, 1899.

Storm, Marian, *Prologue to Mexico: The Story of a Search for a Place*, Nueva York, Alfred A. Knopf, 1931.

Tanck de Estrada, Dorothy, *Atlas ilustrado de los pueblos de indios: Nueva España, 1800*, Ciudad de México, El Colegio de México, 2005.

Temkin, Andrea, "Alice Cunningham Fletcher", en *Women Anthropologists: Selected Biographies*, Ute Gacs, Aisha Khan, Jerrie McIntyre y Ruth Weinberg, eds., Urbana, University of Illinois Press, 1989, pp. 95-101.

Tenorio-Trillo, Mauricio, *Mexico at the World's Fairs: Crafting a Modern Nation*, Berkeley, University of California Press, 1996.

Thompson, Daniella, "The East Bay Then and Now: A Viennese Epicure in the Athens of the West", *Berkeley Daily Planet*, 21 de mayo de 2009.

Thompson, Edward H., "Atlantis Not a Myth", *Popular Science Monthly*, LI (1879), pp. 64-75.

——, *The People of the Serpent: Life and Adventure among the Mayas*, Boston, Riverside, 1932.

Todd, Frank Morton, *The Story of the Exposition: Being the Official History of the International Celebration Held at San Francisco in 1915 to Commemorate the Discovery of the Pacific Ocean and the Construction of the Panama Canal*, vol. 2, Nueva York, G. P. Putnam's Sons, 1921.

Tozzer, Alfred M., "Alfred Percival Maudslay", *American Anthropologist*, nueva época, XXXIII, núm. 3 (1931), pp. 403-413.

——, "Frederic Ward Putnam, 1839-1915", en *National Academy of Sciences Biographical Memoirs*, vol. 16, 125-138, Washington D. C., National Academy of Sciences, 1935.

——, "Zelia Nuttall", *American Anthropologist*, nueva época, XXXV, núm. 3 (1933), pp. 475-482.

Troike, Nancy P., "The Codex Nuttall: A Picture Manuscript from Ancient Mexico", *American Anthropologist*, nueva época, LXXIX, núm. 3 (1977), pp. 676-677.

Tuchman, Barbara W., *The Zimmermann Telegram*, Nueva York, Viking, 1958.

Tweedie, Mrs. Alec [Ethel], *Porfirio Diaz: Seven Times President of Mexico*, Londres, Hurst and Blackett, 1906.

Valiant, Seonaid, *Ornamental Nationalism: Archaeology and Antiquities in Mexico, 1876-1911*, Leiden, Países Bajos, Brill, 2018.

Vosy-Bourbon, H., "Zelia Nuttall", *Journal de la Société de Américanistes*, nueva época, XXV, núm. 2 (1933), pp. 369-370.

Wagner, Henry, y Zelia Nuttall, "Communications", *Hispanic American Historical Review*, VIII, núm. 2 (1928), pp. 253-260.

Wagner, Henry Raup, y Helen Rand Parish, *The Life and Writings of Bartolomé de las Casas*, Albuquerque, University of New Mexico Press, 1967.

Watson, Rubie S., Margot McC., Ellis y Adria Tassy Prosser, *Three Generations of Women Anthropologists at the Peabody Museum: An Exhibition at the Tozzer Library, December 8, 1994-September 5, 1995*, Cambridge, Massachusetts, Museo Peabody de Arqueología y Etnología, 1994.

Wilcox, David R., "Anthropology in a Changing America: Interpreting the Chicago 'Triumph' of Frank Hamilton Cushing", en Curtis M. Hinsley y David R. Wilcox, eds., *Coming of Age in Chicago: The 1893 World's Fair and the Coalescence of American Anthropology*, Lincoln, University of Nebraska Press, 2016, pp. 125-152.

Willard, Theodore, *The City of the Sacred Well*, Nueva York, Century, 1926.

Willey, Gordon R., "One Hundred Years of American Archaeology", en John Otis Brew, ed., *One Hundred Years of Anthropology*, Cambridge, Massachusetts, Harvard University Press, 1968, pp. 29-53.

Williams, Stephen, "A Brief Review of Developments in the Archaeology of the Cincinnati Locality", conferencia impartida en el Museo de Historia Natural de Cincinnati, 19 de febrero de 1987.

——, "'From Whence Came Those Aboriginal Inhabitants of America?' 1500-1800", en David L. Browman y Stephen Williams, eds., *New*

Perspectives on the Origins of Americanist Archaeology, Tuscaloosa, University of Alabama Press, 2002, pp. 30-59.

Wilson, Thomas, "Reviewed Work: The Fundamental Principles of Old and New World Civilizations: A Comparative Research Based on a Study of the Ancient Mexican Religious, Sociological, and Calendrical Systems by Zelia Nuttall", *American Anthropologist*, nueva época, III, núm. 2 (1901), pp. 360-365.

———, *The Swastika: The Earliest Known Symbol and Its Migrations*, Nueva York, Wentworth, 1894.

Womack, John, Jr., *Zapata and the Mexican Revolution*, Nueva York, Vintage, 1968. [Hay trad. esp.: *Zapata y la Revolución mexicana*, Francisco González Aramburo, trad., Ciudad de México, Siglo XXI Editores, 1969].

Wulf, Andrea, *The Invention of Nature: Alexander von Humboldt's New World*, Nueva York, Vintage, 2016.

Zavala, Silvio, *Francisco del Paso y Troncoso: su misión en Europa, 1892-1916*, Ciudad de México, Prensa y Publicidad, 1838.

CRÉDITOS DE LAS IMÁGENES

Página   6:   Archivo Ross Parmenter, Biblioteca Latinoamericana de Tulane, Bibliotecas de la Universidad de Tulane.

22:   Wikimedia Commons.

67:   Archivo Ross Parmenter, Biblioteca Latinoamericana de Tulane, Bibliotecas de la Universidad de Tulane.

68:   Tomado de Barbara Donohoe Jostes, *John Parrott, 1811-1884: Selected Papers of a Western Pioneer*, San Francisco, Lawton and Alfred Kennedy, 1972.

74:   Biblioteca Bancroft, Universidad de California-Berkeley.

80:   Archivo Ross Parmenter, Biblioteca Latinoamericana de Tulane, Bibliotecas de la Universidad de Tulane.

91   (arriba): Biblioteca Bancroft, Universidad de California-Berkeley.

91   (abajo): Reproducción cortesía del Museo Peabody de Arqueología y Etnología de la Universidad de Harvard 2004.1.324.7.

121:   Archivo Ross Parmenter, Biblioteca Latinoamericana de Tulane, Bibliotecas de la Universidad de Tulane.

128:   Reproducción cortesía del Museo Peabody de Arqueología y Etnología de la Universidad de Harvard 2004.24.1790.

147:   Tomado de Zelia Nuttall, "The Terracotta Heads of Teotihuacan", *American Journal of Archaeology and of the History of the Fine Arts*, ii, núm. 2 (1886), p. 177.

160:   Tomado de Zelia Nuttall, *Codex Nuttall: Facsimile of an Ancient Mexican Codex Belonging to Lord Zouche of Harynworth, England*, Cambridge, Massachusetts, Museo Peabody de Arqueología y Etnología, 1902.

166:   Detroit Publishing Company Photograph Collection, Biblioteca del Congreso de los Estados Unidos.

197:   Geography and Map Division, Biblioteca del Congreso de los Estados Unidos.

201:   Donación de Frederic Ward Putnam, 1893. Reproducción cortesía del Museo Peabody de Arqueología y Etnología de la Universidad de Harvard 93-1-10/100266.1.23.

206:   Museo de Antropología Phoebe A. Hearst, Universidad de California-Berkeley.

208:   Reproducción cortesía del Museo Penn, imagen #237288.

213:   Reproducción cortesía del Museo Peabody de Arqueología y Etnología de la Universidad de Harvard 2004.29.6041.

236:   Archivo Ross Parmenter, Biblioteca Latinoamericana de Tulane, Bibliotecas de la Universidad de Tulane.

282:   Instituto Nacional de Antropología e Historia, Ciudad de México.

283:   Ines Suarez R./Wikimedia Commons/CC BY-SA 4.0.

290:   Instituto Nacional de Antropología e Historia, Ciudad de México.

298:   Tomado de Juan B. Iguíniz, *Las publicaciones del Museo Nacional de Arqueología y Etnología*, Ciudad de México, Museo Nacional de Arqueología, Historia y Etnología, 1912, p. 13.

306:   Reproducción cortesía del Museo Peabody de Arqueología y Etnología, Universidad de Harvard 2009.1.25.

307:   Tomado de Mary McVicker, *Adela Brenton: A Victorian Artist amid Mexico's Ruins*, Albuquerque, University of New Mexico Press, 2005, p. 39.

318:   Instituto Nacional de Antropología e Historia, Ciudad de México.

330:   Acervo Leopoldo Batres.

358:   Reproducción cortesía del Museo Peabody de Arqueología y Etnología, Universidad de Harvard 2004.24.28554.

359   (arriba): Reproducción cortesía del Museo Penn, imagen #140038.

359   (abajo): Instituto Nacional de Antropología e Historia, Ciudad de México.

418:   Archivo Ross Parmenter, Biblioteca Latinoamericana de Tulane, Bibliotecas de la Universidad de Tulane.

481:   Archivo Ross Parmenter, Biblioteca Latinoamericana de Tulane, Bibliotecas de la Universidad de Tulane.

ÍNDICE DE NOMBRES PROPIOS

Nota: todos los lugares se encuentran en México, a menos que se especifique lo contrario. Los números de página en cursivas refieren a las ilustraciones del libro.

Gamio, Manuel, 321, 363, 433n, 455,
459n, 460, 470
 y la antropología cultural, 464n
 Boas y, 319, 320, 433, 434, 458,
 464
 Caso y, 475
 colaboración con extranjeros, 457
 conflicto con Batres, 29, 337
 en la fundación de la escuela
 internacional, 363, 458
 estudio de Teotihuacan, 433, 455,
 459
 logros de, 320, 337, 458-460,
 364n
 nacionalismo e indigenismo de,
 432-434, 458, 459
 relación con Nuttall, 33, 34, 319,
 320, 327, 360, 361, 425, 426,
 468, 469
 y el reconocimiento del trabajo de
 Nuttall, 472, 473
 versión ficcionalizada de, 419,
 420, 425, 425n
Gamio, Margarita, 426, 426n
García de Palacio, Diego, 45, 45n
García Icazbalceta, Joaquín, 112, 113n
Gardiner, Samuel Rawson, 74, 164
Gaster, Moses, 279, 279, 279n
Gates, William, 442, 443, 443n, 444,
 444n, 470n, 305n, 331n, 334n, 335n
Gatschet, Albert Samuel, 112
Geographical Journal (publicación), 378
Gifford, Edward, 398, 398n
Gods of the Upper Air (King), 51n, 199n,
 232n, 462n, 464n
Golden Hind (barco de Drake), 374
Golden-Howes, Dean, 485
González, Manuel, 289
Graham, Ian, 100, 100n
Gran Exposición de los Trabajos de la
 Industria de todas las Naciones, 191
Gran Plan, sobre el, Nuttall, 174n,
 273-279
Gray, Asa, 126n, 126n
Grijalva, Juan de, 25, 349, 351, 352
Gruening, Ernest, 437
Guerra de Castas, 99

Guerra Hispano-Estadounidense, 263,
 302, 390, 391

H
Hacienda del Pozo de Verona, 244, 248,
 248n, 256
Hagar, Stansbury, 279
Hakluyt Society, 378
Harrison, Carter, 204
Hatton, John, 342
Hay, John, 390, 390n
Hearst, George, 206, 251, 294, 294n
Hearst, Phoebe Apperson, 15, 19, 41,
 86, 158n, 215, 221, 223, 224n, 233n,
 234n, 238n, 241n, 243n, 246n, 260n,
 294, 302, 305, 306n, 313, 313n, 315,
 324n, 325n, 326, 326n, 388n, 396n,
 397n, 398n, 399n, 403, 404n, 405n,
 414, 439, 474n
 apoyo a mujeres antropólogas, 43
 apoyo económico a Nuttall, 315,
 323, 324, 396-399, 404, 442
 benefactora de la Universidad de
 California, 208, 209, 248-251,
 252, 252n, 253-271
 benefactora del museo de la
 Universidad de Pensilvania,
 221, 232-239, 244-247, 251,
 252
 compra de la colección de
 Nuttall, 397, 398, 473, 474
 filantropía de, 33, 34, 207, 208
 muerte de Pepper y, 233n, 244, 245
 papel en la Exposición Universal
 de San Francisco, 393-396
 relación con Nuttall, 33, 34, 42,
 43, 86, 206-209, 243, 271, 312,
 313, 388, 396, 397
 relación con Stevenson, 208, 209
Hearst, William Randolph, 206, 266,
 267, 326, 390
Hewett, Edgar Lee:
 Boas y, 363n
 y la Exposición Universal de San
 Francisco, 393n
 relación con Nuttall, 15, 327,
 393n, 444, 468, 469, 476, 480

Langues. *Véase* idiomas

Laughton, Arthur, 305, 306, 324, 384, 386-388

Laughton, Christine, 384, 422n

Laughton, Isabella, 75, 75n, 384, 422

Laughton, John, 384, 388n, 422, 442, 442n, 485, 485n, 486n, 487, 492n

Laughton, Nadine Nuttall, 102n, 111, 111n, 112-114, 114n, 116, 117n, 118, 120-122, 125, 126, 136n, 150, 158, 182, 184n, 187, 187n, 236-237, 240, 243, 245, 260, 260n, 261, 283n, 303, 303n, 304, 307, 308, 314, 314n, 336n, 372, 385n, 386n, 387, 388, 396, 420n, 423n, 484, 485n, 486n, 486n

    apoyo económico para, 386, 405

    casa en México de, 282, 283, 312, 313

    en Chichén Itzá, 306, 312

    descripción de Tozzer sobre, 211, 386, 303n

    estado de salud de, 183-186

    matrimonio de, 305, 306, 324

    en peligro durante la Revolución mexicana, 383-386

    relación adulta con su madre, 324, 325, 413, 441, 496

    opinión sobre Putnam, 136

    sobre Batres, 336

    sobre Lawrence, 420

    traslado a Inglaterra de, 386, 400

Laughton, Sir John Knox, 372

Lawrence, D. H., 13, 416, 416n, 418n, 419, 420, 422, 425n, 427-430, 441, 441n

Lawrence, Frieda, 427, 428, 428n, 418

Le Plongeon, Alice Dixon, 41, 99

Le Plongeon, Augustus, 100

Leavitt, Kent, 487, 487n, 488n

León y Gama, Antonio de, 45, 45n, 164, 165n

León, Nicolás, 298

Lerdo de Tejada, Trejo, 483

Lewis, Elizabeth, 421n

Lewis, Oscar, 464n

Ley de Monumentos (México, 1897), 339

Lindbergh, Charles, 426, 438, 439n, 453n

Loltún, cueva de, 306

Loubat, Duc de. *Véase* Florimond, Joseph

M

Machu Picchu (Perú), 451, 479

Mackintosh, Robert, 67

Madero, Francisco I., 381-384, 387

Magallanes, Fernando, 377

Maler, Teobert, 331, 331n, 456

Mallowan, Max, 452

Mapa de Cuauhtinchan núm. 2, 154

María Cristina (reina de España), 164

Marshall, Edwin J., 443

Marshall, Sally, 447

Martín (nahua), 369, 369n

Mason, George, 456

Mason, Gregory, 454, 454n, 455n, 469

Maspero, Gaston, 452n

materialidad histórica, Putnam sobre la, 127-129

Maudslay, Alfred, 34, 305, 308, 311, 324, 327, 334, 334n, 335, 335n, 336

Maudslay, Anne, 41, 305

mayas:

    astronomía de los, 101

    Brasseur y sus estudios, 94

    lengua escrita, 97, 152

    orgullo / nacionalismo mexicano y, 295, 296

    primeras investigaciones antropológicas sobre, 96-100

    Quetzalcóatl y, 21

    trabajo de Tozzer sobre, 303n.

    Véase también Chichén Itzá

Mayapán, 99

Mayer, Brantz, 412, 412n

McCormick, Cyrus, 193

Mead, Abigail Eastman, 64, 65, 89. *Véase también* Parrot, Abigail

Mead, Frances, 132, 133, 135n, 253n, 274, 279, 280n, 282, 283n, 312n, 322n, 400, 400n

Mead, Margaret, 453, 453n, 457n, 463n, 472

también nombres específicos de
mujeres
Museo Americano de Historia Natural
de Nueva York, 136, 223, 224n, 300n
Boas y, 205, 206, 232, 256
Florimond y, 332
Nuttall y, 136
Pepper y, 232, 233n
Putnam y, 205, 206, 248
Saville y, 304, 332
Vaillant y, 469
Museo Británico, 34, 48, 51, 153, 153n,
157, 246, 334, 334n, 335, 335n, 347,
357, 372, 452, 490
Museo Colombino Field, 217, 217n,
218, 224n, 248, 307
Museo de Antropología Phoebe A.
Hearst, 19, 224n, 271, 474n
Museo de Arqueología y Antropología
de la Universidad de Pensilvania,
220-247, 224n
fracaso en exhibir la colección
rusa de Nuttall, 244-247
Hearst y, 221, 232-238,
244-247
como museo "ideal", 223
Pepper y, 209, 221, 229, 230,
230n, 231-247
Stevenson y, 41, 208, 209, 221,
225-247, 230n
viaje de Nuttall a Rusia y
colección para, 221-223, 225,
226, 228, 236-242
Museo de Bellas Artes (Boston), 224,
224n, 227
Museo de Zoología Comparada, 126n,
129, 131, 131n
Museo del Hermitage en San
Petersburgo (Rusia), 226
Museo Metropolitano de Arte, 34, 223,
224n, 422, 444
Museo Nacional de Antropología
(México), 100, 153n, 348
Museo Nacional de Arqueología,
Historia y Etnografía (México), 26,
29, 34, 347, 348n, 350, 356, 357, 363,
446

Museo Nacional Mexicano, 125, 149,
295, 298, 299, 318, 319, 327, 330,
336-338, 340-342, 346, 347n
Museo Peabody de Arqueología y
Etnología de la Universidad de
Harvard, 13, 19, 40, 40n, 125, 126n,
127n, 128, 139, 157, 198, 223, 224n,
238, 253, 274, 283, 308, 318, 336,
400, 456, 458, 490
administración de Putnam, 118,
124, 129-134
adquisición de artefactos, 129,
130, 227, 228
Fletcher y, 133, 211-214
método del, 130, 304
mujeres y el, 132-134, 212n
papel de Nuttall en, 134, 140-
142, 149, 150, 159, 179, 181,
404n
publicaciones de Nuttall con,
173-178
repatriación de artefactos, 456,
456n
Stevenson y, 229
venta de objetos por Nuttall al,
445, 446
museos, 223, 224, 224n, 225-228
departamentos universitarios de
antropología y, 250, 256, 257,
261-271, 465, 466
influencia de la Exposición
Colombina en, 232
modelo "ideal" de, 223
método de Putnam en, 130
organización y custodia de
objetos en, 46, 47, 226-
228. *Véanse también* museos
específicos

N
nacionalismo mexicano (en la década
de 1920), 432-440
nacionalismo posrevolucionario, 312,
313
nacionalismo y orgullo mexicano por
las culturas antiguas, 49, 50, 294-302
náhuatl (lengua), 49, 97, 148, 162n,

Sociedad Antropológica de
Washington, 216, 473, 476
Sociedad de Antropología de París, 39,
105, 110
Sociedad Estadounidense de
Anticuarios, 307
Sociedad Estadounidense de Etnología,
175
Sociedad Estadounidense de
Exploración, 234, 244
Sociedad Estadounidense de Mujeres
Antropólogas, 175, 212, 216
Sociedad Filosófica Estadounidense,
124, 175, 217n, 230, 470
Sociedad Hispánica de América, 371
Sociedad Imperial de Arqueología de
Moscú, 239
Sociedad Zelia Nuttall, 479
Sol cenital, 481-483, 486
Solorio, Pablo, 47, 310
Sousa, John Philip, 195
Spencer, Herbert, 38
Spinden, Herbert, 454, 454n, 455, 456,
470
Starr, Frederick, 313, 313n, 482, 482n
Stephens, John, 98, 98n, 99
Stevenson, Matilda "Tilly" Coxe, 185n,
215n
  estudios sobre indígenas
    norteamericanos, 41, 215
  Sociedad Antropológica de
    Mujeres, 175, 176, 216
Stevenson, Sara Yorke, 15, 42, 118,
185n, 210n, 215, 217n, 222n, 223,
223n, 250, 251, 288, 288n, 441,
452
  exploración y estudios sobre
    Egipto, 41, 209, 229, 230
  filantropía de, 34, 41
  y el museo de la Universidad de
    Pensilvania, 41, 209, 221, 222,
    225-247, 251, 252, 230n
  relación con Hearst, 208, 209
  relación con Nuttall, 33, 34, 41,
    42, 118, 208, 209, 216, 217
  relación con Putnam, 229,
    230

Storm, Marian, 424, 424n, 429n, 439,
439n, 447, 448, 448n, 480n, 481,
481n, 482, 482n
Studley, Cordelia, 133
Swift, Gustavus, 193

T

Taft, Helen, 371
Taft, William Howard, 33, 371
Tamayo, Rufino, 438
Tannenbaum, Frank, 437
Taylor, Norman, 447, 448n
Tenochtitlan, 21, 25, 28, 42, 44n, 95,
245, 296, 344, 367, 411, 414
Teotihuacan, 21, 44-46, 296, 313, 317,
320, 337, 339, 346n, 358, 360-362,
425, 470, 472, 479
  cabezas de terracota de, 117, 118,
    125, 134, 135, 142-149, 490, 491
  estatua de Chalchiuhtlicue
    proveniente de, 340
  estudio de Gamio sobre, 433,
    455, 459
  exhibición durante el Congreso
    Internacional de Americanistas,
    344, 345, 361, 362
  excavación y restauración por
    Batres, 28, 335, 344, 345, 345n
  exploración de Nuttall en, 117,
    118, 125
  pinturas de Breton sobre, 41
  rumor de dinamitar el sitio, 28,
    345, 346
Tepoztlán, 316, 317, 341, 464n
Teresa (princesa de Baviera), 303
Terrazas, familia, 294
Texcoco, 125, 296, 369, 409, 411, 412
Tezcatlipoca (dios azteca), 147, 148,
276
Thaden, Erich von, 387
Thaw, Mary Copley, 212n, 214
Thompson, Alice, 303n
Thompson, Edward, 44, 44n, 249n,
307, 307n, 308, 311, 311n, 312, 312n,
336, 340, 455, 456, 458, 460, 475, 475n
  Batres y, 311, 312, 336
  Breton y, 308-311

Esta obra se terminó de imprimir
en el mes de noviembre de 2025,
en los talleres de Diversidad Gráfica S.A. de C.V.
Ciudad de México